二十一世纪普通高等院校实用规划教材　经济管理系列

社会学概论
(第 2 版)

肖云忠　主　编

许传新　陈　运　李海梅　　副主编
薛　霞　刘莫鲜

清华大学出版社
北　京

内容简介

本书是按照教育部社会学教学指导委员会关于社会学概论主干课程的要求而组织编写的。全书共分为11章，主要内容包括社会学导论、社会及其构成要素、社会化与社会角色、初级社会群体与社会组织、社会分层、社区、社会制度、生活方式、社会变迁与现代化、越轨与社会控制、社会学理论视野与研究方法。

本书体系完整、结构严谨、内容翔实、重点突出、行文简明、表达流畅，可作为普通高等学校社会学、社会工作、管理学、思想政治教育等专业本科生的教材，也可作为成人高校社会管理、公关文秘等专业的通用教材，还可供其他人士自学使用。

本书封面贴有清华大学出版社防伪标签，无标签者不得销售。
版权所有，侵权必究。举报：010-62782989，beiqinquan@tup.tsinghua.edu.cn。

图书在版编目(CIP)数据

社会学概论/肖云忠主编. —2版. —北京：清华大学出版社，2018(2025.3重印)
(二十一世纪普通高等院校实用规划教材　经济管理系列)
ISBN 978-7-302-50468-9

Ⅰ.①社… Ⅱ.①肖… Ⅲ.①社会学—高等学校—教材 Ⅳ.①C91

中国版本图书馆CIP数据核字(2018)第127540号

责任编辑：陈冬梅
装帧设计：刘孝琼
责任校对：吴春华
责任印制：沈　露

出版发行：清华大学出版社
　　　　网　　址：https://www.tup.com.cn，https://www.wqxuetang.com
　　　　地　　址：北京清华大学学研大厦A座　　邮　编：100084
　　　　社 总 机：010-83470000　　　　　　　邮　购：010-62786544
　　　　投稿与读者服务：010-62776969，c-service@tup.tsinghua.edu.cn
　　　　质量反馈：010-62772015，zhiliang@tup.tsinghua.edu.cn
　　　　课件下载：https://www.tup.com.cn，010-62791865
印 装 者：三河市人民印务有限公司
经　　销：全国新华书店
开　　本：185mm×260mm　　　印　张：17　　　字　数：410千字
版　　次：2012年8月第1版　2018年8月第2版　　　印　次：2025年3月第7次印刷
定　　价：48.00元

产品编号：075200-01

前　言

习近平总书记在中国共产党第二十次全国代表大会上的报告中明确指出，要办好人民满意的教育，全面贯彻党的教育方针，落实立德树人根本任务，培养德智体美劳全面发展的社会主义建设者和接班人，加快建设高质量教育体系，发展素质教育，促进教育公平。本教材在编写过程中深刻领会党对高校教育工作的指导意见，认真执行党对高校人才培养的具体要求。

社会学是一门从个体的社会关系和社会行为出发来揭示社会结构、功能、运行和变迁的一般原理及其社会生活管理原则的综合性社会科学。

本书依据应用型本科专业的教学需要而编写，在选择教学内容及确定知识体系、编写体例时，注意素质教育和创新能力、实际能力的综合要求，为培养熟悉社会管理、社会工作的复合型应用人才提供知识条件。本书在通览现有教材基础上，紧密结合当代中国社会运行实际情况，以个人与社会关系为主线，构建从微观到宏观、从结构解剖到功能运行、从理论原理到社会应用的教材体系，使读者能够抓住重点和线索，较好地学习、理解和运用社会学基本知识、原理和方法去观察分析社会。具体来说，本书有以下特点。

(1) 体系完整，结构严谨。社会学概论是具有入门性质的课程，必须有一个完整的体系，以便展示社会学研究的对象、意义及基本知识和原理，使读者获得整体性印象。为此，本书构建了个人与社会关系的主线，从个人视角介绍个人的社会化、初级群体和社会组织、社区、社会制度和生活方式，从社会的视角介绍社会的结构功能和运行、社会控制与管理。

(2) 理论联系实际，学以致用。社会学是一门现实性很强的学科，本书紧密结合社会实际，采用生活中的大量事实和现象作为社会学理论的支持材料，在案例分析中揭示社会学概念和原理的来源与应用情况，提供观察和分析社会现象的示范，有助于增强读者的应用能力。

(3) 内容翔实，重点突出。社会学研究的领域和具体内容较多，给人包罗万象的感觉，容易给读者造成把握上的困难，本书通过鲜明的逻辑主线提供一个把握社会学基本知识和原理的尝试，既考虑到内容的完整性，又突出了重点，在社会化、社会结构和运行、社会管理和控制、社会研究方法等方面突出重点，努力留下深刻印象。

本书第 1 版由肖云忠担任主编，许传新、陈运担任副主编。参与编写的人员分工如下：第一章、第二章由肖云忠编写，第三、八章由李海梅编写，第四、九章由薛霞编写，第五章由刘莫鲜编写，第六、七章由陈运编写，第十、十一章由许传新编写。陈运、许传新协助统稿，肖云忠完成终稿。

本书第 2 版全部由肖云忠负责修订，在通读全文基础上，结合最新经济社会变化特点进行修订，增加新材料、新提法，使全书内容更加贴近现实，充分体现社会学实证性、现实性等学科特点，充分发挥社会学知识和方法的实践功能。

为方便教师教学，本书配有内容丰富的教学资源包，包括电子课件、教案、案例库及案例分析、习题集及参考答案。下载地址：http://www.tup.tsinghua.edu.cn。

本书在编写过程中参考了多本著作、论文和教材，恕不一一列明，在此向所有的专家学者致谢。书中难免存在疏漏之处，敬请读者批评指正。

编　者

目 录

第一章　社会学导论 ... 1
第一节　社会学的研究对象和研究领域 ... 1
一、社会学的研究对象 ... 1
二、社会学的研究领域 ... 3
第二节　社会学的地位和特点 ... 5
一、社会学的学科地位 ... 5
二、社会学与其他社会科学的关系 ... 6
三、社会学的学科特点 ... 8
第三节　社会学的社会作用 ... 10
一、理论作用 ... 10
二、实践作用 ... 13
第四节　社会学的产生与发展 ... 18
一、社会学产生的条件 ... 18
二、社会学的产生和发展 ... 19
三、社会学在中国的发展 ... 22
本章小结 ... 24
习题 ... 24

第二章　社会及其构成要素 ... 26
第一节　社会的本质 ... 27
一、社会的含义 ... 27
二、社会的类型 ... 28
第二节　社会结构 ... 29
一、社会结构的概念 ... 29
二、社会结构研究的内容 ... 31
三、转型期中国的社会结构问题 ... 32
第三节　社会空间——自然环境 ... 35
一、自然环境的概念 ... 35
二、自然环境对人类社会的影响 ... 35
第四节　人口——社会主体 ... 37
一、人口的含义 ... 37
二、人口因素在社会结构中的地位 ... 38
三、我国人口状况及问题 ... 41
第五节　社会文化 ... 43
一、文化的构成与特性 ... 43
二、文化与社会的相互作用 ... 48
三、文化的运行规律 ... 51
本章小结 ... 55
习题 ... 55

第三章　社会化与社会角色 ... 57
第一节　个人社会化 ... 57
一、个人社会化的含义与类型 ... 57
二、社会化的条件和过程 ... 59
三、社会化的中介 ... 62
四、社会化的内容 ... 65
第二节　社会互动 ... 66
一、社会互动的定义与构成要素 ... 66
二、社会互动的类型 ... 67
三、社会互动的意义 ... 69
四、社会互动的理论 ... 70
第三节　社会角色 ... 71
一、社会角色概述 ... 71
二、社会角色的扮演 ... 73
本章小结 ... 74
自测题 ... 74

第四章　初级社会群体与社会组织 ... 76
第一节　社会群体概述 ... 77
一、社会群体的含义和特征 ... 77
二、社会群体的类型 ... 78
三、社会群体的结构 ... 80
第二节　家庭、邻里与工作群体 ... 82
一、家庭群体 ... 82
二、邻里群体 ... 86
三、工作群体 ... 88
第三节　社会组织的性质和类型 ... 89
一、社会组织的含义及其构成要素 ... 89
二、社会组织的类型 ... 89

第四节 社会组织的内部结构和外部关系 91
一、社会组织的内部结构 91
二、社会组织的外部关系 93
三、我国社会转型期的组织结构 94
第五节 社会组织的运行和管理 95
一、社会组织的运行过程 95
二、社会组织的管理 96
本章小结 99
习题 99

第五章 社会分层 102
第一节 社会分层概述 103
一、重要概念辨析 103
二、社会分层的维度 105
第二节 社会阶级 109
一、阶级的定义 109
二、阶级的划分 111
三、中国的阶层划分 113
第三节 社会分层的解释 116
一、功能主义的分层观 116
二、冲突论的分层观 118
本章小结 118
习题 119

第六章 社区 121
第一节 社区概述 122
一、社区概念的来源及其含义 122
二、社区的构成要素与分类 124
三、社区研究 127
第二节 农村社区与城市社区 129
一、农村社区 129
二、城市社区 133
第三节 社区发展与社区服务 136
一、社区发展 136
二、社区建设 137
三、社区服务 139
第四节 城市化 141
一、城市化的含义与动力 141
二、城乡关系 142
三、我国的城市化 143
本章小结 144
习题 144

第七章 社会制度 147
第一节 社会制度概述 148
一、社会制度的含义 148
二、社会制度的特征 149
三、社会制度的类型 149
第二节 社会制度的构成与功能 150
一、社会制度的构成 150
二、社会制度的体系 151
三、社会制度的功能 153
第三节 制度建设和制度变迁 157
一、制度化与制度建设 157
二、制度变迁 160
三、制度改革 161
本章小结 162
习题 162

第八章 生活方式 164
第一节 生活方式概述 164
一、生活方式的含义 164
二、生活方式的构成要素 165
三、生活方式的基本特征 166
第二节 生活方式的基本内容 167
一、家庭生活方式 167
二、消费方式 168
三、社会交往方式 169
四、休闲娱乐方式 170
第三节 完善和发展社会主义生活方式 171
一、什么是社会主义生活方式 171
二、社会主义生活方式的特征 171
三、社会主义生活方式的目标与模式 172
四、构建社会主义生活方式的基本路径 173

目录

　　第四节　网络社会及其对生活方式的
　　　　　影响 175
　　　　一、网络社会的崛起 175
　　　　二、网络社会的特征 176
　　　　三、网络社会对生活方式的影响 177
　　本章小结 180
　　习题 180

第九章　社会变迁与现代化 183

　　第一节　社会变迁概述 184
　　　　一、社会变迁的含义 184
　　　　二、社会变迁的类型 187
　　　　三、社会变迁的原因 187
　　　　四、社会运动 189
　　第二节　社会发展 191
　　　　一、什么是社会发展 191
　　　　二、社会发展观的演变 192
　　　　三、社会发展模式 195
　　第三节　和谐社会与中国社会的
　　　　　现代化 197
　　　　一、和谐社会 197
　　　　二、社会现代化 200
　　　　三、中国社会的现代化 203
　　本章小结 204
　　习题 205

第十章　越轨与社会控制 207

　　第一节　社会控制的构成和功能 207
　　　　一、社会控制的概念 207
　　　　二、社会控制的构成 208
　　　　三、社会控制的功能 209
　　第二节　社会控制的类型和手段 211
　　　　一、社会控制的类型 211

　　　　二、社会控制的手段 214
　　第三节　越轨行为及其社会控制 218
　　　　一、越轨行为的含义与特点 218
　　　　二、越轨行为的类型 218
　　　　三、越轨行为的功能 220
　　　　四、越轨行为的社会控制 221
　　第四节　社会问题及其综合治理 221
　　　　一、社会问题的定义 221
　　　　二、社会问题的构成要素 222
　　　　三、社会问题的特征 224
　　　　四、社会问题的类型 226
　　　　五、社会问题的基本理论 227
　　　　六、社会问题的治理 230
　　本章小结 231
　　习题 232

第十一章　社会学理论视野与研究
　　　　　方法 234

　　第一节　社会学的理论流派 235
　　　　一、结构功能理论 235
　　　　二、社会冲突理论 237
　　　　三、社会交换理论 240
　　　　四、符号互动理论 244
　　第二节　社会学研究的程序和方法 246
　　　　一、社会学研究的程序 246
　　　　二、调查研究的方法 248
　　　　三、实地研究方法 251
　　　　四、文献研究方法 254
　　　　五、实验研究方法 257
　　本章小结 259
　　习题 259

参考文献 261

第一章 社会学导论

【学习目标】

通过对本章内容的学习,读者应了解社会学的研究对象、学科性质和学科特点,掌握社会学的研究领域,明确社会学的理论和实践作用,掌握社会学的学习方法,为后续学习提供概括性认识。

【导读案例】

> 整个暑假都静悄悄的大学校园,随着一车又一车新生的报到,变得人声鼎沸起来。校园里最引人注目的除了面露新奇的新生,就是有些行色匆匆的家长。随处可见陪同学生报到的家长们,他们或是手拿单据奔波着办理入学手续,或是坐在树荫下摇着手中的报纸,身边堆满了大大小小的行李。从报到登记到搬运行李,从置办日用品到铺床叠被,新生们几乎成了看客,反倒是随行的父母亲友成了主角,高校里到处是他们忙碌的身影。庞大亲友团也比比皆是。对此,有家长说:儿行千里母担忧,有点舍不得。有学生说:来上学,心里有兴奋,也有不高兴,要离开家了,我怕不能适应。其实我也挺想独立的,从小就没有机会,现在做起来也有点难了。有老师说:家长护送孩子上学的心情可以理解,但是,家长送新生报到实际上剥夺了孩子独立生活的机会。考上大学的新生多数已是成年人,具备独立自理的能力和初步的社会处世能力,他们需要更多地磨炼自己。对于报到时的许多事宜,家长不必过分插手或代劳,学校都已做好迎新准备,并让师兄师姐们引领新生办理报到、注册、住宿等手续。

(资料来源:新丝路教育频道,2010-08-31)

以上案例描述了大学新生报到这个现象,你对此有哪些看法?新生报到既体现了不同社会环境的转换,又体现了环境转换对个体行为的影响,其中包含丰富生动的社会学知识和理论。何谓社会学?社会学的研究对象是什么?这是学习社会学的首要问题。

第一节 社会学的研究对象和研究领域

一、社会学的研究对象

社会学的研究对象是指社会学作为一门学科所具有的独特研究现象,从词源角度来看,"社会学"(法文 sociologie,英文 sociology)一词来源于拉丁文的社会和希腊文的言论、学说的结合,顾名思义就是关于社会的一门科学,或是研究社会的一门学问。从作为一门独立学科的角度来看,社会学是由法国实证主义哲学家、西方社会学的创始人孔德于1838年在其《实证哲学教程》第四卷中提出来的,目的是表明一种不同于以前那种思辨的社会哲学。自此以后的一个半世纪里,社会学的整个理论和实际运用随着人类社会的变迁而不断丰富发展，今天，社会学已经成为社会科学中一门体系庞大、领域众多、应用广泛的综合性社会科学。

人们对社会的看法存在差异和多种观点，这使得关于社会学研究对象的观点也是多种多样的，归纳起来有以下观点。

(1) 社会学是关于社会的科学，研究整个社会及其演变发展的规律，代表人物如孔德。

(2) 社会学是关于社会关系的科学，研究人们的各种社会关系，代表人物如出生于俄国的美国社会学家索罗金。

(3) 社会学是关于社会行为或行动的科学，研究社会成员的社会行为或行动，代表人物如德国社会学家韦伯。

(4) 社会学是研究社会组织和社会制度的科学，代表人物如美国社会学家帕森斯。

(5) 社会学是关于社会文化(社会事实)的科学，代表人物如法国社会学家迪尔凯姆。

(6) 社会学是关于群体生活的科学，代表人物如美国社会学家斯莫尔。

(7) 社会学是研究人类共同生活的科学，代表人物如日本社会学家福武直。

(8) 社会学是研究人与人之间的互动，尤其是互动的社会形式的科学，代表人物如德国社会学家西美尔。

(9) 社会学是研究社会问题或被认为是研究其他社会科学没有研究的问题的"剩余科学"，芝加哥社会学派就是其代表。

(10) 社会学是关于社会调查方法的科学，是各种社会调查研究技术的总和，这种观点虽然不见之于哪位学者的正式宣称，但在实际研究中比较流行。

上述社会学研究对象的 10 种观点可以归纳为两类：①侧重以社会为对象，重在社会的结构和过程、社会的运行和发展、社会的秩序和进步，是社会学历史上的实证主义传统，即孔德和迪尔凯姆开创的社会学传统。孔德把社会作为社会学的研究对象，把社会学的研究主题划分为两个：一是社会静力学，研究社会结构和社会制度之间的相互关系；二是社会动力学，研究社会发展过程及其进步；②侧重以个人及其社会行为为研究对象，是社会学历史上的反实证主义传统，即韦伯的理解社会学传统："社会学是一门试图深入理解社会行动以便对其过程及影响做出因果解释的科学。"第一类研究对象侧重于宏观社会的研究，属于宏观层次的研究；第二类研究对象侧重于微观社会的研究，属于微观层次的研究，宏观和微观、实证和人文实际上是辩证统一的关系。

社会学研究对象的多元化和争论的原因在于：①社会学的历史不长；②社会学的名称不够好，社会学可看作社会科学的简称，容易发生歧义；③这种争论是正常的，有利于社会学的发展，同时与西方学者喜欢标新立异形成学派密切相关；④社会学研究对象本身的特点不容易把握。

给社会学下定义要掌握两个原则：第一，社会学定义的涵盖面要宽，抽象度要高，便于对社会现象有普遍的解释力，能够把微观与宏观、实证与人文视角综合在内。第二，社会学定义要考虑到社会的运行过程，便于把新鲜社会事实和演化趋势包括在内，具有动态性。从这两个原则出发，本书认为社会学定义应该具有综合性：社会学是一门从个体的社会关系和社会行为出发来揭示社会结构、功能、运行和变迁的一般原理及其社会生活管理原则的综合性社会科学。

这个定义包括五层含义：第一，社会学的研究对象是活的社会有机体，是现实的、具体的、作为整体的社会。第二，个人是社会的组成部分，社会的生成在于人与人的交互作用，要从人与人的互动开始进行考察和研究，社会关系和社会行动就成为社会学研究的具体入手点。社会关系是在社会行动的基础上形成的，为人们的社会行动提供模本。社会关系以社会行动为内容，社会行动以社会关系为形式，二者具有紧密的依存关系。第三，社会结构既是宏观的又是具体的，个人经由群体、组织、社区、制度而形成社会。第四，社会处于变迁之中，有其内在的规律及动力。第五，人有实践性和能动性，对社会生活进行规划和管理，使得社会运行更和谐，个人生活更美好。

从研究对象可见社会学研究的基本问题就是个人与社会的关系问题。按照西方理性主义假设，每一个人都是追求最大效益的行动者，他们为什么要组成社会，他们怎样组成社会以满足自己的需要，人们组成的各种形式的社会所产生的效果怎样，对这些问题必须进行研究。具体而言，这些问题包括个人为什么要加入各种社会群体？自然人如何变为社会人？个人与社会的互动关系及其机制是什么？在社会互动中文化及其现实环境的作用怎样？

社会结构方面的基本问题有：社会的基本结构是什么？人们活动于其中的基本群体有哪些？社会组织在现代社会中有什么样的地位和作用？社会阶级阶层对于社会成员和社会运行有什么作用？社会制度的作用及其演变过程怎样？

社会变迁方面的基本问题有：社会变迁的动力有哪些？社会变迁的基本形式如何？社会变迁的方向及社会规划怎样？现代社会的变迁对人的生存和发展有何意义？

社会管理或治理方面的基本问题有：为什么要进行社会管理？社会管理的过程与原则有哪些？如何对社会生活进行管理？如何对越轨和社会问题进行管理？怎样构建和谐社会？社会管理体制机制如何创新？

这些问题为社会学的研究指明了方向，也有助于我们更好地把握社会学的研究对象及其基本问题。

二、社会学的研究领域

社会学的研究领域是指社会学研究的范围。因社会学的研究领域比较宽泛，可作如下划分。

(一)理论社会学、应用社会学、经验社会学

根据知识结构的不同可把社会学的研究领域分为三大类：理论社会学、应用社会学和经验社会学。

理论社会学又称为纯粹社会学(Pure Sociology)，是对社会构成要素、社会关系、社会行动、社会结构、社会过程、社会制度、社会变迁等问题的理论分析，形成社会学理论流派、社会学史、社会思想史等具体研究学科领域。理论社会学是社会学有史以来的传统研究中心，孔德、斯宾塞、迪尔凯姆、韦伯等古典社会学家研究的中心都是理论社会学的内容，这些内容为人们全面观察和分析社会提供了参考框架。

应用社会学(Applied Sociology)是把社会学理论和方法运用于社会实际生活和问题的研究。当前对家庭、教育、犯罪、宗教、社会工作、社会建设、社会治理、精准扶贫等方面的研究就属于应用研究，这些研究可以为国家和社会发展制定有关政策提供依据。

经验社会学(Empirical Sociology)是从事社会学研究所使用的方式方法、程序和手段,是方法论、研究方式和具体方法技术的有机统一,通过选题、设计、资料收集和分析,得出研究结论。经验社会学为理论社会学的发展和应用社会学的实践发挥桥梁纽带作用。

(二)普通社会学、分科社会学

根据社会学的理论研究层次进行分类,可将社会学分为普通社会学和分科社会学两大类。

普通社会学是指一般的社会学理论和研究方法,一是社会的结构,包括社会构成、社会群体、社会组织、地域社会、社会分层、社会制度,目的是揭示社会要素和社会单位是如何构成特定社会有机体的,如何形成社会秩序的,帮助人们认识和解释社会现象之间的关联性和特定社会现象的状况、特征与原因。二是社会的运行及其规律,横向范围包括不同人群、不同社会单位的活动规律,研究人们的社会生活、行为发生状况、原因和规律;纵向范围研究社会构成要素在不同时间空间内的变迁规律。

分科社会学是运用普通社会学的基本理论对某一类社会现象和社会问题作专门的社会学研究所形成的社会学分支学科,其特点是将某一类社会现象放在社会整体中加以考察,有多少领域就有多少社会学分支学科,根据联合国教科文组织统计,分科社会学有100种以上,分为6个大类。

(1) 研究人类社会同自然环境关系的社会学,如地理社会学、气候社会学、生态社会学、灾害社会学。

(2) 研究社会某一特定领域的社会学,如经济社会学、政治社会学、教育社会学、军事社会学、劳动社会学、旅游社会学。

(3) 研究社会结构性单位的社会学,如家庭社会学、组织社会学、社区社会学、乡村社会学、城市社会学。

(4) 研究社会某种特定规范的社会学,如民俗社会学、道德社会学、法律社会学、宗教社会学。

(5) 研究社会特定人群的社会学,如儿童社会学、青年社会学、中年社会学、老年社会学、妇女社会学、残疾人社会学。

(6) 研究各种文化现象的社会学,如文化社会学、知识社会学、语言社会学、艺术社会学、科技社会学。

从分科社会学的形成和发展中可以看到:①这些社会学分支总体上属于应用社会学范畴,是理论社会学在各个社会特定领域进行研究的产物;②各国分支社会学有自己的特色,如美国种族问题研究十分发达,中国农村社会学研究方兴未艾;③有的分科社会学是在传统社会学研究课题范围内发展起来的,如家庭社会学、城市社会学、人口社会学;④有的分科社会学是社会学与其他社会科学或自然科学相互交叉渗透的产物,如经济社会学是经济学同社会学相结合的产物,教育社会学是教育学同社会学相结合的产物,灾害社会学是自然灾害研究同社会学相结合的产物,尤其是2008年的汶川地震为灾害社会学的研究提供了契机和实践场所,社会工作、心理救援、物质和精神家园重建、发展规划等课题研究取得丰硕成果。

分科社会学在进行研究时与交叉的各门学科在理论和方法方面有很大的不同,主要是将研究对象或问题置于整个的联系中去考察和认识,揭示这些研究对象或问题与整个社会的关系,着重于认识它们与其他社会因素、现象的相互影响和作用,这样就使社会学分支学科与其他非社会学学科相互区别开来,凸显自己的学科特色。社会学正以其理论和方法的普遍性日益和更多的社会科学、自然科学相结合,产生出更多的社会学分支学科。日本社会学家横山宁夫把社会学的这种分支学科扩张态势比喻为"管弦乐团的指挥",美国社会学家索罗金称之为"公司的经理"。

第二节 社会学的地位和特点

一、社会学的学科地位

社会学的学科地位是指社会学在人文科学领域中所处的地位。在不同时期,这种地位是不同的。

在创立阶段把社会学当作一门总体社会科学,成为社会科学的代名词,具有凌驾于各门社会科学之上的性质和地位,社会学与各门社会科学的关系是整体与部分的关系,如孔德把科学分为:数学、天文、物理、化学、生物和社会学,认为社会学是各种社会科学知识的综合,如图1-1所示。综合的观点则强调社会学是将各门社会科学的成果从社会整体的角度加以综合而得出的,如图1-2所示。

图1-1 整体与部分的关系

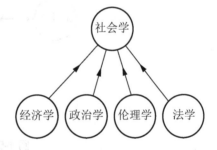

图1-2 综合论

美国社会学家吉丁斯在1896年出版的《社会学原理》中说:"社会学不是社会科学的总和,它是一种普通社会科学——一种研究社会元素与基本原理的科学。"这种观点把社会学与其他各门社会科学看作是一般与特殊的关系,我国社会学家孙本文用图1-3来示意这种关系。到19世纪末,社会学越来越明确自己的研究范围和方法,成为与其他社会科学并列的独立科学。迪尔凯姆、韦伯、斯莫尔、托马斯、索罗金都认为,社会学与其他社会科学一样,研究社会生活现象的一个方面,它与其他社会科学处于平等地位,孙本文用图1-4来示意。

孙本文于20世纪30年代认为,"社会学是研究社会生活现象的共通原理,此种社会生活现象的共通原理——社会行为的原理为社会生活现象的一部分,故社会学为一种普通的社会科学"。这种说法可以看作是吉丁斯、斯莫尔等观点的结合,他用图1-5来示意。作为一门基础性社会科学,孙本文列举国际上12个著名社会学家对社会科学分类的看法,提出32种,能得到5家以上认同的有8种,即社会学、经济学、政治学、历史学、人类学、法学、伦理学、心理学。12家公认的有3种，即社会学、经济学、政治学。[1]

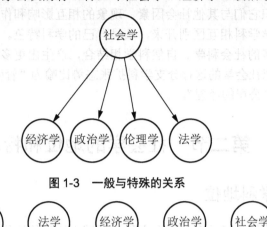

图 1-3　一般与特殊的关系

○ 伦理学　○ 法学　○ 经济学　○ 政治学　○ 社会学

图 1-4　并列关系

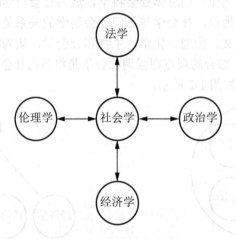

图 1-5　普通社会科学

二、社会学与其他社会科学的关系

(一)社会学与历史唯物主义的关系

社会学是从哲学中分化出来的，孔德创立社会学的初衷就是为了摆脱对社会进行思辨研究的传统，社会学诞生至今的历史就是用现代科学方法武装自己成为经验科学的历史，社会学与哲学构成特殊与一般的关系。在我国，社会学与哲学的关系表现为社会学与历史唯物主义的关系，社会主义国家曾经取消过社会学，用历史唯物主义代替社会学，实际上马克思和恩格斯并没有创立社会学学科，只是在其科学社会主义理论体系中提出了历史唯物主义学说，因此要注意区分学说与学科的概念，学说是指学科中的思想流派和理论见解，如同生物学中的进化论。历史唯物主义是哲学学科中的一种学说，马克思、恩格斯发现了

---

[1] 孙本文. 社会学原理[M]. 北京：商务印书馆，1947.

唯物史观只是提出了一种新的哲学学说，而不是创立了一门新的学科。因此，我们既不能把历史唯物主义的对象扩大到非哲学领域，把社会学及其他学科的内容也包括进去，也不能把历史唯物主义的一些特有范畴如经济基础与上层建筑纳入社会学理论[1]。

从研究对象来看，历史唯物主义研究人类历史的全过程及其运动规律，社会学研究具体社会形态构成与运行过程及规律；从研究方法来看，历史唯物主义是一种哲学学说，研究方法主要是通过对各门具体社会科学知识的概括和提升，社会学主要运用各种经验研究方法来建构知识；从社会作用来看，历史唯物主义是整个社会科学的世界观和方法论，社会学是具体帮助人们认识社会及其发展规律，提供政策规划等建议促进社会和个体的发展。历史唯物主义为社会学提供理论和方法论的指导，社会学为历史唯物主义提供具体材料和支撑，二者相互促进。

(二)社会学与单一性社会科学的关系

从研究对象来看，单一性社会科学是指研究社会的某个单一的或专门领域的社会科学，如政治学、经济学、法学、伦理学、教育学、心理学等，分别围绕各学科的中心问题展开研究；社会学则以社会的整体、全方位的生活关系作为研究对象。

从研究角度来看，单一性社会科学围绕各自的中心问题展开研究，有独自的研究方法和程序，社会学要研究政治、经济、法律中的社会关系，在研究角度上体现出综合研究特点，即综合研究各种社会现象之间的联系，故社会学是一门综合性社会科学。

从联系角度来看，单一性社会科学要与社会学发生联系，产生"社会学化"现象，这就是指这些学科要借助社会学的知识和方法，并在这样的基础上产生一些边缘学科，社会学要吸取单一性学科的研究成果，作为分析整个社会的有力论据。例如，法学是以法律为研究主题的社会科学，研究法的起源、规范的制定与执行，反映人与人之间的法律关系。法律社会学研究社会因素对法律运作的影响过程及机制，使人们更好地理解文本中的法律(Law in paper)与实践中的法律(Law in action)的关系。

经济学与社会学之间的关系。经济学是研究商品和服务的生产、交换、分配和消费规律的科学，即研究物的流转过程和围绕着经济利益而展开的人与人的关系问题。当社会学者以自身的立场和视野研究经济生活时，经济是社会的一部分，是更大更宽广的制度结构中的一个环节，经济体制嵌入社会结构的网络中，了解社会制度和结构才能了解经济结构及过程。经济社会学是研究经济与社会相互关系以及经济运行过程中经济因素与非经济因素相互作用一般规律的社会学分支学科。《资本论》就是一部高度社会化了的经济学著作。厉以宁说："经济学 20 世纪发生了两次大的转折，一次是 20 世纪初的数学化，一次是 20 世纪 70 年代的社会学化，社会学化是当代各门社会科学发展的共同趋势。"

(三)社会学与综合性社会科学的关系

综合性社会科学是以社会整体为研究对象的学科，如社会学与历史学、人类学都是综合性社会科学，社会学与历史学、人类学的差异在于研究的角度、取向、重点、方法、目的不同。

---

[1] 袁亚愚，詹一之. 社会学历史、理论与方法[M]. 成都：四川大学出版社，1992.

社会学与历史学的研究范围几乎相同。历史学是研究人类社会历史的科学，一是关于人类社会已经走过的历程的活动规律，二是关于历程中史实的确认。而社会学更关心大致在同一时期各事件发生的先后顺序及相互关系，包括因果关系。过去历史学的研究重点是政治史、军事史，研究的是大事，主角是帝王将相、社会精英。现代史学开始重视普通社会生活，重视对生活方式、婚姻家庭、伦理风俗等社会史的研究，正在社会学化。德国社会学家韦伯(Marx Weber，1864—1920)的著作《新教伦理与资本主义精神》就是历史学与社会学有机结合的典范，它运用大量翔实的史料论证了新教伦理对资本主义精神的意义以及对西方理性化进程产生的影响。历史社会学是当今非常重要的一个社会学分支学科。社会学是现在的历史学，历史学是过去的社会学，即二者是研究现实与研究过去、横向与纵向的区别，正如李大钊所说："纵观人间的过去者便是历史，横观人间的现在者便是社会，所以可把历史和历史学与社会和社会学相对而比论。"

人类学是研究人类进化、发展规律的学科，包括体质人类学、文化(社会)人类学和语言人类学三个分支。人类学是社会学的姐妹学科，区别在于研究对象和方法的差异上。人类学的主要研究对象是当今世界上还存在的各种原始部落，如英国人类学家马林诺夫斯基(Malinowski，1884—1942)开创了人类学功能分析学派，1922年发表了著作《西太平洋的探险队》，首次运用功能主义理论描述了土著居民的社会与文化。社会学以现代社会为研究对象，侧重于研究当代工业社会。人类学主要运用田野工作方法[1]，社会学主要运用定量研究方法，同时结合定性研究方法。从发展趋势来看，人类学与社会学在研究主题和方法上越来越接近，即二者往往交织在一起，相互借鉴。随着人类社会进化和发展速度的加快，原始民族越来越多地进入现代社会，人类学也越来越多地进入现代民族研究领域。在我国的学科建制上，人类学(社会人类学、文化人类学和民俗学)和人口学被列入社会学一级学科下属的二级学科。社会学家、人类学家费孝通的博士论文《江村经济》可看作人类学和社会学著作。

三、社会学的学科特点

学科特点是各门学科相区别的标志，这些标志的依据是每门学科在形成过程中积淀的独特性。社会学在170余年的发展演化过程中积淀了自身的特点，从而与其他学科构成显著差异。下面我们看一下北京市某人对家庭情况介绍的案例。

【案例1-1】我们家是个大家庭，父母和我们一起住。我们家兄弟比较多，不过就我一个人在北京市住，其余的都在乡下。我妻子是地道的北京人。我们现有一个五岁的男孩，还没有入托，有空的时候，我和他妈就教他识字和算术。我们家每月的收入有5000多元，再加上我爸妈的退休金，生活还算可以。

(资料来源：杨宏峰. 何谓社会学[M]. 北京：中央编译出版社，2010.)

问题：此案例体现的社会学知识有哪些？从这个案例中可以看出社会学有哪些特点？

---

[1] 田野工作法又叫实地研究，是一种深入到研究对象的生活背景中，以参与观察和无结构式访谈法收集资料，通过对这些资料作定性分析来理解和解释社会现象的研究方式。

分析：

用社会学视角来看这个案例，包含的知识非常丰富，一是家庭结构与功能，这个家庭属于主干家庭模式，三代人住在一起，家庭具有经济功能和教育功能。二是社会保障状况，有退休金，实行家庭养老。三是生活方式和生活水平，该家庭月收入5000多元，生活还过得去。四是城乡关系与城乡文化差异。五是家庭与社会的关系，家庭是社会的细胞，案例中的家庭状况如何折射出北京市经济社会发展状况，我们还可以进行探究。因此，从对该案例的分析中可以看出社会学学科在分析视角和知识体系等方面的一些特点。

(一)整体性

从研究对象的角度来看，整体性不是指对社会现实的一切方面进行包罗万象的研究，也不是指对社会不作具体分析，停留于整体模糊描述状况，而是指把社会看成有机整体，具体来说：①从整体的有机性出发研究社会的结构、功能和运行；②联系整体研究部分；③着眼于整体综合而立足于局部分析。整体性特点是社会学创始人的基本观点，孔德和斯宾塞就提出了社会有机论，告诫我们要把社会看成内部要素相互影响、相互作用的有机整体。例如，法律在基层法院的运作逻辑就是从社会转型、民主法制社会建设的角度研究法律实际运行的过程与策略，研究犯罪问题就要把犯罪与特有的社会背景结合起来进行考察，尤其是转型时期的犯罪问题，要从文化价值体系的紊乱、社会控制力弱化等角度进行分析。

(二)综合性

从研究方法和知识的角度来看，社会学学科具有综合性，是指社会学研究对象具有丰富性，需要运用多种知识、多种角度进行研究。一是研究视角的综合性，要求：①不孤立看问题，要注意现象与现象、问题与问题之间的联系，如对就业问题的研究，经济学侧重就业与经济增长、经济效率关系的研究，社会学则注意就业问题对就业者的社会归属感、对就业者后代发展、对社会稳定发展等一系列重要问题的研究；②运用多学科研究成果，如关于人成长问题的研究要用到生物学、心理学知识，研究地区发展要用到经济学、地理学和环境学方面的知识，研究社会阶层、社会控制要用到政治学、法学、管理学等方面的知识，进行跨学科的综合研究。综合性特点不是说社会学本身没有主体知识，而是说社会学在研究分析问题时要以本学科知识为主，借鉴融合其他学科知识来建构自己的知识体系。二是研究方法的综合性，即把定性研究与定量研究相结合，把数学、统计和计算机手段广泛运用于具体研究之中。

(三)现实性

从研究取向和功能来看，社会学学科具有现实性，这主要是指社会学的研究问题直接面对社会现实，从现实社会运行中获取研究问题，研究目的是服务于现实社会问题的解决，促进社会和谐运行。社会学的现实性特点在美国社会学中表现得非常突出，社会学研究诸如城市化、失业、医疗等问题，提出解决问题的建议得到了政府和社会的支持，这也造就了美国社会学重实用的风格。在社会学基本功能取向方面，存在维护改良取向和革命批判取向，孔德创立的社会学基本上是维护资本主义制度。西方社会学的批判传统来自马克思对资本主义制度的批判。

我国针对改革开放中出现的社会问题如高等教育发展、小康社会建设、青少年犯罪、下岗再就业等问题展开研究。社会学研究领域具有开放性，针对社会运动变化中出现的新情况、新问题不断调整研究领域，当前的精准扶贫、网络犯罪、住房、养老、安全等问题是重要的研究问题。社会学研究问题具有区域性和本土性，如乡村振兴、东北经济振兴、中部崛起，成都、重庆统筹城乡社会建设研究。

目前社会学研究的重点领域及重点课题大概包括：马克思主义社会学理论；中国特色社会主义社会治理体系；转变经济发展方式的社会政策体系；扩大内需与消费社会学；保障和改善民生的社会政策体系；社会治理体制和格局的创新；城乡社区自治和服务；社会结构和社会矛盾的深层次分析；社会分层和社会流动；社会心理分析；各类社会组织和社会团体；利益调处、诉求表达、矛盾调处和权益保障机制建设；社会稳定和公共安全体系；社会预警体系和应急救援机制；城乡教育、医疗、卫生、养老、保险等方面的社会政策；产业调整形势下再就业问题；收入分配与社会公平；企业社会责任；新生代农民工创业与城市社会适应；中国慈善业成长与发展；社会救助体系；人口、资源、环境问题的社会学分析；社会舆情与网络舆情；网络社会运动及管控；文化认同和文化冲突；中国社会思想史；性别平等与中国特色女性社会学；西方社会学理论借鉴与反思[1]。

(四)实证性

从知识的来源及方法来看，可以通过一套研究方法和程序获得实证知识。实证是指知识来源于具体的经验研究，即通过观察、调查、实验等途径获得第一手材料，在此基础上进行理论建构和理论检验，克服传统社会科学方法只注重定性分析、缺乏量化分析容易陷入纯粹思辨甚至玄想的弊端。社会学发展出自身的一套实证研究方法和技术，包括调查研究方式、文献研究方式、实验研究方式和实地研究方式。

第三节　社会学的社会作用

一、理论作用

(一)认识作用

任何一门学科的功能都由两个部分构成：①基本功能，它是这门学科在科学内部所起的特殊作用，是从纯认知角度看待这门学科在科学知识体系中所起的不可替代作用；②派生功能，从外部即实践角度看待这门学科所起的作用，是基本功能引申出来的社会功能[2]。任何一门科学的基本功能都在于发现事实、解释事实和预测未来趋势。社会学有以下三种功能：描述功能、解释功能、预测功能。

---

[1] 光明日报，2011年6月3日。

[2] 陆学艺. 社会学[M]. 北京：知识出版社，1996.

1. 描述功能

描述就是用一定的技术手段客观地、忠实地搜集、整理和记录具体事实、事件及其过程的资料，真实地再现社会生活图景。描述的特点有：描述的对象是社会现象，重视现实生活状况；描述时不排斥理论的作用，社会学研究往往从理论假设开始，但理论假设不是凭空产生的，来源于过去的经验事实；描述要借助一定的技术手段和方法搜集资料，整理形成社会学信息。社会学信息表现为数量形式，如全面小康生活指标；具有代表性、稳定性和可靠性，如科学的抽样调查；社会学信息是社会认识中的客观变量和主观变量的综合，即描述的对象是自然、人、社会三者相互联系和相互作用的结果，对于人们观察和理解社会具有指导作用，对于决策部门制定政策具有参考作用。

中国全面建设小康社会设计为6个大类23个指标，细化全面小康社会建设的具体内容，使得全面小康社会建设及进度有了客观标准，社会学信息的描述功能得到直观体现。表1-1显示，我国全面小康社会建设2009年度实现程度为77.1%，呈现出经济发展平稳较快、社会和谐逐步改善、生活质量显著提高、民主法制逐步健全、文化教育稳步发展、资源环境受到重视的发展态势。表1-2显示出我国四大区域全面建设小康社会进程均有上升，但区域间差距依然较大。

表1-1 2000—2009年我国全面建设小康社会及在六大方面实现程度

(资料来源：中国统计科学研究网)

单位：%

	2000年	2001年	2002年	2003年	2004年	2005年	2006年	2007年	2008年	2009年
全面小康进程	59.6	60.7	61.8	63.0	64.8	67.2	69.9	72.6	74.6	77.1
经济发展	50.3	52.2	54.4	56.3	58.2	60.6	63.3	66.3	68.7	72.6
社会和谐	57.5	59.6	57.1	56.3	59.9	62.8	67.2	71.9	75.8	77.3
生活质量	58.3	60.7	62.9	65.5	67.7	71.5	75.0	78.3	79.9	83.6
民主法制	84.8	82.6	82.5	82.4	83.7	85.6	88.4	89.9	91.1	93.1
文化教育	58.3	59.1	60.9	61.8	62.2	63.0	64.1	65.3	64.5	65.4
资源环境	65.4	64.6	66.3	67.2	67.7	69.5	70.6	72.6	75.2	76.8

表1-2 2000—2009年全国及四大区域全面建设小康社会实现程度

单位：%

	2000年	2001年	2002年	2003年	2004年	2005年	2006年	2007年	2008年	2009年
全国	59.6	60.7	61.8	63.0	64.8	67.2	69.9	72.6	74.6	77.1
东部地区	64.2	66.3	68.8	70.3	72.3	75.1	78.2	81.2	83.5	85.9
中部地区	55.5	57.9	58.8	60.3	62.1	64.1	67.0	70.6	72.7	75.2
西部地区	52.7	54.2	55.2	56.2	57.1	59.4	61.1	64.5	66.4	69.1
西北地区	60.4	62.0	63.9	66.0	67.6	69.2	72.1	74.8	77.4	80.6

2. 解释功能

解释就是指把握影响社会事实发生发展的主客观因素，从因果联系上说明社会现象和过程，就是把经验描述得到的感性认识上升到理性认识水平，从"是什么""怎么样"的描述状态上升到"为什么"的解释状态，通过概念、判断、推理等思维工具提炼理论。社会学的解释作用包括两种形式：①实证主义的因果说明，从传统的决定论发展到现代的概率论，由原来的单义因果考察转入对诸因素、多变量的相关分析，要反对把因果分析归结为纯粹行为的描述；②人文主义的意义理解，要反对否定社会现象的客观性和普遍性，把理论解释最终归结为直觉、本质直观的主观主义，主张因果说明和意义理解的统一。韦伯对基督新教伦理怎样影响教徒的禁欲主义天职观以及导致资本主义精神产生的分析就是社会学理论解释的典范。

3. 预测功能

预测就是在调查研究的基础上，根据已知因素，运用现有知识、经验和科学方法去预计和推测事物今后可能的发展趋势。预测的关键是要把纷繁复杂的社会中本质的、相对稳定的、重复性的关系揭示出来，从而把握未来事物变化中的必然性因素，为社会规划及政策制定提供依据。未来学家赖斯比特的《大趋势》、托弗勒的《第三次浪潮》、丹尼尔·贝尔的《后工业社会》就是社会学预测功能的典型体现。以中国人口研究为例，社会学家可以根据实行计划生育政策之前的生育率、死亡率预测20年之后的婚姻与生育状况、就业压力、半个世纪后的老龄化程度，根据独生子女政策实施的状况预测未来家庭结构、代际关系、服务业需求甚至消费趋向。

"十三五"时期中国人口发展所面临的挑战是：①人口发展失衡加剧经济社会发展矛盾；②劳动年龄人口比例下降导致传统经济发展方式难以为继；③养老服务需求快速上升，养老服务供给不足，据此提出的对策是：①全面放开二孩生育，逐步让生育决策回归家庭；②经济转型与人力资源开发并举，化解劳动力供需矛盾；③加快养老服务体系建设，大力发展养老服务业。[1]

《2017年中国社会形势分析与预测》是中国社会科学院社会学研究所专家撰写的报告，本报告以"扩大中等收入群体规模，构建现代橄榄形社会"为主题，分析2017年中国经济社会形势，指出在总体形势稳中向好的同时也面临诸多难题和挑战。总报告对经济增长、人口、就业、消费、民生事业等问题进行综合分析，各篇分报告以翔实的统计数据和实地调查资料为依据，分别讨论了供给侧结构性改革对劳动力就业的影响，分析了农村土地制度改革和农业生产发展中出现的新问题，研究了居民收入和消费增长新形势，分析了扩大中等收入群体规模面临的挑战和难题，针对这些问题所提出的对策建议具有实践参考价值。

(二)意识形态作用

意识形态作用就是为特定立场进行辩护的一种思想体系，具有维护统治阶级利益的功能。社会学与自然科学的不同之处在于，社会学既是从事这门科学的人对一定客观对象的认识和反映，又受到社会学研究者自身所处的经济、政治立场的制约，价值中立事实上不

---

[1] 张车伟，林宝."十三五"时期中国人口发展面临的挑战与对策[J]. 湖南师范大学社会科学学报，2015(4).

存在，社会学同哲学、政治学、经济学、法学、历史学一样，具有意识形态的性质和特征。西方社会学为资本主义进行辩护，创始人孔德的社会学就是为了克服资本主义运行中的矛盾和问题而产生，以后的西方社会学理论都在为完善资本主义制度而努力。

马克思主义社会学作为建立在科学基础上的意识形态，一方面提供向群众进行思想教育的社会理论和知识，帮助群众正确认识自己在社会中所处的地位和应承担的责任，采取正确的学习生活态度，树立健康的生活方式；另一方面启发群众划清与资本主义社会思潮的界限，正确处理中西方理论的关系，如教育群众认清"趋同论"的实质，划清社会主义和资本主义制度的界限，不同制度在管理模式、生活方式、产业结构、职业结构等方面出现的共同社会特征并不能导致社会制度性质的改变，不会造成社会主义和资本主义本质区别的消失。当前我国培育和践行社会主义核心价值观，对引领多元社会思潮具有重要意义，也成为社会学意识形态功能的时代体现，需要社会学做出自己的理论贡献。

二、实践作用

实践是人类能动地改造客观物质世界的活动，社会学的实践作用就是指社会学理论和方法对改造社会和人自身所起的作用。在社会学实践作用上存在干预论和价值中立论两种对立的观点。

干预论认为社会学应该积极地介入社会生活，为社会管理和社会发展做出贡献。社会学家就是社会医师、社会工程师。该观点在新中国成立前的社会学家中广泛流传，他们力图运用社会学为国家的兴亡和进步服务，并把它运用于社会实践的一切可以利用的领域。晏阳初是中国平民教育家和乡村建设家，早期开展平民教育运动时他认为中国的大患是民众的贫、愚、弱、私"四大病"，主张通过办平民学校对民众首先是农民，先教识字，再实施生计、文艺、卫生和公民"四大教育"，培养知识力、生产力、强健力和团结力，以造就"新民"，主张在农村实现政治、教育、经济、自卫、卫生和礼俗"六大整体建设"，从而达到强国救国的目的。1979年社会学在我国恢复后，干预论更为我国广大的社会学者所遵循，他们抱着明确的社会目的从事社会学的教学和研究。

价值中立论首先表现在韦伯对社会研究方法的论述上，后来被扩大到整个社会学领域和社会学者同社会利益的关系问题上，他们主张对社会学进行纯科学的净化，割断社会学同一定阶级集团的联系，使社会学者成为社会旁观者。

必须指出，社会学的价值观与科学观是可以很好地统一起来的，因为进步的社会主张和理想以及由此产生的实践活动本身不排斥科学地认识社会现象和过程，只有这样才能实现进步理想。错误的社会主张和价值观与社会学的科学性相互排斥，我们应该拒绝各种错误的社会价值观，提倡正确的价值观。

(一)对社会发展的作用

1. 为社会发展战略的选择和政策的制定提供科学依据

社会发展战略是一个国家或地方政府为促进经济社会发展所做的战略选择，是对发展方向、发展方式的总体思考。选择正确的发展战略有利于经济社会的协调发展。社会学以其综合研究的特点有利于全面分析问题，擅长分析经济增长的近、远期后果，对在实践中正确处理经济发展与社会发展、效率与公平、发达地区与落后地区的关系具有启发意义。国外的智囊团、思想库、智库就是以研究社会发展战略为宗旨，为政府决策提供依据和建议。兰德公司是美国最重要的以军事为主的综合性战略研究机构。它先以研究军事尖端科学技术和重大军事战略而著称于世，继而又扩展到内外政策各方面，逐渐发展成为一个研究政治、军事、经济科技、社会等各方面的综合性思想库，被誉为现代智囊的"大脑集中营""超级军事学院"以及世界智囊团的开创者和代言人，可以说是当今美国乃至世界享有盛名的决策咨询机构。

【案例1-2】城乡关系是我国社会发展中最重要的一种结构关系，如何处理城乡关系就成为我国社会发展的重大战略问题。社会学家费孝通对此做出了积极贡献，其调查报告《小城镇大问题》是我国小城镇研究的开山之作。费孝通认为中国城市化应该走小城镇模式，小城镇的发展是乡村工业带动的结果，"离土不离乡"和"离乡不背井"是解决我国人口问题的具体途径，他提出了"苏南模式""温州模式"与"珠江模式"等区域经济发展模式，以及以香港为中心的华南经济区、以上海为龙头的长江经济区等经济区域的建设思路，得到了社会各界的认同和政府决策层的关注，适时地对江苏小城镇发展提供了理论基础与智力支持。20世纪80年代江苏步入小城镇发展的"黄金时期"，90年代后，江苏的小城镇建设由量的扩张发展到质的提高，1994年6月，江苏省第八届人大常委会第八次会议审议通过了《江苏省村镇规划建设管理条例》，将小城镇建设纳入法制化轨道。同年10月出台的江苏省新型小城镇建设考核指标体系，确立了建设"布局合理、设施配套、交通便利、功能齐全、环境优美、具有地方特色"的小城镇发展方向。进入21世纪，江苏小城镇建设融入城乡一体化进程。今天苏南地区，经济发达、环境优美、特色鲜明的现代化小城镇，有的演变成功能齐全的小城市，有的融入大中城市城区，从而实现了从农村城镇化向城市化的跨越。

(资料来源：根据《吴江日报》，2010年9月13日整理)

问题：费孝通对中国城市化道路提出的对策是什么？他提出这些对策的依据有哪些？你如何评价这些对策的作用？

分析：费孝通认为中国城市化应该走小城镇模式，他通过实际调查研究和论证提出了这个对策。小城镇模式得到政府决策部门的认同和接受，转化为政策并指导城市化建设实践取得了积极成效。

2. 开展社会问题研究促进社会协调发展

社会问题是社会学的传统研究内容，也是当代社会学研究的重点。社会在运行过程中都会产生相应的问题，对社会问题进行研究，首先要描述社会问题现状和特征，其次要揭示社会问题的成因，最后找到解决问题的对策，从而促进社会的良性运行和有序发展。当前食品安全、房价、物价、反腐败、教育、恶性车祸、环境保护、事故、强拆等社会问题突出，需要社会学进行研究并提出对策。

3. 为社会工作和社会治理提供必需的社会学知识

现代社会为人们提供了越来越多的社会化公共服务和各种各样的社会保障项目，从事这些事业的管理工作就称为社会工作。社会工作是政府主导社会力量广泛参与的，它以哲学、社会学、心理学、医学等为学科基础，以助人自助为核心理念，以个案工作、小组工作、社区工作为直接工作方法为案主提供专业服务，帮助案主解决在与环境互动过程中所产生的各种问题，帮助案主重塑自信，走向社会正轨。社会工作的范围广泛，包括社会福利、社会保险、社会救济、社会互助、社会教育、社会风俗改造、社区服务和基层群众自治，社会工作需要社会学理论和方法支撑，实务性强，通过大学培养社会工作专业人才，为社会提供专业服务。

社会治理是社会学研究的重点领域，属于社会控制范畴。社会治理是维系社会稳定、促进社会经济协调发展的重要保证，是政府和社会组织为促进社会系统协调运转，对社会系统的组成部分、社会生活的不同领域以及社会发展的各个环节进行组织、协调、监督和控制的过程。社会治理的基本任务包括协调社会关系、规范社会行为、解决社会问题、化解社会矛盾、促进社会公正、应对社会风险、保持社会稳定等方面。要提高社会治理水平，利用组织和群体理论解决好人际关系，调动人们参与社会的积极性。当前我国既处于发展的重要战略机遇期，又处于社会矛盾凸显期，社会治理领域还存在不少问题，因此需要加强社会治理理论和问题研究，为创新社会治理体制机制提供依据。

(二)对个人适应社会的作用

1. 指引个体做一名合格公民

每个人都生活在具体的社会里，参与社会生活，从事学习、工作等具体活动，要处理各种社会关系，适应社会环境，这就需要个人有社会知识，培养观察分析社会的能力。社会学所提供的知识，相当部分是现代国家的公民常识，可以为每个人的社会生活提供帮助。

(1) 确立正确的自我认知。认识你自己是自古以来的格言，人只有对自己有充分的认识，才能有恰当的人生追求和人生道路，但人对自己的认识存在局限，这就需要超越个人经验的界限，把自己置身于一定历史时期的社会之中，从中理解影响个人行为的社会力量，确定自己的人生理想和奋斗目标，找到实现理想的途径和方式。社会学的批判意识、人文诉求和反思立场可以帮助人们正确地认识自己在所处社会中的地位、角色、作用和局限，树立适合自己的社会理想和人生价值观。

(2) 追求文明生活方式。文明生活方式是社会进步在个体身上的具体表现，指引个体辨析、选择、建立健康、科学、文明的生活方式，自觉抵制落后、消极的生活方式，进而提高生活质量，增加幸福感。

目前对幸福感的研究正在兴起，幸福感是一种心理体验，它既是对生活的客观条件和所处状态的一种事实判断，又是对生活的主观意义和满足程度的一种价值判断。幸福感表现为在生活满意度基础上产生的一种积极心理体验。幸福感指数是衡量这种感受具体程度的主观指标数值。"幸福感指数"概念最早是由不丹国王旺楚克于20世纪70年代提出并付诸实践的，30多年来，在人均GDP仅为700多美元的南亚小国不丹，国民总体生活得较幸福，"不丹模式"引起了世界的关注。GDP是衡量国富与否的标准，而幸福指数是衡量百姓幸福感的标准，是挂在人民群众脸上的"指数"。幸福感体现民众对自身生存发展条件的一种积极体验，幸福感指数的内在含义与构建社会主义和谐社会的目标有着高度的一致性。

(3) 提高个人社会认知能力。在纷繁复杂的社会现象面前，我们容易被迷惑，在面对具体问题时，我们容易判断失误，对此，社会学的思维和方法能够提高我们的观察能力和判断分析能力。美国社会学家赖特·米尔斯对社会学想象力有着系统的论述。人们总是在家庭、亲属、朋友和同事这类小圈子里通过自己有限的经验去观察世界，这样狭小的视野给认识广阔的外部世界带来了阻碍，也限制了人们对自己小天地的了解。要克服这些障碍就需要发挥社会学想象力，它是指对个人经验和广阔社会之间关系的强烈意识和心智品质，它能够帮助我们透过社会平衡和稳定的表象洞悉人类社会冲突与变迁的本质，探索个人的生活经历和生活方式与社会实践和社会模式之间的关系，有助于人生的正确定位，帮助我们把握历史和实践及其在社会中的相互关系，区分"局部环境中的个人困扰"和"社会结构中的公众问题"。[1]

社会学的主题与人们熟知的日常生活密切相关，社会学比较关注生活世界，形成了自己的理论观点。社会学中有一个流派叫作常人方法论，研究普通人在日常生活实践中建构社会和生活世界的方法，通过运用问卷调查、参与观察、内容分析等方法收集分析资料得出可靠结论。常识是未经过系统分析而获得的对某种情况表象的粗浅感知，其根据和可靠性都较差。表 1-3 是社会学知识与常识相区别的例子，通过社会学学习和训练可以提高我们超越常识获得真知的能力。

表 1-3 社会学知识与常识的区别

常　　识	社会学知识
下层阶级青年比中产阶级青年更容易犯罪	下层阶级青年不比中产阶级青年更容易犯罪，两个阶级的青年发生违法行为的可能性同样大，只是后者被逮捕的可能性较小，因而在法律部门的统计资料中出现的频率较低
家庭发生纠纷时，丈夫比妻子更可能杀害对方	家庭发生纠纷时，妻子杀死丈夫的可能性与丈夫杀死妻子的可能性同样大。丈夫虽然一般体力较强，妻子则更有可能使用致命武器，手段更为狠毒
接触色情文学使人在性方面犯罪	性犯罪学研究表明，性犯罪者实际上对色情文学的接触并不比其他人多。色情文学不仅不会鼓励人们在性方面犯罪，相反，似乎还为有些人提供了一种宣泄途径
了解公众确切意见的最好办法是对尽可能多的人进行民意测验	在很大程度上，能否确切地了解到民意与民意测验的人数关系不大，问题的关键在于抽样部分应该具有广泛的代表性。如果样本选择得当，对两三千人的抽样调查即能得出全国人的准确意见；如果抽样不科学、选择不当，哪怕有 300 万甚至 3000 万样本，测验结果也不会令人满意
贫贱夫妻百事哀	生活的快乐并不是由物质的多寡来决定的，而是由人们对快乐的期望来决定的。富裕阶层对物质的满足往往不如贫困阶层来得容易；富裕阶层在生活中承担的压力和责任也不比贫困阶层小

(资料来源：伊恩·罗伯逊. 现代西方社会学[M]. 赵明华等译. 郑州：河南人民出版社，1988.)

---

[1] 赖特·米尔斯，塔尔科特·帕森斯. 社会学与社会组织[M]. 何维凌，黄小京译. 杭州：浙江人民出版社，1986.

2. 作为一种职业选择

社会学可以作为一项职业。在发达的国家和地区，其高校设有社会学系或社会学专业，其中产生了很多知名社会学家，形成了许多社会学理论和流派，他们通过教书这种职业把自己的理论和思想传播给世人。

在美国，教育吸收了绝大部分社会学力量。在具有社会学博士学位的人中，3/4 的人是在大学或学院里教书。职业学校特别是师范学校和社会工作学校，商业、法律和医科学校，也逐渐聘请社会学学者作教师。在那些与学术界有联系的社会学者中，1/8 的人是在职业学校、大学的研究所或社会学系以外的教育部门中工作，而所有社会学学者都毫无例外地认为，教书育人是非常有价值的工作，既能生产、传播社会学知识，又能通过培养社会学专业人才来传承社会学事业，为解决社会问题提供人才支撑。

普林斯顿大学对社会学系本科生毕业后的去向进行了一项调查发现，如果以营利和非营利来划分，54%的人在营利性机构工作，30%的人在非营利性机构工作；如果以行业来划分，18%的人在教育界，18%的人在媒介，16%的人在金融保险业，13%的人在法律界；如果以是否获得更高学位来划分，68%的人毕业后获得了更高学位[1]。

社会学专业的就业领域比较宽，可以归纳为以下几个方面。

(1) 各种公司的业务部、营销部、策划部人员，从事跑业务、营销和市场调查、公关策划、市场策划等工作。此类工作的门槛往往较低，但如果干得好，几年下来，往往升迁较快，还可能积累一些个人创业的经验和资本。适合不怕吃苦，有创业和开拓精神的同学。

(2) 从事文秘、咨询方面的工作。目前咨询公司很多，社会学专业完全可以胜任其中的公关策划、公共形象设计、文秘等工作。

(3) 各种公司的人事或人力资源部职员以及一些人力公司和猎头公司职员。社会学专业的学生学习过社会心理学、劳动社会学、人力资源开发与管理和公共关系等课程，另外还有社会工作方面的课程，应该能够胜任人事和人力资源管理方面的工作。

(4) 专业的调查公司，包括市场调查公司、媒体调查公司等。譬如央视零点调查公司、赛迪数据等。这类公司也是较大的社会学就业渠道。社会学专业的学生系统学习了高等数学、社会调查与研究方法、社会统计学和数据分析技术 SPSS 等课程，可以很好地胜任此类工作。

(5) 传媒方面的记者、编辑、社会评论、信息量化分析、策划等，包括报纸、杂志、电台、电视台、网站等均可。我们学过社会学方面的课程，对于一些大众、社会时事方面的报道，社会评论等，应该视角更独特，更有深度。很多大的媒体有社会调查部，也是社会学专业非常适合的部门。文笔好、文科功底好的同学也能胜任编辑工作。

(6) 从事社会工作方面的工作。在工会、共青团、妇联等各种社会团体、各类科技园区、社会社区中从事各类社会工作的管理、咨询与服务工作。

(7) 应聘或报考公务员。一般而言，街道、居民委员会、各地民政系统、新闻出版系统等较可能招收社会学方面的人员。

(8) 应聘中外 NPO、NGO 组织。目前国内外的此类组织在中国越来越多，譬如中国的儿童村、环境保护组织等，以及联合国、日内瓦的一些驻中国办事机构、福特基金会、绿

---

[1] 邱泽奇. 社会学是什么[M]. 北京：北京大学出版社，2002.

色和平组织、英国儿童基金会、美国教育基金会等驻中国办事处。

就美国社会学会会员的就业而言，据1959年对美国社会学会会员的普查，70%的会员在大学和学院教书，5%的会员为联邦政府工作，6%的会员在商业界做雇员，其余的大多数会员在学校、医院、监狱之类的公立或地方的组织中工作[1]。

目前，在全面建成小康社会、创新社会治理、实现中国梦的新时代下，社会学迎来了新的发展契机，社会对社会学人才的需求在增加，社会学的影响力在提升。从事社会学专业学习和深造，意义重大，前景广阔，正如中国社会学家郑杭生指出的那样："一门立足于中国本土的同时也更加国际化的、在不断综合与创新基础上日益提高其成熟度的中国社会学，必将成为21世纪中国社会科学大家族中的显学之一。"

第四节　社会学的产生与发展

社会学是工业社会的产物，其产生有着深刻的社会历史、思想及科学发展的背景。

一、社会学产生的条件

一个学科的诞生总有其特定的历史背景。当孔德在《实证哲学教程》第四卷中使用社会学这个概念时，他面临着社会和个人的双重困境。社会学这个词及其想建立的学科，在我国曾经被清末的启蒙思想家康有为、严复等人以"群学"或"人群学"的名义介绍和传入，而日本人将其直接翻译为社会学，1902年8月由章太炎将日本学者岸本能武太的《社会学》一书翻译成汉语时采用了日本人的做法，社会学一词取代了群学或人群学。

(一)社会历史条件

社会学的产生是资本主义社会矛盾突显并对之进行改良的需要。资本主义制度的建立是一种进步，促进了生产力的巨大发展。自18世纪后半叶英国工业革命和法国政治革命爆发以来，西欧资本主义制度所孕育的各种社会矛盾日益加深，出现了新问题，政治革命造成社会秩序的动荡，如法国政权更替、阶级斗争、复辟与反复辟的斗争接连不断，使得社会秩序动荡不安；产业革命造成广大农民、手工业者和其他小生产者的破产；新兴资本主义制度造成新的阶级压迫和剥削，这表明资本主义没有消除社会的不公正和不平等，而是用新的不公正和不平等代替了旧的不公正和不平等。

资本主义的弊端引起人们对它的重新认识和改造运动：一些站在无产阶级和劳动人民立场上的思想家和社会活动家对资本主义持完全否定和批判态度，如空想社会主义和科学社会主义；另一些站在资本主义改良立场，积极从事改良活动和理论建设活动。

(二)思想条件

社会学作为关于社会运行和发展的专门知识的理论体系，在正式成为一门独立学科之

---

[1] 张敦福. 现代社会学教程[M]. 北京：高等教育出版社，2008.

前，许多思想观点被包含在历史哲学、政治学、经济学和空想社会主义等理论之中，或者说是以社会哲学的形式而存在的。社会学作为一门独立学科在欧洲出现，经历了从社会哲学到社会学的转变，这是一个漫长的历史过程。

以前对社会的认识采用思辨的方法，从其虚构的概念和一般原则去推断现实和解释历史，常常与历史事实不符合。人们对古代和中世纪便已经存在的社会历史哲学产生普遍厌弃。从18世纪晚期开始，在自然科学和社会科学的有力推动和启示下，越来越多的人认识到历史哲学的弊端，终于导致一些人仿效自然科学和采用数学方法创建了一门新的关于社会的科学取代历史哲学，如社会物理学。圣西门对孔德的影响巨大，孔德作为圣西门的秘书，受到圣西门实证主义哲学和空想社会主义的影响。

(三)学术条件

欧洲文艺复兴以来自然科学得到迅速发展，天文学、地理学、数学、物理学、化学、生物学等学科取得了突破性成果，特别是牛顿力学体系的完成更加显示出自然科学方法的巨大威力，给社会科学以深刻启示。在社会学之前出现的各门社会科学的独立与分化及19世纪在英法等国家发生的对实际社会问题的经验研究，从哲学中分化出经济学、政治学、历史学、民族学、法学等实证科学，有力地促成了社会学的独立，同时在有关社会知识的领域产生了新的需要，要求建立一门有别于旧的历史哲学，但能联结各门具体的社会科学并具有综合性特征的社会科学。孔德的社会学便是这一意识下的产物，尽管它具有哲学思辨特征，但与传统哲学不同的是，社会学讨论的对象更多的是社会，而不是人和人性；提出更多的是重组社会的构想，而非柏拉图《理想国》式的散论。真正使社会学从哲学里脱胎换骨成为独立学科的是法国社会学家迪尔凯姆。

二、社会学的产生和发展

(一)古典社会学时期的代表人物及其理论

1. 孔德

孔德是西方社会学之父，他在特定的社会历史、思想和学术条件下为社会学的创立做出了贡献。1830—1842年他发表六卷本的《实证哲学教程》，首次提出社会学的概念和建立实证主义社会学的思想。其实证主义思想对以后各个历史时期直至今天的西方哲学和社会学产生重大影响。

孔德对社会学的贡献包括：①提出实证主义哲学观和社会学研究的四种研究方法。孔德创立社会学与其实证主义哲学分不开，强调认识的经验和可实证性，提出观察、实验、比较和历史法，对于收集社会事实至今还有用。②初步建立社会静力学与社会动力学的理论体系，第一个把社会学作为关于人类社会的科学。社会静力学对社会结构和功能进行分析，分析了个人、家庭和社会的关系，三者有机协作构成和谐的社会整体。社会动力学研究社会发展变化的规律，社会发展的动力主要是人的智力，人的智力发展有三个阶段：神学阶段、形而上学阶段、科学实证阶段，相应的社会发展有三个阶段：军事阶段、过渡阶段、工业阶段，目前的社会进入工业阶段，是最高阶段，尽管有弊病，但可以医治，其社会建制思想是："以爱为原则，以秩序为基础，以进步为目的。"

由孔德开始，社会学进入古典阶段，涌现出一批社会学家，使得社会学与社会哲学等学科的界限日益清晰，社会学的学术传统得以建立，最终成为一门独立的社会科学。

2. 斯宾塞

斯宾塞，英国哲学家和社会学家，是代表英国社会达尔文主义与功利主义传统的社会学创始人。其主要社会学思想如下。

(1) 把社会与生物进行类比，提出社会有机论，即社会不过是一些独立的个人集合体，在一切发达的社会有机实体中都存在三个系统：支持系统，它保证向社会供给必需的产品；分配系统，它保证社会有机体各部分的联系；调节系统，它保证社会各个组织部分服从于整体。承担这三大系统功能的各种社会设置是家庭、礼仪、政治、教会、职业和工业，正是这些设置构成了资本主义社会的和谐运行和发展的机制。

(2) 按照生物进化原则，提出社会进化论。社会进化是一个持续不断的过程，要经历生长、结构进化、功能分化、相互依赖等过程。在进化过程中，社会组织由单一的、同质性结构转变为复杂的、异质性结构，并伴有社会各部分功能分化现象，社会变得越加脆弱，若其中一个部分功能失调，就会使社会系统受到影响而导致瓦解。因此，必须加强社会系统之间的相互协调性。

3. 迪尔凯姆

迪尔凯姆是法国第一个获得任命的社会学教授。其代表作有：《社会分工论》(1893年)、《社会学方法的规则》(1895年)、《自杀论》(1897年)、《宗教生活的基本形式》(1912年)。

(1) 明确界定社会学的研究对象和研究方法，社会事实是社会学的研究对象，是一种个人外部的存在，是决定个人行为而不以个人主观意志为转移的客观事物，包括物质的社会事实，如劳动分工、法律；非物质的社会事实，如集体意识、社会潮流。主张在整体层次对社会事实进行实证性研究。他运用这种方法研究自杀现象，得出社会整合程度与自杀密切相关的结论，具体分析了四种自杀类型的原因，用统计资料研究自杀的程序和方法成为最早用实证方法研究社会现象的社会学家，从而使社会学成为真正意义上的独立学科。

(2) 理论主线是社会团结。社会团结是一种最基本的社会事实，指把个体结合在一起的纽带，是一种建立在共同情感、道德或价值观基础上的个体与个体、个体与群体、群体与群体之间的、以结合为特征的联系状态，是维系社会成员的力量，是建立社会秩序的保证。按社会发展程度的不同，社会团结分为：机械团结和有机团结。

(3) 迪尔凯姆是宗教社会学奠基人，通过对以图腾崇拜为特征的宗教研究来探讨社会团结问题。宗教是同神圣事物相连的信仰和实践的统一体，基本功能是通过对神圣信仰来控制人们的需求和行为，并通过宗教仪式使人们成为一个集体。

4. 韦伯

韦伯，德国社会学家和历史学家，其社会学理论的主题是"西方文化特有的和独具的合理主义"，弄清资本主义的性格特征以及西方文明不可逆转的合理化趋势，力图从发生学和比较的角度，从科学、技术、文化、艺术、法律、社会组织、政府管理等方面阐明合理性这个主题。其社会学思想如下。

(1) 理解社会学，社会学是理解社会行为的科学。社会行为是行动者以他主观认定的意义而与他人行为发生联系的行为，一是行动者个人赋予其行动以意义，二是行动者所采取的行动须和他人的行动发生联系。社会行为分为四类：与目标相连的合理行动、与价值相连的合理行动、激情的行动和传统的行动。在传统社会，后两种占主导地位，而在工业社会，前两种占主导地位。这种目标合理的行动的作用日益加强、范围日益扩大的过程就是合理化过程，资本主义社会就是合理化过程的结果，该整个社会都趋向于与目标相连的合理组织，并通过科层制来管理经济和国家。

(2) 宗教社会学，其特点集中在对个人的行动及其意义的研究上。韦伯在《新教伦理与资本主义精神》《宗教社会学》中为自己设置了三大任务：对马克思唯物史观的挑战；揭示资本主义在西方出现的秘密；展现信仰、文化、思想对社会行动的制约作用。资本主义精神是一种历史的理想类型，起源于新教，资本主义文化的主要障碍是传统的价值观，新教摧毁了传统价值观。资本主义精神的内涵是：工作受到尊重；贸易和利润是职业成功的标志和个人美德的标志；理性化生活是长远目标和经济成功手段，而且是恰当和正义的存在状态；对社会成功的正当追求应该同将来的满足、幸福和快乐融为一体。通过比较，东方国家特别是中国、印度正是因为不具备这些因素，所以资本主义制度才没有出现。

(3) 政治社会学，根据统治基础分为三种统治形式，建立在传统权威基础上的是传统的统治如家长制、世袭制。建立在魅力权威基础上的是领袖的统治。建立在法理权威基础上的是理性与法律的统治。这些思想成为西方政治社会学关于社会权力与统治形式的基本理论。

(二)现代社会学理论

社会学产生于欧洲，但蓬勃发展于美国，19世纪末至20世纪初，西方社会学发展的中心逐渐转移到美国，其原因如下。

(1) 20世纪初，资本主义在美国得到迅速发展，直至今日，无论在科技还是工农业生产方面，美国在全世界都是首屈一指的。

(2) "二战"一度中断了原来占有领先地位的欧洲社会学的发展，使不少优秀的社会学家为了逃避法西斯的迫害，流落到美国，为美国提供了许多优秀人才。

(3) 实用主义方法论的影响。以詹姆士和杜威为代表的实用主义哲学从一开始就对美国社会学产生了重要影响，美国社会学较多地关注社会主体利益和需求的满足以及个人情感方面的探讨，因而注重社会实际问题研究并带有较多的心理学色彩。

早在1873年，萨姆纳就在耶鲁大学讲授社会学课程，1892年斯莫尔在芝加哥大学创建了世界上第一个社会学系。至1901年，在整个欧洲开设社会学课程的大学仍然寥寥无几，但美国有169所大学和学院把社会学列为正式课程。在美国社会学发展过程中，从引进欧洲社会学到社会学本土化，形成了自己的风格，即重视经验研究，关注社会现实问题的调查研究，形成了芝加哥社会学派，重视社会心理和社会行为研究。美国社会学理论流派纷呈，产生了结构功能主义、社会冲突论、社会交换论、符号互动论、常人方法论等理论，为社会学理论的多元发展提供了范例。

(三)当代社会学理论

"二战"以后，西欧国家的社会学得到恢复和发展，形成了一些有自己特点的理论流派。进入 20 世纪 80 年代以来，社会学理论出现了三个主要的动向：微观与宏观的整合、能动与结构的整合以及理论的综合。

美国社会学界开始关注微观社会学理论与宏观社会学理论的整合研究，乔治·瑞泽尔从主观形式和客观形式角度将微观层次和宏观层次整合起来，提出宏观的主观性、宏观的客观性、微观的主观性、微观的客观性等研究范式。杰弗里·亚历山大提出的"多维度社会学"范式，发展出四个分析层次：集体的唯心主义、集体的唯物主义、个人的唯心主义和个人的唯物主义。詹姆斯·科尔曼 1990 年在其理性选择理论的基础上将微观与宏观的关系发展得更为精致。兰道尔·科林斯 1975 年在《冲突社会学》一书中首次从微观层次上提出"仪式互动链"理论，1999 年在《哲学社会学》一书中将"仪式互动链"理论引向宏观层次。

欧洲社会学界关注的是结构和能动的整合，英国的吉登斯提出了结构化理论，将能动和结构看成是"二元性"，强调二者相互关联不能彼此分开。法国的布迪厄提出了实践社会学理论，以惯习和场域的关系来讨论能动与结构的主题。惯习是一种内化的认知结构，既能产生社会又能由社会而产生。场域是各种客观位置的一种关系网络，场域限制着能动者。德国哈贝马斯在"生活世界殖民化"的题目下讨论能动与结构主题，认为生活世界是人们互动的微观世界，系统来源于生活世界，但系统又发展出自己的结构特征，反过来控制了生活世界。法国思想家福柯通过权力的谱系学分析展示了后现代主义观点和对现代权力观的否定。

三、社会学在中国的发展

(一)新中国成立前社会学的传入与成长

1. 社会学的传入

中国有着丰富的社会思想，如大同社会、小康社会的思想可谓家喻户晓。但社会学属于西学，在 19 世纪末至 20 世纪初传入中国社会，当时正值中国从封建大国沦落为半封建半殖民地之时，国力衰微达到极点。其传入渠道有以下几个。

(1) 翻译出版西方社会学著作。首推严复，1897 年严复把斯宾塞《社会学研究》一书的前两章翻译为中文在《国闻报》上发表，1903 年将全书翻译为《群学肄言》由上海文明编译书局出版，该书的出版标志着中国社会学历史的开端。与此同时，章太炎于 1902 年翻译出版了日本岸本能武太的《社会学》，从此，西方社会学著作通过西方和日本两条途径被翻译传入中国。

(2) 美国教会学校对社会学的移植。教会学校率先在中国社会开设社会学课程，培养他们急需的人才。1908 年上海圣约翰大学开设社会学课程，1913 年上海沪江大学创立社会学系，这是我国最早的一个社会学系。到 1919 年基督教所办大学开设社会学课程者达到 20 所。全部采用西方教材，用西方人讲授，并组织一些社会调查。

(3) 大批中国留学生发挥作用。从 1909 年，留学美欧、日本的留学生日益增多，或学习社会学专业，或学习社会学课程，归国后，许多人从事社会学的教学与研究工作。如北京大学 1916 年开设社会学班，由留学日本归来的康宝忠教授自己编写教材向学生讲授。孙本文当年受业于康宝忠。

(4) 马克思主义社会学的传播。李大钊、蔡和森、李达、瞿秋白等人宣传马克思主义社会学，主张建立新秩序，或深入工人、农民、青年、妇女中间进行调查研究，以探求解决社会问题的途径。1923年，上海大学成立社会学系，由瞿秋白任系主任，蔡和森、邓中夏、张太雷等任教。李达的著作有《现代社会学》《社会学大纲》，瞿秋白的著作是《社会科学概论》。

2. 社会学的成长与发展

到了20世纪三四十年代，社会学得到了长足的发展，突出表现为1926—1927年国内60所大学开设社会学课程共308科，大部分社会学系工作由中国人主持。抗战爆发后，西南成为社会学基地，仅成都、重庆等西南9所大学的社会学系，从1938年到1946年的毕业生就有500余人。从社会学学者的研究来看，形成有影响的研究包括以下几个。

(1) 以陶孟和、黄凌霜为代表注重社会进化与变迁。
(2) 以孙本文、吴泽霖为代表注重社会心理因素。
(3) 吴文藻偏重文化因素。
(4) 潘光旦注重社会生物因素。
(5) 吴景超、杨开道、费孝通注重城乡经济因素。
(6) 注重社会整体或综合研究者，注重社会问题研究者，社会实地调查更为广泛开展。

1928年中央研究院社会科学研究所成立，下设社会学组。1930年中国社会学学社在上海成立。开展社会调查与社会实践活动，著名的有宴阳初的平民教育、梁漱溟的乡村建设运动。

(二)新中国成立后社会学的重建

1951—1953年全国高校院系调整，20个社会学系先后被取消，社会学教授改行，如吴文藻、潘光旦、费孝通去中央民族学院。与社会学有密切关系的社会心理学、社会人类学、社会工作与人口学等也相继被取消。1979年政府为社会学恢复名誉，成立中国社会学学会。在一些大学设立社会学系或专业，1985年、1999年、2004年全国社会学系分别为11家、33家和60多家，建立了学士、硕士、博士三级学位体制，中国社会科学院、北京大学、中国人民大学、南京大学、中山大学、清华大学、上海大学等二十多所高校拥有博士点。

社会学在婚姻家庭、人口流动、劳动就业、犯罪、知识分子、青少年、老年人、残疾人、妇女、农村发展模式、城市规划、社会结构等方面取得了重要成绩，突出的成果有：郑杭生的马克思主义社会学研究，李培林、孙立平的中国社会结构变迁研究，陆学艺、李强、周晓红的社会分层研究，李汉林、李路路的单位制研究，马戎的民族社会学研究，刘世定的经济社会学研究，王铭铭的社会人类学研究，王思斌的社会工作与弱势群体研究，周雪光、李友梅的组织社会学研究，潘绥铭、李银河的性社会学研究，曹锦清的农村社会学研究，苏国勋的社会理论研究[1]，陈昌文的西部宗教社会学研究，风笑天的社会学研究方法研究。这些成果受到社会重视，为中国社会学的进一步发展奠定基础。当然，社会学中国化进程中的困难和阻力还不少，还需继续努力。

---

[1] 张敦福. 现代社会学教程[M]. 北京：高等教育出版社，2008.

本 章 小 结

本章主要介绍了社会学的研究对象、学科性质、特点以及社会作用和简要发展历史。本书认为社会学是一门从个体的社会关系和社会行为出发来揭示社会结构、功能、运行和变迁的一般原理及其社会生活管理原则的综合性社会科学，具有整体性、综合性、现实性和实证性特点。社会学具有描述、解释、预测的理论功能和意识形态作用，对社会发展和个人社会适应发挥着重要的实践作用。社会学是工业社会的产物，其产生有着深刻的社会历史、思想及科学发展的背景。西方社会学理论的发展分为古典时期、现代时期和当代时期，中国社会学是从西方传入的，有着曲折发展的经历，总体上取得了较大成就，在当前有着重要的学科地位和社会作用。

习 题

一、判断题

1. 社会学的研究对象具有多种观点。（   ）
2. 社会学是工业社会的产物。（   ）
3. 马克思主义社会学就是历史唯物主义。（   ）

二、单项选择题

1. 西方社会学之父是（   ）。
   A. 斯宾塞   B. 孔德   C. 迪尔凯姆   D. 马克思
2. 迪尔凯姆关于社会学的研究对象是（   ）。
   A. 社会关系   B. 社会问题   C. 社会研究方法   D. 社会事实
3. 把斯宾塞《社会学研究》一书翻译为《群学肄言》的是（   ）。
   A. 康有为   B. 谭嗣同   C. 严复   D. 章太炎

三、多项选择题

1. 根据知识结构可以把社会学的研究领域分为（   ）。
   A. 理论社会学   B. 应用社会学   C. 经验社会学   D. 社会哲学
2. 社会学的学科特点有（   ）。
   A. 整体性   B. 综合性   C. 现实性   D. 实证性
3. 社会学的理论作用表现为（   ）。
   A. 描述   B. 解释   C. 预测   D. 对策

四、案例分析

1. 2017年10月18日至10月24日召开的中国共产党第十九次全国代表大会，习总书记在报告中指出："打造共建共治共享的社会治理格局"，"加强社区治理体系建设，推动社会治理重心向基层下移，发挥社会组织作用，实现政府治理和社会调节、居民自治良性互动"。

问题：（1）什么是社会治理？

（2）社会学对创新社会治理有何作用？

2. 英国社会学家吉登斯在谈到社会学想象力时举了一个喝咖啡的例子。喝咖啡是人们日常生活中再普通不过的行为，社会学对喝咖啡能够说什么呢？

（1）咖啡并不只是一种让人精神焕发的东西，还具有象征价值，早上喝咖啡在许多西方人的日常生活中标志着一天的开始。在白天，人们常常与其他人一起喝咖啡，更多地表现为一种社会仪式，如中国人喝酒，酒逢知己千杯少，喝酒与社会交往为社会学提供了丰富的研究素材。

（2）咖啡含有咖啡因，而咖啡因是一种毒品。人们并不把嗜好喝咖啡的人看成是吸毒的人。但如果你只要咖啡因就不同了，大多数社会并不容许人们吸毒。

（3）喝一杯咖啡使一个人卷入到全球一系列复杂的社会与经济关系中。咖啡的生产地大多数是穷国，而消费地大多是富国。在国际贸易中，咖啡是仅次于石油的最有价值的商品，是许多国家最大的外汇来源。咖啡的生产、加工、运输和销售提供就业机会和国家之间的交往机会，研究这种全球的贸易是社会学的一项任务。

（4）咖啡变成了一种政治。咖啡种植已经普遍化和品牌化，喝什么样的咖啡就变成了消费者对生活方式的选择，如纯天然的咖啡、无咖啡因的咖啡和"公平贸易"咖啡等。可以到特色咖啡厅，也可到"星巴克"连锁店喝咖啡。喝咖啡的人们可以联合起来抵制来自某些国家的咖啡。

（5）喝一杯咖啡的行动隐含了某种社会和经济发展史。与人们熟知的茶、香蕉、土豆和白糖一样，咖啡成为一般消费品也只是18世纪晚期以后的事。咖啡源于中东，而西方人对咖啡的消费是殖民扩张时期才开始的，那么，西方人如何看待咖啡，过去和今天的看法有什么不同？咖啡与世界贸易的发展有着怎样的关系？

问题：从吉登斯对喝咖啡的分析中，谈谈你对社会学想象力的内涵和作用的看法。在日常生活中怎样发挥社会学想象力的作用？

第二章 社会及其构成要素

【学习目标】

通过对本章内容的学习，读者能了解社会、社会结构、自然环境、人口、文化的含义，理解社会的本质，掌握自然环境、人口、文化在社会结构和社会运行中的地位和作用，掌握文化特性理论和文化的运行规律。

【导读案例】

> 在威廉·戈的小说《飞星之神》中，"二战"里一架载着一群6~16岁男孩的飞机被击落了。飞机坠落到一个人迹罕至的岛屿上，幸存下来的是这群既无领袖又没什么组织的孩子们。但不久，在这群男孩中便出现了一些为我们所熟知的社会特征。
>
> 坠机后不久，一个个头高大、相貌英俊、年龄较大、名叫拉尔夫的男孩对众人说："看来我们得有一个头儿来决定一些事情。""这应让我来承担。"拉尔夫的话音刚落，杰克——一名竞争者便宣称道："但我是唱诗班的领唱。"最终每个人都同意应由大家投票决定谁来当大家的头儿，拉尔夫得以胜出。他随即对杰克委以重任："杰克，你是唱诗班的负责人，那么你认为我们能为大家做点什么呢？"杰克回答道："狩猎。我们能够猎杀野猪来充当食物。"而另外的一些六岁左右的小男孩则被组建成一个小组。他们过着"与大孩子们截然不同的生活，也很少去干扰大孩子们充满激情的团队生活"。
>
> 当火种有熄灭的危险时，进一步的秩序就成为必要。拉尔夫提出："我们应该制定出更多的规则。"杰克对此表示赞同："我们的确需要制定出规则并贯彻它们，我们毕竟不是野蛮人，我们是英国人。"他宣布："我将把猎人们，也就是唱诗班分为几个小组，我们有责任使火种延续下去。"后来，孩子们的脑海中滋生出对怪物的想象。于是，害怕、妄想和恐慌便进入了他们的世界。当拉尔夫再次提及秩序的重要性时，杰克则大叫着回敬道："去你的规则！我们才是强大的，是我们在为大家捕猎！"于是孩子们分裂成交战的双方。幸运的是，在完全消灭对方之前，大人们找到了这群孩子。
>
> 威廉·戈的小说富有想象力地描绘了一个小规模社会的形成。我们可以从中观察到劳动分工和社会结构分化的兴起。最后，我们目睹了这一社会结构瓦解后产生的混乱与战争状态。
>
> （资料来源：戴维·波普诺. 社会学[M]. 李强等译. 北京：中国人民大学出版社，1999.）

这个小说中的故事启发我们思考这样一些问题：既然社会学是一门从个体的社会关系和社会行为出发来揭示社会结构、功能、运行和变迁的一般原理及其社会生活管理原则的综合性社会科学，那么，什么是社会？社会的组成要素有哪些？社会是怎样形成的？对这些问题的回答就构成本章的主要内容。

第二章 社会及其构成要素

第一节 社会的本质

一、社会的含义

社会一词在日常生活和社会学的学科体系中使用的频率非常高。如我们生活在社会主义社会;把大学毕业参加工作称为"走向社会"或"进入社会";范仲淹的《岳阳楼记》中有名句:"居庙堂之高则忧其民,处江湖之远则忧其君,是进亦忧,退亦忧,然则何时而乐耶。其必曰,先天下之忧而忧,后天下之乐而乐。"有人说:"人在江湖身不由己。"这些日常关于社会的话语折射出社会本质与现象的复杂性。人的聚类生活决定人的生存方式不可能是孤立的,人要很好地生存,就得探索和遵循生存之道、相处之道,就要洞察社会表象之下的真谛。围绕洞察这个真谛,思想家提出了若干关于社会的思想,如柏拉图的《理想国》、中国的大同小康、陶渊明的世外桃源都包含了关于社会的理想。

(一)词源学上的社会

在典籍中,"社"和"会"最初各有其意并分开使用。"社"的含义有两种:①《孝经·纬》记载:"社,土地之主也。土地阔不可尽敬,故封土为社,以报功也",这里的"社"是指土地神或用来祭祀土地神的场所;②"社"后来也指志同道合者所结成的人群。

"会"有聚合、相见等含义,如庙会。"会"有时也指民间团体。社、会连用表示在一个地方于民间节日举行的演艺、祭神的庆祝活动,或者指众多人聚集而结成的团体,如《旧唐书·玄宗本纪》卷第八《玄宗上》记载:"礼部奏请千秋节休假三日,及村闾社会,并就千秋节先赛白帝,报田祖。然后坐饮,散之。"这里的"社会"就是指民间节日聚会祭神及游玩。我国典籍中的社会是指民间的、有一定联系的人形成的社会活动形式,已经包含现代社会概念内涵的萌芽,但把社会作为一个感性的实物来看待,还没有涉及社会的内在本质。

今日使用的社会来源于英文 society 和法文的 societe,它们均来自拉丁文 socius,含义为"伙伴",英文 society 还有"团体、协会"的意义。日本学者在明治年间最先把英文 society 一词翻译为汉字"社会",近代中国学者在翻译日本社会学著作时沿用"社会"这个词,于是有了今天汉语里"社会"一词的含义。

综上所述,从词源上讲,社会在我国古代主要指祭祀神灵的活动或人群,近代以后受到西方文化的影响,社会一词多指各类人群。

(二)西方学者对社会的解释

西方社会学对社会的解释有两个派别:社会唯名论和社会唯实论。两派争论的焦点是,社会是不是一种真实的存在,社会这个概念是对一种实在的反映还是仅仅为了方便而对独立的个人采取的一种概括。

孔德、斯宾塞、迪尔凯姆、齐美尔及现代西方社会学的大多数人属于社会唯实论,认为社会不仅仅是个人的集合,而且是一个客观存在的东西,是真实存在的实体。

受狄尔泰、新康德主义影响的社会学者大多是唯名论者,韦伯、塔尔德、吉丁斯是代表,他们认为真实存在的不是社会,而是单独的个人,社会只是一个概念和名称,是对独立个人的一种集体称谓。

从本体论上看,社会唯实论认为,社会本身有其独特的实在性,不能还原于个体。社会唯名论认为,社会是由具有独立意义的个体所组成的,社会一词是人们臆造的,理解社会应该还原于对每个个体存在的理解;从方法论上看,有迪尔凯姆的整体主义和韦伯的个体主义的分歧;从价值观上看,有集体主义和个人主义的分歧。

两派的观点都有合理之处,但也存在片面性,社会的本质既不是在整体,也不是在个人之中,而只能在人与人的关系之中、在个人与整体的关系之中去寻找。

(三)马克思主义的社会观

"社会(不管其形式如何)究竟是什么呢?是人们交互作用的产物。生产关系综合起来就构成所谓社会关系,构成所谓社会,并且是构成为处于一定历史发展阶段上的社会,具有独有的特征的社会。"这句话揭示了社会的内涵及本质:①社会是人与人的互动体系。人们在交互作用中必然形成一定的社会关系并通过这种关系而实现社会互动;②这种互动体系实际上是社会关系体系,其中生产关系是主要关系,它决定其他一切关系并决定社会的基本特征;③社会关系体系的发展变化表现出明显的阶段性和历史性,社会的发展表现为一个自然历史过程,用社会形态加以概括,有五种形态,即原始社会、奴隶社会、封建社会、资本主义社会和共产主义社会。

由此,本书给社会下一个定义,社会是由占据一定地域空间并共享某种文化的人口在物质资料生产基础上形成的关系体系。这个定义揭示了社会的特点:①社会起源于自然界,有一定自然地理空间,不是神创造的产物;②社会是由有意志的个体组成的,社会是人们共同生活的结合体;③社会是个人、群体、组织之间围绕物质资料生产这个基础而形成的;④社会的本质表现为互动形成的关系体系。

二、社会的类型

(一)宏观社会的类型

宏观社会是指社会的整体结构,是较大范围的社会关系体系。孔德根据人类智力发展阶段的特点把人类社会分为三个阶段,也就是三种类型:把社会看成是上帝产物的神学阶段;用抽象的自然力来说明一切事物的形而上学阶段;以科学方法探索社会发展规律的科学阶段。斯宾塞以社会内部管理类型为依据把社会划分为军事社会和工业社会:军事社会的特征是强制性,表现为社会的各个组成单位的各种联合行动都是被强制的;工业社会的基础是自愿合作及个人的自我控制,特征是个人自由。

德国社会学家滕尼斯从组织形式上区分社会类型,于1887年提出了礼俗社会和法理社会。礼俗社会又称为"共同体",指传统社会,规模小,分工与角色分化较少,家庭为社会核心单元,占统治地位的是个人的或具有感情色彩的初级关系,人们的行为主要受习俗、传统的约束,社会同质性强。法理社会又称为"交往社会",指现代工业社会,规模大,有复杂的分工与角色分化,经济的、政治的、职业的社会组织取代家庭的核心地位,非个人的、不具感情色彩的次级社会关系居统治地位，人们的行为受正式的规章、法律等约束，社会具有很强的异质性。法国社会学家迪尔凯姆于 1893 年提出了机械团结的社会和有机团结的社会，前者依靠社会成员担任相同的角色和遵循共同的价值观念来维持社会团结；后者依靠社会成员担任高度专业化的角色，因而互为依存来维持社会团结。1941 年，美国人类学家罗伯特·雷德菲尔德对小规模乡村社会和大规模城市社会做出解释，前者注重传统，人际关系密切；后者人际关系疏远，价值观念杂乱。

丹尼尔·贝尔的后工业社会、卡斯特的网络社会也属于宏观社会的划分类型。

马克思以生产力和生产关系的特征为基础把社会划分为原始社会、奴隶社会、封建社会、资本主义社会、社会主义社会及共产主义社会。

我国学者对社会作宏观划分有传统社会与现代社会、农业社会与工业社会。

宏观社会的分类指出了某种社会的最基本特点，对观察社会走向、指导微观社会研究具有重要意义，但难以对社会作进一步的实证研究。

(二)具体社会的类型

具体社会就是指可以进行经验研究的社会关系形式，包括以下几种类型。

(1) 以血缘关系为纽带形成的社会生活共同体，有家庭、家族、氏族、种族。血缘关系是以血统或生理的联系为基础而形成的社会形式，是人的先天联系，在人类社会产生之初就已经存在。

(2) 以地缘关系为纽带形成的生活共同体，有邻里、村落、城镇、社区。地缘关系是人类社会的区位结构关系或空间地理位置关系，人类要生存就必须占据一定的空间或者位置，由此形成人们之间的地缘关系。

(3) 以业缘关系为纽带形成的社会，有各种经济组织、政治组织、教育卫生组织、宗教组织。业缘关系是以人们广泛的社会分工为基础而形成的复杂社会关系，它不是与人类社会一同产生的，而是在血缘和地缘关系基础上发展起来的。

(4) 以兴趣而形成的各种非正式群体，这种群体表现形式多种多样，如工厂、班级里的小群体，民间各种兴趣小组。

社会学重视研究具体社会结构及过程，通过对具体社会的研究来揭示宏观社会的面貌及运行规律。

第二节 社 会 结 构

一、社会结构的概念

每年 9 月新学期开始，每个高校的大学生构成会出现一些变化，毕业生走向社会参加工作或在校园里继续深造，同时迎来一批新生。在学校的同学们也会出现一些变化，接触到新的老师，开始学习一些新的课程。校园可能也有一些新气象，如新建的教学楼、宿舍、操场竣工投入使用。虽然有这些变化，但是每个学生可以自信地判断，这是一个学校而不是一所医院。为什么有这样自信的判断，是因为人们认为，虽然校园中的人员、课程、环境在不断经历着变化，但是学校仍然具有一些相对稳定的性质，这些稳定的性质就是社会结构。

(一)结构的含义

结构(Structure)是个工程技术用语，现在已经引入各个学科领域，其基本用法包括：①构造房屋；②屋宇构造的样式；③各个部分的配合和组织；④文章的组织和布局；⑤组成一个系统的各个因素之间的排列组合。结构是指构成一个整体事物或现象的各个组成部分之间的配合或组织方式，有两层含义：①由何构成，即构成事物的基本要素有哪些；②如何构成，这些要素是按照什么规则和方式构成的。

结构的概念在自然科学和哲学社会科学中广泛运用。数学中的结构是指事物之间量的关系和空间形式。物理学中的结构是指物质的普遍存在形式。生物学中的结构是指有机体的内部组织构造。哲学中的结构是指成分之间或基本过程之间的一个关系网。

结构有三个特征：①结构是一种构造形式；②结构是一种内部关系；③结构是一种存在方式，往往与本质概念相关。人们在日常生活和理论研究中常常把结构与模式、形式、范式、形态、类型等概念混用，或者在物理学和生物学意义上去理解社会结构的含义。

(二)社会结构的含义

学术界对社会结构的界定有这些观点：①以布朗为代表的英国社会人类学家认为，社会结构是包括"某一时刻个人的社会关系的全部总和"，即社会体系在某一时刻的静止状态。②一些社会学家认为社会结构是社会地位和社会角色的相互关系。如美国社会学家波普诺认为，社会结构是指一个群体或一个社会中的各要素相互关联的方式。日本社会学家富永健一认为，社会结构是指构成社会的诸要素之间相对恒常的结合，这些构成要素可以从接近个体行动层次(微观)到整个社会的层次(宏观)划分出若干阶段，即从角色、制度、社会群体到社会、社会阶级、国民社会。③中国社会学家陆学艺认为，社会结构是指社会诸要素及其相互关系按照一定的秩序所构成的相对稳定的网络。④中国社会学家郑杭生认为，社会结构是指社会行动者在互动基础上形成的相对稳定的社会关系协调体系。

综上所述，社会结构是指在人的社会行动的基础上各种社会要素按照某种方式或机制所构成的相对稳定的关系体系，社会结构的内涵包括两个部分：①由何构成，即作为统一体的社会或社会现象(单位)都是由一定要素组合而成的，因而是可以分析的；②如何构成，即这些组成要素不是机械或杂乱的组合，而是遵循一定规则组合起来，维持较为固定的关系，使社会结构具有相对稳定性。如学校的结构要素有教学部门、学生管理部门、后勤保障部门等，这些部门就是按照便于学生学习与管理的功能方式联结起来的。

(三)社会结构的特征

1. 整体性

整体性是指社会结构各要素在功能上产生的综合效果，整体对于部分具有优先性。家庭是社会结构中的细胞，政府、企业、教会等机构是社会结构的内部组织，了解社会结构就是了解这些细胞和组织的有机组合方式，以便说明它们是怎样相互协调和维持生存的。

2. 相对稳定性

相对稳定性是指社会结构一旦形成，在一定时空条件下大规模的结构性变迁一般不会轻易发生，一旦发生，也不会轻易消失。这是因为社会关系在时空条件下具有制度化的特征，而这种制度化的互动关系体系能够在较长时间上延续。如中国传统社会从秦一直延续到辛亥革命，持续两千多年，尽管其间有农民起义的冲击与震荡，但基本组成要素即农民与地主以及它的构成方式(自给自足的小农经济)并没有发生根本性的改变。由此形成中国传统社会的"超稳定结构"，该概念是金观涛与刘青锋在《兴盛与危机——论中国封建社会的超稳定结构》一书中提出的核心概念，中国封建社会的长期停滞和周期性改朝换代这两个重大历史现象有着深刻的内在联系，中国封建社会结构内部具有特殊的调节机制，使它每隔两三百年就发生一次周期性的崩溃，消灭或压制不稳定因素并恢复旧结构。正是这种特殊的调节机制保持了中国封建社会两千余年的延续状态，呈现出社会结构的巨大稳定性。根据这一假说可以分析如魏晋南北朝的分裂动荡的原因、农民战争的特点和作用、对外来文化的融合能力等问题。

3. 层次性

层次性是指社会的各个组成要素在社会发展中的地位和作用上的差异性。从宏观上讲，社会结构由政治、经济、文化等要素组成，社会的协调发展实质上就是政治、经济、文化的协调发展。社会群体之间的互动所形成的关系协调体系构成了中观社会结构，其表现形式包含社会制度、团体单位或类群单位的组织形式，其核心是那些由各种法规、制度和规章等体现出来的行为规范体系。个体之间的互动所形成的关系协调体系构成了社会的微观结构，这就是社会网络，表现形式如社会身份、社会地位和社会角色。

4. 有序性

有序性是指社会结构各个要素之间排列组合的规律性。结构意味着一种秩序，可以通过阶层排序体现出来。如中国古代社会阶层结构排序是"士、农、工、商"，如果出现"君不君，臣不臣，父不父，子不子"的现象就意味着社会结构发生了紊乱。从社会结构的内容来看，经济基础决定上层建筑，上层建筑对经济基础有反作用，这也是社会结构有序性的体现，是社会结构要素互动方式的有序性。

5. 动态性

动态性是指社会结构的变化性。这是因为社会结构的维系依赖于和环境之间进行的各种交换活动，社会环境变化以及人的创造性活动必然导致社会结构发生变化，社会转型就是社会结构的转变。

二、社会结构研究的内容

从社会存在和发展的最基本的物质生活条件和精神生活条件来考察，社会结构的基本要素包括自然环境、人口因素和文化因素。

从社会形态的角度来考察，社会结构的基本要素包括经济基础、政治上层建筑和意识形态。

从构成社会的人群共同体的不同层次和类型来考察，社会结构的基本要素包括家庭、职业集团、阶级、阶层、种族、民族、城市社区和农村社区等社会单位。

从理解社会结构三个层面的角度来看，社会结构可以分为实体性社会结构、规范性社会结构、关系性社会结构，这三个层面的社会结构不是社会结构的三种类型，而是认识社会结构的三个不同层面，社会结构要素既是作为社会实体的存在，同时也是作为社会规范和社会关系的存在[1]。实体性社会结构是从现象层面来理解社会结构，指社会结构是由一些看得见、摸得着的实体要素和单元构成的，包括两个方面：①社会要素作为单元实体组成的社会结构，包括群体、阶级阶层、组织、社区、制度；②社会要素作为结构实体组成的社会结构，社会的人口结构、群体结构、阶级阶层结构、组织结构、社区结构、制度结构构成社会结构的内容，其中人口结构又可以包括性别结构、年龄结构、文化结构等，群体结构包括亲缘群体结构、职业群体结构、利益群体结构等。

规范性社会结构是从功能层面来理解社会结构，指实体结构要素行为的规则体系，体现为经济规范、政治规范、文化规范和社会关系规范。

关系性社会结构是从本质层面来理解社会结构，是指社会结构是一个按照一定秩序有机组合而成的系统。如马克思把社会结构分为经济基础层次和上层建筑层次。

三、转型期中国的社会结构问题

【案例2-1】中国当代社会学家陆学艺谈当代中国社会结构与社会建设：据我们课题组的研究，当前的中国社会结构大约滞后经济结构15年。有人会问，改革开放30多年，怎么会滞后15年呢？这是因为早在1978年，社会结构已经比经济结构落后了。根据外国学者钱纳里等人的研究，在工业化中期，就业结构中二、三产业的职工应该占到总劳动力的80%以上，但2008年中国的二、三产业就业职工只占总劳动力的60.4%，差了20个百分点。过去30年，非农劳动力平均每年增加1.03个百分点，需要20年才能持平。以城市化为例，工业化中期，城市化率应该达到60%以上，但2008年中国城市化只有45.7%，差了14.3个百分点。以过去30年城市化率每年增加0.91个百分点计算，需要15.7年才能达到。再以社会阶层结构而言，工业化社会中期，中产阶层应该达到40%以上，但2008年中国只有23%。如以近来每年中产阶层规模增加1个百分点计，要17年才能达到。经济结构与社会结构存在着严重的结构差，这是中国经济社会发展中最大的不协调，是产生当今诸多经济社会矛盾和问题，而且久拖不决的结构性原因。

一个国家或地区，最主要和最基础的是经济结构和社会结构，这两个结构一定要协调，相辅相成。现在的任务是加快社会结构调整的步伐，构建与经济结构相适应相协调的现代社会结构，改变"一条腿长、一条腿短"的状况，推进经济社会协调发展。

(资料来源：根据《学习时报》2010年8月30日相关内容整理)

问题：经济结构与社会结构的关系是什么？当前我国社会结构存在的主要问题是什么？促进经济结构与社会结构协调发展的对策有哪些？

分析：这个案例表明经济结构与社会结构的关系，尤其是社会结构的优化显得十分重

---

[1] 陆学艺. 社会学[M]. 北京：知识出版社，1996.

第二章 社会及其构成要素

要,社会结构存在的问题是导致当前我国社会问题的总体根源,需要通过社会建设的思路和措施来打破二元社会结构,促进经济结构与社会结构的协调发展。

(一)中国社会结构的总体演化

中国社会结构自鸦片战争以来发生了深刻变化,一般分为以下4个转折点。

(1) 鸦片战争是中国社会结构演变的第一个转折点。这次战争表现为封建文化与资本主义文化的交锋,使得封建闭关自守的大门被打开,资本主义因素长驱直入,动摇了自然经济基础,使得社会阶级阶层关系和思想文化系统开始调整和重组,从封建集团中分裂出洋务派和维新派,战争虽然动摇了以"士、农、工、商"为位序的传统社会结构,但没有建立新的社会结构。

(2) 辛亥革命是中国社会结构演变的第二个转折点。辛亥革命推翻了封建帝制,但没有彻底铲除专制官僚统治赖以建立的封建经济基础,传统社会的整合机制不能继续发挥作用,社会结构迅速分化瓦解,社会陷入军阀割据、内外冲突之中,中国沦为半封建半殖民地社会。

(3) 中华人民共和国的建立是中国社会结构演变的第三个转折点。新中国的建立是社会结构的重组,是社会形态的更替,公有制生产关系、计划经济和马克思主义意识形态相结合,在很大程度上促进了中国社会结构的良性运行,但也存在着较多问题,出现过社会经济、政治和文化建设中的重大失误,这期间形成了二元社会结构,制约了社会公平和发展。

(4) 1978年开始的经济体制改革是中国社会结构演变的第四个转折点。改革开放是中国社会结构的转型,从农业社会向工业社会、计划经济体制向市场经济体制转变,经济建设成为中心工作,并取得了显著成绩。

(二)改革前中国社会结构的特征

1. 总体性

总体性是指社会结构的分化程度较低的特征。在这个时期国家对经济以及各种社会资源实行全面的垄断,政治、经济和意识形态三个中心高度重叠,国家政权对社会实行全面控制。

国家对大部分社会资源的直接垄断,这些资源如城市中的住房、日常生活用品、就业等社会资源。国家是生产资料的垄断者,生活资料的发放者,权力和威望的支配者。

社会的组织类型和组织方式简单划一,都是按照相同的模式和统一的方式运行,均有一定的行政隶属关系和行政级别,并依此从政府那里获得按计划分配的资源。

社会政治结构的横向分化程度很低,政治中心、经济中心、意识形态中心高度重合。单位是人们生存的重要依靠。

社会阶层结构简单化,1950年国家没收了地主的土地,消灭了地主阶级,把土地无偿分给无地和少地的广大农民,真正做到了耕者有其田。1955年国家通过公私合营等形式实现对私营工商业和个体手工业的改造,通过农业合作化实现对个体小农的改造,在全国实行生产资料公有制,形成了工人阶级、农民阶级和知识分子阶层的社会阶层结构,形成城乡居民身份系列、城市中的干部与工人身份系列及不同所有制等身份系列，这几种身份系列在一种强有力的行政控制下形成，也靠强有力的行政控制来维系，这些社会系列的存在切断了城市及城乡间的社会流动，使城乡人口的空间与社会位置分布具有很高的稳定性。

2. 二元性

二元性是指整个社会被划分为城市社会和农村社会的特征，形成以城乡户籍制度为核心的社会结构，具有为工业化提供资金和稳定农村人口的积极功能。但这种"城乡分治、一国两策"的体制和格局，在就业、社会保障、教育、医疗、住房、文化设施、公共事业、基础设施等方面存在巨大差异和鸿沟，城市户口的居民享受这些福利待遇，农村户口的居民则不享有这些福利待遇。

(三)改革开放以来中国社会结构的变化

改革开放以来，中国社会结构的总体趋势是由总体性社会向分化性社会转变。总体性社会就是国家垄断全部社会资源，从而对社会成员进行控制的社会。改革开放使得社会结构发生了一定程度的分化，中国进入分化性社会，社会发展过程中结构要素产生新的差异。具体有两种形式：一是社会异质性增加，即结构要素如位置、群体、阶层、组织的类别增多；二是社会不平等程度的变化，即结构要素之间差距的拉大。

1. 阶层结构的分化

1978年开始的改革开放实行了由计划经济体制向社会主义市场经济体制的转变，通过经济体制改革形成了以公有制为主体多种所有制共同发展以及以按劳分配为主体、多种分配方式并存的经济格局，农民、工人阶级发生分化，产生了私营企业主、个体工商户、经理人员等一批新的社会阶层，社会阶层结构的变化和优化表示目前中国的社会结构正在向现代社会转变。但现阶段的社会阶层结构与合理开放的现代社会阶层结构还有一定的距离，还只是一个中低层过大、中上层还没有壮大、最上层和低层都比较小的一个洋葱头型的阶层结构形态，该小的阶层还没有小下去，该大的阶层还没有大起来，总体上中国社会结构正在由金字塔形向橄榄形过渡。党的十九大报告提出："鼓励勤劳守法致富，扩大中等收入群体，增加低收入者收入，调节过高收入，取缔非法收入。"这实际上是塑造橄榄形社会结构的战略举措。

2. 组织结构的分化

组织结构的分化在中国的单位制中表现得较为显著，单位角色职能化，企事业单位的政治职能在减弱，专职职能在加强，企业不再是承担国家指定任务的部件，事业单位也不再是过去那样的国家的代理人，它们在不同程度上成为功能性整体，单位利益独立化，企业成为自主经营、自负盈亏的市场经济主体；单位责任具体化和内向化，企业承担社会责任，由完全对国家负责向也要对社会及企业职工负责转化。

3. 地区结构的分化

改革开放前，在全国一盘棋的总体性体制中，地方的利益在很大程度上处于被压抑状态，改革开放过程中，不同地区的关系已不再是靠中央行政权力联结的关系，利益关系和市场经济中的交换和契约原则开始成为联结不同地区的纽带,地方成为利益主体,地方保护主义日益明显。政策、资源等差异使得地区间的异质性明显增强,市场原则支配下的区域关系形成一种"差距扩大动力系统",如沿海与内地的落差十分显著。不同地区在发展机制上不一样,沿海地区发展更需要的是市场条件和自由的经济政策,落后地区在技术和经济实力上处于劣势,如果没有能有效促进经济发展的行政力量介入,要想获得经济的顺利发展是比较困难的。

4. 二元性的城乡社会结构向开放性流动性的社会结构转变

这种转变主要体现在4个方面:①户籍制度出现松动,如2002年1月1日起,广东取消农业、非农业户口性质的划分;②出现大规模的农民工流动;③小城镇作为城市与农村的中介;④城乡一体化和城乡统筹建设正在大力推进。

第三节　社会空间——自然环境

一、自然环境的概念

自然环境是由土地、地理位置、气候、水、动植物、矿藏等因素构成的复杂系统,是社会存在的空间条件,广义上是指整个自然界,是无限的。从社会构成角度来看,它是指与人类生存和发展紧密相连的那部分自然界,是有限的。自然环境包括地理条件、生物资源和地下资源三个组成部分。

自然环境的外延比较广,各种天然因素的总体都可以说是自然环境,但只有具有一定生态关系构成的系统整体才能称为生态环境。仅有非生物因素组成的整体虽然可以称为自然环境,但并不能叫作生态环境,从这个意义上说,生态环境仅是自然环境的一种,二者具有包含关系。人与自然关系体现为依赖、改良、掠夺、协调四个阶段。自然环境作为一种公用品或公共财产,具有稀缺性和非排他性两个特点。

二、自然环境对人类社会的影响

(一)自然环境是人类存在和发展的基础条件

人类所需要的物质资料必须由自然界提供土壤、淡水、能够供人类食用的大量动植物、各种矿藏、水力、风力、太阳能等资源都是人类社会发展的基础。

(二)自然环境影响社会生产部门的布局和生产发展方向

"靠山吃山,靠水吃水"就是这种情况,河流三角洲地区的农业比较发达,草原地区有利于畜牧业发展,矿藏资源丰富的地区有利于发展采掘冶炼加工业(如中国的攀钢被称为"钒钛之都")。中东地区蕴藏丰富的石油资源,石油开采业使这些地区富裕起来。瑞士因多山而交通不便,因此着重发展运输量小、精密度高的钟表等产业。一般情况下,自然条件优越的地区社会经济发展的速度较快,古代文明的发祥地大多与大江大河紧密相连,四大文明就是如此。

作为中华文明根系的黄河文明是在公元前4000—前2000年之间形成的,从春秋战国到宋代是黄河文明发展的鼎盛时期。黄河文明中心在北宋末年南迁至长江中下游,这种迁移有其生态环境原因,即气候极其寒冷和黄河频繁泛滥造成北宋末年生态环境恶化。北宋之后中原地区生态环境进一步恶化,使得黄河文明中心没有再返回黄河中下游地区。黄河文明中心的南迁表明,生态环境的变迁有其客观规律,不能把生态环境恶化的责任全部归结给人类。建设社会主义生态文明必须看到生态环境的变化既有人为因素又有自然原因,是多种因素共同作用的结果。当认识到生态环境变化不完全是人为原因形成的时候,我们就决不会陶醉于对自然改造的胜利,在自然面前为所欲为。[1]

(三)自然环境影响社会的政治状况与文化状况

古代生活在各大流域的民族,如古巴比伦、古印度、古中国、古埃及等都出现过中央集权的专制主义政治形势。一定的气候、地形、动植物分布、交通的自然条件影响文化的形成和发展,因为人的观念很大一部分来自对人类与自然关系的理解。

自然对社会作用发挥程度要受到社会生产力水平的制约。迄今为止,人们认识到环境对人类的作用有:①提供资源;②消纳废物;③美学与精神享受,提供优美的自然景观;④生命维持系统。由上千万种生物物种及其生态群落和各种环境因素构成的系统支持着人类的生存。

(四)合理利用与保护自然资源

自然资源对人类社会的发展具有重要的作用,过度开发与利用自然资源已经对人类社会的可持续发展产生不利影响。为此,需要善待自然,合理利用与保护自然资源。

【案例2-2】20世纪80年代特别是90年代以来,欧美学者对发展与环境的关系进行了许多实证研究,结果发现:环境恶化与经济增长之间呈倒U形曲线关系(即环境库兹涅茨曲线),在经济起飞初期,环境会伴随着经济增长而不断恶化,等经济发展到一定的阶段,环境恶化会得到遏止并伴随着经济的进一步发展而好转。经济增长与环境之间的这种关系得到了发达国家和发展中国家的数据验证。美国环境社会学家查尔斯·哈珀提出包括四个变量的影响环境因素模型,表明至少有四种社会变量是环境变化的驱动力:①人口增长与规模;②制度安排及变迁,特别是政治经济和经济增长有关的制度;③文化、信仰和价值观;④技术创新。经济发展与环境之间的倒U形曲线关系给予我们很大的启发:环境问题是与发展阶段和发展水平相关的,世界各发达国家的工业化都经历了"先发展后治理"的转变过程,中国的工业化、现代化是在传统的社会、经济和生态自然环境基础之上展开的,在工业化的加速过程中,环境问题伴随着经济高速发展而产生,从这个意义上讲,某些环境问题的出现有一定的必然性。美国在人均GDP达11000美元时开始全面治理环境污染,环境质量开始发生转变。日本在人均GDP达4000美元时环境质量发生转变。由于"后发性"优势,发展中国家完全不必等到先进发达国家过去那样的经济水平才开始治理环境。但是,环境问题最终得以根本解决唯有在加快经济发展中才能实现,可以不再重复"先污

---

[1] 张纯成.黄河文明中心南迁的生态环境原因分析[J].自然辩证法研究,2010(11).

染后治理"的老路，有赖于国家、企业、个人的多方协作和努力。

(资料来源：李建新. 环境转变论与中国的环境问题[J]. 北京大学学报(哲学社会科学版)，2000(6).)

问题：环境恶化与经济增长之间存在怎样的关系？影响环境的因素除了经济之外，还有哪些因素？怎样才能促进经济、社会与环境的协调发展？

分析：环境恶化与经济增长之间呈倒 U 形曲线关系(即环境库兹涅茨曲线)。至少有 4 种社会变量是环境变化的驱动力：①人口增长与规模；②制度安排及变迁，特别是政治经济和经济增长有关的制度；③文化、信仰和价值观；④技术创新。实现经济与环境的协调发展，需要国家、企业、个人的多方协作和努力。

在中国社会主义建设的新时代，生态文明建设受到前所未有的重视。"十三五"期间，中国的环境污染物总体上仍然处于高位排放期，环境保护与经济发展的矛盾将更加突出。"十三五"末期，主要污染物排放总量和强度的拐点可能全面到来。基于此，今后环境保护基础设施的建设和环境保护产业发展面临较大机遇。环境治理模式可能有更大突破，必须走风险预防、社会监督、源头管控与末端治理相结合的道路，实现从总量控制到总量与质量双重控制的发展[1]，从而促进美丽中国建设。

第四节 人口——社会主体

一、人口的含义

人口是指生活在特定社会历史时期、特定地域范围的个人的总和。从静态角度考察，人口状况通过一定时点上的人口数、人口密度和各种人口构成反映出来，包括自然构成和社会构成。自然构成有性别、年龄、残疾人状况等；社会构成有阶级、劳动力、在业人口的行业和职业构成、教育程度构成、婚姻状况、家庭、民族、宗教信仰、语言构成、人口的地区分布构成等。

从动态角度考察，人口状况通过在一定时期内各个时点发生的有关人口变动的总和反映出来，有自然变动、机械变动和社会变动三个方面。①自然变动是通过新一代人口的出生代替老一代人口的死亡而形成的人口变动过程，也叫人口再生产过程，测量指标有人口出生数、死亡数、自然增长数、人口出生率、死亡率、自然增长率等。②机械变动是指人口迁移变动，测量指标有迁入数、迁出数、机械增长数、人口机械增长率等。③社会变动是指人口的各种社会构成的变化。

(一)人口的数量和质量

人口数量是指某个国家、民族或地区中人类个体的总和，可以通过人口普查方法得出结果。人口质量也叫人口素质，是指社会成员的体质、智力、文化、劳动技能、心理健康等因素的总和，人口素质对社会发展具有重要影响。

---

[1] 常纪文，张俊杰. "十三五"期间中国的环境保护形势[J]. 环境保护，2016(2).

(二)人口构成

人口构成是指根据一定标准区分出来的人口内部组合及比例关系,包括人口的自然构成、社会构成和地域构成。

(1) 人口的自然构成是指由人的性别和年龄等先天因素而形成的不同质的人口的社会分布和组合方式,可以统计总人口中老年、中年、青年、儿童分别占多少比例。人口的性别结构可以统计总人口中男性和女性分别所占的比例,或者以女性人口为100所对应的男性人口数,称为性比例。

(2) 人口的社会构成是指由社会因素、社会性质、社会发展水平所决定的不同社会属性的人口在总人口中所占的比例关系,包括人口的阶级构成、职业构成、民族构成、文化构成等。

(3) 人口的地域构成是指人口的空间分布,也就是社会总人口在各个地区的数量和密集程度,可以统计每平方公里的人口数,以此比较不同地区人口的密集程度。

(三)人口变动

人口变动是指某一时期人口数量、质量和构成的变动状况及过程。①从人口的数量变动来看,一种情况是人口的自然变动,即因人口出生和死亡而导致总人口数的增加或减少,另一种情况是人口的机械变动,体现为人口在一个地区因流出和流入而导致的数量增减。②从人口的质量变动来看,表现为人口在体质、智力、技能、职业等方面的变化状况,职业变动可以体现为向上、向下和平行流动三种情况。③人口的社会构成变动是因社会发展而出现的变化,如中国进行改革开放,社会阶层发生分化,产生个体户、私营企业主、三资企业经营者等阶层,社会分层结构变动可以较好地反映人口的社会构成变动情况。

二、人口因素在社会结构中的地位

(一)人口社会理论

不少思想家把人口与社会的相互关系作为研究的中心问题。管仲指出:"地大国富,人众兵强,此霸王之本也。"说明人口众多才能使国家兴旺。亚里士多德提出限制人口思想:"据经验所示,人口过多的城市就不好统治,因为法律就是秩序,而且有好的法律才有良好的秩序。"马尔萨斯和马克思的人口理论就是有代表性的人口理论。

1. 马尔萨斯的人口论

(1) 两个公理:食物为人类生存所必需;两性间的情欲是必然的,且几乎会保持现状。自从我们有人类知识以来,这两点似乎就是我们本性的固定法则。

(2) 两个级数:人口在无妨碍时,以几何级数增加,人类生活资料以算术级数增加。

(3) 两种抑制:积极抑制与预防抑制。①积极抑制是指人口开始增加后才进行的抑制,如婴儿不良保育、疾病、饥馑、战争等提高死亡率,使已经出生的人口大量减少。②预防的抑制是指通过独身、不育等形式进行的人口抑制。

(4) 三个命题:人口必然地为生活资料所限制;只要生活资料增加,人口一定会增加,除非受到某种非常有力而又显著的抑制的阻止;这些抑制和那些遏制人口的优势力量并使其结果与生活资料保持同一水平的抑制全部可以归纳为道德的抑制、罪恶和贫困。由此,贫困与罪恶等社会问题是由于人口增加超过了生活资料增加这个自然法则的不可避免的结果。

2. 马克思的人口社会思想

马克思、恩格斯"两种生产"理论认为,物质资料生产和人类自身生产同是人类社会赖以存在和发展的决定性因素,物质资料生产方式决定了人口发展变化的基本趋势。人类自身的生产又对物质资料生产具有反作用。人类自身的生产和物质资料的生产是同一人类历史活动的两个不可分割的方面,它们作为人类历史存在和发展的基础,共同在人类历史的发展进程中发挥着作用;人口现象和人口问题在本质上是一种社会现象和社会问题,人口在获取生活资料和人口再生产过程中都与动物不同,受到许多社会条件的制约和影响;不同的生活方式有着不同的人口规律,随着资本积累,必然产生相对人口过剩,这是资本主义生产方式特有的人口规律;人口状况对社会发展和社会问题具有一定的影响。

3. 适度人口理论

适度人口理论产生于19世纪80年代,20世纪得到丰富与发展,基本内容是关注一个国家或区域最适宜的人口数量和人口规模以及最适宜的人口密度、人口质量、人口增长率等,经历了早期适度人口理论、现代适度人口理论以及近年来的可持续的适度人口理论。适度人口理论首先要求人口生产、物质生产和资源环境生产统一协调;其次强调人的全面发展是可持续发展的核心,优化的人口规模、增长速度、结构和人口素质是适度人口的基本内容;再次认为控制人口是实现可持续适度人口的重要手段,但要重视调整社会结构和社会关系,以促成最终提高人类生活质量的目的。

(二)人口因素对社会的影响

1. 人口数量会影响人口与自然资源之间的相对平衡

自有人类历史以来到近现代之前的历史主要是人口数量不足限制了人类社会顺利发展的历史。为免遭恶劣环境的肆虐,人类经常选择在江河湖海之滨、水草肥美之原生息,凡人口集聚之地,必是水资源、草资源或土地资源富饶之地。工业社会改变了农业社会那种自然再生产与人类再生产的安排形式,人类改造自然能力提高,延长了人均寿命,地球上所有种族的人口数量都迅速增长。1830年世界人口为10亿多,1930年突破20亿,1960年为30亿,1975年为40亿,1987年为50亿,1999年为60亿,2010年为70亿,到21世纪中期将突破93亿。在工业社会,人们大量开采煤炭石油等不可再生资源,打破了人类与资源环境原有的均衡基础,带来了大量的环境问题,人类意识到人口膨胀对环境的压力,开始自觉控制人口增长。

2. 影响经济发展速度

人口的年龄结构影响经济发展,维持一定生产力水平与经济发展阶段相适应的人口年龄结构的均衡有助于经济的发展。也就是要使少儿人口、劳动力人口与老年人口之间存在的抚养与被抚养关系保持在维持社会发展所需的范围内。如果一个国家的人口年龄结构与其社会发展阶段不相适应，则人口供给必然影响社会经济的发展。从世界发达国家的经验来看，在人口老龄化过程中不仅会出现总人口的下降(比如德国与日本)，而且会存在劳动力人口的供给不足的问题(德国与日本甚至整个西欧都存在此类现象)。在人口迅猛增长时期，少儿人口占总人口的比重会比较大，在人口缩减时期，老龄化程度的加深会提高 65 岁及以上老年人的占比。中国现处于工业化中期，属于未富先老的发展中国家，现在处于人口红利期，但很快就会出现人口负债，大约在 2020 年之后，老年人口占总人口的比重会迅速提高，在"十二五"末期到"十三五"初期，劳动力人口会在波动中从净增加变为净减少。2003 年开始出现的"民工荒"实际表现为劳动力由"无限供给"转变为"结构选择"之间的矛盾。在劳动密集型企业仍占据主要比重的前提下，我国劳动力人口尤其是青年壮工的供给却减少了，2010 年新增加的农民工人数仅在 200 万人左右，这会更加强化未来数年企业用工的短缺趋势。

3. 影响社会发展

从人口的就业结构来看其对社会发展的影响，在社会发展的不同阶段，人口的社会属性与区位分布应该具备一定的均衡性，如果这种均衡得不到满足，社会就不能顺利发展。考察中国三次产业结构就会发现：2008 年第一产业、第二产业和第三产业占 GDP 的比重分别为 11.3%、48.6%和 40.1%，但第一、第二和第三产业就业人员所占比重分别为 39.6%、27.2%和 33.2%，如果以三次产业所占 GDP 的比重分析，则中国已经进入了工业化中期。如果从三次产业从业人员所占比重分析，则中国仍然具有很强的农业社会特征。这就出现了产值与从业人员分布之间的非均衡性。这种非均衡性的存在加之户籍制度的影响，使中国长期城市化不足，迫使大量农业户口人口不得不居住和生活在农村，也迫使大量农村流动人口往来迁徙于城市与农村之间。

从人口的阶级阶层结构来看其对社会发展的影响，要求阶级阶层结构均衡，这种均衡主要取决于收入结构的均衡，如果劳动者的收入增长赶不上经济增长的速度，则会严重影响消费占比，并通过对消费的作用影响劳动力人口的代际再生产。目前农民占总人口的比重高达 40%左右，体力工人占 20%左右，技术工人占 10%左右，中产阶级占 23%左右，业主阶层与社会管理人员阶层占人口总数的 7%左右，但业主阶层与社会管理人员阶层占有整个工资收入总额的 30%以上。现代化国家的阶级阶层人口结构是中产阶级人口占比最大的鹅蛋型结构，而不是农民阶级与工人阶级人口占比最大的金字塔结构。这种人口的阶级结构属性不仅影响着国家与社会的稳定，也影响着未来社会的精英再生产。如何通过教育与就业制度的建设，消除阶级阶层结构差异所带来的负面影响，使我们社会的流动特征更多地体现为重能力而轻家庭背景是均衡人口的阶级阶层结构的一个有效途径。当前制度配置的重点在于提高普通劳动者的收入水平，缓解社会紧张态势，使职工能够均衡分享社会发展的成果，过上"有体面"的生活[1]。

---

[1] 张翼. 人口结构调整与人口均衡型社会的建设[J]. 人口研究，2010(5).

三、我国人口状况及问题

(一)人口现状

我国人口绝对数量大,2005年1月6日达到13亿。我国以2010年11月1日零时为标准时点进行了第六次全国人口普查,结果显示,全国总人口为13亿7053万6875人,同第五次全国人口普查2000年11月1日零时的12亿6582万5048人相比,十年共增加7389万9804人,增长5.84%,年平均增长率为0.57%,比1990—2000年的平均增长率下降0.5个百分点。

从家庭户人口来看,中国31个省、自治区、直辖市共有家庭户4亿零151万7330户,家庭户人口为12亿4460万8395人,平均每个家庭户的人口为3.10人,比2000年第五次全国人口普查的3.44人减少0.34人。

从人口性别来看,男性人口为6亿8685万2572人,占51.27%;女性人口为6亿5287万2280人,占48.73%。总人口性别比(以女性为100,男性对女性的比例)由2000年第五次全国人口普查的106.74下降为105.20。

从年龄构成来看,0~14岁人口为2亿2245万9737人,占16.60%;15~59岁人口为9亿3961万6410人,占70.14%;60岁及以上人口为1亿7764万8705人,占13.26%,其中65岁及以上人口为1亿1883万1709人,占8.87%。同2000年第五次全国人口普查相比,0~14岁人口的比重下降6.29个百分点,15~59岁人口的比重上升3.36个百分点,60岁及以上人口的比重上升2.93个百分点,65岁及以上人口的比重上升1.91个百分点。

从民族构成来看,汉族人口为12亿2593万2641人,占91.51%;各少数民族人口为1亿1379万2211人,占8.49%。同2000年第五次全国人口普查相比,汉族人口增加6653万7177人,增长5.74%;各少数民族人口增加736万2627人,增长6.92%。

从文化程度来看,具有大学(指大专以上)文化程度的人口为1亿1963万6790人;具有高中(含中专)文化程度的人口为1亿8798万5979人;具有初中文化程度的人口为5亿1965万6445人;具有小学文化程度的人口为3亿5876万4003人(以上各种受教育程度的人包括各类学校的毕业生、肄业生和在校生)。同2000年第五次全国人口普查相比,每10万人中具有大学文化程度的由3611人上升为8930人;具有高中文化程度的由11 146人上升为14 032人;具有初中文化程度的由33 961人上升为38 788人;具有小学文化程度的由35 701人下降为26 779人。

从城乡人口来看,居住在城镇的人口为6亿6557万5306人,占49.68%;居住在乡村的人口为6亿7414万9546人,占50.32%。同2000年第五次全国人口普查相比,城镇人口增加2亿零713万7093人,乡村人口减少1亿3323万7289人,城镇人口比重上升13.46个百分点。

从人口流动来看,居住地与户口登记地所在的乡镇街道不一致且离开户口登记地半年以上的人口为2亿6138万6075人,其中市辖区内人户分离的人口为3995万9423人,不包括市辖区内人户分离的人口为2亿2142万6652人。同2000年第五次全国人口普查相比,居住地与户口登记地所在的乡镇街道不一致且离开户口登记地半年以上的人口增加1亿1699万5327人,增长81.03%。

从人口空间分布来看，东部地区人口占常住人口的37.98%，中部地区占26.76%，西部地区占27.04%，东北地区占8.22%，与2000年相比，东部地区人口比重上升2.41个百分点。按常住人口分，排在前五位的依次是广东、山东、河南、四川、江苏。

第六次全国人口普查结果显示，我国人口构成有八个特点：①我国人口增长已经处于低生育水平阶段；②义务教育和高等教育取得成绩，人口文化素质提高；③东部人口比重占四成；④人口流动频繁，超过2.6亿；⑤人口性别比有所下降；⑥城镇人口大幅上升，接近一半；⑦60岁及以上人口占13.26%，根据65岁以上老人占总人口7%、60岁以上占10%的标准，中国已经进入老龄化行列；⑧家庭规模继续缩小，平均为3.10人。

(二)人口问题

1. 人口老龄化问题

由于人口增长的惯性，要到2035—2040年期间人口总数才会下降。按照中方案估计，我国人口峰值为14.65亿。根据国家人口计划生育委员会(现为国家卫生健康委员会)的数据，到2040年我国60岁以上老人占总人口的比例为26.52%，2050年为28.76%。但与一些国家人口先富裕后老化的规则不同，中国人由于人均寿命延长和严格的人口控制，在国家还没有真正普遍富裕起来的时候就过早出现了老龄化问题，而发达国家的平均富裕程度比中国同样老龄化时的平均富裕程度要超过几倍至十几倍，这种差距随着时间的推移还会延续，因为中国在进入老龄化社会以后，并未如其他国家那样基本停止人口的净增长，所以人均收入的增长要比经济的增长慢得多，这给中国的养老保险体制提出了挑战。

2. 就业问题

按15~60岁计算，我国劳动适龄人口增长快，2005年已经超过9亿，2025年将达到10亿，这给就业带来有利机会的同时也提出了巨大挑战。未来中国劳动年龄人口的年龄结构变化将出现老化的态势，并且超前于总人口的年龄结构老化。老化状况用老化指数来测量，即计算出50~64岁人口数占整个劳动年龄(15~64岁)人口数的比重，或者50~59岁人口数占15~59岁人口数的比重。1990年中国劳动年龄人口的老化指数为16.08%，2025年劳动力资源规模最大时的老化指数将达到31.25%，35年中提高了近1倍，2045年劳动力老化指数将可能进一步升至32.14%。劳动年龄人口年龄结构的老化将会给中国的经济发展和劳动力市场带来不利影响，如对老年人的公共财政支出迅速增长，社会代际关系可能趋于紧张，社会公平和贫困方面的问题更加突出。[1]

3. 人口性别比问题

中国人口的出生性别比异常偏高已经成为一个趋势，特点有：一是出生性别比自20世纪80年代开始持续偏高；二是出生性别比偏高的程度不断加剧；三是出生性别比偏高的地域范围有逐步扩大、偏高程度普遍加剧态势；四是城乡出生性别比失衡，但农村比城市更为严重；五是孩次越高，出生性别比就越不正常。性别比失衡可能引发由性罪错导致的犯罪率的升高，给社会安全造成危害，如果再与吸毒和艾滋病等结合起来，将有可能成为对

---

[1] 李建民等. 中国人口与社会发展关系：现状、趋势与问题[J]. 人口研究, 2007(1).

中国公众生命安全的极大威胁，对婚育和家庭稳定形成挑战；对社会性别关系造成不良影响；部分男性婚姻成为不可能，他们将会孤老终生。[1]

第五节 社 会 文 化

提及社会就不可避免地涉及文化。英国人类学家费思认为，文化就是社会，社会是什么，文化就是什么。文化是社会的重要组成因素，文化对维系社会的运行和发展具有重要作用。

一、文化的构成与特性

(一)文化的含义

1. 文化概念在不同场合下有不同的含义

(1) 从日常生活用语来看，文化一般指人类的精神修养，是人类通过语言文字而获得的各种观念和能力。如我们说一个人受过学校教育，能识字读书，就是有文化，否则便是没文化。有时也特指对艺术的讲究，如认为古典音乐爱好者是有文化的，而流行音乐的追随者是没有文化的。

(2) 从词源含义来看，文化是随着人类学、社会学的发展而逐渐形成和完善的。在中国古典文献中，文化是"文治教化"之意，"文"指文字、文章、文采，又指道德、礼乐、典章制度。"化"指感化、教化，合起来构成文化，就是用一定的道德、礼乐去教化人们。

西方语言中的文化(culture)在 1690 年安托万·菲雷蒂埃《通用词典》中定义为：人类为使土地肥沃，种植树木和栽培植物所采取的耕耘和改良措施。耕种土地是人类所从事的一切活动中最诚实、最纯洁的活动，此时西方人观念中的文化只是用来隐喻人类的才干和能力，是表示人类某种活动形式的词汇。15 世纪，文化的含义开始引申为对人的品行、智能的培养，接近文化的中国古义。

(3) 从学科层面来看，文化成为学科概念在 19 世纪中叶形成，有三种代表性观点：一是方式论，文化是一定民族的生活方式，包括兴趣、爱好、风俗、习惯，强调文化的继承性。美国文化人类学家本尼迪克特认为，文化是通过某个民族的活动而表现出来的一种思维和行动方式。二是过程论，文化是人类学习和制造工具的过程，包含了人类智力和创造能力的不断进化，强调文化的演进性。三是复合论，文化是作为社会成员所获得的包括知识、信仰、艺术、音乐、风俗、法律以及其他种种能力的复合体，强调文化的综合性。英国人类学家泰勒在《原始文化》中写道："文化是一个复合整体，它是人作为社会成员所学习获得的一切内容，包括知识、信仰、艺术、道德、法律、习俗以及其他的能力和习惯。"

1952 年美国文化人类学家克鲁伯和克拉克洪对西方 1871—1951 年期间关于文化的 164 种定义作了清理和评析，指出这些定义分别从心理学、历史学、哲学、艺术、教育、人类学、社会学、生物学、生态学这 9 个学科角度进行理解，综合众家之所长将文化界定为：

---

[1] 李建民等. 中国人口与社会发展关系：现状、趋势与问题[J]. 人口研究，2007(1).

存在于各种内隐和外显的模式之中，借助符号的运用得以学习和传播，并构成人类群体的特殊成就，包括他们制造物品的各种具体样式；文化的基本要素是通过历史衍生和选择得到的传统思想观念和价值，其中价值观最为重要。

中国学者庞朴认为：文化就是人化，具有民族性和差异性两大特征，并以西瓜皮、西瓜瓤和吃西瓜后的清凉感比拟文化的三层结构即物质文化、制度文化、精神文化。从中国近现代历史角度说明中国人选择物质文化、制度文化和精神文化的三个阶段，依次体现为洋务运动、戊戌维新变法、辛亥革命、五四新文化运动。

根据上述考察，我们给文化下一个定义，文化是人类群体创造并共同享有的物质实体、价值观念、意义体系和行为方式，是人类群体的整个生活状态。这个定义揭示了文化四个方面的内容：①文化是人类群体的生活方式和生活过程，主要成分是符号、价值和意义、社会规范。符号是能够传递事物信息的一种标志，如声音、文字、颜色、手势、国旗等。文化的存在取决于人类创造使用符号的能力。价值观是人们评判日常生活中的事物与行为的标准，决定着社会中人们共有的区分是非的判断力。社会规范是特定环境下人们行动的指南。②文化的内隐部分是价值观和意义系统，外显形态为各种符号，这些符号主要体现为物质实体和行为方式。③文化是人的创造物，对特定时空中的人而言，文化体现为既有的生存和发展框架。④文化随着人类的群体范围划分不同而体现出差异性。

2. 文化是社会结构的软件要素

如果说人口、自然环境是社会结构的硬件要素，那么文化就是软件要素。它犹如看不见的绳子，把人与人、人和物串联在一起。自然物品不是文化，但通过加工生产出来的产品就代表了一定的文化，石头不是文化，但宅院门口、寺庙门口的石狮子就是中国文化的一种表现。麻婆豆腐、迪斯科舞蹈、甲骨文、青花瓷器都是文化的一部分，所以才有石器文化、土陶文化、青铜文化和饮食文化。

3. 文化与文明的关系

文化是文明的基础，文明的进步有赖于文化的发展，文化的发展必然推动文明的进步。文化现象同人类社会与生俱来，而文明是人类社会发展到较高阶段时才出现的，是较高阶段的文化；文明是人类社会的进步状态，不代表落后与反动，而文化有主流与支流、进步与反动之分别，如建设社会主义物质文明、政治文明、精神文明，代表中国先进文化的发展方向。

(二)文化的特性

1. 象征性

象征性是指一切具体的文化现象都是一定文化类型的反映，文化的意义要远远超出文化现象所直接表现的那个窄小的范围。例如，龙门阵是四川文化的象征，太极拳是中国文化的象征，相扑是日本文化的象征。白与黑是自然现象中的两种颜色，作为文化因素后，具有广泛的象征性。

在汉语中，白有一无所有之意，如一穷二白；白旗意味着投降；白衣是古代的孝服，现代的白衣战士指护士。革命历史上，白区、白军是指政治上的反动势力。

黑色有贬义，黑帮、黑社会、黑市、黑人(指没有登记户口的人)。在美国，黑色有人种的象征意义。20 世纪 60 年代美国民权运动高涨时期，针对黑色的文化贬义提出：黑色是美的(black is beautiful)口号。可见，文化的象征性充斥于全部社会活动、社会秩序之中。人的一生就是学习文化象征的过程，人类社会的发展体现为文化象征性的发展。

2．复合性

复合性是指任何文化现象都由一系列具有内在联系的文化现象组合而成。一是围绕某一社会活动产生一系列相关文化现象，如宗教活动包含教义、仪式、建筑、组织。二是任何一种文化现象不可能孤立存在，如教育与政治、经济、科学技术密切相关。例如，龙门阵是由四川自然地理、生产生活方式所决定的，龙门阵与茶馆密切相连。

3．多样性

多样性是指不同国家、民族、社会集团、社区有独特的文化，如民族文化有中国文化、美国文化等。社会集团文化有校园文化、企业文化等。

4．共享性

共享性是指文化为一个群体、一个社会乃至全人类所共享，由此产生传递性特征。一是纵向传递，是将文化一代一代传下去，称为代际传承。二是横向传递，是不同地域、民族之间的传播，如食物，番茄、土豆、玉米、可可出自美洲，咖啡来自非洲，啤酒源出古埃及，蔗糖引自印度，中国提供的是大米、茶叶。

(三)文化的结构

1．文化的内部结构

内部结构是指文化体系的构成关系，一般所说的文化主要是指文化体系，即特定社会的整个文化系统。

(1) 文化特质：也称为文化元素，是能够独立发挥功能的最小的文化单位，它的形态可以是物质形态的，如北京的糖葫芦、贵州的担担面、云南的过桥米线、四川的赖汤圆；可以是精神形态的，如浙江越剧、凤阳花鼓、四川川剧等；也可以是行为形态的，如给长辈让座，右手握筷子的要求。我们对一个文化体系的了解都是从阐述文化特质开始的。我们对四川文化的了解是从其衣、食、住、行及待人接物的点滴开始的。在社会生活中，文化特质随处可见，一座寺庙、一个 V 字形的手势、一面国旗、一条"小草青青，踏之何忍"的标语，都是文化特质。

(2) 文化丛：由一组意义相连、功能协调并共同发挥作用的文化特质组成的更大功能单位，通常包含多个文化元素。有的文化丛以一个主要的文化元素为核心，其他元素为辅助因素，共同发挥作用。如茶文化丛，核心元素是茶叶，以茶叶为中心，有茶壶、茶杯、茶碗等茶具，还有喝茶习惯与礼仪、沏茶方法、喝茶场所等元素，四川茶馆文化丛就是如此。

我国春节的民间庆祝活动是一个文化丛，各种文化特质以一定方式组合起来：放爆竹、点灯笼、贴窗花、吃饺子、串亲戚等。文化丛通常以某一特质为中心，行为的表达、意义的理解和其他文化特质构成一个小的系统。只有在文化丛中才能更好地理解文化特质。如"父叫子亡，子不得不亡"的封建伦理观念，只有在中国"孝"文化丛中才能很好地理解。要了解文化全貌还需要研究第三个层次的文化。

(3) 文化模式：互有关联的文化特质和文化丛的构成方式及其稳定特征，构成某个民族或地区的特定生活方式或制度的基础，如日本文化、中国的唐文化属于民族的文化模式。东北文化、蜀文化、长江文化、黄河文化、青藏高原文化、云贵高原文化、闽台文化属于地域文化模式。美国学者本尼迪克特1934年《文化模式》中第一次提出此概念，认为文化的形成发展是一个整合的动态过程，一些文化特质被选择吸收，逐渐趋向合法化、制度化，另一些文化特质被抑制、排除，文化的内聚、整合逐渐形成一种内部构成各个部分协调稳定的模式。

文化模式是人类在不同的生态环境下创造积累的产物。面对不同的环境，人们解决生存问题的方法与途径不同，导致文化模式有很大差异。西方文化源于古希腊的"爱琴文明"，是一种海洋文明，是为了适应海上贸易竞争环境的发展，在征服海洋的过程中，发展了宗教、科学、经济的结果；而中国文化形成于相对封闭的黄河流域，是以小农经济、宗法家庭、儒家思想为特征的文化模式。文化模式的研究具有重要意义，可以得到对于社会文化的总体认识，获得一个社会或民族文化的优点与缺点，以便进行文化比较，中国天人合一的文化模式就与西方天人相分的文化模式形成对照。

2. 文化的外部结构

外部结构是指文化进程中的时空结构，包括纵向的时间结构和横向的空间结构。

(1) 历史纵向结构，一是体现为文化层，包括原始文化、奴隶制文化、封建制文化、资本主义文化、社会主义文化；二是体现为传统文化与现代文化，农业文化、工业文化与后工业文化的划分。

(2) 横向空间结构，体现为文化区域即地域文化，如乡村文化、城市文化、江南文化、巴蜀文化，一般以自然地理为其重要的分界线，但现实的行政区划也对其产生一定的影响。在分析文化区域时，还要分析文化中心和文化边缘的概念。

文化中心是指文化特质在地理位置上分布最集中的地方，它通过文化扩散对文化区产生影响，是一个区域文化的核心地带，是该文化模式最典型最完备的地方，对周边地区有较强的辐射力，如一国的首都(或一省的省会)地区的文化。

文化边缘是一种文化模式最薄弱的区域，同时也是另一种或几种文化模式逐渐渗透的区域。文化边缘是两种或多种文化模式并存的区域，如香港，由于它所具有的地理位置、历史渊源方面的因素，容易接受世界文化的影响，带来文化的繁荣与变迁。

文化圈是由存在程度不一的相同或相通之处的若干文化模式组成的更大范围，是可以突破空间阻隔进行文化交融的空间布局。从地理的角度可以分为：东亚、西亚、阿拉伯、英美、欧洲大陆、拉美、非洲文化圈。从宗教的角度可以分为佛教、伊斯兰教、基督教、儒教文化圈等。

(四)文化的分类

1. 物质文化与非物质文化

这是根据文化存在形态划分的文化类型。

(1) 物质文化是指为了满足人们的物质需要，采用原材料、自然资源加工制造而成，能够发挥特殊功能的有形实体。如御寒的衣服、果腹的食物、遮风挡雨的房子等。物质文化的发展经历了一个从简单到复杂、从匮乏到丰富的过程。烽火狼烟是中国古代的信息传递方法，贝尔发明的电话改变了人们的沟通方式，使人们之间不需要共同在场也能进行信息情感的交流。随着信息产业的发展，程控电话、移动电话、视频电话不断出现，性能更优，品种越来越多，用途越来越广泛。社会学比较关注不同群体对物质文化的消费偏好以及这种偏好后面潜在的社会机制与变迁趋势。

(2) 非物质文化：满足人们的精神需要，指导着人们的言行举止，协调社会关系，促进社会整合，对人们的生活产生深远影响。非物质文化可以分为两类：一类是规范性的非物质文化，是社会存在的各种社会规范及这些规范所蕴含的社会意义。社会规范是人们在特定的环境中应该如何行动、如何思考、如何体验的一种社会或群体要求。而为什么要这么行动则包含着深刻的历史传统和现实原因，包含着丰富的价值和意义。另一类是认知性非物质文化，包括语言和符号，以及人们通过语言文字而获得的知识和信仰，它表达了人们对事物的认识程度和对事物的喜恶倾向。

2．主文化、亚文化与反文化

这是根据各种文化在整个文化系统中所处的地位和作用划分的文化类型。

(1) 主文化：是指在一个特定社会文化系统中起主导作用的文化，通常决定或代表该社会文化的基本面貌，影响其他文化系统的评价和走向，决定该社会成员的行为和文化发展的进程。主文化起主导作用有两个方面：一是享有这种文化的人数占多数，二是受到特定政府的支持。

(2) 亚文化：当一个社会的某一群体形成一种既包括主文化的某些特征，又包括一些其他群体所不具备的文化要素的生活方式时，这些群体文化被称为亚文化。亚文化分为民族亚文化、职业亚文化、越轨亚文化。越轨亚文化是指为一些反社会集团所特有的文化，如一些犯罪集团制定一些团体规范，明确每个人的角色和权利义务，要求成员对群体首脑效忠以及一些联络暗语黑话等都属于越轨亚文化范畴。亚文化与主文化的区分不是一成不变的，二者可以相互转化。如影视文化在20世纪80年代以前还属于少见的东西，属于新兴亚文化范畴，而现在已经成为贯穿人们的生活不可缺少的部分，一跃成为今天人们生活之中的主文化。

(3) 反文化：是指当亚文化处于与主流文化相对立的地位时，一种否定和排斥一定社会形态中的主流文化的文化。

反文化作为亚文化的一种特殊形态，多产生于年轻人群体中，如20世纪60年代产生于美国的"嬉皮士文化"，嬉皮(hippie)的含义是指一个知道正在发生什么事情的人，是美国20世纪50年代"垮掉的一代"的一个变种延续，是一场自发的"群众运动"，他们主张仁爱，反对暴力，提倡和平主义和利他主义；留着长发，穿着奇装异服，向一系列为美国人所珍视的规范和价值观(如成功、勤奋、物质享受、循规蹈矩、科学理性、白人优越感)进行挑战。嬉皮运动以美国旧金山的松树岭地区为中心，以势不可当的威力席卷欧美，对欧美的文化形态及生活方式都产生了深远影响。

判断反文化社会作用的标准是看该文化本身的性质，凡是代表着社会发展方向，有利于推动社会进步的文化,不管是主文化还是反文化都应当得到肯定。

3. 精英文化与大众文化

从文化作为社会全部的生活方式来看,不同的社会阶层表现出明显的社会区分与隔离,文化体现为精英文化和大众文化。

(1) 精英文化,也叫高雅文化,是指社会上层阶级所创造和共享的文化,体现在上层阶级的生活方式、政治信仰和价值观念上。

(2) 大众文化,也叫流行文化,是指为大多数民众生产、传播和消费的文化。这种文化对人们的欣赏水平没有太高要求,如中国老百姓喜闻乐见的相声、小品、流行歌曲;民间年节文化(庙会)、饮食文化、祭祀文化。又如端午节,人们要采艾草、吃粽子、赛龙舟;中秋节赏月,吃月饼。精英文化也常借助于大众文化使用的传播技术和手段(如电影、唱片、书籍和网络)生产、传播和消费,某些大众文化曾经是精英文化,某些精英文化也曾经是大众文化。

二、文化与社会的相互作用

【案例2-3】近年来,文化领域一直倡导的传统精英文化显示出衰退的迹象,与此同时平民文化逐渐兴起。这从《百家讲坛》、"超级女声""聊新闻"等报道方式、网络短片的大受欢迎中可以看出。从经济学和社会学的角度分析,平民文化的产生符合社会发展的趋势和人民群众的需要。但是,我们不能全盘否定精英文化,因为那是中华文化的出色代表。同时我们也不能一味地推崇平民文化,也要看到其中充斥的商业性。要找到二者的平衡点,通过提升全民族的科学文化素质和走市场化的道路,追求一种平实、融洽、和谐的文化表达方式。

(资料来源:屯丽君.从当前文化现象看平民文化的兴起与发展[J].开封大学学报,2006(4).)

问题:从目前流行的平民文化现象中可以看出平民文化的特性有哪些?如何理解平民文化的这些特性?精英文化与平民文化有何关系?

分析:平民文化也叫大众文化、流行文化,具有草根性、渗透性、开放性、娱乐性等特性。平民文化的兴起及其表现出来的特性可以从结构功能主义、物质社会条件决定论视角进行分析:从功能主义的角度来看,①大众文化满足了人民群众发自内心的知识和娱乐需求;②让更多的人享用文化资源是一条必然的发展之路,例如超级女声表现了一种与以往不同的自下而上筛选明星的机制,表达平民时代文化分享的诉求;③大众文化的盛行与精英文化的衰败分不开。

从社会结构变迁来看,市场经济和民主法制进程加快,个体的自由自主性得到增强,每个人都有自我表达和自我实现的需要,平民文化就是个体自主性表达的体现,也是社会竞争和职业压力增大个体需要宣泄和娱乐的体现。

精英文化与平民文化既可相互对立,又可相互促进。①价值取向上的对立。精英文化往往是社会生活中正义、信念等恒常价值的体现者。大众文化追求的是多元价值和当下感受,不是过多关注价值的恒常性与超越性。②审美趣味的对抗。精英文化是优秀规范和标准的继承者,讲求伦理的严肃性,形成超越自身的内在动力;而大众文化则是取悦于大众的"媚俗"文化，追求标准化、无个性化、程式化，新奇刺激，旨在创造短暂的流行时尚。二者的分野也不是绝对的，从文化发生学来看，精英文化并非一开始就获得精英地位的，往往经历从后台到前台，从配角到主角的转化。大众文化出于满足大众消费这样一个根本目的，从精英文化中吸取各种成熟的文化成果为我所用。我们不能全盘否定精英文化，但要更多的人去接受精英文化，就必然要求它用更加平实的方式表达出来。我们也不能一味推崇平民文化，要看到其中充斥的商业性，要反思当今文化主流的方向与功用，探讨它们应该承载的社会责任。

文化与社会的相互作用包括两个方面：①社会如何决定文化的特性；②文化如何影响社会。

(一)关于文化特性形成的理论

1．结构功能主义的解释方法

一种文化之所以产生并有自身特质及内容是因为该文化发挥了重要的社会功能，符合社会的某种需要。对文化的结构功能主义分析首先从 20 世纪二三十年代的英国人类学家马林诺夫斯基和拉德克利夫·布朗开始，他们对文化特质的解释往往追究到文化的结构与功能，把文化看作是内部各部分彼此整合很好的系统，其中每个部分对整体文化都做出了贡献。文化的核心功能是满足人类的三种基本需要：生理方面的需要如食物和水；工具性需要如教育后代各种生活技能；整合性需要如共享一种价值观。

2．文化生态学的解释方法

不同民族的文化特性是由其资源和周围环境的特点以及这些环境的变化来决定的，要求从文化所处的资源和生态环境中去寻找文化特性的根源。美国文化人类学家朱利安·斯图尔特是该观点的代表人物，他对具有同等狩猎技术的不同部落的社会结构进行对比发现，正是狩猎对象的差异导致了部落社会结构的差异，如果狩猎对象是驯鹿类的大型迁徙兽群，就要进行分工合作，那么这一部落的规模就比较大；如果狩猎对象是小规模分散且不迁徙的兽群，那么这个部落就由一些小范围的单血缘群体组成。

3．意识形态的解释方法

一种文化特性是某个阶级或社会利益集团支持的结果，要求从文化的承担主体上去寻找文化特性的根源。美国社会学家斯旺森在《宗教和政体：对改革的社会学解释》一书中对 16 世纪欧洲各国君主选择宗教差异进行了解释，根据宗教意识形态是否宣称支持王权这个核心标准来选择宗教教派，强大的中央王室倾向于选择天主教是因为天主教支持君主的政治权力，而小君主选择基督教是因为基督教支持自己的政治权力。马克思认为，一个社会占统治地位的思想不过是统治阶级的思想而已，因此统治阶级的思想文化往往成为主流文化。

4．物质社会条件决定论的解释方法

这是马克思主义的文化特性观，要求从物质生活条件中寻找文化特性及差异的原因，一定社会的文化特性归根结底由该社会的物质生产和生活条件所决定，物质生活条件的变

化是社会文化变化的最深刻根源。中国的小农经济基础决定了农民求安全、求稳定、求平均的文化观念，当代中国多种经济成分并存决定了多元价值观的兴起。

上述四个关于文化特性的理论在分析角度上存在差异，结构功能主义侧重于文化与社会的关系，用文化满足社会需要来解释文化的产生和特性。文化生态学侧重于文化与环境的关系，用生态环境解释文化的产生和特性。意识形态侧重于文化的担当主体，以文化主体的差异解释文化选择的差异。物质社会条件决定论侧重于物质与意识的关系，用物质决定意识原理解释文化的产生和特性。四种文化特性解释理论各有千秋，可以相互补充。

(二)文化的功能

文化的功能就是指文化在其所覆盖的范围内、在不同层面所发挥的作用。根据文化针对的对象不同，文化的功能可以分为文化对个体、群体和社会三个层面所发挥的作用。

1. 文化对于个体的功能

文化的个体功能就是指文化对个体发挥的社会化功能。人刚出生还只是一个生物意义上的人，通过文化的传承、学习和培养逐渐习得社会观念、规范和行为方式，既使自己成为一个合格的社会成员，又保证社会人口再生产的顺利进行。

2. 文化对于群体的功能

群体是社会的重要组成部分，文化的群体功能就是文化对社会群体起着目标指向、规范约束和价值整合的作用，通过文化的行为规范和价值导向作用，促进群体的生存和发展。家庭文化、企业文化、校园文化就是一种群体文化。家庭文化对规范家庭成员行为、处理家庭关系具有重要作用。企业文化包括企业价值目标、企业章程、企业运作等内容，优良的企业文化有助于企业适应环境竞争，促进自身发展壮大。校园文化是师生共同创造、享受和传承的文化，对师生思想观念和行为取向具有指引作用。和谐文化建设成为企业、校园等群体重要的管理理念和手段。

3. 文化对于社会的功能

【案例2-4】澳大利亚的亚尤伦特部族处于石器时代，对石斧这种加工复杂的石器怀有敬意。平日，石斧由酋长等社会地位较高的部落成员保存，只有宗教集会时才拿出来放在祭坛上作为部落祖先的象征受人顶礼膜拜。作为生产工具，石斧可以借给部落成员使用，但批准使用的手续十分烦琐。哪一个成员要使用石斧，首先要向保存石斧的部族领导提出申请，是否批准既取决于这个人生产上的急需，又取决于他平日是否遵从了部族的行为规范。只有当这个人通过这些考核，被证明有使用石斧的资格，才能从部族领导的手中借出石斧。这样，亚尤伦特的文化就围绕着石斧这个文化特质形成一个整体。石斧作为"祖先象征"承担宗教功能，石斧的保存方法巩固了部族中的等级制度。通过批准石斧使用的程序建立行为规范，成为社会奖惩手段。于是围绕石斧、宗教、社会控制、行为规范、权力结构相互联系，亚尤伦特社会便通过文化而整合起来。后来，白人传教士、商人接踵而至，他们带来了钢斧，钢斧比石斧更锋利更有用，且可以通过贸易交换而自由获得，于是钢斧便取代石斧而流传。这一外来文化的迁入不是简单表现为"钢斧文化"取代"石斧文化"，更重要的是钢斧在替代石斧的过程中斩断了与石斧相联系的其他文化结构，斩断了社会控制体系，斩断了部族成员对传统习俗的敬畏，部族酋长不能再随意发号施令。随着社会权力结构的崩溃，原始的亚尤伦特社会也就瓦解了。

(资料来源：郑杭生. 社会学概论新修[J]. 北京：中国人民大学出版社，2000.)

问题：石斧文化在亚尤伦特社会发挥了怎样的作用？为什么钢斧文化取代石斧文化后导致亚尤伦特社会解体？

分析：这个案例说明了文化对社会运行发挥整合功能的重要性及其作用机制与过程。石斧文化通过对社会结构要素的联结和统领机制，实现了对部族社会的整合。钢斧文化的介入和取代导致石斧文化社会结构要素的联结机制中断，进而导致部落社会解体。

文化的社会功能是指文化对整个社会所起的整合和导向作用。整合是指社会不同的因素、部分结合为一个统一协调整体的过程及结果，也称为社会一体化，它是与社会解体、社会解组相对应的社会学范畴。社会整合的可能性在于人们共同的利益以及在广义上对人们发挥控制、制约作用的文化、制度、价值观念和各种社会规范。整合有价值整合、规范整合、结构整合三种形式，价值整合是最重要的一种整合方式，通过教育和实践体会形成价值共识，有助于使社会成员行动趋于一致。风俗、道德、法律等规范各有特点及适用范围，通过内化、强制、宣传、奖惩等方式使规范被成员认同和遵守，把社会成员的行为纳入一定轨道和模式，以维持一定的社会秩序。社会由众多结构单元组成，单元之间的差异比较大，通过众多结构单元的协调和配合实现功能互补，保证社会秩序的稳定，如果某一个结构出现解体，就可能威胁到整个文化体系的稳定，进而导致社会整合的瓦解。

文化的导向功能是指文化对社会运行方向所起的作用，通过提供知识、协调社会工程管理和巩固社会进步成果这三种方式促进社会发展。在知识经济社会，知识作为生产力所起的作用越来越巨大，社会管理创新包含许多子系统，要使这些子系统协调配合有赖于文化的调适。每一次社会改革和进步的成果都必须以新的观念文化和制度文化进行认可和巩固。当然，文化的社会功能所涉及的领域是非常宽广的，文化对经济、政治的作用日益受到重视，文化产业的发展非常迅速，政党文化、和谐文化建设也在积极开展。在认识文化功能时，还要注意区分正功能和负功能，做到扬长避短。

三、文化的运行规律

(一)文化传递

文化传递是指文化的代际继承，即文化从一代人手里传给下一代人，以保证其连续性而不失传或中断。文化传递有两种途径：①一代人通过言传身教将自己所掌握的文化传授给下一代人，属于自然传递；②自觉的、有组织的间接传递，即通过总结摘录前代人创造的文化，撰写成著作，录制成音像制品，建造图书馆、博物馆，既可以向下一代人灌输文化知识，又能使文化向更广的空间传播。积极的文化传递是文化发展不可缺少的动力，对于社会发展也起着积极的促进作用。

(二)文化传播

文化传播是指文化从一个社区向另一个或更多个社区扩散，即文化的空间结构的变化。

文化传播是文化的固有属性，凡是文化就一定会向四周传播，不能传播的东西就不是文化，共享性是文化传播的前提，文化传播使文化的共享性得以实现。例如，中国四大发明传入欧洲，佛教从印度传入中国，洋务运动中兴办近代军事工业，沙龙、尼龙、沙发、肯德基、麦当劳、股份制、公司制传入中国。

文化传播必须有载体即传播媒介，这些载体主要有人的流动、交通工具、新闻媒体。另外，移民、战争、入侵和占领也是文化传播的重要途径。

文化传播的规律一般是以文化发明地为中心，按照同心圆轨迹向四周扩散，但因受到的阻力不同，在各个方向上扩散的远近也不同。文化传播的阻力通常来自文化差异。一般而言，文化传播容易向文化差异小的社区传播，而不容易向文化差异大的地方传播，如饮食文化，湖南的辣椒文化不容易向广东等邻近地区传播，因为与这些地区的文化差异大，但容易向桂北、鄂南、赣东等地区传播，因为与这些地方的文化差异小。文化传播的规律往往可以为商业文化所借鉴。

文化传播的效果取决于三个因素：①社区的开放程度，凡是封闭地区，均将先进文化拒之门外，我国的清王朝时期就是如此。②社会制度的相似程度，同样一种文化，在与自己的社会制度相似的地区或民族容易被统治者及群众所接受，产生较好的传播效果。18世纪英国产业革命像一股浪潮席卷欧洲和美国，主要是因为当时的资本主义制度为科学技术的传播提供较理想的沃土。③交通的方便程度，交通越是发达便利越有助于文化的空间传播。

(三)文化冲突

【案例2-5】故事发生在美国中部密西西比河畔的城市——圣路易斯的一个定居美国的华人家庭。许大同是电脑游戏设计师，来美八年，事业有成，家庭幸福，儿子丹尼斯、太太简宁、从北京接到美国尚未拿到绿卡的老父亲。在年度行业颁奖大会上他激动地告诉大家："我爱美国，我的美国梦终于实现了！"但是随后降临的那件意外的事情使得许大同从梦中惊醒，五岁的丹尼斯着凉腹痛，在家的爷爷因为看不懂药品上的英文说明，便以中国民间流传的刮痧疗法给丹尼斯治病。因刮痧后在背部留下了紫色的刮痕，美国医生和儿童福利局的工作人员不了解中国传统的刮痧疗法，认为是一种残酷的家庭暴力，而这就成了虐待孩子的证据，许大同为了老父亲能拿到绿卡而承认是自己为儿子刮痧。于是作为一家之主的许大同不得不面对接踵而至的司法调查、妻离子散、有家难归、失业与追捕。努力多年以为已经实现了的美国梦被这场从天而降的官司彻底粉碎。后来，许大同的老板到中国亲身体验了刮痧后，使误会得到澄清。

(资料来源：根据电影《刮痧》情节整理)

问题：刮痧是一种医疗方法还是家庭暴力？为什么中国人与美国人赋予它迥然不同的意义？电影《刮痧》折射出的中美文化冲突有哪些？

分析：我们知道，刮痧是一种在中国源远流长的民间医术，它是用铜钱蘸水或油摩擦患者的胸、背等处，使局部皮肤充血，减轻内部炎症。其医学解释是：利用热胀冷缩原理，造成局部毛细血管扩张，增加血容量和流量，促进血液循环，改善人体自然生理环境。作为一种源远流长的中医技术，在美国人看来，却成了一种家庭暴力。

> 社会在进步，文明也在发展，中美交流也在日益增加。中美双方的有识之士正努力地认同彼此文化差异，通过沟通、容纳和接受来加速两种文化的融合，可以使我们从中更了解自己，更了解别人，也能使美籍华人真正融入美国主流文化中去。

文化冲突是多种文化接触时在价值观念、行为规范、行为方式等方面发生的相互反对的情况，如某种文化的拥有者排斥、抵触另一种文化，也可能是不同文化背景下的人对同一社会现象持不同的价值观念或评价。文化冲突的诱因有：①时代差异，如代沟，今天的中年人更喜爱民族通俗歌曲，而年轻人则多喜爱流行摇滚音乐；②民族差异，不同民族的语言、生活习惯、风俗、禁忌等差异明显，如汉族与藏族的新年时间就不一样，各民族婚礼、丧葬礼仪存在差别；③地域差异，城市与农村之间、不同城市与不同农村之间的文化必然会有一定的差异，有些差距极大，如四川与广东两省的文化差异就很大，语言上四川话与广东话大相径庭，饮食上四川人喜欢吃辣椒，广东人喜欢吃甜食，二者还有着不同的经济理念与消费取向；④阶级或党派差异，这是政治冲突的主要原因。

这些诱因造成文化冲突，但文化冲突并不是一种破坏性消极性的事物，尽管它对现存秩序与心理产生冲击，但要看到冲突的积极作用，冲突意味着竞争，竞争意味着必须变革，变革才能根本发展。文化冲突是文化竞争和文化比较的发展过程，也是文化融合及新文化产生的过程。从根本上说，文化冲突是文化变迁的动力。我国历史上儒家、道教和佛教的冲突最终形成三教合一的新文化形态。中医与西医的冲突促进融合，形成中西医这种新的医学观与治疗手段。

(四)文化变迁

文化变迁是指文化内容的增加或减少所引起的结构性变化，其可能由该文化自身内部的变化引起，也可能由外部力量的压力所导致，如外来文化的传入导致文化变迁。

文化突变是指两种或两种以上的文化特质或要素通过接触、结合产生新文化结构的飞跃过程，是文化变迁的一种特殊类型，是一种激烈的结构性变迁形式，它对文化本身、社会成员的心理和情感结构以及社会精神状况的冲击巨大，波动性大，人们对文化突变一般缺乏预期与思想准备，因此，需要特别重视。

文化滞后(Culture lag)也叫文化堕距，是文化变迁的一种形式。美国社会学家威廉·奥格本首先使用这一概念，用于指物质文化和非物质文化在社会变迁速度上所发生的时差。该理论认为，由相互依赖的各部分所组成的文化在发生变迁时，各部分变迁的速度是不一致的，有的部分变化快，有的部分变化慢，结果就会造成各部分之间的不平衡、差距、错位，由此产生问题。一般来说，物质文化的变迁速度快于非物质文化，两者不同步，于是就产生差距。就非物质文化的变迁来看，它的各构成部分的变化速度也不一致，一般来说总是制度首先变迁或变迁速度较快，其次是风俗、民俗变迁，最后才是价值观念的变迁。我国现阶段社会正处于重大的变迁中，文化各部分失调即文化堕距的现象十分突出，例如不少地区虽然引进了先进的物质设备，但由于技术知识、人的素质、观念等滞后，而限制了物质文化和经济的进一步发展。为此，我们就应该注意文化各部分的协调问题。

文化融合是指不同文化在相互接触和相互接受影响以后所产生的一种文化变迁现象，对于文化发展具有积极作用。文化融合的途径多种多样：一是人际交往促进不同文化之间的相互调适；二是多民族聚居地区各自取长补短；三是不同社会制度的国家开放边界，居民自由流动选择先进文化；四是通过大众传播媒介了解学习先进文化。

下面以上海文化的内涵为例，分析文化变迁的影响。

上海文化内涵中包含各种各样不同的西洋传统。从宗教传统来看，近代欧洲有两个很重要的宗教传统。一个是以英国、德国为代表的新教传统，这个传统产生了近代的资本主义。新教传统在上海文化精神中表现得十分突出。上海人在中国人中表现得十分拼命，精于算计，最有职业感，讲信用，但上海还受到欧洲传统中的天主教传统的影响。

天主教传统大多存在于拉丁文化的国家。天主教与新教文化的区别就在于新教文化讲究简单实用，而天主教文化更注重艺术性。在拉丁文化国家里，它表现的是一种浪漫的、超脱的传统，这就与新教中的工具理性有很大的反差。所以在上海文化中既有紧张的一面，又有松弛的、浪漫的、超脱的一面。欧洲这两种宗教传统对上海文化形成了一种张力。

从各个国家的文化来看，上海也形成了多国、多民族的文化传统，有英国的文化传统、美国的文化传统、德国的文化传统、俄国的文化传统，还有犹太的文化传统，在虹口那一片还有日本文化的影响，这就使上海的文化传统相当丰富。

上海文化传统中除了西洋文化外还有本土文化和移民文化。上海开埠以后，所谓的上海人是有特定含义的，特指能讲上海官话，还能讲几句洋泾浜英语的，特别是受到欧风美雨感染的、见过几分世面的人。那些上海人是从哪里来的呢？他们显然不是本地人，虽然本地人也有可能成为上海人。这些上海人大都是各地来的移民：广东的、山东的、安徽的，但主体是江浙一带。上海追溯其本土文化的底色就是江浙文化，或者说以江浙文化为代表的江南文化。

上海文化传统也有本土资源：明清以来形成的江南士大夫文化，特别注重文采，注重书卷气，他们对生活特别细腻精致，有一种日常生活审美化的趋势。这种文化传统在上海开埠后与西方两种宗教文化传统结合起来了。一方面上海江浙文化中的理性主义成分(乾嘉时期的考据学)和新教传统相结合；另一方面江浙文化中才子佳人的浪漫温情成分又与拉丁文化产生回应，这就使上海本土文化和外来文化产生了奇妙的对应关系。上海文化传统由于有了这些资源，而上海又是向全世界开放的城市，它的文化传统于是就相当丰富，可以产生各种各样的组合。

上海今天的发展，海派文化成为一个很重要的资源。这里不是指海派文化中某一个文化传统，而是指海派文化中的多元文化传统。这种多元文化传统就有可能成为上海未来发展的很奇妙的张力。上海的历史文化传统中，恰恰是这两种元素皆有，这是上海文化很重要的资源。但有传统并不意味着我们认识这个传统[1]。

可见，江浙文化传统与西方宗教文化传统在上海这个区域内有机融合在一起，形成海派文化模式，对上海经济和社会发展产生了巨大影响，这说明不同文化通过接触、撞击、冲突、采借等方式而融合成新型文化形态。

---

[1] 许纪霖. 上海文化的反思[N]. 中国青年报，2003-11.

第二章 社会及其构成要素

本章小结

本章认为社会是由占据一定地域空间并共享某种文化的人口在物质资料生产基础上形成的关系体系，社会结构由自然环境、人口和文化三个要素构成，需要正确认识这三个要素在社会发展中的地位和作用。中国社会结构正在由总体性社会向分化性社会转型。

习 题

一、判断题

1. 社会就是国家。（ ）
2. 社会唯名论认为社会只是一个概念和名称，是对独立个人的一种集体称谓。
（ ）
3. 社会结构是指社会要素按照某种方式或机制所构成的相对稳定的关系体系。
（ ）
4. 计划经济时期我国的社会结构属于一种总体性社会。（ ）
5. 自然环境是人类存在和发展的基础条件。（ ）
6. 我国已经进入老龄化社会阶段。（ ）
7. 反文化就是阻碍社会进步的亚文化。（ ）
8. 环境库兹涅茨曲线是指环境恶化与经济增长之间呈倒 U 形关系的曲线。（ ）
9. "靠山吃山靠水吃水"的说法表明自然环境会影响生产部门布局和发展方向。
（ ）
10. 黄河文明中心在北宋末年南迁至长江中下游，这种迁移有其生态环境原因。
（ ）

二、单项选择题

1. 中国社会结构演变的第一个转折点是（   ）。
   A. 辛亥革命   B. 鸦片战争   C. 中华人民共和国成立   D. 改革开放
2. 统计总人口中男性和女性分别所占的比例，属于人口的（   ）。
   A. 数量   B. 质量   C. 性比例   D. 密度
3. 任何文化现象都由一系列具有内在联系的文化现象组合而成，这是指文化的（   ）特征。
   A. 象征性   B. 共享性   C. 复合性   D. 多样性
4. 能够独立发挥功能的最小的文化单位是（   ）。
   A. 文化特质   B. 文化丛   C. 文化模式   D. 文化层

三、多项选择题

1. 社会结构的特征包括（   ）。

A. 整体性　　　B. 相对稳定性与动态性　　C. 层次性　　　D. 有序性
2. 自然环境包括(　　)。
   A. 地理条件　　B. 生物资源　　　C. 地下资源　　D. 文化资源
3. 从社会存在和发展的最基本条件来看，社会结构的基本要素包括(　　)。
   A. 自然环境　　B. 人口因素　　　C. 文化因素　　D. 经济基础
4. 从组织形式上区分社会类型，德国社会学家滕尼斯1887年提出(　　)。
   A. 礼俗社会　　B. 传统社会　　　C. 法理社会　　D. 现代社会
5. 可以经验研究的社会关系形式有：(　　)。
   A. 家庭　　　　B. 农业社会　　　C. 社区　　　　D. 工业社会
6. 第六次人口普查结果显示我国人口构成的特点有：(　　)。
   A. 我国人口增长仍然处于较高生育水平阶段
   B. 东部人口比重占了四成
   C. 人口流动频繁
   D. 城镇人口大幅上升，接近一半
7. 根据各种文化在整个文化系统中所处的地位和作用划分文化类型，有(　　)。
   A. 主文化　　　B. 精英文化　　　C. 亚文化　　　D. 反文化

四、案例分析题

北京市市郊某小区是征用农民土地建设起来的。大部分业主是在城里上班的人，小部分是回迁的原住民。小区由专门的物业管理公司管理。小区内有很多空地，是准备绿化用的，因为草坪还没买来就暂时空在那里。有几个原住民老人家看到地空着挺可惜的，就商量着"废物利用"，弄了些菜籽，圈了块空地种菜。他们精心护理，菜的长势很好，种菜的几位特别高兴。过了一段时间，草坪运来了，物业公司准备绿化，就要求他们把菜拔掉。他们不乐意了，和物业吵架。物业公司不愿和他们闹僵，没办法，就先把别的地方绿化了，留下了那块菜地。这下其他业主不乐意了，认为那块菜地影响小区的整体美观，强烈要求物业拔菜种草。物业左右为难，就请这两部分居民一起开会协商。种菜的居民很不理解："菜是庄稼，是宝，能吃，那草是废物，怎么你们还要养它？而且我们占的是一小块地，别的都让你们种草了，为什么你们就不让我们种点菜？"另一方的居民反驳说："我们现在住在城市小区，不是庄稼院，应该提升美化环境意识。而且小区绿地是公共空间，你们怎么能随便占用？要占用也必须全体业主同意。"物业管理人员反复做工作，老人的子女也加入了劝说行列，最终菜还是拔掉了，不过老人们说起来还愤愤不平。

(资料来源：赵孟营. 社会学基础[M]. 北京：高等教育出版社，2006.)

问题：从文化冲突和文化滞后入手，分析该小区种菜和种草这两种行为的差异。

第三章 社会化与社会角色

【学习目标】

通过对本章内容的学习,读者能够掌握社会化的含义与内容、社会化的必要性和必然性、社会化的过程及动力机构、社会化的结果及影响;理解社会化是一个生物个体在各种机构的影响下成长为一个社会人的过程。

【导读案例】

> 哈利·波特的故事:从最初的《哈利·波特与魔法石的故事》开始,失去双亲的孤儿哈利已经展现出他具有超乎寻常的法力,可精明的魔法师邓不利多并不是将其留在神奇的魔法界,而是将哈利送到了其根本不懂魔法的叔叔婶婶的门前。在邓不利多看来:"不能把一个孩子弄得忘乎所以就算了。他还不会说话、不会走路就出名了!为着他根本不会记得的东西!你难道看不出,如果在成长中摆脱所有他还没有准备好接受的东西,他会变得好吗?"……

(资料来源:安东尼·吉登斯.社会学[M].北京:北京大学出版社,2009.)

在以上案例中,哈利·波特小说的作者罗琳用每一本写了哈利的一个学年,哈利也从儿童过渡到青少年,再从青少年过渡到成年,而这些是我们每个人都要经历的重要生命阶段。罗琳用超自然的事物让我们认识到,在看似简单的日常生活的基本状况背后,往往隐藏着摄人心魄的复杂性;尽管哈利上的是霍瓦沃茨魔法学校,但它毕竟还是所学校,里面的每一个人,哪怕是法力巨大的魔法师,也需要别人帮助培养一系列的价值观念。这中间也包含着丰富的社会学知识和理论,尤其是社会化和社会角色理论知识。那么,什么是社会化?社会角色又是什么?这是本章要学习的主要内容。

第一节 个人社会化

一、个人社会化的含义与类型

(一)个人社会化的含义

定义社会化有三种视角:人格发展的视角、文化传承的视角和社会结构需要的视角。

1. 人格发展的视角

从这个视角对社会化进行探讨的历史最为悠久,认为社会化是一个人的个性形成和发展的过程,通过社会化过程,一个人经由动物性的个体发展成为有个性的社会人,属于社会学中社会心理学派的立场。美国社会学家 C. 库利(Charles Horton Cooley)和米德(G. Mead)对"自我"的有关研究是这一视角的代表性观点,他们认为社会化的过程就是将他人的态度内化为对自己的要求，并且按照社会其他人对自己的期待来调整自己的行为模式的过程。

2. 文化传承的视角

受文化人类学的影响，这一视角将社会化看作文化的传递和延续的过程，认为社会化的实质在于社会文化的内化，属于社会学中的文化学派。持这种观点的代表者有美国社会学的创始人萨姆纳(William Graham Sumner)和托马斯(William Lsaac Thomas)。20世纪20年代以后，美国社会学家奥格本非常重视对社会现象中的文化因素进行探讨，并从文化的视角对社会化进行了系统的研究，把社会化定义为接受和学习人类文化、保持和传承社会文化和社会生活的过程。

3. 社会结构需要的视角

这一视角从社会化对社会的生存和有效运作方面解释社会化，更加重视社会化的社会方面，认为社会化就是要使人变得更具有社会性，认为一个社会要想生存和发展下去，需要所有社会成员共同支持和维护，而每个社会都会通过塑造成员的行为来达到这一目的。这一视角始于20世纪40年代，随后，英国社会学家S.萨金特(S. Sargent)在1950年首次将社会化与角色概念联系起来，认为社会化的实质在于对社会角色的承担。之后，结构功能理论的集大成者、社会学家帕森斯(Talcott Parsons)进一步发展这一观点，并将社会化的过程直接定义为角色学习过程，在此过程中社会化的功能就在于使得个人通过逐渐了解自己在群体或者社会结构中的关系和地位，学会如何才能顺利地完成自己的角色义务，进而维持和发展社会结构。

对于个体社会化的理解随着时间的推移出现了不同的认识。20世纪50年代以前儿童和青少年成为社会化研究的主要对象，成人则不被视为这一阶段研究的对象，研究的重点在于关注个人如何从一个"生物人"转变为一个"社会人"，通俗讲就是研究一个人从呱呱坠地(动物性个体)如何通过社会文化的教化和熏陶逐渐成长为符合社会需要的青少年(准社会人)。20世纪50年代开始及之后的很长一段时间，特别是在以美国社会学家帕森斯为代表的结构功能主义社会学和英克尔斯(Alex Inkeles)"人的现代化"研究的推动下，对社会化的研究对象进行了拓展，将成人也纳入社会化研究的范畴，认为社会化不仅是一个从"生物人"到"社会人"转化的简单过程，也是一个内化社会价值标准、学习角色技能、适应社会生活的过程，这是成年人也必须经历的过程，从而达成共识：社会化不仅仅是儿童和青少年时期才会面临的问题，而是一个贯穿于人一生的过程。

近年来，随着研究的不断深入，对社会化的研究有了更新的发展。

(1) 不断拓展"个体"概念的内涵，不再仅仅局限于生物意义的自然人个体，一个部落、群体甚至社区也被视为个体而作为研究的对象。

(2) 将社会化对整个社会的意义纳入社会化研究的范畴。过去对社会化研究的意义主要着眼于对个体意义上，而忽略了对整个社会的意义。社会化的过程其实正是个体成长与社会运行和发展之间互动的过程，既要强调社会环境和社会因素对个体成长的影响，同时也不应忽略个体的社会化对社会良性运行和发展的重要意义。

综上所述，社会化就是个体按照社会的要求，通过接受和学习社会文化，实现从生物人到社会人的过程。这一过程贯穿于个体从出生到死亡的长期过程之中。通过社会化，个体不断适应社会生活的要求,人格得以不断健全和发展,并不断对社会进行一定的改造。这一过程中,社会文化也得以积累和传承,社会机构得以维持和发展,个体与社会之间达到良性的互动。

(二)社会化的类型

(1) 根据社会化的内容和个体所处的社会化阶段,美国社会学家霍尔茨纳将社会化划分为初级社会化和高级社会化两个阶段。初级社会化可以理解为儿童在成长过程中依赖于家庭阶段,高级社会化则是经历儿童成长期后所要经历和面临的更复杂的社会化阶段,如就业、移民等。

(2) 根据社会化的内容可将社会化划分为政治社会化、民族社会化、法律社会化、道德社会化、性别社会化、角色社会化等类型。

(3) 根据人生的不同经历可将社会化划分为初始社会化、预期社会化、发展社会化、反向社会化和再社会化五种类型。其中,再社会化是指全面放弃原来已经习得的价值规范和行为规范,重新确立新的价值和行为规范标准,如犯罪分子洗心革面、重新做人。

二、社会化的条件和过程

(一)社会化的条件

与其他动物不同,只有人类才能够经历社会化的过程。而人类能够经历社会化需要具备生理条件和社会条件,只有两方面的条件都具备,个人才能在具有接受教化的生理基础和能力的同时,进行社会互动、交流和学习,进而完成社会化。

1. 生理条件

1) 人脑

与世界上其他任何生物不同,人类具有特殊的生理结构形态和能力,如人类能够完全直立行走,人类有手足之间的分工和特殊的手指结构等,这些都为人发展自己的社会性准备了首要的先天生理条件,与其他动物区别,其中具有特殊组织的大脑是人类所具有的最重要的先天生理条件。人类能够进行独立思考、有意识、有思想和有理智等都与人脑的生理条件密不可分。与其他动物的大脑相比,人类的大脑最为发达、脑组织也最为复杂。人类的大脑分为两个半球:左半球和右半球。两个半球各自掌管着人类个体全身的神经脉络,大脑皮层上分布着密密麻麻的沟和回,形成凹凸多变的皱褶,若将皱褶铺平测量,则会有不下 2600 平方厘米的表层面积。每块皮层都有着各种功能分区,就目前的科技水平来看,科学家们能够探明的人类大脑皮层的功能区有 200 多个。正是具有这样一个高度发达、组织精密的大脑,人类才具有能够认识世界、学习社会文化、接受社会化的生理基础。

2) 语言和思维

与普通动物不同,人类还具有语言和抽象思维能力,这是社会化的重要条件,也是人类社会化所特有的现象。科学实验证明,与普通动物发出的叫声是出于其动物本能的反应或对一定感官刺激的反应不同,人类的语言则能表现人脑中的表象、概念和思想,也是人类传递和接收情感的重要方式。人类之间大量的社会互动是借助语言来实现的,语言是人类社会化的强有力工具。

3) 较长时间的依赖期

与普通动物脱离母体即完成重要的发展阶段不同，人类尽管也是在母体中完成了重要的感觉器官、运动器官及其机能形成和发育的重要阶段，但脱离母体之后的人类还要经历一个很长的依赖期。如人类出生后的 7 年左右时间几乎完全需要他人特别是父母和家庭的照顾，并且在此后的近 12 年时间，同样需要依赖父母和其他养育者。

4) 较强的学习能力

正是高级神经系统以及语言和思维能力使人类具有不可比拟的学习能力，这是人的社会化的重要条件之一。人不仅能积累知识，掌握社会文化，并且还能在人类历史文化的基础上，创造出新的社会文化。

2. 社会条件

普通动物生存的条件是依赖其本能，但人类不具备动物的这种本能条件。人类同动物的一个根本区别就是人类能够创造文化，并且需要依赖文化来指导群体生活。正是文化代替了本能使得人类具备了社会化的条件。人一生下来就处于文化环境的包围之中，就可以学习前人的文化。人的社会化是通过学习掌握社会文化来实现的。

(二)社会化的过程

社会化贯穿于人的一生，处于不同年龄段的人需要经历不同的社会化过程和内容，有两个重要阶段：预期社会化(基本社会化)和继续社会化(发展社会化)。预期社会化是指未成年人所经历的、对未来成长特别是成年时期的角色扮演具有重要作用的社会化阶段，是个体社会化全程中最基础的阶段。继续社会化是指经历了基本社会化之后，个人为了适应不断变化的社会环境而继续经历的社会化阶段。

> 【案例3-1】美国心理学家科尔伯格将儿童的道德发展过程划分为三种水平六个阶段，即前世俗水平、世俗水平和后世俗水平。前世俗水平的儿童行为结果作为其道德判断的依据，经历服从与惩罚定向阶段和工具性相对主义定向阶段；到了世俗水平，儿童开始注意家庭和社会的期望，经过好孩子和维护权威定向阶段；发展到后世俗水平，形成抽象的、超法律的道德准则，这一水平需要经历社会契约和普遍原则两个阶段。
>
> (资料来源：张友琴等. 社会学概论[M]. 北京：科学出版社，2005.)

根据年龄、社会化的任务和人格等标准，本书将社会化分为儿童期、青少年期、成年期和老年期四个阶段。

1. 儿童期的社会化

这一阶段的年龄段主要是指 0～14 岁的儿童阶段，这是个体经历社会化的最初阶段，主要是在家庭的环境下进行，社会化的任务和内容主要是学习基本的生存能力、习得最初的思维、逻辑和判断能力，并建立基本的对社会交往和社会关系的初步认识，具体内容如下。

第一，学习和掌握最基本的生活技能，如说话、走路、自己吃饭与喝水等。

第二，逐步培养出简单的抽象思维和逻辑判断能力，如逐渐学会识字、读书、写字、算术等。

第三，逐步形成日常生活所必需的概念系统，内化一般的社会道德标准和形成价值判断。如了解家人之间的长幼辈分关系、要对人有礼貌和孝敬父母等。

第四，建立基本的对社会交往和社会关系的认识，特别是对家庭成员关系的认识。处于这一阶段的个体会逐渐认识要与父母、兄弟姐妹和同伴建立良好的人际关系，培养对相关社会团体的积极态度，扮演性别角色。

经过这一阶段的社会化，儿童逐渐明确了"我"的概念，并从三岁左右开始就能够扮演多个相关的角色，这一时期的儿童大多热衷于集体游戏的原因就在于此。自此以后，儿童对于自己角色的认识会越来越深入，逐步具备了同时扮演几个角色的能力，并能明确区分各自的不同行为规范，而后经过学校有组织、有计划、有系统的训练，不断扩展和深化对自己和他人的认识。

2. 青少年期的社会化

按照联合国《儿童权利公约》的规定，0～18岁的孩子都应该被界定为儿童。从社会学的意义上讲，儿童在14岁之后就步入了青少年这一特殊的阶段。由于这一阶段的儿童的生理和发展特征较之以前的年龄段具有很大的改变，但又无法用成人的标准对其进行规范，所以通常把它作为从儿童到成年之间的过渡期，我们称为青少年阶段。这既是一个时间界限不很明确的阶段，也是一个十分特殊的社会化阶段。处于这一时期的青少年一方面希望能够摆脱家庭特别是父母的影响，逐步具有独立的观念；另一方面需要同伴及群体的鼓励，共同探索成人生活的价值观。最近几十年的研究表明，对青少年阶段的行为特征进行相应的解释非常重要，既可以对其半是儿童、半是成人的模棱两可的社会角色做出反应，还可以解释青少年同伴对群体亚文化的顺从。

青少年阶段的社会化具有的特殊性表现为：首先，青少年的生理发育快，生理特征变化明显。如身高和体重变化很大、男女第二性征出现并逐步发育成熟。其次，表现在他们扮演的角色之间往往存在着矛盾和冲突。随着年龄的增长和生理特征发生较大的变化，青少年开始要求被当作成年人一样对待，他们也开始尝试成年人的生活方式。但由于他们并没有建立起和成人一样的价值观念和行为规范，无法像成年人那样独立地为自己的行为承担责任，所以，青少年扮演的社会角色往往是模棱两可的，对成年新角色的迷茫和对童年旧角色的厌恶交织在一起。基于以上原因，人们对青少年的要求也会经常出现自相矛盾的状况：一方面人们希望青少年保持他们作为儿童的那份天真纯洁，认为虽然他们处于青少年阶段，但毕竟还是儿童；另一方面人们有时候又会希望甚至要求青少年能够像成年人一样独立地承担自己的社会责任。

对青少年正常社会化影响较大的另外一个因素就是青少年亚文化现象。青少年亚文化现象是指青少年受到同辈群体的影响，而在语言、行为、兴趣爱好、偶像、穿着等方面表现出与成人角色之间的不一致。青少年亚文化大多是由于青春期的紧张和受到一定挫折形成的，大多表现出叛逆的特征，正确处理青少年亚文化有助于他们的健康成长。青少年时期的社会化经历对个人人格的形成有着长远的影响。

3. 成年期的社会化

人类的社会角色随着年龄的增长而呈现出叠加式增加。从青少年进入成年期以后，个体将面临更加重要的社会化任务："成家立业"，开始尝试更多的成年人角色，在经历与异性交往、恋爱、结婚、建立家庭后，学习丈夫或妻子的角色，在孩子出生后学习为人父或为人母的角色，开始建立诸如领导、同事等新的社会关系，接受更为复杂的专业知识和技能培训以确立和巩固自己的职业角色。

成年期的社会化是人一生当中社会化过程最复杂的时期，不但角色的扮演要受到社会的一般文化习俗和社会规范的影响，而且还要求成人能够根据社会的发展创造性地做出比前人更好的成绩。社会为处于一定社会地位上的每一个社会成员规定了明确的角色规范，个人不能偏离这些社会规范，否则将面临社会关系的紧张和个体内心的冲突。但人类社会的进步和发展又要求社会成员在遵守社会规范的同时，还要根据自己的生活经验确定自己的发展方向。社会对成年时期的社会化要求比其他任何时期都严格和复杂，主要原因在于人进入成年期后，社会责任更加繁重，一个人往往需要同时扮演很多种角色，而每种角色都希望其能够按照角色要求的期望去行动，与此同时，个人还有可能经历一些重大的社会事件，如战争、经济危机、洪水、火灾、地震等，这些事件对个人的成长会产生重要影响。

4. 老年期的社会化

经历成年期的社会化之后，几乎每个社会成员都还要经历人生的最后一个社会时期即老年期。老年人从职业生涯中退了出来，不再和子女一起生活，不得不面临同辈好友、亲人特别是配偶的去世，还要面临生命老化带来的身体上的病痛折磨，也许会发现很难使自己的最后阶段仍然富有意义。老年期社会化的一个突出问题是必须学会面对死亡。死亡是生命的最终结局，任何人都无法回避，但有的老年人忌讳或无法正视这一问题。只有到了生命的最后一刻，社会化的过程才会停止。

三、社会化的中介

社会化的完成必须借助一定的社会化中介作为保障和动力，社会化中介是指具有重要意义的社会过程在其中发生的那些群体或社会背景[1]，家庭、学校、同辈群体、工作单位和大众传播媒介是重要的社会化中介。

(一)家庭

家庭是以婚姻和血缘关系为纽带而结成的生活共同体，是人们来到这个社会后所属的第一个社会群体。家庭是个体在儿童到青少年时期社会化的最重要中介，也是内容最为全面的社会化中介，家庭的社会化功能体现在人生中的每个阶段，特别是在儿童成长和发展时期。正如英国社会学家吉登斯所指出的那样，由于家庭体制千变万化，所以儿童所体验到的家庭接触的具体程度如何在各文化之间没有统一的标准，但无论什么地方母亲都是儿童早年生活中最重要的个人。

---

[1] 安东尼·吉登斯. 社会学[M]. 北京：北京大学出版社，2009.

首先，父母和养育者的教育方式对孩子的成长起着重要作用。教育方式不当，容易造成孩子对父母、对自己的态度和社会对自己的一般社会准则要求之间存在相当大的差异，因而无法确定自己的发展方向，扮演社会角色时会导致严重的心理冲突。

其次，家庭氛围对孩子的影响也特别重要。如果孩子是在成人为其创造的和谐家庭气氛中学习如何处理与父母、兄弟姐妹和其他人的关系，学会体会父母是否真的爱他，自己是否聪明和讨他人喜欢，学会如何控制自己的情绪等，都有利于培养孩子的自信心和对生活的积极态度。反之，则容易造成孩子信心不足、性格孤僻、不信任他人等缺陷，与他人无法建立良好的互动关系，甚至有可能影响其以后整个人生发展。

最后，家庭的社会化功能还通过家庭在社会中的地位和状况发生作用。科恩在《阶级与顺从性》一书中指出："社会化的阶级差异把社会的优点和缺点一代代传下去。中产阶级的父母希望并鼓励孩子按照孩子自己的判断和道德标准来安排生活，强调遵守普遍接受的规范，重视自我节制和体贴他人的品质。劳动阶级的父母则倾向于教育孩子服从上级，要求孩子不管内心是否接受，至少表面上必须服从普遍接受的规范(强调循规蹈矩)。"

(二)学校

学校是有组织、有计划、有目的地向社会成员传授社会价值观念、行为规范、生活知识和劳动技能的社会化中介。在吉登斯看来，"学校教育是一种正式过程：学生们完成确定的必修科目体系。但学校之所以作为社会化中介，还体现在一些更微妙的方面。孩子们被期望在课堂上保持安静，按时完成作业，遵守学校规章，他们被要求接受教员的权威并做出回应。而教师的反应也会影响孩子们对于自己的期望。这些期望又会与他们离开学校后的工作经历相联系，学校中常常形成同龄群体，而依照年龄给孩子们分班的体制更加强了同龄群体的影响。"[1]

学校的社会化功能有以下几个特征：①尽管人的基本生活和劳动技能一般是在家庭中学习和完成的，但人的更系统的生活知识和劳动技能的社会化是在学校中完成的，学校提供的教育要比家庭广泛得多，同时还具有计划性、系统性和组织性等特点。②学校为人与人之间的互动和接受社会价值观念提供更广阔的社会化条件。在家庭中，父母或养育者、兄弟姐妹等家庭成员是一个人所能接触的主要人群，但在学校个人就必须与来自各种不同背景的同学交往，必须与老师配合，甚至还要和学校的服务和管理人员打交道，从中体会到不同的价值观念，从而能够理解社会的价值标准。③在学校中要接受和学会扮演与在家庭中扮演的有很大不同的角色，并且按照教育者的期望扮演学生的角色，学会处理与同学之间的关系以及通过规范自己的行为来培养优秀的品质，为以后进行更大范围内的社会互动做好准备工作。

(三)同辈群体

从入学前的婴幼儿时期开始，大多数儿童就会参加到一定的同辈群体中，这个群体主要是由年龄相仿的伙伴组成。如现在很多家长选择对儿童进行亲子教育，就是为了给儿童创造一个很多玩伴在一起的环境，为其开创最初的人际交往氛围。然后进入幼儿园、小学、

---

[1] 安东尼·吉登斯. 社会学[M]. 北京：北京大学出版社，2009.

中学、大学，又会结交新的朋友，形成新的同辈群体。我们把这种具有相同的互动诉求、年龄相近、经常互动的群体称为同辈群体。在进入成年社会时期之后，同辈群体的影响也是很重要的，如人们根据自己的兴趣爱好和专业特长加入一定的协会或行会，并且也会根据相似的社会地位建立起各自的人际圈子。

在家庭中，孩子经常会受到父母的管束，而在同辈群体中，每个人原则上都是平等的，因此同辈群体经常被当作逃避父母管束的场所。随着孩子的成长，同辈群体所起的作用越来越大，尤其在青少年阶段，同辈群体为其成员摆脱家庭影响、获得独立起着至关重要的作用。同辈群体并不总是具有正向功能。利博在《塔莉的角落》一书中指出：一群街头伙伴会帮助他们的成员忘记婚姻的责任，忘记应该承担的社会义务，在这种团体中的社会化使其适应失败的境遇。

成员在同辈群体中可以探讨不能与家庭成员或教育者探讨的问题，培养并发展家庭和学校以外的人际关系。由于社会变迁加速，两代人之间的价值观念和生活方式上都会存在不少的差异，这些差异被称为"代沟"。实际上，两代人之间的冲突并不像人们通常描述的那样严重，即便是受到同辈群体影响较大的青少年时期，家庭对其个人行为方式的影响也十分明显，只是这些影响主要表现在基本的价值观念和生活方式方面，而同辈群体的影响主要体现在短期行为上，如发型、衣着和青春偶像等。

(四)工作单位

工作单位是指成年人所从事的被社会认可的职业所归属的社会组织，它是成年人社会化的重要中介。一个人结束学校生活进入社会，就是进入了一个全新的社会化环境。在这个新的环境中，职业角色的学习和扮演成为中心任务。

如前所述，职业地位是确定个人社会地位的主导因素，一个人只有通过具体的职业角色学习和扮演才能被社会承认，个人也因此确立自己的社会地位，实现自己的人生理想和价值。在职业角色的学习和扮演中，个人真正作为一名社会成员参与社会生活，与他人建立各种社会关系，并在此过程中承担各种社会责任。

与以前仅面对家庭和学校等组织相对简单的社会关系不同，工作单位是人的职业角色的互动，涉及的内容广泛，专业性要求高。在这里，个人已经不像在学校那样仅仅以掌握知识和技能为主，工作单位要求处于一定职业位置上的人不但要做好本职工作，而且还要创造性地完成工作要求，并且需要同时兼顾多种角色对自己的要求。

(五)大众传播媒介

大众传播媒介是以社会公众为对象而进行信息传播的工具，包括广播、电视、报纸、杂志、书籍、网络和手机等。现代社会中大众传播媒介的社会化功能越来越显著，信息可以在几分钟之内传遍全世界，人们可以随时随地收听收看世界各地的新闻。通过大众传播媒介，人们可以了解许多过去无法了解到的东西。有人对电视影响儿童的问题做了研究，其中最常见的问题就是关于电视对犯罪和暴力倾向的影响，乔治·格布纳(George Gerbner)及其合作者们的研究结果表明，人们往往认为儿童对自己看到的东西的反应是被动的，是不加分辨的，但事实是，儿童在看电视节目时并非被动地接受，而会主动地对所看节目内容进行一定的"解读"，儿童会将电视节目与他们日常生活中其他一些意义体系联系起来进行解读，但我们多数人忽略了儿童心智活动过程的这种主动性。

四、社会化的内容

(一)掌握基本的生活技能，适应普通生活

基本的生活技能是一个人生存所必需的，也是社会化的最基本要求。人在新生儿的时候，只具备简单的本能，即饿了哭闹，困了睡觉，除了这些本能之外，几乎再无一能，完全依赖成人的照料。通过父母及长辈和年长兄姐等的精心照料，人能够由最初婴儿期的简单本能成功过渡到掌握基本的生存技能，学习走路、吃饭、穿衣等基本生活技能，积累生活经验，以解决生存所需。

(二)掌握劳动技能，增强生活能力

在掌握基本生存技能的基础上，还需要不断地掌握劳动技能，才能不断增强生活能力。而一个人要想真正生存下去，仅解决吃穿住的需求是远远不够的，还要不断掌握劳动技能，增强生活能力。生活能力的培养和劳动技能的传授不仅仅是个人的行为，同时也是社会成员之间的联系方式。一个人的生活和劳动技能的培养已不能再靠家庭环境来完成，特别是随着现代社会生产和发展的节奏越来越快，劳动技能的学习越来越重要，也越来越复杂，越来越趋向专业化，也越来越需要依靠专业机构才能得以完成。

(三)培养价值观念，传递社会文化

传递社会文化是社会化的一项基本内容，是指个人在社会化过程中学习、领悟、内化和传递社会文化的模式。价值观念在社会文化中处于核心地位，对个人的社会行为起着引导、支持和调节作用，是一个人对政治、道德、金钱等事物是否有价值进行判断后所形成的主观看法。家庭、学校、社会等环境对个人价值观念的形成起着关键作用。

尽管社会规范比价值观念更具有约束性和强制性，但必须首先内化为个人的价值观念才能有效地发挥作用，才能使个人自觉按照社会规范的相关要求来约束自己的行为，价值观念的内化过程正是社会文化得以传递、保存、发展和完善的过程。

(四)学习社会规范，确定社会角色

每个社会都有一套完整的社会规范，用来为处于一定社会地位的社会成员规定特定权利和义务。社会规范包括礼仪、规则、程序和方法等待人接物各个方面的内容，是一整套人际交往的行为规范，是人的社会化过程中必需的重要内容和过程，若是有人不遵守这套行为规范，人际关系就会受到影响，社会也无法正常运行。通过社会化，个人按照社会规范的要求学习角色扮演，体会别人对自己的希望和要求，领悟自己所扮演的角色，尽力把理想角色在实际生活中表现出来。

(五)培养自我观念，完善自我人格

从人格角度来看，社会化是个人自我观念的培养以及人格的形成和逐步完善的过程。

人格是一个人在生理遗传的基础上通过参加社会活动而形成的具有自己独有特征的个性。人格的形成和发展与社会的维护和进步是同一社会化过程的两个方面，和谐的人际关系在人格上的反映就是人格协调，而人际关系的冲突以及社会生活的困难会导致人格的非健康发展甚至人格解组(或分裂)。

自我作为人格的核心部分，在人格的形成和发展中起着非常重要的作用。自我观念是个体处理自己所面临的社会生活问题的基本原则，起着指导和规范个体社会行为的作用。自我观念的形成以及成熟状况是衡量人格发展水平的重要尺度，它决定个体做什么和怎样做。自我观念的形成和发展贯穿于人的整个社会化过程，随着社会活动的扩展和深化，个体不断理解和内化社会的一般准则，自我观念逐渐成熟。

第二节 社会互动

社会是由不同个体、不同群体之间的合作、竞争、协调、冲突所形成的社会关系构成的动态体系，人们也在复杂的社会关系和社会交往中追求着自己的目标，使得社会呈现出复杂、变动的局面。由此社会互动成为社会存在的基础，是社会分析的最基本现象之一。

一、社会互动的定义与构成要素

社会互动最早是由致力于研究社会是如何形成的德国社会学家齐美尔在其1908年所著的《社会学》中提出来的。在齐美尔看来，单个的自然人正是构成社会的原子，社会正是通过人们不断发生的诸如问路、聚餐、互相赠送礼物等日常交往活动结合而成的。他也由此把人们之间经常发生的日常交际活动称为社会互动，并认为社会互动不仅是社会生活的基本原子，而且还是将人与人联系在一起的基本力量[1]。

从不同的角度解读社会互动，则会形成关于社会互动的不同含义。从满足人类需求的角度来看，社会互动实际上是人类满足自己生物需求和社会需求的一种重要生存手段。从人类交往的角度来看，社会互动又可以理解为社会主体之间通过传递信息而进行的社会交往活动。从产生的社会价值角度来看，社会互动又是人类社会存在和社会生活的基础。无论个体、群体乃至整个社会的存在都是通过人与人之间的互动为前提才能够实现的，社会交往是人类社会不可不发生的社会行为，也是人类社会生活的基本内容，因为"社会——不管其形式如何——究竟是什么呢？是人们交互作用的产物"。

综合以上的理解，我们可以给社会互动定义如下：社会互动是社会存在的基本形式，是不同社会主体为了追求和达到一定的目标，按照一定的社会规范的要求，通过一定的社会情境和信息传递等方式所发生的直接影响对方的相互沟通和交互反应的行为。通过社会互动，人的社会性得以表现出来，整个社会也得以存在。

社会互动的构成要素包括以下几个。

(1) 互动者。社会互动是人与人、群体与群体等不同社会主体之间产生的互动，离开社会主体的参与，社会互动是无法产生的。在现实生活中，参与社会互动的社会主体是多

---

[1] 李斌. 社会学[M]. 武汉：武汉大学出版社，2009.

元的，既可以是个体自然人，也可以是群体和组织，包括家庭、学校、公司、行会、学会、政府等人的集合。在互动的过程中，各种主体之间会形成合作、交换、竞争、冲突、利用、帮助等社会关系。

(2) 互动目标。不同社会主体为了追求各自不同的目标是社会互动产生的原始动力。社会互动不是简单的社会主体之间毫无意义的交往，它一定是有一定需求满足的诉求在里面，是社会主体之间为了满足各自利益需求、为了实现某种目的才进行的互动。换言之，在社会互动行为发生之前，互动参与者必然已经对互动行为的效果进行了价值判断，如果断定是一种毫无结果的交往行为，则互动双方中必有一方会规避交往行为的产生，互动也将不复存在，所以，是否能够满足互动参与者的利益需求是判断互动行为是否发生的重要依据。

(3) 互动情境。互动情境是社会互动发生和存在的场所，是社会互动的支持系统。互动情境由时间、地点、社会条件、社会关系、场景等多种因素构成，参与者根据互动的具体情境进行接收、理解和吸纳对方传递的信息，并据以做出相应的回应。

(4) 互动手段。互动者之间实行互动所使用的所有能够共享的方式方法或工具都可以称为互动手段。一定的互动手段是产生互动效果的必要条件，互动参与者通过一定的工具和方式将彼此的信息传达给对方，以保证互动能实现双方所需要达到的某种目的或目标。

(5) 互动规范。互动规范是互动参与者都必须遵守的、能够保证互动正常持续进行的强制文化，是在社会主体的不断互动中形成的，反过来又成为社会互动的评价尺度。互动参与者不可以随心所欲，必须遵循互动规范的要求参与社会互动。没有互动规范，社会互动就会失去相应的秩序，从而无法保证社会互动的持续进行。

二、社会互动的类型

(一)不同互动者之间的社会互动

1. 人际互动

人际互动是不同个体之间发生的有意识、有目的的互动过程，从衣食住行到婚嫁迎娶、从生意谈判到朋友往来，社会生活中都有大量的人际互动存在。

人际互动有如下几个特征：①个体性，人际互动的产生，从参与者到互动场景、时间、地点、社会条件、社会关系等可以说是具体的，其中最重要的互动是单个的自然人个体之间的互动；②直接性，人际互动有时需要借助媒介来实现，但多数发生在互动者直接的、面对面的互动过程，即双方都是共同在场的情境；③角色清晰，人际互动的参与者有明确的角色意识，清楚自己行动的目标，彼此之间互动的手段和方式也很明确；④可预期性，人际互动的参与者对彼此之间的行动和反应是及时的，互动结果是可以直接感受甚至是可以预料的；⑤情感性，人际互动中人与人之间的情感发挥着比较重要的作用；⑥持续性，现实生活中的人际互动可能是一次性的，一次互动即结束，也可能是持续性互动中的一个片段，有再次互动的可能。而一次性互动和作为连续性互动中某一片段的人际互动，两者之间的形成和运作机制是大不相同的。

2. 群体互动

相对于发生在人与人之间具体的人际互动来讲，发生在众人之间的互动称为人的集合体互动。群体互动是发生在群体与群体之间的，由群体成员来实现，而且群体成员不是以个人身份参与互动作用，而是以群体代表的身份参与其中的。群体赋予这些成员一定的权力，代表其所在群体参与到与其他群体之间的互动中，如在单位之间、政府之间、国家之间的合作或谈判等都是由被赋予权力的群体成员来完成的。这些群体成员在互动的时候也会尽量削弱人际互动时的个人色彩，正式化代替人际互动间情感的成分而成为群体互动的重要特征。在群体互动发生前，每个群体内部都会对即将发生的与其他群体之间的互动进行相关的设计和准备，对行动的目的、方法、工具、渠道等都有某种预先的设想和安排，互动的方式也比较正规，如通常会采用正式的宣称、书信、文件等。当然，群体互动也并非都是正式场合，如在家庭之间互动，往往不需要采用多么正式的方式，家庭群体成员也会以直接或间接的方式加入互动中来，并对互动产生一定的影响。

(二)不同性质的社会互动

1. 合作

合作是个体或群体之间为了达成共同的目的或目标而相互配合的互动方式。当参与互动者认为单靠一己力量无法达到既定目标时，就会寻求其他人参与，借助对方或双方的共同力量、通过共同的努力达到共同获利的目的，这样一种行为方式就是合作。合作是人类社会互动方式中最基本的一种形式，也是群体互动的最基本形式。随着现代社会经济的飞速发展，社会分工越来越精细，合作也越发成为人类生存的基本方式，没有合作，个体就难以生存，整个社会也不复存在。

人类合作互动的方式可分为两类：①共同合作；②分工合作。共同合作是互动参与群体共同参与到某一件事情中，利用各方的合力达成共同追求的目的或目标，而这种合作也是共时合作，即参与各方都共同在场。分工合作则不然，它是将合作目标分解成若干小目标，由参与合作的各方分工完成，最终完成共同的目标。分工合作是分散性的，多数有完成时间的先后性，小目标的实现可以在个体合作的水平上完成，也可以在群体水平上完成。

2. 竞争

竞争是个人或群体为了各自想要实现的某种目的或目标而发生的互动方式。竞争是以不同利益追求者的存在及目标的稀缺性为前提的，而稀缺性的目标可能是财富、权力，也可能是名誉和爱情等。竞争可以发生在任何一个层次和范围内，也可以发生在个人之间、群体之间、组织之间甚至国家之间。

竞争的形成有一定的基础条件：①存在着追求实现目的或目标的个人或群体。②存在着参与竞争者都希望独自占有的目标物，而不是共享。③参与者都想独自占有的目标物是稀缺的，即被一方占有就意味着其他方必须放弃占有。

需要指出的是，竞争是针对参与者意图独自占有的目标物而言的，参与者只关心稀缺性的目标物，而不是参与竞争的对方本身。影响竞争行为的首要因素是竞争意识和竞争能力，也会加剧彼此之间的竞争行为，甚至可以达到白热化。影响竞争行为的另外一个重要因素是竞争规则。竞争双方达成共识的竞争规则是竞争合理有序进行的重要保证，缺乏合理规则的竞争容易引发不公平的竞争，有时甚至可能导致恶性竞争的发生，从而直接或间接地破坏正常的社会秩序。

3. 冲突

如果说竞争是竞争者之间为了独自占有稀缺性目标物而发生的公平排他性互动行为，那么冲突则是人与人或群体与群体之间为了各自获得共同珍视的目标物而采取的对竞争对手进行的一定的压制、破坏甚至消灭的斗争性互动方式。冲突与竞争最大的不同在于它是将目标放在竞争者本身，而不是集中在目标物上。

冲突可以发生在多元领域内，有经济冲突、政治冲突、文化冲突、民族冲突和国家冲突。冲突的最明显特征是具有破坏性，甚至有时破坏是具有毁灭性的，通常会造成财富的毁灭和生命的丧失。当然，冲突在特定时刻也会产生一定的激励作用，如能够激发冲突参与者发挥其最大的潜能，同时冲突还会促进参与冲突各方的内部团结。

三、社会互动的意义

(一)提高行动者的自我认识

社会互动为人的社会化提供了一定的场景和条件，可以说人的社会化正是在社会互动中完成的。从人的个性形成和发展的角度来看，社会互动对于提高行动者的自我认识能够发挥重要的作用。库利的"镜中自我"概念表明，一个人的自我意识是在社会互动中形成的，人们都以他人为镜子来认识自己，社会互动就为人们提供了这样一种条件：①一个人在意并且能够想象得出自己在别人眼中的形象；②一个人能够想象得出别人对自己形象的评价和判断；③一个人能够对别人的评价做出一定的反应和判断；④这个人能够根据自己想象的别人对自己的评价和自己的反应，来提高对自我的认识，并适当调整自己的行为。一个人如果不同别人交往、不产生互动，那么就无法正确客观地认识自我。

(二)满足行动者的需求

构成社会的不同个体具有不同的需求，而这种需求是个体无法自我满足的，社会互动同人的需求密切相关，通过社会互动，可以实现人的这种非自足性需要。离开互动，人的需要则无法实现。

(三)构成社会发展的基础

社会关系是社会结构的基础，它是在社会互动中产生的。在共同的活动中人们选择某些行为模式并将其结构化，进而作为社会交往和社会结构的基础。吉登斯就从行动和结构的关系角度对二者进行深入的研究，社会结构的形成是一个过程，这一过程具有行动和结构的双重特性，没有人们之间的社会交往活动，就无法形成社会关系和社会结构。同时，社会互动不断促进社会结构的变化和发展，而且这些变化和发展是多方面的。人们用自己的行动和彼此之间的互动不断建构着社会。

四、社会互动的理论

(一)马克思的社会交往理论

交往就是发生在人与人、人与群体、群体与群体之间的相互作用的所有形式,包括生产活动、产品交换和思想交流与沟通等。交往是由个人完成的,但又不是单纯的个人交往,交往具有社会性,是在一定的历史和现实条件下进行的。交往对于满足人的需要、促进社会发展具有重要的意义:①交往是个体生存的基础。人们之间必须要交往,只有经过交往才能满足自己的各种需要,否则个体将无法生存。②交往是人自我显现的方式。人是社会性的,只有通过社会交往个人才能表现自己,才能展示自己真正的天性。③交往是构建社会的基础,人们之间的交往每天都在重建着现存的社会关系。

(二)符号互动论

【案例3-2】一位顾客试穿了一双并不知名品牌的皮鞋之后,虽然那双鞋也的确十分漂亮,感觉很好。可是,经过考虑之后,顾客说道:"那我还不如买一双 Louis Vuitton(路易威登),穿出去至少别人知道它的价钱。"

(资料来源:http://wenku.baidu.com/view:《奢侈品的符号价值》)

问题:此案例主要体现社会学中的哪个知识点?
分析:此案例主要体现社会学中符号互动论的相关知识点。

符号互动论是一种通过分析日常环境中人们的互动来研究人类群体生活的社会学理论,主要研究人们之间互动作用发生的方式、机制和规律。社会学家米德被公认为是符号互动论的开创者,托马斯、库利等人对此理论的发展也做出了重要的贡献,布鲁默在1937年出版的《人与社会》著作中提出符号互动论的概念并作了系统阐述,戈夫曼的拟剧论对互动理论作了进一步发展。在《日常生活的自我呈现》一书中,戈夫曼认为日常生活中的每个人都在演戏,社会互动其实就是人们制造印象以及别人根据自己的印象做出反应的过程,人们在日常生活中通过演戏来制造自己满意的某种自我印象,让他人根据自己制造的印象做出反应,进而达到控制他人的目的。社会互动论主要包括个体表演、剧班构成和印象管理等主要内容。印象管理即互动过程中表演者通过语言、姿势等符号和手段制造情景,使观众形成表演者自己所希望的印象的控制行为。进行印象管理的措施有三个方面:①舞台环境的布局,要有专门的工具装点舞台门面,如舞台内外布置等;②表演者个人的仪表,表演者要注意装扮自己的仪表、衣着、姿态、表情、所用道具等,同时要注意表演者的言行举止;③保证舞台演出的有序性,要求做好戏剧缜密技术,即选择忠实和训练有素的演员组成剧班、选择造成麻烦最小的观众,保证表演能够有序进行。印象管理对人际互动具有借鉴意义。

(三)社会交换论

人们之间的互动是如何产生的?应该如何看待人们在社会生活中的交往和互动关系?经济学家习惯于从"理性人"的假设出发来思考这一问题,认为人们之间之所以发生交往和互动关系，是为了交换他们之间有价值的东西，并用早期人类之间的物物交换到后来的货币交换作为例证。现代社会人们之间交往的程度和范围的日益加深以及社会分工的越来越细密，更加证实了这一观点中的合理性因素所在，很多社会学家也采用交换观点来解释人们之间的交往。德国社会学家齐美尔认为货币对社会关系有着重要的影响，因为货币能够最大限度地满足人们之间的交往需要，当人们感到自己所拥有的资源越贵重越稀缺时，交换就越容易发生，而且交换者对某种资源的需求强度越大时，这种资源的价值就越大，也会促使交换的发生。齐美尔还认为，当行动者认为对方拥有的资源的价值越大时，对方对自身的权力也就会越大。在交换场景中，行动者越是操纵互动情境，越是掩饰自己对资源的需求，则交换的张力就越大，互动中冲突的可能性也就越大，齐美尔的这些思想对后来的交换理论产生了重要影响。霍曼斯和布劳把人与人之间的互动看作是交换行为，霍曼斯的交换理论被认为具有行为主义的特点，而布劳的交换理论则被称为结构交换论。

第三节 社 会 角 色

一、社会角色概述

(一)社会角色的含义

> 【案例3-3】2011年3月17日，奥地利禽兽父亲约瑟夫·弗莱茨勒囚女乱伦案的庭审进入第二天，法庭播放了伊丽莎白的录像证词，弗莱茨勒不得不"直面"被自己囚禁奸淫24年的女儿。现年73岁的弗莱茨勒被指控将亲生女儿伊丽莎白囚禁在不见天日的地窖长达24年时间，甚至和其生下7个孩子，并使其中一个孩子不幸夭折。终于，在女儿所陈述的事实面前，弗莱茨勒承认了所有对他的指控。
>
> (资料来源：中国日报网 www.chinadaily 2011-03-19)
>
> 问题：此案例体现的社会学知识有哪些？
>
> 分析：用社会学的知识分析这个案例，可以获得比较丰富的有关社会角色的知识。首先，每个社会成员都是一定角色的承担者；其次，社会为每个社会角色设置了相应的规范要求；再次，社会角色是通过角色承担者的扮演来体现的；最后，在角色扮演的过程中，并不是一直都很顺利的，会出现角色冲突甚至角色矛盾的现象。从此案例中读者应学会思考如何才能够扮演好自己所承担的角色。

"角色"本是戏剧中的专业名词，指演员所扮演的戏剧中的人物，剧中各个角色各有特点，相互配合着演绎一个完整的故事。戏剧一般以社会生活现实为基础，故而社会学家将社会当作一个大舞台，将角色引入了社会行为的研究中，学界存在社会心理学和人类学两个传统，前者以乔治·米德为代表，后者以拉夫尔·林顿为代表。

米德用社会角色的概念来说明人与人的交往中可以预见的互动模式以及个人与社会之间的关系。通过对儿童自我意识的形成和发展进行研究，米德指出儿童自我意识的形成和发展需要经历玩耍和游戏两个主要阶段，前一阶段被称为"嬉戏阶段"，后一阶段则被称为"群体游戏阶段"，儿童也从想象扮演某个角色发展为成熟地承担某个角色。这一过程的核心是儿童通过模仿和扮演角色，并且通过概化他人，逐渐形成自我意识。米德的这一思想与符号互动理论融为一体。

在林顿看来，角色被定义为："在任何特定场合作为文化构成部分提供给行为者的一组规范。"社会文化塑造了社会角色，角色扮演要根据文化的规定来进行。

综合地说，社会角色是人们在社会生活中形成并与其地位要求相一致的、社会所期望的一套行为模式：①社会角色是人们社会地位的表征。社会地位是指个人在社会关系和社会结构中所处的位置，是由人们相互之间的关系来确定的，这种关系的具体表现就是角色。如医生的社会地位只能通过扮演相应的角色来实现。②社会角色是一套赋有权利和义务的规范和行为模式。人们之间互动关系的实现要经过一定的权利和义务关系来完成，角色就是一套有关权利和义务的规范，如教师和学生之间的角色反映的就是师生之间的权利和义务关系。③社会角色是社会对处于特定位置上的人的行为的期望。社会角色是一套行为模式，是被认为有益于社会并被固定下来成为指导人与人之间关系的规则，赋予人们对有益于生活的经验的期望。

(二)社会角色的特征

1. 普遍性

社会角色具有普遍性。一方面，社会角色是在社会生活中形成的，是人们共同活动经验的积累和总结，普遍存在于社会之中，只要有社会结构和社会关系的存在，社会角色就自然产生。另一方面，社会角色是所有社会成员共享的行为模式，是社会性而非个人性的，是指导所有社会成员行为的规范。

2. 具体性

社会角色具有具体性。对处于一定社会机构和社会关系中的人的地位有着具体的规范要求，具体社会角色承担者应该知道在具体情况下应有的行为规范要求。

3. 复杂性

社会角色具有复杂性。社会上有多少社会关系就会产生多少社会角色，个人处于多少个社会关系中，就决定了他具有多少种社会角色，这些社会角色往往是叠加的，同时会承担多种角色。

4. 表现性

社会角色具有表现性。社会角色是一套行为模式，要通过角色承担者的表演表现出来，否则它就是潜在的。

(三)社会角色的类型

1. 先赋角色与自致角色

根据人的社会地位的获得方式可将社会角色划分为先赋角色和自致角色。先赋角色是指那种建立在先天或生理因素基础上的角色，是由性别、年龄、种族、辈分等因素决定的角色，当面对他人时，就自然获得了某种角色。如男人和女人、老人和孩子、黄色人种和黑色人种、爷爷和孙子等。这些角色当事人无法选择，从一出生开始他们就被放置于不同的地位，也就获得了不同的角色，也被要求去扮演好这些角色。

自致角色则是个人经过努力奋斗而获得某种社会地位，相应地也就获得了某种社会角色。自致角色的获得与个人努力有很大的关系，也会受到一定社会制度的影响。在现代社会中，个人通过努力获得期望的社会地位的机会越来越多。

2. 规定角色和开放角色

按照对角色的规定程度不同，社会角色可以分为规定角色和开放角色。

规定角色是指对于行为标准有着明确而严格规定的角色，规定角色要求角色承担者知道自己应该做什么和不应该做什么，甚至对于该做到什么程度都有明确的要求。随着社会的发展和分工的越来越细，现代社会中的组织对各种角色规范要求都比较明确，特别是对于那些掌握一定权力的工作角色如公务员、警察、法官、医生等，对其承担的角色要求更为严格。

在日常生活中，还有一些角色的要求并没有明确的规定，只是指出了扮演这些角色所应遵循的基本思想，具体角色的承担者可以根据自己的经验和体会进行发挥，这种角色称为开放角色，如朋友、父母、亲戚等角色。

3. 理想角色和实际角色

根据角色的表现形式，社会角色可以划分为理想角色和实际角色。对于任何角色，社会都设计了一套理想的、被期待的行为规范来指导其行为，这种行为规范称为理想角色。理想角色是一种高于一般人行为要求的行为标准，以维持社会秩序、促进社会发展为基础，如我国古代对人的理想角色标准是"三纲五常"。

实际角色则是处于某一位置上的角色承担者在践行其所应遵循的规范要求时所表现出来的角色。尽管社会为每个位置上的角色都规定了规范要求和标准，但由于文化和其他社会条件不同，并非每个人都能够做到社会理想角色规范的要求，因此理想角色和实际角色之间总是会存在一定的差距。

二、社会角色的扮演

(一)角色扮演的含义与过程

角色扮演是指承担某种社会角色的人按照一定的社会规范要求采取行动。社会是一个大舞台，要求每一个社会成员按照自己所承担的角色要求去扮演，这是社会得以正常运行的基础，个人从中获得自己应有的权利和履行自己义务的机会。

角色扮演的过程是人与人之间社会互动的过程，包括扮演者了解角色规范、认同角色和做出反应并采取具体行动等环节。了解角色规范是指社会为每一社会成员准备了与其所处社会位置相应的角色规范，角色扮演的前提是要求角色承担者了解自己所要扮演的角色要求，即知道社会要求自己做什么、自己的权利和义务又是什么。角色认同是一个社会化过程，是社会通过一定的机构或制度将角色规范加于角色承担者，了解角色规范之后承担者就有一个对角色规范进行了解和选择的过程。角色扮演的具体过程需要根据具体的互动情境而定，其基本过程是：扮演者根据角色规范确定行动取向，根据互动对象的特征和情况做出进一步判断和解释，选择行动策略，最后决定采取具体的行动。

(二)角色扮演中的问题

由于日常生活的复杂性、多样性和人的能力有限性等原因，人们在角色扮演中就会存在角色混淆、角色冲突甚至角色失败等问题。

角色混淆是指角色承担者对自己所要扮演的角色规范认识不清，从而出现行为和其他角色要求发生混淆的现象。社会对每个角色都有相应的角色规范要求，当承担者对角色承担不清或者对具体场景分辨不清时，就容易造成角色混淆的现象。

角色冲突是指同时承担多种角色的扮演者，当社会现实生活对其扮演的两种或两种以上的角色期待发生不可调和的矛盾时，角色承担者就会陷入左右为难的境地，这种现象称为角色冲突。如现代女性遇到的难以兼顾事业和家庭的角色冲突。

角色失败是角色承担者没有或者无法成功地扮演某种角色的现象。角色失败的出现一般有两个原因：角色承担者严重不称职或原有的角色关系解体。①角色承担者出现严重不称职的现象，如父母没能教育好子女，使得子女走上了违法犯罪的道路。②夫妻离婚则是角色关系解体。

本 章 小 结

社会化是个体通过接受和学习社会文化实现从生物人到社会人的过程。社会化贯穿于个体从出生到死亡的长期过程之中。通过社会化，个体不断适应社会生活的要求，人格得以不断健全和发展，并不断对社会进行一定的改造，社会文化得以积累和传承，社会机构得以维持和发展，个体与社会之间达到良性的互动。社会为每一个成员规定了相应的社会角色，社会成员在人与人之间的互动中扮演角色，并借助诸如家庭、学校、同龄群体、工作单位、大众传媒等中介完成社会化的任务。

自 测 题

一、判断题

1. 人的社会化过程就是压制人的生物性的过程。　　　　　　　　　　　　（　　）
2. 老年人经历生理上变化、老伴的去世等是人的再社会化。　　　　　　　（　　）
3. 网络是社会化的重要结构。　　　　　　　　　　　　　　　　　　　　（　　）

二、单项选择题

1. 人的(　　)是一个人学习社会文化、由生物人变成社会人的过程。
   A. 社会化　　　B. 群体化　　　C. 生活化　　　D. 世俗化

2. 对于儿童—青少年时期的个体来讲，(　　)是最重要、内容最全面的社会化机构。
   A. 家庭　　　　B. 学校　　　　C. 同龄伙伴　　D. 大众媒体
3. 认为人格是由本我、自我和超我三个部分组成的学者是(　　)。
   A. 奥尔波特　　B. 弗洛伊德　　C. 哈威格斯特　　D. 埃里克森

三、多项选择题

1. 人类能够进行社会化的条件是(　　)。
   A. 较长时间的依赖期　　　　B. 较强的学习能力
   C. 人有语言的能力　　　　　D. 人有较高的素质
2. 人在互动中扮演角色时，经常会出现无法有效扮演的情况，通常会有(　　)。
   A. 角色混淆　　B. 角色冲突　　C. 角色失败　　D. 多重角色
3. 社会化的中介包括(　　)。
   A. 家庭　　　　B. 同龄群体　　C. 学校　　　　D. 工作单位

四、案例分析题

越来越多的中国年轻人特别是那些单身的年轻人现在发现自己面对着可怕的前景：要赡养父母双亲再加上四位祖父母辈，这个现象即所谓4-2-1家庭。但这并不能改变一个事实：随着社会主义福利体系在经济改革的压力下迅速解体，许多人现在发现越来越难以赡养自己的长辈。那些有能力赡养的人也开始将自己的传统责任，即在家照看亲人，转移给私人养老院。这种趋势本身就已经引发了某种怨恨。中国的老年人传统上受到尊重，今天的老年人也期望得到照看。有些人甚至起诉自己的子女把他们扔下不管。

根据官方估计，到2030年，对于据估算达3亿的老年人的赡养将消耗10%的国民收入。专家认为，除非采取进一步的行动，否则照看老龄化人口的负担将开始成为中国发展速度的严重阻碍。

(资料来源：安东尼·吉登斯. 社会学[M]. 北京：北京大学出版社，2009.)

问题：
(1) 如何正确看待老年社会化？
(2) 日常生活中你可曾遇见过年龄歧视的例子？

第四章　初级社会群体与社会组织

【学习目标】

通过学习本章内容，读者应当了解社会群体的含义、类型；理解初级社会群体的特征，熟悉家庭群体、邻里群体和工作群体等初级群体；掌握社会组织的含义、性质和类型；明确社会组织的内部结构和外部关系，充分理解社会组织的运行过程以及管理方法。

【导读案例】

"4-2-1 家庭"模式是指一对独生子女结婚生子后，家庭结构组成为：4 个父母长辈、1 个小孩和他们 2 人。两个年轻人要负担 4 个老人的养老重任和至少一个孩子的家庭压力。长期以来，中国社会最主要的养老模式是家庭式养老，"养儿防老、积谷防饥"是沿袭多年的至理名言。老人的赡养一直以来都是依靠子孙后代，但随着社会的发展以及家庭结构的变化，独生子女无力、无暇照顾老人的矛盾却越发凸显。

今年 30 岁的小王在惠州工作，他和妻子几年前从湖北来到广东，很快就适应了这里的生活，并在事业上有了自己的一片天地。作为家里的独子，他非常牵挂老家的父母。

他说，因妻子也是独女，婚后就一直想着把双方父母接到惠州来一起生活，但因种种原因一直推迟。现在儿子快两岁了，工作生活的压力也越来越大，可是老人的年龄也在增长，一方面是养老的精神压力，一方面是养儿的生活现实窘况，上下两代的压力让他疲惫不堪。

和小王一样，如今在中国的许多大城市里，独生子女们将不得不面对父母的养老问题。他们不仅有"养不起小孩"的忧虑，还要直面"养不起父母"的危机。

今年 27 岁仍在读研究生的小刘告诉记者，他的择偶标准只有一条，就是非独生子女。他说，本来家中经济情况就不是很好，自己又一路读书，若找一个独女做伴侣，那势必要面临养 4 个老人的沉重压力，如今社会压力又如此大，只有两人承担这一切确实不易。

除了经济压力外，小刘还透露，若 4 个老人一起生活，那相互之间的关系也较难调和，恐"纷争不断"。

据媒体报道，1979 年中国有 607 万个家庭领取了独生子女证。如今，30 年过去了，中国正全面迎来"421 家庭"时代，养老及生活压力着实给当代中国青年出了一道难题。

（资料来源：中国新闻网，http://www.chinanews.com.cn/sh/2010/08-25/607.shtml.2010-08-25）

这则新闻描述了家庭这个社会群体的一些内容，对此你是如何看待的？无论是初级群体还是次级群体，其内部结构的变化会影响群体内部成员之间的关系，导致社会群体功能的变迁。关于社会群体的结构、功能以及群体成员的关系等内容是社会学中的一个重要研究领域。

第四章　初级社会群体与社会组织

第一节　社会群体概述

荀子说:"人生不能无群。"亚里士多德说:"不在社会中生存的人,不是禽兽就是神明。"人是社会中的人,不能孤立地生存在这个世界里,也就是说人生来就是群居之人,生活在一定的群体中。群体是连接个人与社会之间的桥梁,社会群体对个人与社会都具有重要意义。

一、社会群体的含义和特征

(一)社会群体的含义

社会群体(social group)是人们进行社会互动的基本单位,也是社会赖以运行的基本结构要素之一,是众多社会学研究领域的基本着眼点和立足点。广义的社会群体泛指一切通过持续的社会互动或社会关系而结合起来进行共同活动并有着共同利益的人类集合体。狭义的社会群体是指由持续的直接交往联系起来的具有共同利益的人群。

(二)社会群体的特征

由社会群体的定义可知,并非所有人群集合体都是社会学意义上的群体。社会群体与社会上的一般聚集体或集群以及统计学意义上的社会类属是有区别的。社会群体具有以下一些基本特征。

1. 有相对稳定的成员关系

群体中的成员身份结成特定的社会关系,表现为两个方面:一方面社会关系是相当明确的;另一方面社会关系则是相对模糊的。如家庭中的成员关系就是明确的。家庭成员通常是由父母及子女组成,他们之间存在的夫妇关系、父子关系、母子关系、兄弟姐妹关系都是明确的,不能随意混淆;工作中的成员关系也是相对稳定的,上下级之间的关系、同级之间的关系都是明确规定好了的。在相对松散的群体中,也存在着成员身份。如有着相同爱好并经常在一起活动的人,大家能够彼此接受,而对于不认识的人则不愿意接受他们参加自己的活动,这就是成员身份的一种表现。在这种模糊的成员关系中,成员之间的关系不确定,但是相对稳定。

2. 有持续性的社会互动

社会群体是以一定的社会关系为纽带的个人的集合体。群体成员间保持着经常性的互动关系。社会群体中的人际关系以彼此了解为纽带,并以一定的利益和感情关系为基础,转瞬即逝的互动不能形成社会群体,群体互动关系的形成与发展需要一定时间的交往。

3. 有一致的群体意识和规范

群体要求成员在群体活动中保持一致并以此与群体以外的成员区分开来,这种独特的群体活动特征使成员能够明确区分群体内成员和群体外成员,并把本群体视为一个整体,形成一致的群体意识。具体说来,群体意识也就是一种群体归属感,就是成员认为自己属于某个群体。这种意识一旦建立起来，群体成员就与群体外的人有了明显的区别感，对群体有了相应的期望和归属意识。

在群体最初形成的时候，可能只有简单的互相认同关系。随着群体的发展，往往会在群体内部形成稳定的交往方式，进而形成一定的公认规范，用来协调成员的行为，以保证群体的功能得以实现。不论是简单的、非正规的通过互相信任、彼此接近形成的一些承诺，还是复杂的正规的规章制度，都是群体内部有一定行为规范的表现。

4. 有一定的分工协作

尽管在不同的群体中，内部分工协作的程度不一样，但是群体内部的分工协作还是普遍存在的。在一些小型的初级群体中，内部成员的分工不严格。而在一些大型的次级群体中，内部成员的分工协作是明确的、严格的、制度化的。无论在何种群体中，都有明显或不明显的领导与服从的关系以及伴随此种关系的内部权威。

5. 有一致行动的能力

在群体意识和规范的作用下，社会群体可以随时产生一致行动，这也是社会群体区别于一般集群的根本所在。例如同是游客，在某一地方游玩的游客互不认识，他们把景区景色看遍之后也就各奔东西。而对旅游有着浓厚兴趣的驴友(一般指户外运动的爱好者)则是一个群体，会在游玩的过程中采取一致行动。

二、社会群体的类型

(一)初级群体与次级群体

初级群体与次级群体是依据群体成员之间关系的亲密程度来划分的。初级群体又叫直接群体、基本群体或首属群体，是其成员相互熟悉因而以感情为基础结成亲密关系的社会群体。在初级群体中，群体成员的关系比较亲密，有着强烈的群体认同感，如家庭、朋友群体、同龄群体、班级都是比较典型的初级群体形式。次级群体又叫间接群体或次属群体，是其成员为了某种特定的目标而通过明确的规章制度结成正规关系的社会群体。在次级群体中，成员之间的情感联系不是很深，具有非人格化特征。各种类型的正式组织是次级群体的典型形式。初级群体与次级群体的区别见表4-1，但是这种描述只是一种理想状态，现实生活中大多数群体兼有两者的特征。

表4-1 初级群体与次级群体的区别

	初级群体	次级群体
关系的性质	私人情感导向的	目标导向的
关系的持久性	通常是长期的	可变的，通常是短期的
关系的广度	广泛的，通常共同参与许多活动	狭隘的，通常共同参与的活动很少
对关系的认知	群体本身就很重要	群体是达到目标的手段
例子	家庭，朋友圈	同事，政治组织

(资料来源：[美]约翰•J.麦休尼斯. 社会学[M]. 11版. 北京：中国人民大学出版社，2009.)

(二)正式群体与非正式群体

正式群体与非正式群体是依据群体的正规化程度及其成员间的互动方式来划分的，二者的区别见表4-2。正式群体的正规化程度高，成员间的互动采取制度化、规范化的方式进行，成员的权利、义务及彼此间的关系都有明确的且常常是书面形式的规定。非正式群体的正规化程度低，成员间的互动采取随意的常规的方式，成员的权利义务及彼此间的关系没有明确的尤其是成文的规定。非正式群体可分为：①感情型，如校友、老乡、同门师兄弟；②兴趣型，如球迷、棋友、音乐发烧友；③利益型，如在工作上互相联系，为方便办事而结合的群体，或者是为对抗其他群体而结合的群体。

表4-2 正式群体与非正式群体的区别

	非正式群体	正式群体
组织程度	低	高
群体目标	不明确，泛目标	明确，目标单一
控制手段	习俗，道德	纪律，规章
满足需要	多方面的，个人为主	部分的，社会为主

(资料来源：彭华民、杨心恒. 社会学概论[M]. 北京：高等教育出版社，2006.)

(三)内群体与外群体

内群体与外群体是依据成员对群体的心理归属来划分的，这种划分方法涉及群体的界限问题。内群体是指成员对其有团结、忠心、亲密及合作感觉的群体，也就是成员在心理上自觉认同并归属于其中的群体。外群体泛指内群体之外的其他任何"别人"的结合。内群体与外群体常常互相隔离，甚至处于对立地位。它们之间的界线常由一些符号或代码来规定和强化，比如医生的白大褂、军队的军服就是内外群体区分的符号。

(四)所属群体与参照群体

所属群体与参照群体是依据成员的身份归属来划分的。所属群体是规定成员身份的群体。参照群体并不是某个(些)人身份所属的群体，但是被他们用作自己所属群体的参照对象。参照群体通常对人们的认知、情感、态度和价值观念等发生重大影响，并因此削弱或加强所属群体的团结。如影视体育明星对于追星族来说就是参照群体，他们在消费上的一举一动都成为追星族的模仿对象。正是由于他们的影响作用，产品广告往往选择明星人物作为其形象代言人。高收入阶层可以成为其他收入阶层的参照群体，他们在别墅、轿车、国际旅游、高尔夫球、名贵服装等项目上的消费就对中等收入阶层产生了强烈的示范效应。

(五)血缘群体、地缘群体与业缘群体

血缘群体、地缘群体与业缘群体是依据群体内人际关系发生的缘由及其性质来划分的。基于成员间血统或生理联系而形成的群体叫血缘群体，如家庭；基于成员间空间或地理位

置关系而形成的群体叫地缘群体，如老乡群体；基于成员间劳动与职业间的联系而形成的群体叫业缘群体，如同事群体。

三、社会群体的结构

(一)群体凝聚力

群体凝聚力也称群体内聚力，是指群体吸引聚集其成员并整合为一体的力量和程度。它表现为三个层次：①人际吸引；②成员对规范的遵从；③成员把群体目标自觉地看成自己的目标，并将群体规范内化为自身的行为准则。

群体凝聚力对于群体的形成和维持有着重要意义，但群体凝聚力的社会功能应具体情况具体分析，影响群体凝聚力的因素有以下几个。

(1) 群体态度和目标的一致性。当群体成员拥有相似的态度时，他们愿意在一起，个体往往愿意加入与自己目标相似的群体。

(2) 群体外部的威胁。外部威胁的存在可以增强群体的凝聚力，因为这时群体成员不得不同舟共济。群体与外部的竞争可以导致凝聚力增强，而群体内成员的竞争则导致凝聚力减弱。

(3) 群体规模。小群体可能比大群体有更强的凝聚力，因为小群体的成员有更多的相互交往的机会。群体越大，态度和价值观差异就越大，沟通较困难，所以导致凝聚力减弱。

(4) 群体成员与其领导的关系。群体成员与领导的关系越融洽，群体的凝聚力就越强，因为在这种群体中，领导的决策容易被顺利地执行，他们在完成群体目标时能够协调一致。反之，凝聚力就较弱。

(5) 群体与其环境的关系。一个受所在环境影响比较小的群体，就会认为自己与众不同，使得群体成员产生共同抵御外在威胁的需要。

(二)群体规范

群体规范是指在某一特定群体活动中，被认为是合适的成员行为的一种期望，是群体所确立的一种标准化观念。任何社会群体都有自己特定的群体规范，比如家庭中的规矩、邻里中的惯例、朋友圈的相处之道、组织中的规章就属于特定的群体规范。群体规范的效应存在于一定的范围之内。

(三)群体内部关系

群体内部关系是指成员间彼此交流与作用的状态和过程，是群体结构的重要组成部分，对于群体内部关系的分析可以从以下两个方面来进行。

1. 从群体规模入手分析群体成员间关系的数量和形式

根据群体的规模大小把群体分为二人群体、三人群体和多人群体。群体规模越小，群体的凝聚力越强。二人群体的成员在交往过程中只局限于两人之间，他们之间的关系是一对一的，面对外来压力的时候很容易通过协商方式来解决问题。三人群体、多人群体的成员关系则较为复杂,甚至产生群体派别。在多人群体中,容易产生"责任分散",出现"法不责众"的现象。

2. 利用"社网图"分析群体成员间关系的状态及该群体结构的紧凑程度

"社网图"是美国社会学家莫里诺使用的一种表示群体内成员间个人偏好的示意图,它由一个个圆圈及彼此间的连通线组成。其制作方法是:首先由研究者问清群体中每个人的喜好,如在一个班级群体中,上课的时候你喜欢和谁坐在一起?课余时间你喜欢和谁在一起逛街?你认为你和谁的关系最好等。然后将这些喜好绘制成图,每个圆圈代表一个人,双箭头代表相互选择,单箭头代表单向选择。这种社网图可以帮助研究者分辨出受欢迎和有影响力的人、派系、二人群体、三人群体和孤立者。图 4-1 所示为 8 人群体的社网图。图 4-1 中的 C 就是比较受欢迎和有影响力的人,G 是相对比较孤立的人。社网图具有直接、准确的优点,广泛应用于群体领导资格、信息传递途径、宗派集团分析领域。但在研究大规模群体时,社网图太复杂,连通线错综交织,难以看清关系,所以社网图只适合作小规模群体研究。

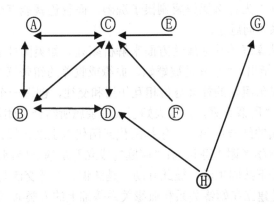

图 4-1

(四)群体领导与决策

群体领导是指在群体内部关系网络中处于中心位置并能对群体其他成员进行引导和施加影响的角色,其有两种主要的领导形式,一是工具型领导,它指引群体为达到目标而奋斗;二是表意型领导,它力求保持群体的团结与和谐。传统的美国核心家庭就存在着这两种领导者角色的划分,养家糊口的丈夫扮演的是工具型的领导角色;管理家政的妻子则通常为家庭提供温暖、舒适及情感、安全,扮演一种表意型领导角色。

群体决策是针对群体活动中遇到的问题而做出判断和决定的过程,是群体发挥作用的重要步骤。群体决策可以集思广益,提高决策水平,减少决策失误。但是,由于群体决策容易降低事情的严重性,造成责任分散,加上群体内部保持一致的压力,容易导致冒险决策,造成决策失误。

第二节 家庭、邻里与工作群体

一、家庭群体

(一)家庭的含义

歌曲《常回家看看》曾经红遍中国，"找点空闲，找点时间，领着孩子常回家看看。带上笑容，带上祝愿，陪同爱人常回家看看。妈妈准备了一些唠叨，爸爸张罗了一桌好饭；生活的烦恼跟妈妈说说，工作的事情向爸爸谈谈。常回家看看，常回家看看，哪怕给妈妈刷刷筷子洗洗碗。老人不图儿女为家做多大贡献，一辈子不容易就图个团团圆圆。常回家看看，回家看看，哪怕给爸爸捶捶后背揉揉肩；老人不图儿女为家做多大贡献，一辈子总操心，只图个平平安安"。这首歌唱出了关于家的朴素感情。回家的那个家和歌词奉劝的那个家(包括了对象的爱人和孩子)到底是两个家庭还是一个家庭？为什么烦恼只能和妈妈说，而工作必须要和爸爸谈？为什么妈妈要刷筷子洗碗，而爸爸就能享受捶背揉肩？这就涉及家庭的概念和家庭关系等问题了。

社会学家更多地从家庭的社会属性方面来解析家庭。如美国社会学家伯吉斯和洛克在《家庭》(1953)一书中指出："家庭是被婚姻、血缘或收养的纽带联合起来的群体，各人以其作为父母、夫妻或兄弟姐妹的社会身份相互作用和交往，创造一个共同的文化。"[1]中国社会学家孙本文认为，"所谓家庭，是指夫妇子女等亲属所结合之团体而言。故家庭成立的条件有三：第一，亲属的结合；第二，包括两代或两代以上之亲属；第三，有比较永久的共同生活"。[2]台湾地区学者谢秀芬认为："家庭的成立乃是基于婚姻、血缘和收养三种关系所构成，在相同的屋檐下共同生活，彼此互动，是意识、情感交流与互助的整合体。"[3]

一般而言，家庭是建立在姻缘关系和血缘关系基础上的人类共同生活的初级社会群体，家庭中最重要的活动是性、生育与经济往来。

(二)家庭结构

家庭结构是指家庭中成员的构成及其相互作用、相互影响的状态以及家庭成员的不同配合和组织关系所形成的联系模式，其主要内容包括：一是家庭人口要素，家庭由多少成员组成？家庭规模大小如何？二是家庭代际要素，家庭成员的代际分类是怎样的？

(1) 按照家庭的规模可以把家庭划分为大家庭、小家庭和单身家庭。一般而言，大家庭是指家庭人口在 5 人以上的家庭，而小家庭的人口数一般在 4 人及 4 人以下；单身家庭是只有一个人的家庭，如鳏寡独居者的家庭。

(2) 按照家庭的代际层次和亲属关系可以把家庭划分为核心家庭、主干家庭、联合家庭和变异家庭。核心家庭是由父母和未婚子女组成的家庭；主干家庭是由两代或两代以上

---

[1] 中国大百科全书. 社会学卷[M]. 北京：中国大百科全书出版社，1991.

[2] 孙本文. 社会学原理[M]. 北京：商务印书馆，1935.

[3] 谢秀芬. 家庭与家庭服务——家庭整体为中心的福利服务之研究[M]. 台北：五南图书出版公司，1998.

夫妻组成、每代最多不超过一对夫妻且中间无断代的家庭；联合家庭是家庭中任何一代含有两代以上夫妻的家庭；变异家庭即不符合通常所理解的家庭概念的生活组织形式。

20世纪的西方发达国家中的核心家庭发展非常迅速。在美国，已婚夫妇与子女同住户的比例和已婚夫妇无子女同住户的比例，1960年为44.2%和30.3%，1970年为40.3%和30.3%，1980年为30.9%和29.9%，1988年为27.0%和29.9%[1]。

在中国，家庭结构也是日趋简单，20世纪50年代核心家庭占各类家庭总数的比重为50%，70年代上升为58%，1987年上升为71.34%，1990年则达到77.12%。[2]但从2000年以来，中国核心家庭比例明显下降，单人户显著上升，直系家庭没有降低反而略有增加。各类家庭结构变动情况如表4-3所示。人口流动、子女数量、人口老龄化、婚姻和住房情况对家庭结构及其变动有显著影响。在家庭结构小型化为主导的时代，政府及社会组织应加强以家庭为目标的公共服务建设。改进户籍制度，减少劳动者与其家庭成员的地域分割，为增进和改善家庭代际关系创造条件。[3]

表4-3　1982—2010年全国家庭结构及其变动(%)

家庭类型	2010年	2000年	1990年	1982年
核心家庭	60.89	68.18	70.61	68.30
直系家庭	22.99	21.72	21.33	21.74
复合家庭	0.58	0.56	1.08	0.92
单人户	13.67	8.57	6.34	7.98
残缺家庭	0.93	0.71	0.57	0.84
其他	0.93	0.26	0.08	0.22
合计	100.00	100.00	100.00	100.00

(资料来源：王跃生.中国城乡家庭结构变动分析——基于2010年人口普查数据[J].中国社会科学，2013(12).)

(三)家庭的功能

家庭功能是指家庭在人类生活和社会发展方面所能起到的作用，即家庭对于人类的功用和效能。具体表现在以下方面。

(1) 满足性需要的功能。性生活是婚姻关系中的生物学基础，家庭一直是为法律和社会习俗所认可的无争议的性生活场所。

(2) 抚育与赡养功能。自人类进入个体婚姻阶段以来，家庭一直被当作生育子女、繁衍后代的基本单位；父母对子女有生活上供养的义务，也有教育子女的责任，"子不教，父之过"；子女对父母也有赡养的义务，这是两代间的相互抚育和照应。

(3) 生产与消费功能。在传统社会中，家庭既是生活单位，也是生产和消费单位。

(4) 情感交流与娱乐功能。家庭能满足成员感情和精神生活的需求，家庭娱乐可以使

---

[1] 张亦棻.30年来美国婚姻家庭状况简析[J].人口研究，1993(4).

[2] 张建，陈易筠.家庭与社会保障[M].北京：社会科学文献出版社，2000.

[3] 王跃生.中国城乡家庭结构变动分析——基于2010年人口普查数据[J].中国社会科学，2013(12).

儿童学到东西，可以使成人获得乐趣。家庭也有负功能，例如生产和再生产性别的不平等。在不同的国家或地区，或者在同一个国家或地区的不同发展阶段，家庭发挥的功能是不同的。家庭功能的失调可能会导致家庭问题的产生和发展，一个家庭没有很好地发挥抚养子女、教育子女的功能，就可能出现青少年犯罪的问题。

(四)家庭关系

家庭关系可以从纵、横两个方向区分出不同的类型。从横向看，可以有夫妻关系、兄弟姐妹关系、姑嫂妯娌关系；从纵向看，可以有父母与子女关系、婆媳关系、祖孙关系。随着社会的发展，平等、自由、民主思想正逐步渗入家庭关系中，家庭关系呈现出与传统家庭关系不同的地方，如现代社会中家庭成员的自主性在增强，冲击着传统家庭权威。中国有句古话叫"家和万事兴"，对每个家庭而言，建立和谐家庭的目标必须有个抓手，这个抓手就是优质家庭关系建设。

【案例4-1】著名社会学家费孝通先生提出"等差之爱"的概念，意思是说，在亲子之间、夫妻之间、手足之间都有来自角色身份规定的情感。这也就是梁漱溟先生所说的"应有之情"。不同的关系有不同的伦理规范，也有不同的情感类型。此外，抛开身份角色来说，两个人在日常生活中不断交往就会形成恩恩怨怨。比如说，当我们非常崇敬自己的父亲时，除了有一种儿女对父亲的敬重之外，还会因为他的个人品德而佩服他，有一种超越亲缘身份的评价，这就是"真有之情"。

一般来说，在家庭生活中，由于家庭成员不仅有很近的血缘关系，而且还耳鬓厮磨，朝夕相处，同时具有最切近的应有之情和最淳厚的真有之情。

当原本没有亲缘关系，"本不是一家人"的男女，由于相爱"走进一家门"的时候，主要是被"真有之情"推动的。婚姻不仅带来了夫妻关系，而且也带来了一大串家庭关系身份，新娘子一下子掉进了一张关系网中，需要四面应付。婆媳关系就是其中比较重要的关系。对于媳妇来说，婚前与夫家的人一般交往比较少，所以，对丈夫是真有之情，而对公婆和夫家其他成员就只有应有之情。

应有之情只是一种根据角色规定的情感，例如传统伦理中的父慈子孝、兄友弟恭。这种义务之情由于仅仅是义务，很容易让人言不由衷或敷衍了事。媳妇心里会想，我们之间没有交情，我不是你从小带大的，因为结婚，我就要对你百般照顾，我自己的父母我还没来得及孝敬呢，能做到现在这样我就很不错了。婆婆心里会想，你在我家里出出进进，就是一家人了，你应该像个儿媳妇的样子啊！一方强调真有之情，另一方强调应有之情，两方都不满意。

问题：
(1) 上述案例中反映了哪些家庭关系？
(2) 家庭关系与其他社会关系有什么不同？

分析：
(1) 这个案例反映了亲子关系、夫妻关系、婆媳关系等家庭关系。
(2) 家庭关系以姻缘关系和血缘关系为基础，在一些例外的时候，也包括收养关系。

家庭关系中的性爱、生殖与亲情等内容是其他一般社会关系所不具有的，家庭关系是一种特殊的社会关系。

(资料来源：靓丽女人网 http://www.izhufu.com/poxi/1312854582_2.shtml，2011-08-09)

(五)转型过程中的家庭问题

家庭问题的涉及面很广，凡是影响家庭正常生活、妨碍家庭功能正常发挥的种种问题均可称作家庭问题。家庭问题主要是由家庭内部关系失调而引发的问题，主要有三种类型：①夫妻关系失调，表现为夫妻冲突增加和离婚率上升；②亲子关系失调，主要是指父母与未成年子女关系失调，两代人在价值观念和行为规范等方面经常产生分歧，代际之间出现代差；③老年人问题，主要表现为老年人在家庭中的地位下降，甚至遭到儿孙歧视、遗弃，不能老有所养，安度晚年。

西方学者认为，现代社会中的"家庭危机""家庭崩溃"实际上是家庭丧失了原有的某些功能的表现。奥格本在1955年撰写的《技术和变化中的家庭》一书中认为现代技术社会的家庭制度发生了八个方面的巨大变化：①日趋增长的离婚率；②生育控制的广泛普及和家庭规模的缩小；③丈夫和父亲权威的下降；④日益增加的非婚姻性关系；⑤妻子为薪金而工作的人数增加；⑥家庭成员的个人主义和自由的增加；⑦政府日益代替了家庭的保护功能；⑧婚姻和家庭中的宗教行为减少。可见，在现代社会，家庭的某些传统功能因为其他组织形式取代而发生了部分转移，尤其是社会变迁、技术革新对家庭制度产生了重大影响。

中国传统社会中的家庭承担了大部分的社会功能，随着改革开放的深入，经济和社会发展带来了家庭功能的重大变化[1]。

(1) 生育功能逐步退化。随着计划生育政策的实施以及人们生育观念的变化，"多子多福""养儿防老"等思想开始逐步弱化，家庭所承担的生育功能也在逐步退化。

(2) 生产功能从丧失到恢复。在传统社会中，家庭的生产功能占统治地位；20世纪50年代，公有化的实施使家庭丧失生产功能，转移到社会。20世纪70年代末的农村家庭联产承包责任制和90年代的城镇私有经济的发展，推动家庭生产功能的恢复。

(3) 消费功能由平均到多元。新中国成立初期家庭消费主要体现在食品、日用品的支出上，改革开放之后，家庭消费呈现出多元化的趋势，房产、娱乐、教育、文化服务等成为消费热点。

(4) 赡养功能弱化。社会化养老的兴起，代替了家庭养老的部分功能。

(5) 教育功能分化。在自然经济条件下，家庭是子女社会化的主要场所，在现代社会，"活到老，学到老"，教育更多的是在社会中完成的，尽管家庭教育也很重要，但是学校教育和社会教育在一个人的一生中还是占据了相当长的时间。

(6) 政治和宗教功能不断削弱。传统的中国家庭不仅是一个维系、传递政治权力和地位的宗法系统，而且是一个基本的宗教单位。在当代家庭中，家庭的宗教功能日趋削弱，政治功能也越来越淡化。

---

[1] 邓伟志，徐新. 家庭社会学导论[M]. 上海：上海大学出版社，2006.

家庭是社会的基本细胞，家庭结构和功能的变化以及家庭关系的失调都有可能引发家庭问题，重视并有效地解决家庭问题对于促进人的发展、保证人的尊严以及促进整个社会的良性运行和协调发展都有重要意义。

二、邻里群体

俗话说"远亲不如近邻，同楼就是亲人"，"一回生，二回熟，三回交朋友"，可见中国人非常注重和谐的邻里关系。邻里近在咫尺，他们适时照顾、帮助，能解燃眉之急，婚丧嫁娶，大事小事，离不开邻居，建立良好的邻里关系会使我们的生活更加顺畅美满。

(一)邻里的定义

"美不美，乡中水；亲不亲，故乡人。割不断的亲，离不开的邻。"据《周礼·地官司徒第二》载："五家为邻，五邻为里"，邻里关系作为乡土社会的地缘关系，是社会结构的一个重要组成部分。邻里是指地缘相邻并构成互动关系的初级群体。住地毗连的人们认同特定的一组角色，据此形成密切的互动关系，有着显著的认同感和感情联系，由此构成相对独立的小群体。

(二)邻里的互动特征

邻里互动与亲戚、朋友之间的互动有显著差别。亲戚之间的互动基于社会的亲属制度和相互认同的传统规范。朋友之间的互动依靠个人之间相互确认的契约或承诺。邻里之间的互动首先需要住在左邻右舍的地缘条件。其次基于地方性的共同承认的文化规范。在农村的邻里互动还带有血缘关系。随着工业化与都市化的发展，邻里的内涵、构成与互动、凝聚力在发生变化。邻里内的人群可能关系不密切，而不住在近邻的人们，可借助通信与交通设施来加强联系。第三，邻里的行动体系由要素群体与夹缝群体相联系而构成。要素群体指家户或家户相符的核心家庭。夹缝群体有两类：一是志愿群体，如儿童游戏群、主妇相约活动群；二是形式化的群体，如中国居民委员会或村民委员会下属的居民小组与村民小组。第四，邻里行动的主要根据是认同一套义务。邻里关系超越了家庭关系，家庭是一个封闭的排他性群体，邻里则是一个目标明确、欢迎参与的开放性群体。

(三)邻里的基本功能

邻里的基本功能有相互支持功能、社会化功能和社会控制功能。

相互支持功能是指在小范围区域内提供合理的相互保护和相互帮助。"出入相友，守望相助，贫病相扶"是中华民族的优良美德，这些美德使邻里间有安全感和信任感，在生活中互通有无，共同解决生活难题。

社会化功能指邻里提供一套价值观与规范体系并以此教化邻里中的居民和儿童。邻里还为居民提供多方面的社会交往，是居民与外界社区交往的媒介。

社会控制功能指通过有关活动与规范约束居民的行为，调整居民的关系，维持社区的一致性。农村社区中的邻里功能比城市更为人所重视，也更为完整。我国城市的基层社区组织以家庭为细胞，而家庭生活在邻里中，若干家庭构成邻里，若干邻里构成一个居民委

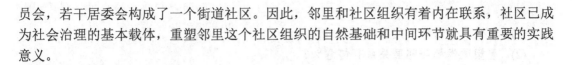

员会，若干居委会构成了一个街道社区。因此，邻里和社区组织有着内在联系，社区已成为社会治理的基本载体，重塑邻里这个社区组织的自然基础和中间环节就具有重要的实践意义。

(四)现代社会的邻里关系

一部小说体的人类学著作《金翼》描绘了福建一个村庄里两个毗邻的家族的变迁。农业社会中的邻里关系多半还有血缘关系，一个家族往往生活在一起。无论是乡土社会还是单位的宿舍楼，人们都生活在"熟人社区"里，家族的长幼秩序和单位的等级差别也会带到社区关系之中。随着城市化的推进，越来越多的人向城市集聚，人们习惯于"不和陌生人讲话"，这种代价当然是每个人都在人海茫茫的城市中品尝孤独的煎熬。如今，不少城里人都有这样的感觉：不缺吃，不缺穿，就缺少邻里好感情。出门一把锁，进家关起门，相互很少往来，邻里之间的感情越来越淡，总觉得生活中少了一份情趣。

【案例4-2】"邻居节"请对邻居说声"你好"

不久前，成都市天涯石社区的"邻居节"吸引了社区内广大居民的参与。做游戏、猜谜、座谈，一个个轻松快乐的节目，一下子把平时不太熟悉的邻里关系彼此拉近了。尽管人们一开始还有些生疏，但从一张张绽开的笑脸上，分明可以感受到社区居民们对邻里亲情的渴盼。肖明华阿姨几个月前才搬来，初来乍到，跟周围人不熟悉，摆龙门阵都找不到人，很有些落寞。"邻居节"上，她认识了不少邻居，有的还成了好朋友。她的心一下子就踏实了，"万一哪天有事，也找得到人帮忙啊！" 近年来，全国各地先后有多个城市社区不约而同地办起了"邻居节"，而且一个比一个办得生动活泼，居民参与热情也一个比一个高涨。天津市河西区天塔街自1999年起，将每年的10月定为"邻居节"，至今已经有6个年头。"相邻的人，温暖的眼，柴米油盐，我们编织一个幸福的家园……"去年年底，伴着这首出自普通市民之手的歌曲，杭州首届"邻居节"拉开了帷幕。 在郑州市，大石街道办事处天下城社区居民自发办起"邻居节"，这天，居民们走出家门，佩戴吉祥物，共同栽种"邻居树"，吃团聚饭，照"团圆相"，一片欢声笑语。

为什么会有这么多城市热衷于办邻居节？"老院落拆迁后，2/3的老住户都搬了家。"天涯石社区居委会主任李成荣告诉记者。不同的城市，一样的心情。城市改造加速，老平房拆了，单位楼散了，老邻居走，新邻居来，由于缺乏沟通渠道，很多人相邻多年却素不相识，有的同住一栋楼却老死不相往来。作为群居动物，人与人之间其实都渴望相互依赖、相互支持。过日子，谁没有个头疼脑热的时候，哪能万事不求人？"其实很多新住户都希望认识周围的人，但是苦于没有沟通渠道"。让邻居从陌生到相识，除了居民自身的努力外，街道社区无疑能够起到重要作用。搭建沟通桥梁，"邻居节"应运而生。"现在人与人之间的戒备心理看上去颇为严重，其实是很容易沟通的，常常一句你好，就能让两个陌路人相识、相知。"同样旨在拉近邻里距离，促进邻里感情交流，各种社区文娱活动、志愿服务也越来越受到居民欢迎。促使邻里相识、相认、相知、相助，"邻里节"等社区活动不仅成为现代城市培育新型人际关系的新途径，而且成为社区精神文明建设的新载体，带来和睦相处的社会氛围。记者在采访中发现，天涯石社区居民相互交往显著增多，时刻都能够感受到社区居民间的友爱融洽。

(资料来源：四川新闻网 http://www.sichuan.scol.cn/cdzh/20050610/200561062011.htm,2005-06-10)

问题:

(1) 现代社会的邻里关系状况如何?

(2) 重塑现代社会邻里关系有何意义?

分析:

(1) 在农村中,邻里之间的相互合作精神还一直存在着,但是在城市中,由于缺乏沟通渠道,很多人相邻多年却素不相识,有的同住一栋楼却老死不相往来。

(2) 重塑现代社会和睦的邻里关系对构建和谐社区、和谐社会具有重要意义,也是现代城市培育新型人际关系的新途径。

重塑邻里关系的办法很多,电视、报纸上介绍的就不少。比如在上面的案例中,通过举办"邻居节",号召邻居们相互走动,认识身边的邻居,去了解他们。在院落里开展丰富有趣的联谊活动,集体智慧集体享受。组织大家去户外搞一些体育活动,如爬山、游泳、打球。组织起来开一开民主生活会,不要搞一团和气,该表扬的表扬,该提意见的提意见。哪家有实际困难,可以结对帮助,比方说接送小孩、照顾老人。新加坡特别设立了"好邻居奖"以治疗"高楼冷漠症"。

构建和谐社会必须要有和谐的社区,构建和谐社区必须要有和谐的邻里,近邻关系的和谐是邻里和谐的重要保证,家庭及其成员应在构建和谐邻里关系中发挥基础性作用。

三、工作群体

(一)工作群体的定义

工作群体(work group)是构成企业各种劳动组织的基本单元,是在劳动分工的基础上把为完成某项工作而相互协作的工人组织起来的劳动集体。在工作组内,每个人都有明确的分工和职责,由组长负责领导全组进行工作,保证全组工作相互协调,合理使用人力,提高劳动生产率。工作群体与工作团队相似,二者的最主要差别在于,在一个团队中,个人所做的贡献可以互补;而在一个群体中,成员之间的工作在很大程度上是可以替换的。

(二)工作群体的特点

(1) 工作群体是以业缘关系为纽带的基本群体,它具有业缘群体的一般特点,其中最突出的特点是具有完成组织目标所赋予的任务功能。

(2) 工作群体是一种建立在正式规范基础上并受正式规范制约的正式群体,因而具有正式群体的一般特点。

(3) 数量不多的成员之间可以有经常面对面的直接交往,这种交往使他们的相互关系容易超出工作范围之外,形成个人之间的情感联系,从而形成人际关系非正式的一面,这样,工作群体中的人际关系又具有非正式群体的某些特点。非正式的人际关系有可能成为冲击甚至取代正式关系的力量,削弱以至在实际上取代正式的工作群体。

第三节　社会组织的性质和类型

一、社会组织的含义及其构成要素

社会组织是社会发展到一定阶段的产物，具有特定的含义和构成要素，现代社会的一个显著特点就是社会组织取代初级群体成为占据主导地位的群体形式，研究社会组织对现代社会发展具有重要意义。

广义上的社会组织泛指一切人类共同活动的群体。狭义的社会组织是相对于初级群体的次级群体形式，是人们为了达到某种共同目标而将其行为彼此协调与联合起来所形成的社会团体。

社会组织相对于整体社会表现出如下特征：①非人格化，是指社会组织否定人们自身的个性，要求人们转变为"组织人"；②非合理性，社会组织以功能上的合理性为基础，否定实质上的合理性，要求人们只按照组织的要求来行动；③非道德性，组织在根本上是一种提高社会活动效率的工具，而不管它服务的目的为何。

社会组织的构成要素包括四个方面：①一定数量的人员。任何社会组织都是由一定数量的社会成员组成的，这是社会组织生存的先决条件；②特定的目标。特定的目标是一个组织存在的依据，指示着组织努力的方向；③正式的规范。组织规范主要是以书面形式明确固定下来的规则与规章制度，要求组织成员严格遵守；④权威的分层体系，包括由决策层、管理层和执行层所构成的一种支配与服从的金字塔形层级体系。

二、社会组织的类型

(一)国外学者的组织分类

国外学者关于社会组织的分类比较如表4-4所示。

表4-4　组织分类比较表

提出者	分类方法	组织类型	实例
帕森斯	执行的功能和追求的目标	生产组织	实业公司
		政治组织	政府机构
		整合组织	律师事务所
		模式维持组织	教会、学校
彼得·布劳和里查德·斯科特	组织输出的受惠者	互惠组织	工会
		服务组织	医院
		营利组织	商店
		公益组织	图书馆
艾米特依·埃特奥尼	组织权力类型和组织成员的服从方式	疏远类组织	军队
		功利类组织	销售公司
		道德类组织	教会组织

1. 以组织的功能和目标为基础进行分类

美国社会学家帕森斯认为，一切社会组织都能按照组织的功能和目标进行分类，由此把社会组织分为四种类型：生产组织是指制造产品或进行生产的组织；政治组织是维护和实现社会目标的组织；整合组织是协调社会各要素关系以实现制度目标的组织；模式维持组织是指那些具有"文化""教育"和"揭示"功能的组织。

2. 以组织的受惠者为基础进行分类

美国社会学家彼得·布劳和里查德·斯科特以组织的受惠者为基础把社会组织分为四类：互惠组织，其特定成员是组织目标的受惠者，组织成员根据兴趣参与组织活动，组织结构比较松散，来去自由，采取民主制管理方式；服务组织是以提供服务为主的组织；营利组织是以营利为目标而从事工农业生产、交通运输和商业流通领域活动的组织；公益组织是使包括那些不与组织有直接接触的社会成员在内的所有公众都受惠的组织。

3. 以组织权力类型和组织成员的服从方式为基础进行分类

艾米特依·埃特奥尼(Amitai Etzioni)认为组织内有三种不同类型的权力，即强制权力、功利主义权力以及规范权力，这些权力分别以肉体伤害、物质上的奖励以及荣誉称号的获得作为服从行为的基础。按照人们服从的标准可以把社会组织分为三类：疏远类组织是以强制权力为基础，利用有形力量迫使成员服从组织的要求，使不服从命令的成员遭受痛苦或致其死亡；功利类组织是以实在性奖励和非实在性奖励为基础的组织；道德类组织是通过劝导和感召将人们的行为引导到被认为是正确的轨道上来的组织。

(二)中国学者的组织分类

1. 以产业为基础进行分类

(1) 第一产业组织，包括农业、林业、牧业、渔业及石油开采业和地质勘探业等。

(2) 第二产业组织，包括工业(制造业、电力、煤气、自来水等)和建筑业。

(3) 第三产业组织，包括流通部门和服务部门两大类。具体可分为四个层次：第一层次是流通部门，包括交通运输、邮电通信、商业、饮食等；第二层次是生产和生活服务部门，包括金融保险、房地产、公用事业、旅游业和各类技术服务等；第三层次是为提高科学文化水平和居民素质服务的部门，包括教育、文化、科研、卫生、体育等；第四层次是为社会公共需要服务的部门，包括国家机关、社会团体、军队等。

2. 以编制性质为标准进行分类

(1) 国家机关编制组织，是指国家权力机关和行政机关以及国家审判机关、检察机关、党派、政协、人民团体组织的机构编制，这种机构实行高度的科层制组织形式，所花费的资源实行国家财政预算拨款制。

(2) 国家事业编制组织，是指为国家创造或改善生产条件、促进社会福利、满足人们文化与卫生等需要，其经费实行预算拨款制的国家事业机构。此外，那些实行企业管理的事业单位也属于国家事业编制的组织。

(3) 国家企业编制组织，是指那些直接从事工农业生产、交通运输和商品流通等经济活动，所产生的价值以货币形式表现的经济组织形式。

第四节 社会组织的内部结构和外部关系

一、社会组织的内部结构

社会组织的内部结构是指组织内部正式规定且比较稳定的相互关系形式。传统组织理论认为组织结构具有稳定的相互关系形式、清晰的职权、规范的沟通渠道等特征，强调组织结构的客观性、非人格化和形式化。现代组织理论则开始重视结构与环境之间的关系，相信灵活的结构形式能更好地适应环境的需要，也更有效率。

【案例4-3】沃尔玛与员工的关系是一种真正意义上的伙伴、同仁关系。这是该公司面对竞争能够表现出色的原因之一。

提起"同仁"，这里还有一段故事。该公司的创始人山姆·沃尔顿在一次同妻子海伦去英格兰度假旅行时，中途参观了列维斯公司的一家零售商店——J. W.列维斯伙伴连锁店。他在这家商店看到一个标牌，上面列出了所有员工同仁的名字，这给他留下了极深的印象。回到公司后山姆先生第一件事就是把沃尔玛的雇员全部改称为"同仁"了。

的确，"雇员""同仁"这两个词之间有很大的区别。"雇员"是指为别人工作的人，"同仁"则是指像盟友一样结成伙伴关系。

在沃尔玛的员工中建立平等的伙伴关系，这仅仅是革新的开始。很快，沃尔玛开始面向每位员工实施其利润分红计划，同时付诸实施的还有购买股票计划、员工折扣规定、奖学金计划等。除了以上这些外，员工还享受一些基本待遇，包括带薪休假、节假日补助、医疗、人身及住房保险等，其中一些计划在经济上体现了伙伴关系。每一项计划都是遵循山姆先生所说的"真正的伙伴关系"而制定的，这种伙伴关系是指一种坦诚的关系，使每一个参与者都成为赢家，这使沃尔玛具有足够的吸引力。

公司的利润分红计划规定：任何一名加入沃尔玛一年以上并且在一年中至少工作1000小时的员工，都有资格参与利润分红计划。公司运用在利润增长基础上产生的某个公式，从每一个有资格参与的员工的工资中拨出一定比例，投入该项计划。

购买股票计划可以使员工更容易地进行股票投资并从中获利。公司规定员工可选择在自己的工资中每次扣留固定的数额，或者一次性付款来购买股票；还可以接受公司提供的资助来购买股票，其数额相当于员工可受资助额的15%，任何已达到其所在州成年年龄的全职员工或旺季聘用的员工都有资格参与这项计划。

根据员工折扣规定，员工、员工配偶及其被赡养人在沃尔玛连锁店、沃尔玛购物广场和沃尔玛美国Hyper Mart连锁店购物时，许多种正常价格的商品可以打10%的折扣。

对于那些在沃尔玛工作一年以上的员工，沃尔顿基金会向他们即将高中毕业的子女提供奖学金，即将高中毕业同时又为沃尔玛工作或者是还没有资格享受沃尔顿基金会所提供的奖学金的员工也会得到帮助。

员工们在沃尔玛的激励下贡献着自己的力量。他们为削减成本出谋划策，设计别出心裁的货品陈列，还发明了灵活多样的促销方式。一位员工发现沃尔玛花钱的送货上门服务可以由原本行驶在相同路线上的沃尔玛货车代替，这个建议每年能为沃尔玛节省开支100万美元以上。一位员工关于现金收支报告周转合理化的建议每年可为沃尔玛节省开支9000美元以上。

这就是沃尔玛有如此强大凝聚力的原因所在。

(资料来源：中国商界，2007-07-21)

问题：沃尔玛公司内部关系的特点有哪些？

分析：使每一个参与者都成为赢家，利润分红计划、购买股票计划、奖学金计划、员工折扣规定等策略的实行使得沃尔玛公司内部关系特别是员工之间的关系呈现出这样的特点：公司所建立的一些规章内化为员工的行动准则，员工为沃尔玛的发展积极出谋划策；有提供合理化建议的渠道，是一种真正的伙伴同仁关系。

上述案例清晰地呈现出沃尔玛内部员工之间的关系结构。正式社会组织的内部结构要素包括地位、规范、权威和角色四个方面，它们的相互关系构成了社会组织的运行过程。

(一)地位构成

地位是一个人在组织中所处的相对位置，可以用职位来衡量。职位是指正式组织中的固定工作位置，组织成员的贡献大，往往会获得较高的地位等级，善于与人合作的人比不善交际的人容易获得较高的地位，那些熟悉并能出色地完成本职工作的人也可能具有较高的组织地位。

地位的两种典型形式是归附地位和成就地位。归附地位的取得出自于自然团体分子的身份，如性别、年龄、种族等是决定这种地位的因素。成就地位的取得则出自于志愿团体分子的身份，是靠个人的努力来决定的，如教师、工程师等。

地位等级的功能是保证组织成员的活动被控制在适当的范围内，地位等级关系的形成是成员关系结构化的重要标志。一个组织在成员地位问题上是否达成共识对组织行为将产生直接的影响。如果地位等级的评定上出现了分歧，就会干扰组织实现目标的活动。尽管地位等级有助于明确成员之间的相互关系和活动范围，但它同样也会妨碍成员之间的经常性交流，削弱成员对组织的归属感和满意感。

(二)角色结构

角色是社会地位的外在表现形式，是按一定社会规范表现的特定社会地位的行为模式，具体内容是与社会地位密切相关的一整套权利和义务。莎士比亚强调社会生活与戏剧表演相似，他说："整个世界是一个舞台，所有男人和女人都是演员，他们有出口和入口，一个人在一生中扮演许多角色。"汤马斯与皮特尔说过："当演员描述一种戏剧性格时，他们的表演是由剧本、导演的指导、伙伴的表现、观众的反应及表演天才所决定的。结果，不论演员是谁，只要他们有相同的角色就会有相似的表演。"由此，一些学者主张在社会生活中一个人所属的团队都为他设定剧本，而组织是由一组角色构成的角色集，角色之间的关系被明确规定，相互之间都在实现着对方的期待。尽管如此，角色在扮演过程中依然会出现失调问题。角色不清是一种失调，它指角色的扮演者不清楚角色的权利和义务关系，不清楚他人对角色的期待；角色冲突是比较严重的失调，它指一个人在同时扮演两个以上角色时，不同角色之间出现了矛盾、抵触和对立，从而妨碍了角色扮演的顺利进行。

(三)规范结构

规范是指稳定的规则与规章制度。规范是社会互动的基础，是社会关系及其功能的基本价值的具体表现。社会规范主要包括法律、民俗、民德等形式。法律是由立法机构制定并经政府发布而具有合法权威的行为规范。民俗是指一个民族的生活方式，是人们为求得生存和满足需要而设计的行为规范。民德是指那些有助于社会福利的习惯。规范概念表现着地位关系以及角色期待的具体内容，为组织成员的活动提供协调一致、相互配合的行动准则。同时，规范具备预警和惩戒双重功能。预警是通过各种明确和易于操作的规章制度为组织成员划分出行动界限，目的在于鼓励成员自觉遵守，预防违纪行为的发生。惩戒是对违纪犯规行为采取的惩罚措施，目的是使行动者不再重复以往的错误。

规范的有效性取决于组织成员的认同程度，认同度越高，组织凝聚力越强，活动效率也就越高；反之，则会削弱组织凝聚力，降低组织活动效率。组织的认同度来自人们对规范的内化程度，即组织成员能否把规范的内容转化为自身的态度、价值观和行为准则，使规范由外在控制转化为内在约束。

(四)权威结构

权威是指一种合法化权力，是维持组织运行的必要手段，它使成员在组织内感受到约束和限制。权威有两个特征：第一，权威式社会组织的特性。权威存在于社会组织内，其运动必须在组织团体中进行，组织使权威合法化；第二，权威依附于职位。权威常常通过附属于职位的规范而行使，一个人占据某个职位，他就有了该职位的权威，当他离开该职位，他就失去了该职位的权威。

二、社会组织的外部关系

(一)含义

社会组织的外部关系是指社会组织主体与其内部以外的其他公众的关系总和，包括服务对象公众、传媒公众、社区公众、政府公众、业务伙伴公众等各类对组织生存发展有着某种联系的公众，也称组织的外部环境。例如，一个企业与它的原材料供应商、消费者、同行竞争者、负责监督的政治机构之间的关系就是这个企业的外部关系。

外部公共关系活动必须严格遵守公共关系的基本原则，在重视组织内在行为合理性的基础上充分考虑社会公众利益，本着长期、全局、整体和社会利益准则才能建立组织的良好外部环境，决非靠几次公共关系策划就能达成。

(二)社会组织外部关系的特点

1. 整体性

整体性是指外部公众不是单一的群体，而是一个与组织运行有关的整体环境，是以整体作用方式对组织产生影响,对其中任何一种公众的疏忽都可能导致整个公众环境的恶化,因此必须用全面、系统的观念来面对整体外部公众。

2. 变化性

变化性是指外部公众不是一成不变的,而是一个开放的群体,其范围、形式、性质等会随着主体条件与时间的变化而不断变化,而这种外部公众环境的变化又会导致公共关系目标、手段及范围的调整。

3. 相关性

相关性是指外部公众因与组织存在着共同的利益问题而相关,一方面,组织行为对公众的某种利益产生一定的影响作用,公众有必要关注组织行为。另一方面,公众的态度与行为对组织也会产生一定的影响作用,需要组织随时注意公众的动态。

(三)有关社会组织外部关系的研究[1]

从20世纪60年代开始,组织与环境的关系问题开始受到关注,对组织的观念开始从封闭体系转为开放体系。组织受整体外部环境的制约和控制,组织的反应也会扩散到整个社会之中。汤普逊以同质性-异质性和稳定-变动两个维度对环境进行分类,研究环境对组织结构的影响,指出在同质性强且稳定性高的环境中,组织的结构会趋向简单化,决策权力集中,与环境进行直接互动的单位少,功能分化的程度也较低,强调标准化的规则;而在异质性强且变动性高的环境中,组织的结构会趋向复杂化,决策权力分散,强调弹性的沟通和调适,较少依赖标准化规则。

进化论学者认为组织的生死存亡、组织行为的千变万化都是环境自然选择的结果。自然环境因素使某些组织被淘汰,另一些组织却存在甚至发展。例如,科层制由于具有较高的效率,在工厂发展过程中作为正向的选择被保留下来,但有一些工厂的环境发生变化,因而改用非科层制的组织来回应这种环境的变化。

三、我国社会转型期的组织结构

改革开放前,我国社会组织结构的基本特点是"党政不分",它是建立在条块分割基础上的高度中央集权体制,国家对整个社会实行分层次、分部门的管理,这种一元模式强调政府管理社会经济的全面性与合法性,因而每个单位都在金字塔的组织系统中占据一个固定的位置。此外,国家还通过这些单位分配生活资源以实现对个人的调控。改革开放以来,逐步引入市场机制,我国的社会组织结构开始分化,不同组织在结构上的独立性和功能上的自主性相对增强,新的中介组织也开始出现,转型时期我国组织结构的变化具有以下特点。

(1) 与农业社会向工业社会转型相联系,我国组织结构普遍受初级关系畸形发展的影响,非正式结构冲击和干扰着正式结构。

(2) 与传统社会向现代社会转型相联系,我国社会组织的正式结构大体上还属于自给

---

[1] 于显洋. 组织社会学[M]. 北京:中国人民大学出版社,2005.

自足的封闭式单位制结构，追求大而全、小而全，结构分化程度过低。

(3) 与产品经济向市场经济转型相联系，我国社会组织长期处在产品经济环境下，无论是社会组织的内部关系，还是各个社会组织之间的关系，主要是纵向行政控制结构，缺乏建立在功能互补基础上的横向联系。

上述特点决定了为适应社会转型而调整组织结构的基本任务：①关注非正式结构及其影响，控制其消极功能，使其与正式结构相协调；②以功能分化为导向促进组织结构的分化，形成多元开放式结构，并在分化的基础上加强管理的整合功能；③以功能互补为基础，以市场为中介，打破条块分割的行政控制结构，在组织内部和组织之间建立横向联系网络。

第五节 社会组织的运行和管理

【案例4-4】改革开放以来，我国社会组织有了较大的发展。根据民政部网站公布的数据，截止到 2009 年年底，全国共有社会组织 43.1 万个。这些社会组织的业务范围涉及科技、教育、文化、卫生、劳动、民政、体育、环境保护、法律服务、社会中介服务、工伤服务、农村专业经济等社会生活的各个领域，吸纳社会各类人员就业 544.7 万人；形成固定资产 1030.0 亿元；各类费用支出 1094.7 亿元；社会组织增加值为 493.1 亿元，占各类民政管理单位增加值比重的 58%，占第三产业(服务业)增加值的比重为 0.345%，接收社会捐赠 440.7 亿元。这些数据说明我国社会组织已经有了一定程度的发展，并且在各类社会服务和社会事务管理中发挥了一定的作用。但从总体上看，我国社会组织发展中还存在很多不足和问题，一方面是其内部资源能力不足；另一方面是其管理和监督机制不完善。加强社会组织建设一是要理顺社会组织的体制机制；二是要加强社会组织的能力建设；三是要加强社会组织的管理体系建设。

(资料来源：关信平. 社会组织在社会管理中的建设路径[J]. 社会学视野网，2011-05-23)

这组材料说明在改革开放之后我国社会组织得到了很大发展，数量在不断增加，涉及的领域也比较广泛，对社会发展也起到了一定作用，但在社会组织的运行和管理过程中也存在很多问题，了解社会组织的运行和管理对我国的社会组织建设具有重要意义。

一、社会组织的运行过程

组织运行是指组织实现自身目标和发挥自身功能的过程，这一过程的内容既包括组织内部结构及其转换，又包括组织与个人、组织与外部环境的相互交换关系。

如图 4-2 所示，输入系统包括人和物两个方面：人的方面有技巧、期望、个人努力、知识、动机等；物的方面有资本的投入、原料和设备的投入等。输出系统包括生产力因素、团体或整体的目标等。结构指组织的政策、功能和地位；部门化指组织内部分工；操作包括个人表现和技术过程；相互行为指人事、互动和群体规范。

人与组织的关系表现为人的特征、与组织交换的形式、能否与组织相认同。组织与环境之间的关系表现为组织的外在制约因素、生存机制问题以及在与环境交换过程中所表现出的特点。

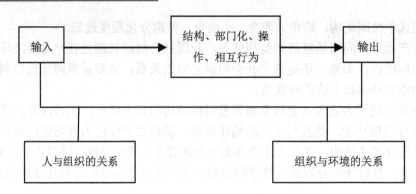

图 4-2 社会组织的运行

(资料来源：屈锡华. 管理社会学[M]. 成都：电子科技大学出版社，2008.)

组织运行的过程一般经过投入、实施过程和产出三个步骤。投入即调动和使用资源。实施过程的功能在于如何使用资源以实现组织的目标。产出即实现目标，它是组织得以存在的合理基础。

二、社会组织的管理

(一)社会组织管理的含义

社会组织管理是指运用权威来协调组织内部人力、物力以实现组织目标的活动，其主要目的是提高组织活动的效率，这种效率除了受环境的影响之外，在很大程度上还依赖于组织管理。设计合理的组织结构是有效管理的基础。

【案例 4-5】目前中国有基金会 2270 多家，其中公募基金会的数量在 1100 家左右。国内已有要求公募基金会信息公开的政策规定，但监督执行不到位。目前这些基金会中建有官方网站的不到 25%，在官网上公布捐款数额和去向等信息的更少。

云南省民政厅日前将参加年检的 32 家基金会 2010 年工作报告摘要予以公布，公布账单中各项支出详细明了，这一做法得到来自民众不间断的掌声。运用现代网络技术让公益管理拥有规范透明的运作思路，从而带动整个公益组织公信力的提升，这已是现代公益赖以生存不可或缺的举措。继"郭美美微博炫富事件"之后，中国红十字会在舆论的旋涡中越陷越深，从捐款去向到商业机构，如今信息公布已经透明，民众却不买账，屡屡质疑，真是一波未平一波又起。

"慈善机构要想做到公开透明，就该回应捐赠人的质疑。"基金会中心网总裁程刚接受记者采访时指出，慈善机构公开透明的内容包括捐赠款物的数量、使用方式、受益人以及基金会内部治理情况等各个方面，每一家基金会都应该主动向社会展示自己的玻璃口袋，全面、细致、清晰、独立披露机构的财务和活动信息，以此赢得社会的信任和支持。"如果非要等到信任出现了危机才去化解，那么未免亡羊补牢了。"

(资料来源：胡静波. 中华工商时报，2011-08-25)

问题：从云南省民政厅和中国红十字会对捐款的不同管理及效果中可以看出组织管理的重要性是什么？

> 分析：组织管理采用科学系统的方法，在信息传播、职位设计和公信力建设方面下功夫，有助于组织树立良好形象，化解信誉危机。

从上面这则材料可以看出，组织管理是一项复杂的系统工程。在这个工程中，管理者的角色具有两种基本职能：向内观察着组织内部秩序；向外观察环境的变化。针对社会组织的管理问题，许多学者都进行了研究，提出了一些具有代表性的理论。

(二)社会组织管理理论的发展

组织管理理论的发展一般被划分为三个阶段：古典组织管理理论、行为科学管理理论和现代管理理论。

1. 古典组织管理理论

古典组织管理理论产生于19世纪末到20世纪初，包括韦伯的科层制管理、泰勒的科学管理和法约尔的管理14项原则。

韦伯是第一个对组织管理理论进行研究的人，他提出了三种理想型组织，即传统型组织、神圣型组织和科层制组织。科层制带有正规性、非个人性、专业技术性和权力垄断性四个基本属性，只有这四者结合起来，理想型的科层制才是高效、准确和稳定的。

泰勒认为组织成员是出于经济的动机而工作的，组织为了达到某个共同而明确的目标，需要通过分工和职能的分解、权限和责任的等级阶层来协调人们的活动。

法约尔提出了组织管理的14条原则：①分工；②权限与责任；③纪律；④命令的统一性；⑤指挥的统一性；⑥个别利益服从整体利益；⑦报酬；⑧集权；⑨等级系列；⑩秩序；⑪公平；⑫保持人员稳定；⑬首创精神；⑭人员的团结。

古典组织管理理论以等级规则和非人格因素为基础建立，这些理论之所以也被称为科学管理理论，是因为它们强调组织成员必须遵守组织规则，而不带个人情感因素，以此提高组织机构的效率。

2. 行为科学管理理论

行为科学管理理论始于20世纪20年代，流行于30年代以后，提出了非正式组织的概念。梅奥于1927—1932年在芝加哥的霍桑工厂所做的霍桑实验发现，企业中除了正式组织以外，还存在着非正式组织，工人所要满足的需求中，金钱只是一个因素，更多的是感情、安全感、归属感。

马斯洛的人类需要层次理论、卢因的"团体力学理论"都从人的需求、非正式组织和人际关系方面对组织理论进行了探讨。行为科学管理理论在组织形态上重视民主的、非集权而少等级结构的组织形式，强调权力均等，反对非人格化的科层制，但它在注意人际关系改善的同时忽视了对工作本身和经济技术的研究。

3. 现代管理理论

现代管理理论产生于"二战"以后，主要代表有帕森斯的结构功能学派、巴纳德的社会系统学派、西蒙的决策理论学派以及权变理论学派。该理论已经不只是注重组织管理的某个方面，而是全面系统地加以研究，提出了若干重要观点，包括系统的观点、权变的观点和发展的观点,这些观点促进了组织管理理论的新发展。

(三)社会组织管理的方式

1. 家长制管理方式及其特征

家长制管理方式产生于农业社会,是小农经济的产物,基本特征包括:①组织内部的权力集中于领导人之手,其典型的表现形式就是个人独裁制;②分工不明,责任不清;③任人唯亲,因人设位;④办事无章可循,无法可依。由于权力集中于个人,致使家长制在管理上主要依靠领导者的直觉、经验和个性,缺乏一定的秩序和规则;⑤终身制,由于初级社会关系具有不可替代性,体制本身缺乏正常的领导者更换机制,领导者一般实行终身制。

家长制管理方式适合组织规模不大、分工不发达的传统社会,无法胜任现代工业社会中分工精细、规模宏大的社会组织管理。家长制管理的好坏取决于个人的经验和素质,具有很大的局限性。

2. 科层制管理方式及其特征

科层制又称官僚制,是一种依职能和职位对权力进行合理划分、分科执掌、分层负责并以正式规则为管理主体的管理方式和组织体系,是现代社会组织管理的典型方式。最早提出科层制理论的是德国社会学家马克斯·韦伯。科层制的主要特征有:①明确分工。组织的一切权力不再集中于一人身上,而是分层领导,分科负责;②有明确规定的职权等级;③有稳定而明确的规章制度体系;④私人关系和公务关系分离;⑤量才用人;⑥管理权力依附于职位而不是个人。

科层制管理的优点在于分工清楚,责任明确,任人唯才,可以提高工作效率,保证组织活动的顺利开展。其缺陷在于忽视人的主动性和创造性,只强调照章办事,缺乏灵活性和应变性,容易导致官僚主义。

根据罗家德的观点,中国人的管理具有如下特征:①中国人遵行关系主义或特殊主义的行为法则,人情交换与经济交换混而为一,所以长期伙伴关系与其关系管理总是中国人管理智能的核心,同时也构成了中国的网络式经济与网络式企业;②差序格局使得中国式领导由内而外形成第一层是亲信,第二层是班底,第三层是干部的管理团队,以领导为核心因关系远近而层层向外,各负不同的领导职能;③中国式领导保持家父领导的风格,需要恩、威、德三者并济;④中国人十分擅长自我组织;⑤中国人的管理智能要谈到教化为主的权力,这使得中国式领导除了监督、奖惩之外,还要重视以身作则与说理教化。[1]可以说,中国人管理中的家父领导风格是家长制管理方式的一种重要表现,特别是在一些家族企业中更是如此。随着社会的发展,这种管理方式也越来越显示出它自身的缺陷,比如在实现组织的创新方面就具有滞后性。

(四)官僚主义问题

由于管理不善而造成组织活动偏离目标、降低组织效率的各种现象称作官僚主义。官

---

[1] 陈力,罗家德. 中国人管理的社会学解读[J]. 商界,2007(12).

僚主义不仅是管理者个人的思想作风问题,从根本上说源于管理制度,无论是家长制管理还是科层制管理,都有可能产生官僚主义。

官僚主义的弊病在现实的各种事务中不同程度地存在着,由家长制管理产生的官僚主义表现为:遇事推诿,相互扯皮,敷衍塞责,热衷于谋取私利,不关心群众痛痒,一言堂,命令主义。由科层制管理产生的官僚主义表现为:①浮夸习气;②墨守成规,缺乏灵活性;③繁文缛节,文牍主义;④例行公事,文山会海。需要认真对待并解决官僚主义问题。

本 章 小 结

本章介绍了社会群体的含义、特征、类型和结构,介绍了家庭、邻里、工作群体三种主要的初级社会群体以及社会组织的性质和类型、社会组织的内部结构和外部关系、社会组织的运行和管理等内容。社会群体是联结个人与社会的中介和纽带,研究社会群体无论是对个人的发展还是对社会的发展都具有重要意义。依据群体成员之间关系的亲密程度把社会群体划分为初级群体和次级群体是一种非常重要的划分方法,其中家庭、邻里和工作群体又是比较典型的初级群体。次级群体的典型形式就是社会组织,特别是在现代社会中,社会组织取代初级群体成为占据主导地位的群体形式,所以探讨社会组织的性质和类型、厘清社会组织的内部结构和外部关系、研究社会组织的运行和管理对现代社会发展具有重要意义。

习 题

一、判断题

1. 家庭是一种初级群体。( )
2. 最早提出科层制理论的是德国社会学家马克斯·韦伯。( )
3. 社会组织相对于整体社会表现出非人格化的特征。( )

二、多项选择题

1. 下面属于初级群体的是( )。
   A. 家庭　　　　B. 邻里　　　　C. 儿童游戏群体　　　　D. 社会组织
2. 社会群体的基本特征主要有( )。
   A. 有相对稳定的成员关系　　　　B. 有持续性的社会互动
   C. 有一致的群体意识和规范　　　　D. 有一定的分工协作
   E. 有一致行动的能力
3. 正式社会组织的内部结构要素主要包括( )。
   A. 地位构成　　　　B. 结构规范　　　　C. 权威结构　　　　D. 角色结构

三、简答题

1. 什么是社会群体？社会群体具有哪些基本特征？
2. 简述社会群体的基本类型。
3. 如何分析群体内部关系？
4. 简述初级社会群体的基本特征。
5. 什么叫家庭？什么叫家庭关系？请列举家庭关系的几种主要类型。
6. 简述家庭的结构和功能。
7. 简述社会组织的含义及其特征。
8. 简述社会组织的分类方法。
9. 简述组织管理理论的发展。
10. 试论官僚主义的产生原因及治理措施。

四、案例分析题

砖匠和石匠：美日组织结构的差异

盛田昭夫曾经以砖匠比拟美国的工厂，以石匠比拟日本的工厂。美国人事先架构好结构，然后再根据结构的需要准备砖块，就好比工人们拥有不同的标准化技能，所以可以根据工作需求来聘用不同的工人。相反地，日本人所准备的是形状不规则的石块，因此石匠或管理者必须不断调整它们之间的关系，才能建造建筑物。石块并无定型，但是它们仍然有形成各种形状的能力。

换言之，日本与美国对团队作业的观点是不同的。美国式的团队精神要求配合，你的专长必须符合既定的架构；你必须根据指令才能完成既定的工作；你对团队的贡献是已知的，蕴含在工作说明书里，并且根据其稀有的程度定了一个市场价格。劳力和猪肉、小麦没有两样，是一种可以交易的商品。由于工人所提供的劳动是标准化的，工厂所生产的产品也是标准化的，因此说"房子"是由多种不同形状、大小和功能的"砖块"根据既定的蓝图堆叠而成的。

日本人对团队和团队作业的观点则大不相同。日本人把团队成员视同石块，各有各的样子。工厂鼓励工人拥有不同的技能，并且根据他才能的多寡和所能扮演的团队角色计付酬金。日本人容许团队主动承担更多的解决问题的责任，而不是要求工程师设计蓝图、幕僚设计作业流程、现场人员只负责执行的工作。如此，工作的进行将更多样化、更有弹性、更富有挑战性，并且可以减少监督的需求。

事实上，美国"砌砖式"管理作风所要求的标准化与一致性使得工厂和办公室缺乏独特个性的风采以及自由的气息，以至于美国的生产性工作尤其是制造现场的工作通常缺乏热诚与熟练的技巧。反之，制造则是日本企业卓越竞争优势的主要来源，因为他们的团队是自主的，为了充分发挥团队成员的才华，工作的内容可以不断地重新组合。

一般西方人都有日本人"从众性"的刻板印象，日本人总是愿意与他人形成和谐的工作关系，并且认为和谐的工作关系比个人利益更重要，日本人确实有从众心理，但是在衣着和表面行为之外，他们在工作技能上并不从众。团队和谐的基础其实是个体的异质性，不同成员之间的技能互补,而非相互替代,就如同合音或合唱,大家唱的不是同音。这种现象在日本的建筑和园艺里都能看到。比如日本人的房间有多种功能,既可以是饭厅,也可以是卧室;透过隔间的运用便可以改变房间的格局,创造出不同的功能。家具也是多功能的。花园里的石头或树木也没有一件是相同的。日式园艺的精神正是透过这种差异创造出整体的和谐及一体感。

(资料来源:[美]查尔斯·汉普登·特纳. 国家竞争力[M]. 海口:海南出版社,1997.)

问题:
(1) 社会组织结构是否存在优劣之分?
(2) 社会组织结构的形成与环境之间是否会相互影响?
(3) 中国式的管理具有什么样的特点?

第五章 社会分层

【学习目标】

通过对本章内容的学习，读者应当了解社会分层及相关重要概念的界定，从总体上把握社会分层的关键维度；重点理解阶级这一现代社会的主要分层制度，学习该如何把社会成员划分为某一阶级，并了解有关中国社会阶层结构的讨论；最后了解功能主义和冲突论是如何解释社会分层的。

【导读案例】

> 1912年4月15日清晨，当时世界上最大客轮泰坦尼克号在其首航冰川林立的北大西洋途中沉没，不同等级的船舱中乘客的生还率分别是：头等舱为60%，二等舱为44%，三等舱为26%。
> 问题：泰坦尼克号沉没后的乘客生还率折射出怎样的社会现象？
> 分析：泰坦尼克号沉没后不同等级的船舱中的乘客生还率是不同的，头等舱的乘客是有钱人，二等舱的乘客是中产阶级职员和商人，三等舱的乘客是贫民和移民，从中折射出社会分层现象。

社会成员是分为三六九等的。换句话说，不同的人因其所拥有的资源有多有少，进而被划分为不同等级，正是因为这一客观现象的存在，启发社会学家采用社会分层(social stratification)这一概念来予以表征。社会分层是指个体和群体的等级排列，象征在分配报酬、特权等稀缺资源时存在的结构性不平等。实际上，这种不平等贯穿于社会生活的各个层面，连一向被称为"象牙塔"的大学校园也不例外。如在上相关课程时，当被问及大学校园是否存在不平等现象时，几乎所有学生都给予肯定回答，而班干部与普通学生在获取奖学金等资源方面存在的不平等更是受到广泛关注。此外，不同学院老师所拥有的私人轿车之档次往往也被许多大学生视为老师之间不平等的重要标志，有关社会分层的研究一直是社会学中最重要的议题之一。

分层这个概念来自地质学，其本意是指地球表层岩石的地质层级，社会学家正是利用了这种地质中的分层现象来比喻人类社会各个体或群体之间的层化现象。正是在这一意义上，我们可以将社会视为由等级序列中的"层"所构成，比较有优势的人在顶层，而没有特权的人则接近底层。社会分层要回答的两个基本问题是："谁得到了什么"及"他们为什么得到"。前者反映的是人们的"地位差异结构"；后者反映的是人们究竟是怎样进入到这种地位差异结构中的。以大学生为例，毕业之初，有的大学生找到的是体面的工作，有着较高的收入和更广阔的发展空间；而有的大学生找到的则是既辛苦又收入低的工作；还有的甚至找不到工作，成为"低保户"。这体现的正是大学毕业生中存在的地位差异结构。这时，人们肯定会不由自主地产生疑问：大学毕业生之间为什么会出现这种较大的反差？这就是第二个基本问题所要回答的。

第五章 社会分层

第一节 社会分层概述

既然社会分层表征的是社会成员在资源占有上存在的不平等状况，那么这种不平等是否就意味着不公正呢？社会成员的层化状况又取决于或影响着哪些社会现象？此外，又可以从哪些角度出发对个体或群体进行分层呢？这些问题将是本节的讨论重点。

一、重要概念辨析

首先来看社会不平等与社会不公正之间有何差异。不平等指的是资源在人群中的分布是有差异的(英文原词为 social differentiation，中文翻译为社会差异或社会分化)，有的人得到的多一些，有的人得到的少一些。但这并不是一种纯粹客观的社会差异现象，而是包含了对此类现象的主观评价。比如，当我们提到亿万富豪与吃低保的穷人时，往往会有意无意地赋予这两个群体本身不同的价值取向，对前者倾向于尊重或艳羡不已，对后者则表现出同情或嗤之以鼻。不公正则是从某一种价值观来看资源分布的格局是不合理的。由此可见，平等并不意味着公正。也就是说，不平等也不意味着不公正，在这两者之间并不存在必然的联系。如根据按劳分配的价值理念，"多劳多得，少劳少得"无疑是合理的。据此，甲、乙两个人在具有相同贡献的情况下，若两人收入平等，则是公正的；若某一人的收入更多，则是不公正的。当然，现实生活极其复杂，一些社会不平等是不公正的，而另一些又是公正的。

要分析社会分层，我们不得不了解另一个与之密切联系的概念：社会地位(social status)。社会地位是指个体在一个群体或社会中所占据的位置，但当其与分层联系在一起时，则有更具体的含义，即指个体或群体在一个社会等级体系或分层系统中的等级位置，这种等级位置可以是经济的、政治的或声望的。社会地位可分为先赋地位(ascribed status)和自致地位(achieved status)，前者指个体先天获得的地位，如年龄、性别、民族与家庭背景是常见的先赋地位。近年来，强烈刺激着中国普通公众神经的富二代与官二代体现的正是这种因家庭背景所致的先赋地位。后者指经由个体后天选择和竞争所获得的地位，反映了个人的成就，如大学生便是自致地位的体现。某些自致地位的获取可能离不开先赋地位的支撑，如富二代身份有助于个体顺利跻身于企业家群体。有少数个体之所以成为大学生，其实仍然是沾了父辈的光：有的靠关系和金钱直接获得进入高校的通行证；有的甚至需要靠冒名顶替他人才得以进入大学，2009年轰动一时的"罗彩霞事件"正是这方面的很好例证。

【案例5-1】罗彩霞，湖南省邵阳市邵东县灵官殿镇人，因被公安局政委王峥嵘之女王佳俊冒名顶替上大学，成为新闻人物。

2004年，18岁的罗彩霞作为邵东一中应届毕业生参加高考，考了514分，没有达到湖南省当年531分的二本录取分数线。虽然当年有少数高校降分录取，而且她填报了三批专科院校志愿，但罗彩霞并没有收到任何高校的录取通知书。而那一年她的同班同学王佳俊虽然高考只有335分，却顺利走进了贵州师范大学攻读本科。罗彩霞在落榜后选择了复读，并于2005年考入天津师范大学。2009年3月，罗彩霞无意中发现，竟然有一个女孩有着和她相同的名字和身份证号码，在银行的电脑上，她第一次看到了那个女孩的照片。由此她逐渐揭开了王佳俊冒名顶替自己读大学的真相。

2008年，王佳俊顺利毕业，本应2009年毕业的罗彩霞却不得不面临因身份证被盗用而被取消教师资格证书及无法取得毕业证书等一系列问题。此事一经爆料，王佳俊的学籍、党籍、户籍最终被注销，连已获取的工作也被解除，而罗彩霞则顺利拿到"天津师范大学毕业证""学士学位证书"及"教师资格证书"这三个证件，顺利完成了自己的学业。

(资料来源：http://baike.soso.com/v6810581.htm?pid=baike.box)

问题：家庭背景对社会分层有何影响？

分析：在此案例中，从家庭背景来看，罗彩霞与王佳俊无疑分别属于穷二代与官二代，正是这种先赋地位对她们后天的社会地位产生了直接影响：罗彩霞于2004年本可以靠着自己的努力考上大学，成为"天之骄子"的一员，却因家在偏僻的小村子，没有任何社会背景而被权势者精挑细选作为被冒名顶替的对象，从而与大学生身份失之交臂；王佳俊，本无法通过自己的努力考上大学，却因自己的父亲王峥嵘"贵"为隆回县公安局政委，而得以顺利冒用罗彩霞的名字顶替她成为"大学生"。虽然该事件最终没有赢家，但它的确反映了个体家庭出身对自身后天命运可能存在的重大影响，尽管这种影响本身并不为许多人认可。

在社会中，个体或群体都可以从社会分层体系中的一个等级移至另一个等级，这种过程被社会学家称为社会流动(social mobility)。但一般来看，社会学家似乎更倾向于用社会流动这一概念来指代社会成员在不同社会经济地位(即社会经济层级)之间的移动。照此看来，社会流动是指个体或群体从一个社会阶层移动至另一个社会阶层。一个因买彩票中了1000万元的农民工就实现了在这种阶层之间的流动，而且是一种向上流动(upward mobility)；一个因生意失败而倾家荡产的富翁也实现了这种阶层间的位移，但是一种向下流动(downward mobility)。无论是向上还是向下流动，都属于垂直流动(vertical mobility)，即向更高或更低社会地位的流动。与之相对的则是个体或群体在相似社会分层等级之间的移动，即水平流动(horizontal mobility)。如某银行员工从一个支行调到另一个同等级别的支行从事相似工作。通常情况下，对垂直流动的社会学研究往往更具实质性意义。

社会流动又可分为代际流动(intergenerational mobility)和代内流动(intragenerational mobility)。前者是针对父母及其子女各自职业等级的比较，通过这种比较，我们可以分析子女在多大程度上进入与其父母同一类型的职业；后者则是考察个体自身在特定时期内社会等级位置上发生的变化。

社会流动量尤其是一个社会的垂直流动量往往是判定该社会开放程度的重要指标。如果多数社会成员能经常在不同社会层级之间进行移动，或者说能够相对轻易地改变自己的地位，那么我们可以据此推断该社会的开放程度较高，而该社会的分层体系也就被称为开放体系(open system)；反之，如果多数社会成员难以改变自己的层级位置，这种社会的开放程度必定较低，其分层体系也就属于封闭体系(close system)。一般而言，自致地位是开放的，以个体选择和竞争为基础，它与开放的分层体系相一致；先赋地位则是群体或社会分配给个体，它与封闭的分层体系相对应。没有哪个社会是完全开放或完全封闭的，但有些社会(如美国)，确实相对更为开放，而有些社会(如印度)则相对更为封闭。至于当代中国，诸多迹象表明，身份背景对后天发展的影响在加大，社会底层人群向上流动正面临诸多困难，社会向上流动的管道有窄化之势，这在"二代"现象中有着集中体现。而这也在一定程度上凸显了学者们所指的阶层固化倾向，换句话说，中国社会分层体系的封闭性似正在增强。

【案例5-2】"麦可思——中国2009届大学毕业生求职与工作能力调查"项目组对50万大学毕业生的调查显示，家庭阶层对其高等教育结果有着明显的影响。通过这份调查可以看出，在"211"院校中，农民与农民工子女入学时以576分的平均分领先于管理阶层子女的557分，但其找工作则要艰辛得多。从学生毕业后半年的就业状况来看，农民与农民工子女有35%的毕业生未能就业，远远高出管理阶层子女15%未就业的比例。在就业质量上也处于弱势，2008、2009两届毕业生中的农民与农民工子女毕业半年后平均月薪在各阶层中分别排在倒数第一、第二位。

(资料来源：白天亮，曲哲涵. 底层人群无背景无身份向上流动困难[N]. 人民日报，2010-09-16)

问题：农民与农民工子女就业与管理阶层子女就业存在的差异说明了什么问题？

分析：以上数据表明，高校毕业生因其家庭背景的不同而在就业率和就业质量上存在明显区别，其中农民和农民工子女处于明显弱势。为此，许多专家认为，"背景"的排他性作用已成为当前大学生就业过程中的最大就业歧视。普通人家的子弟因为其父母没有金钱和权力，难以进入社会上升通道；而有着强大社会资源家庭的孩子，则可以轻松获得既体面收入又高且发展空间更广的工作。这种现象不仅事关就业公平，更关系到社会底层的向上流动，若处理不当，势必造成或加剧阶层固化倾向，进而影响社会稳定与活力。

二、社会分层的维度

既然社会分层象征的是个体或群体在稀有资源占有上存在的等级系列，而稀有资源并非只有一种，由此资源的性质往往就成为划分不同分层体系的标准。有多少种资源(只要被认为是稀有的)就可能划分出多少种分层体系，李强根据他所认为的十种最为重要的资源区分出十种社会分层群体，而这种对分层标准的讨论实际上就关涉到社会分层的维度，其中影响最大的也是最为大家所公认的是马克斯·韦伯的多元分层观。

韦伯在其论文《政治社会中的权力分化：阶级、身份与政党》中提出社会分层的三个关键维度：阶级、身份与政党。社会学者通常把这三个基本维度称为：收入与财富(经济地位)、声望(社会地位)和权力(政治地位)。在韦伯看来，这三个维度相对独立、互相影响，而非如马克思所说那样由经济地位单向度地决定着其他诸如政治和社会地位等。既然个体并非只占据着一种等级化位置，那么这些等级地位之间又有着怎样的关系，或者说是一致的还是不一致的呢？社会学家的考察表明，两种情况都大量存在，并分别以地位一致和地位不一致来称谓。地位一致是指在某一个分层等级中地位高的人在其他等级序列中的地位也高，如医生无论是在财富、声望还是在权力方面都位居前列。相反，地位不一致则是指在某一个分层等级中地位高的人在另一个等级序列中的地位却较低。大学教师通常都拥有较高的声望，但收入和权力较低；一些官员拥有很大的权力，却薪水微薄，没有声望；一些小老板在经济上十分富有，却几乎没有声望和权力。那么在现实生活中究竟是地位一致还是地位不一致更多呢？或许我们对此并不能给出一个准确的答案，但有社会学家如休斯指出，这三个要素在多数情况下彼此依赖并相互支撑，一个人在某一等级序列中的高地位有助于其在其他等级序列中获得较高位置，如企业家相对于普通民众就更容易凭借其高经济地位而获取到较高的政治地位。

(一)经济地位

经济地位是社会分层的经济维度,以收入和财富进行衡量,由其产生的等级序列被社会学家称为社会阶层(Social Class,也有译为社会阶级)。收入是指使用人力或物质资源所得到的经济收益,通常用来表达一个单位时间内的货币流动量;与之密切联系的财富则是由个人或群体的全部经济财产所构成,它不仅包括货币而且包括物品、土地、自然资源及生产性劳动服务。这两个概念的主要区别在于:财富是一个人或群体所拥有的全部财产,而收入通常指一个人或群体在正常情况下的货币获得量。当我们说某个人的身家是500万元人民币时,这是在对他的财富进行评估,其可能包括所有的动产和不动产:房子、汽车、股票、存款及现金。而当我们说这个人年薪为40万元人民币时,则是对他收入的描述。

几乎所有的人都渴望拥有收入与财富,但其不可能被均分给每一个个体或群体。现实生活中总有一些人比其他一些人获得的更多。就收入而言,基尼系数是衡量总体收入差距的重要指标,中国从1978年到1984年基尼系数稳定在0.16的水平,从1984年开始,基尼系数一路攀升,到2007年达到0.473(0.2之下叫"高度平等",0.2~0.4叫"低度不平等",0.4以上叫"高度不平等"),这表明当前中国收入不平等程度已处于高位[1]。这种收入不平等分配的模式依城乡、区域、教育、性别、职业、行业等因素而定。中国城乡收入差距在扩大,其比例是3.23∶1,西部一些省份的这一比例更高达4∶1以上;而中国行业收入差距更是扩大至15倍,跃居世界之首[2]。表5-1便直观地展示了这种行业之间的收入差距。再看财富分配的不平等状况,同样不容乐观。据财政部2009年的一个关于财产性收入的统计数字显示,10%的富裕家庭占城市居民全部财产的45%,而最低收入10%的家庭其财产总额仅占全部居民财产的1.4%。[3]

表5-1　2010年分行业的城镇非私营单位在岗职工年平均工资

行　业	2009年平均工资/元	2010年平均工资/元	增长率/%
总计	32736	37147	13.5
(一)农、林、牧、渔业	14911	17345	16.3
(二)采矿业	38224	44496	16.4
(三)制造业	26599	30700	15.4
(四)电力、燃气及水的生产和供应业	42668	48323	13.3
(五)建筑业	24625	28127	14.2
(六)交通运输、仓储和邮政业	36224	41536	14.7
(七)信息传输、计算机服务和软件业	59919	66598	11.1

---

[1][3] 常红. 10%富裕家庭占城市居民全部财产 45%. 人民网,2009-12-10. http://news.qq.com/a/20091210/001724.htm.

[2] 中国行业收入差距扩大至15倍,跃居世界首位. 人民网,2011-02-10. http://news.qq.com/a/20110210/000265.htm.

续表

行　业	2009年平均工资/元	2010年平均工资/元	增长率/%
(八)批发和零售业	29031	33520	15.5
(九)住宿和餐饮业	21193	23812	12.4
(十)金融业	70265	80772	15.0
(十一)房地产业	32591	36392	11.7
(十二)租赁和商务服务业	34318	38502	12.2
(十三)科学研究、技术服务和地质勘查业	50866	57316	12.7
(十四)水利、环境和公共设施管理业	24551	27229	10.9
(十五)居民服务和其他服务业	25704	28665	11.5
(十六)教育	35042	39624	13.1
(十七)卫生、社会保障和社会福利业	36380	41132	13.1
(十八)文化、体育和娱乐业	38319	42245	10.2
(十九)公共管理和社会组织	36268	39329	8.4

(二)社会地位

声望是指一个人从他人那里所获得的尊敬、赞美与承认。声望是无形的，但在日常生活中，我们常常通过遵从仪式、荣誉与敬意、尊重与钦佩、头衔、徽章等符号为声望赋予有形的存在。如当遇到医学专家时，我们会通过欠身、鞠躬等谦卑行为来表示对他的尊重与敬畏，也即承认其更高的等级。具有相似社会声望评价的人便构成了身份群体。这种共同体虽然是一种主观声望评价的结果，但也有着其客观的基础，如生活方式、正式教育及出身或职业的声望等。身份群体与表征着经济分层的阶级或阶层并没有必然联系，甚至对立。如同一个班上的大学生，无论其家庭是贫还是富，都同属于一个身份群体，地位是平等的，而这也被认为是身份群体之魅力所在。但是，当富裕家庭的学生通过诸如跑车等显眼符号来凸显其"富二代"或"官二代"的身份时，他们与其他大学生之间原本共享的身份及地位平等便被打破了。当前在中国"二代"中(其中不乏大学生)存在并不少见的炫富现象。我们先不论诸如"狂飙名车伤人"等负面甚至恶性事件所带来的社会后果，而是对这些高调炫富行为背后可能潜藏着怎样的共通心态感兴趣。

凡勃伦在《有闲阶级论》一书中对当时美国富人中盛极一时的"炫耀性消费"作了深刻分析。私有制一旦出现，人类就围绕财富的占有展开了旷日持久的争夺。凡勃伦对此指出，人们之所以要占有财富，与其说是满足生理需求，倒不如说是为了面子。谁拥有的财富多，谁就是社会的优胜者，不仅社会地位上升，还可以获得别人的赞誉，从而使虚荣心得到满足，故人人皆欲壑难填。有了财富，如果不显山不露水，那也只是孤芳自赏，得不到别人的认可，更博不到荣誉，所以有必要以某种方式来炫耀自己的富有。那么又该如何炫富呢？凡勃伦以礼仪的起源和发展为例，指出从古到今，有教养的人一直认为，炫耀财富的最好方式就是享有余暇。此后随着社会的进一步发展，人口流动性大大加强，人们社交范围也随之扩大，富人要想给陌生人留下富有的印象，最好的办法就是大量消费，所以人们常常可以看到，他们一掷千金，买东西从不讲价，过着佳肴美酒、肥马轻裘、歌舞升平的奢侈生活。这种生活状况被称为"炫耀性消费"或"摆阔气的消费",其实质是为财富或权力提供证明以获得并保持声望的一种消费活动。

反观今天的中国,在这个初显成形的消费社会中,奢华和高档商品同样成为一种巨大的符号载体,在很大程度上这种符号象征着其使用者的高贵身份或社会地位。因此,才会出现类似当初美国富人的"炫耀性消费"。如在 2005 年上海顶级私人物品集中展示期间,该展会三天就接待了逾 7000 位富豪,成交量达 2 亿元人民币。据介绍,前来购买的富豪目标性很强,不少人看中目标,试用后就立即拍板,非常爽快,整个购买流程不会超过一小时。很多买家说计划购买 1000 万元左右的物品,售价多在预算内。此情此景,令不少外国参展商不由自主地慨叹,"没想到中国富豪那么慷慨!"[1] 在此社会背景下,部分"富二代"或"官二代"的高调炫富行为自然也就不难理解了。

其实,一般人也有借助特定符号展示自身地位的类似行为,只不过不一定是通过消费。对青年人而言,好衣服、文身及在身体许多部位佩戴珠宝,精通体育、电影、流行音乐、服饰、汽车和计算机等时尚前沿都可能成为其地位象征的符号。尽管这些对成年人也可能十分重要,但成年人社会地位的主要象征是其居住的地方、职业性质、角色,以及在社区及非正式社会关系中结交的人的社会地位。也就是说,虽然金钱似乎仍是最重要的,但个体所展现的生活方式和价值观也开始成为决定其声望的重要因素。

(三)政治地位

政治地位由权力来表征。权力是个体或群体控制或影响他人行为的能力,而不管别人是否愿意合作。权力广泛存在于社会生活诸多领域,而不仅仅是政治领域。官员追逐的是政治权力,教师掌控的是课堂上对学生的教学权力,医生则是针对病人的专家权力,谁掌握某种关键资源(如教师掌握的是分数)也就掌控了他人。因为对关键资源的掌握也就使得掌握者置身于人们和用以满足人们生理、心理和社会需求的手段之间,成为"被有求于"者,个体或群体掌控了奖励、惩罚和劝导,也就能决定生活的游戏规则并预示其结果。

社会学家研究权力不仅是为了揭示谁在行使它,也是为了弄清行使权力的意图以及谁从中受益。在韦伯确立的这三个维度中,权力被认为是最难测量的。多数对权力的研究不过是对权力事实的一种推测,因为有很多种形式的权力潜藏得非常深,以致只有权力拥有者本人才深知其中奥妙。有学者认为美国是由权力精英统治的,这一群体的总数在当时不超过 300 人,另外一些学者又坚持认为美国的权力分散在许多群体和个体手中。不过,有一点却似乎达成了共识,这就是真实的权力并不总是存在于我们想当然的地方,有些看似握有实权的官员可能只是傀儡而已,真正的决策者则是隐藏在其身后的商人。

对此,中国诸多"落马"官员的亲身经历在一定程度上便是例证。如重庆市地产集团原董事长王斌,因受贿罪于 2008 年 11 月 11 日被重庆市第五中级人民法院判处有期徒刑 12 年,并处罚金 10 万元,追缴全部赃款共 163 万余元。被查处后,王斌在其名为《我的认识》之忏悔实录中揭露出了自己如何成为房地产投资商利诱的俘虏。他写道:一些房地产投资

---

[1] "上海顶级私人物品展:7000 富豪 3 天花掉 2 亿元",金羊网-羊城晚报,http://news.qq.com/a/20051023/000428.htm,2005-10-23

商有着一整套相当讲究的行贿手法：先是小额见面试探求助，事成后再加大筹码感谢；无事也保持小额相送，有事求助更方便；你怕收，他安慰你，甚至对天发誓，其实背后将账记得一清二楚；不收钱送物也行，只要你不推辞。方法种种，一般立场不坚定的人是很难抵挡的，我就是一个俘虏[1]。该案例中王斌虽为掌握有决定房地产商命运之关键资源的"实权"者，但后者以王斌所缺乏的金钱资源为诱饵，进而在幕后实际操纵着其决策行为，成为真正的"掌权者"。真实的权力在这里已经发生了位移，由此也证明权力的确影响着一个人能否让世界为自己运转的能力。

第二节 社会阶级

社会学家认为分层制度随着历史时期与经济结构的不同而不同，其中最重要的当属奴隶制、种姓制、等级制以及阶级制，这些分层制度各具特色，都体现了主要社会群体间不同经济社会关系的特点，但它们也绝非截然分离，而可能是相互关联。如南北战争之前的美国南方同时存在着奴隶制与阶级制，即使今天的美国社会依然具有一些类似于印度种姓制的特征，这主要体现在种族差异上。鉴于阶级制度是现代社会中最为常见的分层类型，本节着重围绕阶级展开讨论。首先介绍马克思与韦伯有关阶级本质看法的异同，接着讨论该如何把社会成员划分为不同阶级，最后分析中国的阶级状况。

一、阶级的定义

波普诺认为社会阶级一词在某种程度上是模糊的，它代表的是一个非常复杂的社会现实，今天我们谈论阶级时往往倾向于把它视为一种经济分层体系，或者说是一个主要以经济地位为基础的相对开放的分层形式。吉登斯将阶级界定为由分享共同经济资源的人们所组成的一种大型群体，这些经济资源强烈地影响了他们有能力选择的生活方式类型。

马克思用对生产资料的占有方式来界定阶级，阶级就是对生产资料有相同关系的一群人，我们所熟悉的资产阶级和无产阶级的两分法正是对这一阶级本质观的体现。与马克思相似，韦伯也是从经济角度考察阶级，不同的是，韦伯强调的是因生活机会不同而产生的地位差异。生活机会(life chance)是指在市场上利用商品或劳务的机会，将造成地位差异的各种类型的资源都包括在内。也就是说，对生产资料的占有情况只是影响生活机会的一个因素，还有其他很多因素也影响着生活机会，如影响个体可获得工作类型的技能、文凭或资格等。在韦伯看来，一个人的市场位置强烈地影响着其整体上的生活机会，而上述资源恰好又直接影响到这种位置。比如，现代社会中那些从事管理性或专业性职业的人比从事蓝领工种的人收入更高，工作环境也更好，之所以如此，便在于他们所拥有的资格(如高等教育的学位与文凭)使他们比其他没有这类资格的人更为畅销。总之，马克思是从生产领域来区分阶级，而韦伯是从市场的领域来区分阶级，虽然两人划分阶级的角度不同，但可以相互补充，为我们更清晰地认识社会阶级阶层结构提供了指导。

---

[1] 落马官员讲述：房地产商有套相当讲究的行贿手法[N]. 检察日报，2008-12-11.

【案例5-3】2011年8月4日,《福布斯》中文版发布了2011年中国上市公司CEO薪酬榜单。榜单显示,1000多位A股上市公司高管(含董事、监事及公司高级管理人员)的年薪已超过百万元,中国平安CEO马明哲以年薪987万元名列A股CEO薪酬榜榜首,联想集团CEO杨元庆则以7872万元的年薪名列H股非国有上市公司第一名。此外,与A股以固定薪酬为主不同,H股更侧重与业绩相关的酌情奖金、股权激励等。根据统计,50位最高的H股非国有上市公司CEO在2010年共获得7.10亿元薪酬,其中36%为酌情奖金,32%为股权激励。分析人士指出,H股的天价薪酬除在港上市薪酬随行就市以外,更具弹性的薪酬架构能够对高薪形成强力支撑。

(资料来源:"联想集团CEO杨元庆年薪7872万元".北京晨报,2011-08-05)

问题:上市公司CEO高薪酬现象对理解阶级概念有何启示?

分析:从马克思的阶级观来看,这些高管并不属于拥有生产资料的资产阶级,但若据此把他们与诸如蓝领工人、普通白领等归为同一个阶级(无产阶级或工人阶级)也不可取。因为,这些职业经理人虽不拥有生产资料,但他们具有操纵公司乃至社会运行的极大权力。同样地,还包括官僚和军官等,他们虽不具有行政管理工具或武器与军队的所有权,但这并不影响其对国家机器与社会活动的操纵。从这个意义上说,韦伯不完全根据所有权来定义阶级就具有优势。

阶级制是人类社会向社会公正迈进一大步的体现,这是因为,与其他三种分层制度相比,阶级制具有以下特征。

(1) 阶级制是流动的,即并非由法律规定或宗教信条所确定,阶级之间的界限从来没有明确划分,也没有任何成文规定来限制不同阶级的成员之间的通婚。

(2) 阶级位置在一定程度上是获致的,即个体的阶级地位并非在出生时便已注定,大量向上或向下的社会流动都是可能的,任何人的命运都掌握在自己的手中。

(3) 阶级以经济为基础,即有赖于个体所属的不同群体之间的经济差异。

(4) 阶级制是大规模的、非人身性的,即阶级之间不存在人身性的义务或责任关系,或者说在法律与人格上是平等的,阶级差别存在的主要基础之一在于报酬与工作条件方面的不平等。当然,这并不意味着阶级制在现实生活中一定是非常公正的。事实上,诸多研究表明,即使在美国这样号称机会均等的社会,不平等通常也是代代相传的:获利的个体或群体通常有办法确保他们的后代也同样获利,而受损的个体或群体其情形可能也要代代相传下去。希莫威茨(Hymowitz)的研究指出,婚姻差距是美国社会中不平等问题的主要来源,因高收入女性与低收入女性在非婚生育概率上的显著差异,儿童经验被完全分裂:高收入母亲的孩子不仅拥有更有效能的母亲,也获得来自他们常驻父亲的更多时间和金钱的收益;低收入母亲的孩子所得到的每样资源都更少,而这些资源恰恰有助于引致其成功的成年生活。更令人担忧的是,婚姻差距和与之联系的不平等是自我保持的:一个低收入的单身母亲不会像受过良好教育的母亲那样精心培育孩子,更可能抚养出也将成为低收入单亲的孩子,其又将这一遗产传递给自己的孩子,完全如此传递下去;而已婚父母的情况正好完全相反。

二、阶级的划分

大多数社会学家以职业结构为基础来勾画社会的阶级结构,因为职业是一个人的社会位置、生活机会及物质舒适度最关键的决定因素之一,职业相同的个体往往会体验到相似的社会优势或劣势,维持近似的生活方式,共享相似的生活机会。阶级的一般划分方法包括客观法、自我定位法(也叫主观法)和声望法。

1. 客观法

客观法通常被认为是研究社会阶级最简单也是成本最低廉的方法,指标相对更容易被获取。采用这种方法时,研究者根据收入、职业与受教育程度等可以被客观测量的标准把社会成员归类到特定的阶级类别里。表 5-2 显示了以家庭收入形式体现的美国人口分布。

但这种方法也有缺陷:①批评者认为阶级之间的切割点有时没有实质意义。如按照该方法,若表 5-2 中年收入 75 000 美元被视为是较高阶级成员资格的切割点,那么一个年收入 74 999 美元的人将被划分在比之低的阶级里,显然这两者之间并无差别。②这些客观的阶级成员往往没有意识到自己的阶级身份,如许多美国工人阶级成员可能并不认为自己是工人阶级,相反他们认为自己是中产阶级,因为在他们看来,其经济生活水平和生活方式与那些所谓的中产阶级并无大异。③最为重要的是,阶级不仅仅是简单的原始统计数据。

表 5-2 2003 年美国家庭收入分布

年收入/美元	占全部家庭的百分比/%
100 000 及以上	15.1
75 000~99 999	11.0
50 000~74 999	18.0
35 000~49 999	15.0
25 000~34 999	11.9
15 000~24 999	13.1
0~14 999	15.9

(资料来源:表格中数据来自互联网)

事实上,人们在日常生活中会根据许多好的或不好的标准对彼此进行评价,这不仅关系到实际的收入、教育、职业类别,还关系到人们赋予它们的文化意义。为此,社会学家又创造出职业声望法。

2. 职业声望法

职业声望法是指人们对各种职业所做的主观评价,包含人们赋予该职业的声望、尊重和赞美。社会学家希望通过职业声望分数给那些反映人们主观意义的职业以"客观"的等级安排。为了确定职业的声望,需要进行大型的调查研究,要让被访者估计大量职业的社会地位,这些结果被用以给被访者的职业声望分数赋值,较为简单的做法是列出职业,让被调查者评价并赋予分值,研究者再计算出各职业的平均得分,即为每个职业的声望得分。

较为复杂的做法是让被调查者按照好坏程度进行评价，或按高低程度进行等级排列，研究者再对这些评价或等级排列赋予相应分值，最后计算出职业声望得分。

从表 5-3 中可以看出，不论是美国还是中国，许多职业虽然并没有太高的收入，但人们给这些职业赋予特有的意义，使得其声望排名靠前(前 15 位)。反之，如演员尤其是电影明星这类高收入职业，在声望排名中则落后于表格中的职业，在美国排在第 16 位，在中国排在第 19 位。这一事实再次表明仅根据收入等客观指标为个体进行阶级归类的方法存在简单化倾向。当然，从该表格中我们也可以看出中美两国在职业声望的评价取向方面存在明显区别，中国似乎明显更注重职业的权力资本，折射出中国社会的"官本位"价值取向。各国对职业声望的高低评价依然非常接近，虽然如中美一样可能存在一些差异，但职业声望有其不变性，不因国情、文化的不同而不同，这是由于复杂社会或工业社会的功能必要和组织必要造成的。

表 5-3　美国与中国职业声望比较

美国职业声望等级		中国职业声望等级	
职　业	分　数	职　业	分　数
医生	86	市人大常委会主任	90.15
律师	75	市长	89.87
大学老师	74	法院院长	88.61
化学工程师	73	工程师	87.92
牙医	72	科学家	86.49
神职人员	69	县委书记	85.18
药剂师	68	大学教授	85.15
中学老师	66	大学教师	85.14
护士	66	政府机关局长	81.1
会计师	65	外资企业经理	80.15
运动员	65	政府机关科长	79.87
小学老师	64	中学教师	79.4
警官、侦探	60	中学校长	78.18
编辑、记者	60	国有企业厂长	78
金融经理	59	报社记者	77.32
……		……	

(资料来源：美国的数据摘自休斯等著的《社会学和我们》(上海社会科学院出版社，2008 年第 180 页)；中国数据摘自李春玲著的《断裂与碎片——当代中国社会阶层分化实证分析》(社会科学文献出版社，2005 年第 173 页)。在美国的共有 35 类职业，在中国的共有 81 类职业，该表仅各列举了其前 15 位职业)

3. 阶层划分

社会学家和非专业人士都认为采用如下标签会更为方便："上层阶级""中产阶级""工人阶级"与"底层阶级"，这也是当今西方社会较为流行的社会阶级图式。研究表明，这些术语与收入、教育、职业技能水平、体力工作与非体力工作等前述客观的阶级指标更加符合。即便这些阶级术语掩盖了社会中不同群体间的重要分工和利益差异，也不一定与个体或群体的自我定位相符，但其依然十分有效，因为它们的意义能够被大多数人认可，同时与主要职业分工具有显著关系。吉登斯以英国为例勾勒出这四大阶级的大致图景。

(1) 上层阶级。由既拥有财富又拥有权力并能把他们的特权传给子女的小部分人组成，粗略估计有1%。这些"富人"不是一个同质群体，也不构成一个静态类别，但还是可以被明确辨认，如英国今天上层阶级的核心由三个独特群体组成：大公司里的高级主管、企业家和金融资本家。

(2) 中产阶级。主要由从事白领职业的人组成，比较容易把它和体力劳动者区分开来，但由于职业结构的动态性、向上与向下社会流动的可能性使得要精确地界定中产阶级迄今依然十分困难。这个阶级往往被认为是一个非常松散的结合体，因为其成员的职业类型多种多样，利益也千差万别，故有研究者用复数形式来指称中产阶级，即"各中产阶级"，以强调用来概括该阶级成员特征的职业、地位处境、生活机会等因素的多样性。大多数观察家认为，当今英国及其他大多数工业化国家的人口大部分都属于中产阶级，主要是因为他们拥有诸如学位、学历及其他资格证书等凭证。整体而言，这类成员的职业生涯比较安定，报酬也丰厚。近年来，他们与其他从事更常规性的非体力工作的人的分离正日益明显，为此，有学者认为专业人员和其他高级白领阶层正形成一个专门的阶级——"专业/管理阶级"。

(3) 工人阶级。由从事蓝领工作或体力劳动的人所组成。由于制造业的衰落，在今天的英国，工人阶级的比例已下降到18%，且还在下降中。与马克思时代不同，今天的工人阶级多数都不再贫困，且呈现"富裕化"之势：约50%的蓝领工人都拥有自己的住房，大部分家庭都有汽车、洗衣机、电视和电话。随着蓝领工人的日趋富裕，他们或许会越来越中产阶级化，即报酬与中产阶级相当，也会采纳中产阶级的价值观和生活方式。此外，随着制造业的衰退和消费主义的影响，老式的、传统的工人阶级共同体已趋于分散甚至完全瓦解。

(4) 底层阶级。底层阶级被用来描述处于阶级结构最底层的那部分人口。这是一个以多重劣势为特征的群体，其中很多人长期失业或工作时有时无，有些人无家可归或没有固定住处。这一阶级的成员可能长期依赖政府的福利救济。底层阶级经常被描写成被边缘化，脱离了大多数人所维持的生活方式。西方研究表明，这一阶级与种族、族群和迁移等问题紧密相关，有关底层阶级是否拥有一种独特文化(即贫困文化)始终存有争议，是否真的存在着这样一个由生活机会相似的弱势人群联合起来的独特阶级也存在相互对立的看法。

三、中国的阶层划分

上面讲了西方学者测量社会阶级的方式方法以及当今西方社会的阶级图式，这些测量方法及阶级结构是否适用于中国社会呢？或者说，中国社会的阶层结构又是怎样的呢？由于当前中国社会正处于快速转型期，整个社会结构尚在变动、分化之中，社会阶层结构自然也还远不够成型。加之中国人口众多、区域及城乡差异极大，这使得其社会结构相对西方更为复杂，下面介绍两种相对受到更多关注的有关中国社会阶层结构的测量[1]。

---

[1] 这部分内容参见李强的《社会分层十讲》中之第八讲"中国大陆社会结构的测量"，社会科学文献出版社，2008：230-261

(一)十大社会阶层模型

十大社会阶层模型由中国社会科学院社会学研究所于1999年成立的"当代中国社会结构变迁研究"课题组提出,其研究成果体现为由陆学艺主编的《当代中国社会阶层研究报告》一书。这一课题研究建立在大规模问卷调查的基础上,覆盖全国12个省(自治区、直辖市),完成6000份问卷,根据组织资源、经济资源和文化资源拥有状况最终提出了当代中国十大社会阶层模型:

(1) 国家与社会管理者阶层(中高层白领,拥有组织资源,体制内核心部门);

(2) 经理人员阶层(中高层白领,拥有文化或组织资源,体制内边缘部门或体制外);

(3) 私营企业主阶层(中高层或低层白领,拥有经济资源,体制外);

(4) 专业技术人员阶层(中高层白领,拥有文化资源,体制内或体制外);

(5) 办事人员阶层(低层白领,拥有少量文化或组织资源,体制内或体制外);

(6) 个体工商户阶层(低层白领、技术蓝领、非技术蓝领或纯体力蓝领,拥有少量经济资源,体制外);

(7) 商业服务业员工阶层(技术蓝领、非技术蓝领或纯体力蓝领,拥有少量文化或组织资源,体制内或体制外);

(8) 产业工人阶层(技术蓝领、非技术蓝领或纯体力蓝领,拥有少量文化或组织资源,体制内或体制外);

(9) 农业劳动者阶层(技术蓝领、非技术蓝领或纯体力蓝领,拥有少量经济或文化资源,体制外);

(10) 城乡无业、失业、半失业者阶层(基本没有三种资源,体制外)。

该课题组将上述十大社会阶层进一步转化为五个大的社会等级:上层、中上层、中中层、中下层和底层。其中,上层由高层领导干部、大企业经理人员、高级专业人员及大企业主构成;中上层由中低层领导干部、大企业中层管理人员、中小企业经理人员、中级专业技术人员及中等企业主构成;中中层由初级专业技术人员、小企业主、办事人员和个体工商户构成;中下层由个体劳动者、一般商业服务业人员、工人和农民构成;底层则由生活处于贫困状态并缺乏就业保障的工人、农民和无业、失业、半失业者构成。这五大等级更接近西方流行的阶级图式,把它称为中国的五大社会阶层或许会更为合理。当然,就这五大阶层的各自比例、资源拥有状况及阶层间的关系等尚需要更多论证。

(二)倒丁字形社会结构

"倒丁字形社会结构"是李强教授采用"国际社会经济地位指数"方法对中国第五次全国人口普查数据进行分析后提出的社会结构模型。这种阶级划分方法综合了人们的多种社会经济因素,故能较为客观地反映出社会成员的社会经济地位。中国的社会结构是一种"倒丁字形"的社会结构,约有64.7%的人处在分值非常低的位置上,其他群体则像一个立柱,群体之间有着非常鲜明的界限,在形状上类似于倒过来的汉字"丁"字,构成其中一横的是庞大的农村社会阶层,而一竖则主要是代表规模不大的城市社会阶层。倒丁字形社会结构反映的是中国城乡分野的现实,作为人口中多数的农民形成一个"横杠",而城市就业者大体上形成一个"立柱"。

第五章 社会分层

与"金字塔形"结构相比,"倒丁字形"的社会结构由于其下层群体数量更为庞大,而且下层与其他群体之间属于一种两极式的(或直角式的)连接方式,几乎完全没有缓冲或过渡,因而极易导致社会群体之间甚至整个社会处于一种"结构性紧张"[1]的状态。在此状态下,社会矛盾更容易激化,社会问题和社会危机更容易发生。目前中国社会运行的巨大难题就在于倒丁字形结构造成的社会群体之间需求差异太大,社会交换难以进行。中间阶层体面生活所需要的基本设施在倒丁字形结构的下层群体看来都是奢侈的和可以用来谋生的途径。犯罪、秩序、治安、贫困、艾滋病、卖淫等社会问题都可以从倒丁字形结构和结构性紧张上得到解释。从倒丁字形社会结构中发现的另一个问题是当前中国社会结构中的中产阶层太小,不利于社会稳定发展。

中产阶层在西方社会中占人口的大多数,这种社会结构通常被称为橄榄型,即极穷者和极富者都是少数,分居于橄榄的两端,中间庞大的部分则是作为社会主体的中产阶层。这种社会结构以其较大的优越性为政界和学界所公认,原因即在于中产阶层无论是在稳定社会、促进消费,还是在敬业精神、成就动机和文化品位等良好示范方面都担当社会中坚力量的角色。正因为如此,扩大中国的中产阶层早已成为我们社会的一大共识,在党的十六大报告中所明确提出的"未来若干年要大力发展中等收入阶层"预示政策层面将要展开的诸多努力。党的十九大报告在规划2020—2035年发展蓝图时提出:"人民生活更为宽裕,中等收入群体比例明显提高。"中产阶层被定义为:从事脑力劳动,主要靠工资及薪金谋生,一般受过良好教育,具有专业知识和较强的职业能力及相应的家庭消费能力;有一定的闲暇追求生活质量,对其劳动、工作对象一般也拥有一定的管理权和支配权[2]。中国的中产阶层正处在快速成长之中,但同时又面临着许多严峻的考验,其中住房、教育、医疗让发育中的中产阶级不堪重负,不仅缺乏上升空间,还随时有"被消失"的可能。诸如"掠夺式经济使中国中产阶层迅速消失"、"一场病消灭一个中产阶层"、"一座房子消灭一个中产","中产阶层成为仇富心理的替罪羊"等,负面话语无不折射出当前中国中产阶层所面临的诸多困境。

【案例5-4】"我的包袱很重,我的肩膀很痛,我扛着面子流浪在人群之中;我的眼光很高,我的力量很小,我在没有人看见的时候偷偷跌倒;我的床铺很大,我却从没睡好,我害怕过了一夜就被世界遗忘……"

(资料来源:周兆军.专家称中国中产阶层看不到未来,没有安全感,
http://finance.qq.com/a/20090731/002611.htm)

问题:当前我国中产阶层在发育过程中存在哪些问题?

分析:十几年前,台湾歌手郑智化用沙哑的嗓音唱出这首《中产阶级》,道尽了这个群体种种不足为外人道的焦虑和不安。如今,这种焦虑和不安在中国的中产阶层身上有着更加淋漓尽致的展现。由于中国社会保障体系尚不健全、房价不断上扬、子女教育费用不断

---

[1] 结构性紧张是社会学解释反常社会行为的一种理论。美国社会学家默顿首先提出该概念,意指社会主流文化所塑造的人们普遍渴望致富的欲望与社会结构所能提供的获得成功的手段之间发生了严重失衡的社会状态,由此往往挤压或诱发出一系列反社会行为。

[2] 中国中产阶层急速壮大,渐圆"中国梦",http://bbs.cntv.cn/thread-11904111-1-1.html

增加等，都导致了他们的紧张。加之与草根阶层不同，中产阶层在生活诸多方面都追求更为舒适和精致，在子女教育方面也更加苛求完美，这注定让他们陷入一种强烈的身份焦虑之中。正如北京大学社会学教授夏学銮表示，"由于不能像西方发达社会的中产阶层一样看到清晰的未来，中国中产阶层的不安全感一直都存在"。为此，学者们提出，壮大中国中产阶层需要充分利用福利制度，应将社会保障、就业、住房、医疗、子女教育等涵盖在内。有了保障以后，中产阶层会对未来做出更加理性的预期，他们的群体意识也会加强。

当然，有关如何发展壮大中国中产阶层的讨论远远没有结束，或许的确只有当这个阶层得以最终成长起来之时，中国目前的这种倒丁字形社会结构才有望实现根本性扭转。届时，中国社会的诸多问题才可能因"宽松"社会结构的形成而得以真正解决。

第三节 社会分层的解释

既然社会分层是客观存在的事实，那么为何人与人之间在财富、声望和权力等方面会出现这么大的差异？由此产生了两种针锋相对的观点，第一种观点植根于功能主义这一"保守"理论，它支持既存的社会格局，认为社会不平等是使得社会基本功能得以运转的必要手段。第二种观点植根于冲突论这一"激进"理论，它对既存的社会格局给予高度批判，认为社会不平等是在争夺稀有资源中产生的一种剥削机制。

一、功能主义的分层观

1. 这种分层观的主要内容

功能主义认为社会不平等是一种长期存在的普遍现象，满足了社会的某种基本需要，即在社会所进行的全部活动中，有些活动需要具备特殊品质与才能，对从事这些活动的人给予较高的报酬，既可以刺激他们积极向上的奋斗心，又有利于整个社会的发展。

(1) 任何社会中都有一些职位(如医生、律师、工程师、政治军事领域的领导人等)比另一些职位(如司机、厨师或者垃圾清运工等)更重要，需要有特殊才能和技术的人去承担，这对保证该职位的正常运转而言至关重要。如果占据这些职位的人能力不足，其社会后果将是灾难性的。相比于一个不出色的垃圾清运工，如果一位国家元首或政府首脑不够优秀，其造成的社会危害无疑将是灾难性的。

(2) 上述重要职位都要求接受大量的教育和培训，寻求这类职位的人为了取得与之匹配的资格便需要花费多年的准备。绝大多数这类职位都对任职者的时间、精力和自我牺牲有诸多要求。在美国一个人要取得医师执业资格，先必须取得博士文凭，通过实习取得博士后资格才能做医生，而且一个成功的医生往往很少每周仅工作40个小时的。

(3) 如何使我们中最优秀、最有能力的人为从事这类具有挑战性的职业做出必要的牺牲呢？戴维斯和莫尔认为，可以通过为占据这些关键职位的人提供更多实质性的刺激(财富、权力和声望)来保证做到这点，所有的社会成员都会因此而获益。

2. 这种分层观的局限性

上述观点有其合理性，现实生活中的人们在才能和技术等方面确实存在很大差异，但该分层观也因其不能回答现实生活中的诸多问题而备受质疑。

(1) 劳动力市场并非自由运转，只奖励那些能力高的人，相反，在现实生活中，工作和职位的分配通常基于社会关系和权力。中国近年来频频曝光的"内部招聘""人情招聘"事件便是对此的印证。以 2010 年 11 月下旬被曝光的福建屏南财政局票据管理所为某副厅级官员女儿"量身定做"招聘条件这一事件为例，该财政局下属收费票据管理所公开招聘工作人员 1 名，其要求为"获得国外学士学位，国际会计专业，大学英语四级，屏南户籍，女，年龄 25 周岁以下"。据《中国青年报》等多家媒体披露，此次招考只有 1 人报名，并因此无须考试而被直接录取。事情一经曝光，当地党委、政府对此专门成立调查组进行调查。后据屏南县有关方面反馈，该县财政局局长游代进、人事局局长张功成在此次招聘工作中，未经集体研究设置显失公平的招聘条件，让特定招聘成功。最终，这两位局长因此违纪行为被屏南县人大常委会免去局长职务[1]。

(2) 许多责任要求很高的职位并非收入丰厚甚至极为贫寒，如政府部门、科学技术及教育领域等；反之，许多收入丰厚的职业并未对社会发展做出实质性贡献，如运动员、演艺明星等。也就是说，按照功能主义分层观，许多低收入职业对社会的贡献应远没有高收入职业大，但这在现实生活中站不住脚。实际上，公众普遍认为教师、警察、社会工作者之类职业对社会正常运转的意义理应超过诸如运动员、演员和摇滚歌手等，故应由能力较强的人来从事，并给予其较好报酬。可实际上，在许多国家，这些职业的收入都较为低下，致使其对最有能力胜任的人往往缺乏吸引力。在社会学家看来，该情况造成的社会损失虽然没有由笨拙脑外科医生造成的损失直接和明显，但其潜在危害性则是有过之而无不及。以教育为例，我们都知道，"百年大计，教育为本，教育大计，教师为本"。若没有好的老师，又怎能有好的教育？若没有好的教育，又怎能有民族的兴旺和国家的未来？可目前中国教师的实际收入与之担负的社会使命显然不匹配，由此又怎能吸引社会中最优秀的人来从事这一职业？

(3) 先赋或继承性优势可能影响资源配置的逻辑。个体的出生会对其最终在社会分层体系中的位置产生巨大影响，正如中国劳动学会副会长兼薪酬委员会会长苏海南所言，尽管当今社会还是有许多机会供有才能、智慧和勇气的人大展身手，改变自身命运，但目前出身和背景对人们后天发展的影响确实越来越大[2]。这种影响既包括社会关系和权力对劳动力市场职位分配的直接干预，更涉及因"起跑线不公"而导致的后天发展差异问题。2011 年 8 月初，一位有着 15 年教龄的中学教师发帖称，"寒门学子输在了教育起跑线上"，"现在的尖子生，除了家庭教养外，父母都舍得花钱，送各种培训班，甚至请私人家教，成绩

---

[1] 李松.福建屏南财政局量身定做招聘续：纪委介入调查，2010-11-30，http://news.xinhuanet.com/society/2010-11/30/c_12832197.htm；陈强，"福建屏南两局长因招聘内定官女儿被免职"，2011-01-01，http://learning.sohu.com/20110101/n278631068.shtml

[2] 白天亮，曲哲涵义. 人民日报：底层人群无背景无身份向上流动困难，2010-09-16，http://news.qq.com/a/20100916/000137.htm

都是钱堆出来的"。对此，北大湖北招生组负责人朱怀球也向记者予以了证实，他称自己近几年接触到的进入北大的湖北考生，绝大部分家境殷实，父母不是公务员就是知识分子。也就是说，该教师之"这个时代寒门再难出贵子"的感慨绝不是无中生有。事实上，根据某微博对"当今中国寒门是否难出贵子"的特别调查显示，在最早参与讨论的一万多人中，逾七成网友和那位老师的感叹相同[1]。那么，为何20年前是"寒门出贵子"，20年后则是"寒门难出贵子"呢？原因或许很多，如优质教育资源的不均等分配，但正如那位教师所言，"寒门"这一出生背景无疑是其中一个极为关键的因素，正是这种先赋劣势导致了生活在寒门中的个体无论是在家庭教育还是在与物质紧密关联的智力开发与培育方面都输在了起跑线上。

二、冲突论的分层观

与功能主义者强调社会成员的共同利益不同，冲突论者关注的是人们之间的利益分歧，社会是一个人们争夺财富、声望和权力的竞技场，优势群体通过采用强制力量来攫取利益。社会不平等并不是社会运行所必不可少的，而是拥有权力和权威的强大群体对弱小群体进行剥削的结果，社会分层仅对拥有权力主宰、剥削他人的个体及群体有益，而非如功能主义者所宣称的有益于全社会。

资本主义的特点正是资产阶级和无产阶级这两大阶级之间的冲突，资本主义社会需求物品的分配主要是以阶级为基础的权力不平等的结果。统治阶级之所以能够保持其权力，主要在于社会制度反映了他们的利益，通过与资本家的斗争，无产阶级最终将获得阶级意识，由"自在阶级"变成"自为阶级"。在马克思之后，为了更好地反映社会最新时期的现实，现代冲突理论家对马克思的理论做了扬弃：一方面，他们吸收了马克思有关社会分层制度有利于有钱人和有权人的主要观点；另一方面，试图把经济以外的因素(如性别、种族和年龄)纳入分层体系中。虽然他们有时也承认某种程度的不平等可能是不可避免的，因为人们在才能等方面确实具有很大差别，但现代冲突论认为结构性的社会不平等是强者与弱者之间进行不平等斗争的结果。

本 章 小 结

本章首先介绍了社会分层及相关概念，讨论了社会分层的维度。社会分层在社会学视阈中指的是个体和群体的等级排列，它象征了在分配报酬、特权等稀缺资源时存在的结构性不平等。与之密切相关的便是社会流动，它指的是个体或群体从社会分层体系中的一个等级移至另一个等级。社会学者们通常把收入与财富、声望和权力作为分层的三个关键维度。在此基础上，本章讨论了现代社会中的主要分层制度即阶级制。社会学者倾向于把阶

---

[1] 张瑜琨等."教师发帖感叹教育贫富分化 称寒门难出尖子生"，2011-08-08，http://news.qq.com/a/20110808/000997.htm；李云路等，"寒门难出贵子现象加剧 民众称知识难改变命运"，2011-08-19，http://news.qq.com/a/20110819/001425.htm

级视为一种经济分层体系，或者说是一个主要以经济地位为基础的相对开放的分层形式。马克思与韦伯都是从经济角度考察阶级，不同的是，马克思从生产的领域去区分阶级，而韦伯是从市场的领域去区分阶级。有关阶级的划分，更多使用的是客观法和综合方法，人们倾向于采用如下标签："上层阶级""中产阶级""工人阶级"与"底层阶级"。这也是当今西方社会较为流行的社会阶级图式。"十大社会阶层模型"及"倒丁字形社会结构"是中国阶层结构的典型图式。本章最后讨论了功能主义和冲突论对社会分层的对立解释。在前者看来，社会分层不仅普遍存在，而且是必要的，因为它满足了一个复杂社会系统的基本功能需求，即社会上最重要的位置或工作要由最够格的人去承担。但在冲突论者看来，社会分层并非社会运行所必不可缺失的，而是拥有权力和权威的强大群体对弱小群体进行剥夺的结果。

习　题

一、判断题

1. 社会不平等一定意味着社会群体之间存在不公平。　　　　　　　　（　　）
2. 阶级是对社会成员进行层级划分的唯一维度。　　　　　　　　　　（　　）
3. 功能主义与冲突论的分层观存在根本分歧。　　　　　　　　　　　（　　）

二、简答题

1. 社会分层的三个关键维度是否符合你的日常经验？
2. 为什么大多数阶级图式的共同特征都以职业结构为基础？
3. 你认为现代社会中的社会不平等究竟合理与否？
4. 如果让你对社会成员进行阶层测定，你会怎样操作？
5. 你认为该如何打破当前中国趋于固化的阶层结构？

三、案例分析题

民政部官员：穷追猛打郭美美事件会伤害慈善事业

郭美玲，微博昵称"郭美美baby"，湖南人。2011年6月20日，郭美玲在网上高调炫耀其奢华生活，自称"住大别墅、开玛莎拉蒂"，并展示了名包、名车、别墅。这一行为本身或许并无过错，毕竟类似炫富行为并不少见。但这个脸庞稚嫩、打扮时髦的20岁女孩自称为中国红十字会商业总经理，这使得她迅速成了网民关注的焦点，进而引起轩然大波。

网民很难将其与红十字会这样的慈善组织联系在一起，最终，中国红十字会因之被推上舆论的风口浪尖。针对网友的各种质疑，红十字会总会虽数次发表声明否认郭美美与红十字会之间的联系，并以郭美美虚构事实、扰乱公共秩序为由向公安机关报了案，但这终究没有阻挡住人们继续探究真相的热情。在公众的努力下，红十字会整个运作的情况最终在全国人民面前暴露无遗，而这也在较大程度上引发了公众对中国红十字会乃至整个中国慈善组织的信任危机。

现在备受关注的"郭美美事件"似乎已经尘埃落定,但其对各级红十字会造成的信任危机阴影似乎才刚刚显现。据媒体报道,全国捐赠数据监测显示,6月郭美美事件发生后,公众通过慈善组织进行的捐赠大幅降低。3~5月,慈善组织接收捐赠总额62.6亿元,而6~8月总额降为8.4亿元,降幅达86.6%。

(资料来源:"微博炫富事件",http://baike.baidu.com/view/5963871)

问题:从社会分层的角度分析郭美美事件体现的社会学意义有哪些。

第六章 社　区

【学习目标】

通过对本章内容的学习，读者应当了解社区概念的来源和演变，认识社区的内涵与种类；掌握社区的基本构成要素；了解西方国家和我国社区研究的基本情况；对比认识农村社区和城市社区的面貌、特征及其研究情况；理解社区发展与社区服务；了解城市化的基本概念，学会分析城市化的动力，理解我国城市化进程。

【导读案例】

显然，当村庄社会长远预期松动，人们越来越期待在短期内收回自己的人情时，人情就不再是过去的那种以礼尚往来为基础、以婚丧大事为条件的互惠。这样的人情也注定是不可能维持长久的。

整酒除了整亲戚以外，还会整到近邻团转的村民身上，因为参加酒席最多的并不是亲戚，而是近邻。在聚合村，一家整酒，本村民组的所有人家都会停伙来帮助，一个村民组大的有五六十户，近200人，小的也有二三十户，100多号人，全组都来帮忙。其实也无多少忙可以帮，但过去是，现在仍然是，一家做事务，则全村的人都到这一家吃喝，一般婚丧事要办三天，这三天，大家都过来吃。这样算下来，仅仅本组村民就得安排好几十桌。

过来帮忙的近邻也会上人情，只是近邻上的人情远低于亲戚。在聚合村，目前近邻上的人情，多的是20元，少的是10元。可以想见，全家停伙到做事务人家吃饭，且一吃就是2~3天，即使送了20元人情，这个人情钱也是不够自己吃掉的酒菜钱。做事务整酒的人家也不可能将酒席办得太好，太奢侈，不然就亏得太大。从聚合村目前所办酒席的情况来看，连酒带烟，每桌酒席最好也不超过50元/桌，主要是一个火锅，再加三个热菜和若干凉菜。酒席远谈不上丰盛，但可以吃饱饭。聚合村酒席简直可以称为"简陋"，与我们在北方如山西调查时见到的酒席的简陋程度可有一比。

正是因为酒席的"简陋"，虽然近邻所送人情很少，且吃喝多天，但因为亲戚所送人情数额大，而可以有赚。相比之下，某些农村如湖北、湖南、江西、福建、江浙等地，农村所办酒席大都十分丰盛，一桌酒席，连酒带烟，没有200元是难以办下来的。2007年到湖南衡阳农村调查发现，婚丧诸事，农户所收人情一般在1万多元，所办酒席花费也在1万元以上，能做到收支相抵就已相当不错。

在聚合村，参加人情循环的，也如全国农村，主要包括三种人，一是亲戚，二是近邻，三是朋友。近邻主要是同一个寨子的村民，在人民公社时期是同一个生产队，在分田到户后是同一个村民组。取消农业税后，湄潭县推行合村并组，新的村民组的规模很大，已经超出近邻的范围。聚合村的近邻，并不一定是同姓同宗，而是所有同一个村民组的人都有密集人情往来。朋友主要是超出近邻又不是亲戚的存在人情往来的熟人，如同学、同行、同趣群体。聚合村的朋友，尤其是本村熟人，一次有了人情往来，就次次有了人情往来。朋友与近邻的最大不同是，近邻不仅要送人情，而且要帮忙。近邻也是全家停伙而到做事务人家吃饭，而亲戚朋友则是最多只吃两顿饭就走，且亲戚朋友无须帮忙。

除了做事务，我们调查期间，聚合村正杀年猪，当地习惯是，杀了年猪就应请近邻吃"泡汤肉"。聚合村杀年猪的习惯可谓久远，且年猪之肥大也颇惊人。现在一般年猪都在300斤，最肥的年猪达到 500 斤，快有一头牛那么大了。一般情况下，杀年猪后，农户都会请近邻团转的村民去吃"泡汤肉"，且一吃就是两天。吃"泡汤肉"的近邻范围，可能仍然是原村民组的范围，也可能略小，一般来的人也在几十人，要办10多桌。吃"泡汤肉"也主要是吃肉，就是用火锅将新鲜猪肉、猪血炖好，加上调料、白菜，再喝点烧酒。来吃泡汤肉的人虽然多，开支其实不大。村中有些十分贫困的户，如五保户或有残疾的人，则每家在吃泡汤肉时都会叫上他们，虽然这些贫困户自己杀不起猪，也不可能反过来请近邻吃"泡汤肉"。

聚合村好客。我们调查期间，到了吃饭时间，无论走到哪一户，都会招呼我们吃饭，有时实在留得热情，我们也只好在并不熟悉的农户家里吃饭。

(资料来源：贺雪峰，刘锐. 熟人社会的治理——以贵州湄潭县聚合村调查为例[J]. 中国农业大学学报(社会科学版)，2009(2).)

以上案例中关于聚合村人情往来的描述反映了聚合村怎样的社区现实？从中透视出社区的内在结构及其运行规则，从而为学习和了解社区提供了翔实直观的素材。

第一节　社区概述

在现实生活中，每一个人都不是孤立地生活在这个世界上，而是以特定的方式与他人发生着各种各样的联系。如果说社会群体和社会组织是个人进入社会生活的重要形式，那么，以特定的地域空间和相对紧密的内在联系而形成的社区则是人们过社会生活的真实样态。在具体的社区中，人们有着内在的心理认同，彼此联系，交往频繁，与抽象的社会不同，社区往往被人们看成是微观社会中真实具体的、内容完备的小社会，社区本身就是社会的一个缩影。社区既是社会的重要组成部分，又是人们参与社会生活的基本场所。

一、社区概念的来源及其含义

(一)社区概念的来源

从词源上讲，社区的汉译原词是英语的"community"。此词在旧中国的社会学中曾被译为"人群"或"地群"。最早使用社区这一概念的是德国社会学家滕尼斯(Ferdinand Tonnies)，他在 1887 年出版的德文著作 Gemeinschaft and Gesellschaft（《社区与社会》）中首次使用了社区(Gemeinschaft)一概念。在德文中，Gemeinschaft 一般译为共同体、团体、集体、公社、社区，社区就是由具有共同习俗和价值观念的同质人口所形成的、内部人际交往密切的社会生活群体。1955 年，滕尼斯的《社区与社会》被译为英文，以 Community and Association 为名出版，这里的 Community 即社区。

滕尼斯把"社区"与"社会"作为两个分析概念时，意指两种不同性质的社会关系，最开始时并没有强调"社区"的地域性特征。滕尼斯使用的"Gemeinschaft"和"Gesellschaft"这两个概念，通常也被中文译为"礼俗社会"和"法理社会"，他强调的是两种理想类型社会的差异。礼俗社会的总体特征是：社会规模小，社会分工与角色分化少，人们过着亲密无间的、与世隔绝的、排外的共同生活，人的行为受习俗传统的约束，人们的结合靠的是共同的价值观和传统。生活在礼俗社会中的人们，有共同的善恶观念、共同的朋友和敌人，在他们中间存在着"我们"或"我们的"意识。法理社会的总体特征是：社会规模大，社会内部有着比较复杂的分工和角色分化，人的行为要受到法律的制约，人们的行动表现出更多的理智与工于心计，人们首先关注的是自己的私利，契约与个人主义是至上法则。礼俗社会更类似于传统农业社会的生活面貌，而法理社会则与现代工业社会的生活面貌较为接近。

20世纪30年代，我国社会学者在翻译英文社会学文献时开始将Community译为社区，并赋予其在一定地域内共同生活的社会群体的含义，并延续使用下来，成为社会学的一个专用概念。

(二)社区的含义

社区这一概念在社会学中有上百种定义。西方学者关于社区的不同理解表现在：

首先，在不同学科之间存在明显的差异。美国社会学家桑德斯将对社区概念的理解分为四种类型：①定性的理解，把社区视为一个居住地；②人类生态学的理解，把社区视为一个空间单位；③人类学的理解，把社区视为一种生活方式；④社会学的理解，把社区视为一种社会互动。

其次，同一学科内部的不同学派的学者对社区的理解也存在差异。在社会学科领域内，社会体系论者往往倾向于把社区当作是以某一地方为中心的比较持久的社会互动系统；社会冲突论者则认为社区是由于资源、财富、权力和声望等分配不公平而产生的一种阶层形态；社会场论者又把社区视为一种社会互动的场域。

再次，对社区地域性存在不同认识。功能主义倾向于认为社区姓"社"而不姓"区"，强调社区的本质是它的社会结构而不是它的空间结构，而社会结构并没有严格的空间限制。持地域观点的学者认为社区是一定地域范围内社会互动的产物，因而社区既姓"社"又姓"区"，地域性应当成为社区概念的一部分。多数社会学学者认为，奠定社区概念内涵的三个基本维度是：社区互动、特定地域范围和以社区心理与社区文化为基础的共同约束。

由此可见，社区就是在特定地域范围内相互联系、相互交往的人们形成的具有共同体特征的相对独立的地域性社会，社区具有以下五个基本特征：①共同性，指共同利益、共同文化、共同意识或价值观；②非正式组织性；③社区内居民之间互动较多，对社区内的日常生活较为熟悉；④具有一些基本社会功能和一定规模；⑤地域性，当然，随着社区概念使用范围的扩大，社区的非地域性特征也呈现出来并受到人们的重视。

社区与社会既有区别又有联系。社区与社会都是由体现一定社会关系的人群所组成的共同体，都是人类生活的群体形式，社区就是小社会。从社区的外延来看，社区是社会的具体化，是一个特定的地域聚落。

社区与社会的区别表现在：首先，社会中的各种关系尽管纷繁复杂，却并不强调"共同"，而社区则十分强调共同的亚文化和共同的社区意识。其次，社会不注意地域的概念。

所谓的社会空间通常是指人们活动的内容范围及活动在其中的社会组织。社区空间则不同，它是社会空间与地理空间两者的结合，既为社区中人群的活动提供了组织空间网，也为此提供了地理的活动区域。再次，社区中的各种关系比社会的关系更紧密。与社会相比，同一社区内的人们交往频率更高些，而且人们之间的婚姻和亲属关系、朋友关系、分工关系通常是建立在"共同生活"的基础之上。在此意义上，"共生"程度的差异可以说是社区联系较社会更紧密的重要原因之一。最后，社区的功能与社会相比具有更为明确和专门化的特征。如城市社区通常是社会中的一个经济、政治、文化中心，它向社会提供大量工业产品，而农村社区则主要为社会提供农副产品。从社会结构上看，社区总是作为社会的一个组成部分而存在的中观体系，社会中的人总是生活在一种甚至几种相互交织的社区内。人类在创造历史的同时也创造了他们的社区生活。由此可见，社区所体现出的社会关系主要是一种类似初级社会群体成员关系的亲密人际关系，并且这种社会关系具有地域性，这比一般社会所体现的社会关系要具体和狭窄得多。

二、社区的构成要素与分类

(一)社区的构成要素

1. 社区居民

社区居民是指以一定社会关系为基础组织起来进行共同社区生活的人群，由长期在某一社区中生活的具有一定数量的人口构成，社区居民是社区产生和存在的前提，也是社区生活的创造者和承担者，社区居民在共同的社区交往中结成相对紧密的社会关系。

2. 社区地域

社区地域是指社区特定的地域边界范围。地域边界划定出特定社区的人们经常性共同活动的场所，是社区居民共同的生产生活得以进行的地理空间，不仅包含活动场所、设施等物质条件，还包含社区特定的生产生活方式得以确立的自然条件。社区的地域边界有些是模糊的，有些则比较明确，这主要依据社区形成的历史条件、人们的交往方式和社区管理中所运用的行政区划来确定。

3. 社区生活

社区生活是指社区居民共同的社会生活。社区居民聚集在特定的地域空间中进行共同的社会生活是社区的实质性特征。没有共同的社会生活就无法形成社区居民彼此联系的纽带，也无法形成社区的共同利益和共同的社区情感。社区生活涉及领域十分广阔，包括经济的、文化的、社会的和精神的诸多方面，社区文化生活和社区公益活动对于社区发展和社区建设具有重要的意义。

4. 社区文化

社区文化是指社区居民在较长时间内形成的社区精神特征，包括社区居民共享的价值观、行为规范和风土习俗。社区文化源于共同的社区生活，具有亚文化的特质，特定的社区文化可以满足社区居民的各种需要，为居民之间的共同生活提供行动的准则。

5. 社区心理

社区心理是指社区居民对自己所归属的社区有一种认同、喜爱和依恋的思想及心理感受，表现为社区居民对社区的归属感和认同感。社区心理是社区生活对其成员的思想观念、心理结构长期影响、潜移默化的结果。社区心理的强弱程度意味着社区凝聚力的大小以及社区居民共同行动的能力。

在上述5个要素中，社区居民是社区构成要素中的主体性要素；社区地域是社区构成要素中的物质载体；社区生活是社区构成要素中的实质性要素，没有社区生活，社区就无从谈起；社区文化和社区心理是社区构成要素中的非物质要素，往往最能彰显一个社区的特色，对于社区居民的关系整合和社区发展具有突出作用。

(二)社区的分类

1. 按功能分类

一个社区就是一个社会综合体，具有多重功能。根据功能把社区分为经济社区、政治社区、文化社区、军事社区和宗教社区等类型，这些社区又可以根据它们的活动特征作更具体的分类，如经济社区可以分为工业社区、商业社区和农业社区，而农业社区又可以分为种植业社区、牧业社区、林业社区和渔业社区。由于有些社区自身功能的多样性，有些社区既有较强的经济功能，又是一定区域的政治中心，甚至还是文化中心，对于这样的社区，就应当具体问题具体分析。

2. 按规模分类

社区规模表现为社区居民人数的多少和社区地域面积的大小，一般把社区人口规模作为社区规模大小的分类指标。根据社区规模，可以把社区分为巨型社区、大型社区、中型社区、小型社区和微型社区五类。巨型社区是指人口聚居的数量很多、地域面积辽阔的社区。微型社区是指人口数量和地域面积都很小的社区。就我国国情而论，一般是把人口规模达到数百万以上的城市作为巨型社区；把人口规模达到几十万到上百万人口的城市以及相当于这一规模的市辖区看作是大型社区；把人口规模达到十几万到几十万的城市以及相当于这一规模的市辖区、居民区看作是中型社区；把拥有几万人口的居民区、小城镇、集镇以及城市街道办事处辖区共同体看作是小型社区；把农村中的村落和城市中的居委会辖区共同体看作是微型社区。

3. 按形成方式分类

按形成方式分类，社区可以分为自然社区和法定社区两种。自然社区是人们在长期的共同生活中逐步扩展形成的、往往依据特定的自然地理条件确立起来的社区。自然社区往往有自然的社区边界，比如河流、湖泊、空地、山林等。自然社区的典型代表是农村中的自然村，这种自然村往往是社区居民在这里世世代代繁衍生息的结果。法定社区是出于社会管理的需要而由行政部门统一设置的社区，城市中的区政府辖区、街道办事处辖区就属于法定社区。法定社区需要依据自然社区的既定格局来划定，同时兼顾行政管理的需要，农村中的行政村的划定就是如此，它首先要依据自然村的布局，并结合行政村布局管理的需要来统一划定。所以，自然社区与行政社区在现实中有交叉，也有重合。

4. 按生产力水平和时间因素分类

按生产力水平和时间因素分类,可以把社区分为传统社区、现代社区和发展中社区三类。传统社区是指人类社会发展史上曾经出现过的社区残余形态。传统多指前资本主义的生产和生活方式。目前,这类社区在发达国家已不多见。现代社区表现为现代城乡融为一体,人们的社会活动穿梭往返于城乡之间,乡村生活十分方便,水平甚至高于城市。这类社区主要存在于一些发达国家。发展中社区是传统社区向现代社区转型的社区形式,既保留了传统社区的一些特点,又吸收了现代社区的许多内容,我国的许多集镇和乡村属于这类社区。

5. 按是否借助网络媒介分类

按是否借助网络媒介分类,可以把社区划分为虚拟社区和实在社区两大类。虚拟社区是有别于传统社区的新生事物,它是在人们借助互联网实现跨越时空的人际互动的条件下,基于网络交流平台而形成的具有某种共同的价值观念、共同的心理特质的社会共同体。虚拟社区建立在虚拟空间之中。虚拟空间是计算机网络技术迅猛发展的结果,它既为人们提供全新的数字化空间与符号化交往环境,也对传统的实在社区里的人际互动方式构成消解与重构的双重影响。

【案例6-1】从其技术支持平台和方式上分析,虚拟交往改写了传统邻里交往的形态,其形态上的特征可从以下几个方面概述。

(1) 交往空间形态的变异。交往空间的距离尺度被高度压缩,物质空间不再是交往成立的必需载体,距离不再是交往成立的障碍。交往空间的场所尺度被无限扩大,明确的场所界定不再具有意义。这种交往空间形态的变异使得个体与社会群体的交流不再制约于地点的同一性、空间的在场性。传统交往上意义重大的交往空间在虚拟交往中失去了意义与作用,这一特征使得虚拟交往的交往对象具有空间上的离散性。

(2) 交往时间效率的延展。在传统交往中,交往对象不仅空间上要求有同一性,而且时间上也必须有同时性,而一旦时间上的同时性消失,也意味着交往的结束或暂停。而虚拟交往的成立不再依赖于所有交往对象在场的同时性,在虚拟社区中,一个人可以在任何时间以发帖的方式与任何一个其他人(群)交流,同样,一个人对于一个话题可以在任何时候以留言的方式加入交流。因而虚拟交往相对于传统面对面的交往而言,交往的时效得以延展。

(3) 交往要素的简化。面对面的交往要素包括言语、表情、体态和行为,这些要素在虚拟交往中都被简化为网络上的信息符号,交往要素变得抽象而简单。这样的改变可能使得习惯于虚拟交往的人群在某种程度上陌生了面对面交往的基本要素,而习惯面对面交往的人群则觉得虚拟交往的要素过于抽象和冷漠。

(资料来源:徐鑫,王剑云. 网络时代城市社区邻里交往趋势探讨. 浙江工业大学学报(社会科学版),2010-09)

问题:虚拟交往能否替代传统交往?

分析:案例中的这段描述,显示出虚拟交往相对于传统交往的一些特点。社会学者们的调查表明,尽管虚拟交往的优势决定了它在人们社会交往中将被越来越广泛地使用,但现实的社会互动还将是人与人交往的主导形式,虚拟交往不可能替代传统交往。

第六章 社区

6. 按综合标准分类

前面四种分类方式都只侧重于社区的某一方面的特征，虽然具有一定的意义，但又难以满足理论研究和实际工作的需要，因而使用多元综合标准对社区进行分类就显得十分有意义，也更接近社区概念的原本含义。按照综合标准可把社区分为农村社区和城市社区。这两大类型的社区划分，能够比较全面地反映出社区之间的本质性差异，成为人们广泛接受、使用最多也最为重要的社区分类。这种社区分类方式，从表面上看，可以区分出人们的居住方式、生产方式、生活方式的差异，从更深层次上讲，它是我们考察城市化、工业化以及社会变迁的重要视角，为此，我们将在本章第二节对农村社区和城市社区做出更为详细的叙述。

三、社区研究

自德国社会学家滕尼斯提出社区概念以后，特别是工业化推动下城市化进程的不断加快，人们对城市社区问题的关注与日俱增，西方社会学界对社区研究的投入也不断增加。在社区发展方面，美国社会学家法林顿在1915年提出社区发展的理论，这个理论很快在美国、英国、法国传播开来，这些国家的人们在城市基层开展"睦邻运动"和"社区福利中心运动"，充分利用社区的物力及人力资源，培养社区成员的自治精神和互助精神，动员社区成员齐心协力，在本社区创造更好的条件，推动社区不断向前发展。与此同时，社区研究也不断展开，并在国内外都取得了一大批有价值的研究成果。

(一)国外社区研究概况

在社会学发展史上，影响较大而且产生较早的社区研究成果当数英国统计学家布思的《伦敦居民的生活与劳动》(1891—1903)一书，而开社区研究先河并对之进行深入研究的研究团体则是美国芝加哥社会学学派。这个学派以芝加哥大学为中心，聚集了一大批对城市社会问题和调查研究感兴趣的优秀学者。芝加哥学派也是美国社会学史上的第一个学派。在斯莫尔的组织下，以帕克为学术代表的芝加哥学派围绕芝加哥城市问题与社区发展进行研究。在芝加哥学派出版的第一本《社会学概论》中，社区与社会发展的内容占了相当大的篇幅。帕克等人所著的《城市——对都市环境研究的提议》(1925)和《都市社区》(1926)、伯吉斯的《家庭——相互影响的个性之统一体》(1926)、沃思的《都市生活是一种生活方式》(1938)、佐巴夫的《黄金海岸和贫民窟》(1929)对城市的人文区位、邻里关系、人口、种族、犯罪、贫民窟等问题进行了研究，这些成果成为城市社区和城市社会学研究的经典之作。

1924年和1934年，美国社会学家罗伯特·林德和海伦·林德两度在"莫西"镇进行"小城镇研究"，分别发表了《中镇：现代美国文化研究》(1929)和《转变中的中镇》(1937)，中镇研究被誉为社区与社区发展研究的经典著作。1975年，弗吉尼亚大学凯普劳带领他的研究团队再次来到"莫西"镇，开启新中镇研究，并出版《中镇家庭：变迁和连续的50年》(1982)和《所有忠实守信的人民》(1983)。在1989年至1990年，意大利社会学家卡西莫受邀考察"莫西"镇，随后出版《回到中镇：三代社会学的反思》(1999)，成为当代社区研究名著。

社区研究以微观社会学考察见长，但在方法上始终无法摆脱质性研究方法中的不足。

在弗里德曼、格尔兹和瑞泽尔等人的批评下，社区研究在经历了最初的风靡一时之后，不可避免地在20世纪70年代步入衰落。进入80年代后，社区研究逐步摆脱功能主义的影响而有所复兴。社区研究更大的生命力开始表现于和制度分析的结合，制度分析的最近发展及其碰到的问题为应用和拓展社区研究提供了新的空间。

(二)国内社区研究概况

1919—1920年，上海沪江大学教授库尔普带领学生在广东潮州的凤凰村进行农村社区调查，用英文撰写了《华南乡村生活》的报告，这标志着外国学者在国内开启了社区研究。此后本土化的社区研究在我国迅速发展起来。1926—1927年，李景汉指导燕京大学学生在学校附近开展农村家庭调查，在1929年出版了《北平郊外之乡村家庭》。1928年农村社会学家杨开道、许仕廉在清河镇进行田野调查，出版了《清河：一个社会学的分析》(1930)。20世纪30年代，以吴文藻为首的燕京大学社会学系的师生发起的社区调查取得了令人瞩目的成就。受芝加哥大学帕克来华讲学的影响，有感于中国高等学校的社会学主要是介绍外国的东西而不切中国实际，吴文藻写了一系列文章介绍社区研究：《现代社区实地研究的意义和功用》《社区的意义与社区研究的近今趋势》《中国社区研究计划的商榷》。他主张通过社区研究来加深对中国社会的认识，促进社会学的中国化，他派出很多学生到农村进行调查。这些学生中，费孝通与王同慧夫妇在广西象县东南乡所做的花蓝瑶社会组织研究，后经整理为《花蓝瑶社会组织》，得到吴文藻的高度赞扬。李景汉在定县所做的调查是中国知识分子运用西方社会学的方法进行实地调查的典范之一，是中国首次以县为单位的系统的实地调查。1933年出版的《定县社会概况调查》一书为研究20世纪30年代中国北方的农村社区提供了翔实的资料，在国内外产生了深远的影响。

经过十多年的努力，到20世纪40年代我国的社区研究有了较大的发展，其标志是从事社区研究的学者增加，除了社会学者外，人类学者、民族学者也对社区研究做出了贡献。社区研究的理论和方法得到了发展，出现一批有较高学术水平的社区研究成果。费孝通在1939年用英文出版的《江村经济》，被马林诺斯基誉为里程碑式的著作，1984年作者才委托戴可景译为中文，在国内学术界产生深远的影响。这时的社区研究主要是农村社区研究，其研究成果对认识中国社会很有帮助。

发生在20世纪上半叶的乡村建设运动是我国社区研究与社区建设实践相结合的尝试。乡村建设的历史可以追溯到河北定县人米迪刚在家乡翟城村搞的"村治"运动，最有代表性的人物是晏阳初和梁漱溟。20世纪30年代，乡村建设运动曾一度成为全国性的运动。1934年全国从事乡建运动的团体达600多个，建立实验区、实验点1000多处，其中著名的有中华平民教育促进会定县实验区、山东乡村建设研究院邹平与济宁实验区、四川省立教育学院和第三区专员公署主办的十县乡村建设实验乡、中华职业教育社徐公桥乡村改进会等70处。乡村建设运动因抗日战争的发生而终止，但它成为我国早期知识分子用教育、科学、文化和实业救国的一次大规模试验，他们倡导并参与的以复兴和建设中国农村社区、解决中国农村社区社会问题的社会改良运动，以其强国富民精神和具体措施至今有着深远的影响。

20世纪70年代末社会学恢复重建以后，我国的社区研究又重新开始。由于此时恰逢农村经济体制改革，农村发展问题备受关注，因而社区研究主要是对农村社区的研究。随着中国社会管理体制的转变，城市基层社区组织与管理问题被提上议事日程，20世纪90年代中期以来城市社区研究也得到了明显的发展，并在一定程度上推动着城市社区建设的实践。从学科上看，社区研究以社会学研究为主要阵地，兼有人类学、政治学、公共管理学等学科的积极参与。从总体上看，社区研究主题丰富多样，理论脉络各有传承，研究方法长短互补且更重实证，对理论范式的反思自觉有加，学科之间的借鉴和融合也成为新的发展趋势。

第二节　农村社区与城市社区

在社区的各种类型中，按综合标准划分出来的农村社区和城市社区是社会学中最经常讨论的社区。它们普遍存在于各个国家和民族，并且有着各自不同的发展历程，它们是人类社会生活的最基本的环境。全面认识和正确理解农村社区与城市社区对于了解社区发展的历程和深入认识城市化都具有重要的意义。

一、农村社区

农村社区也称作乡村社区，是有共同利益的居民以从事农业生产为主要谋生手段的区域社会。农村社区是人类社会中最早出现的社区形式。然而，农村社区不是从来就有的，它是人类社会发展到一定阶段的产物。

(一)农村社区的分类

农村社区比较常见的是四种分类标准：一是按照地理区位把农村社区分为河谷社区、丘陵社区、山地社区、平原社区；二是按照生产生活形态把农村社区分为农业社区、牧业社区、半农半牧社区、渔业社区、林业社区；三是按照人口的分布及构成状况把农村社区分为散村社区、集村社区和集镇社区；四是按照形成方式把农村社区分为自然起源型社区、社会组合型社区和农村建设型社区。以上分类中，每一种类型的农村社区，其社会文化特点往往各不相同。由于第一、第二类农村社区较易区分，这里仅就第三、第四类农村社区进行了介绍。

1. 散村社区

散村社区由零星分布的若干小村落组成，每一个散村之内，人数不多，往往是这里三五家，那里六七户，这些农户之间社会交往密切。在我国，山区和丘陵地区往往以散村为主。

2. 集村社区

集村社区是一种人口规模相对较大、集中程度相对较高的农村社区。这种社区可以由几十户甚至几百户集中居住在一起，人口规模由几百到上千不等。

集村社区常见的有三种形态：第一种是圆形村，即村民的居住格局构成一个环形分布，一圈一圈，由里向外扩展；第二种是线形村，即村民沿着交通公路两旁居住，其居住格局呈现一种带状分布；第三种是农场村，即农村与其田园结合在一起形成一种错落有致的分布格局。这些集村社区的居住形式是由当地特殊的自然地理条件和交通条件决定的。

3. 集镇社区

集镇社区是人口规模较大，有一定的工商业、服务业设施和集市的农村社区，是比普通村庄人口更密集、社会生活服务设施更齐全的农村社区，这种社区常为乡镇所在地或者是一些建制镇。

4. 自然起源型社区

自然起源型社区是指由于某些农业家族世世代代在特定村落生息繁衍而形成的社区，我们今天还能见到的一些单姓村就属于自然起源型社区。

5. 社会组合型社区

社会组合型社区是由多个农业家庭或家族聚合在某个特定村落生息繁衍而形成的社区，这些家庭因多种原因迁移聚居而成为社区，一般表现为有几个家族的杂姓村。

6. 农村建设型社区

农村建设型社区是由于某地区的农业开发而形成的社区，为了开发某一荒芜的土地，不同地区的人移民到同一个地方开垦荒地，定居生活，从而形成农村建设型社区。

(二)农村社区的特征

1. 产业特征

农业生产是农村社区的主要产业形态，这里的农业是指大农业概念，包括农田种植业、牧业、渔业、副业和林业。在我国，农田种植是农业社区的主要经济活动，耕种土地成为社区居民赖以生存的基础，副业、渔业等其他方式往往借助于农田种植业发展起来。农业生产的产量常常决定人口的数量和社区的规模。在传统农耕社会，每一户农家都需要从事自己的农业生产，以实现自己生产出来的农产品供家庭生活所需，同时也会节余出一些农产品以便交换其他生活必需品。随着农业生产技术水平的提升，农业产品剩余的可能性大大增加，农村社区的第一产业支撑第二、三产业的能力也大幅度提升，从而带来农村社区以外的其他社区的变迁。

2. 居住特征

农村社区的居住形态受自然地理条件的影响很大。农村居住格局自然化所呈现出的聚落特征是农村社区主要的居住特点。仅从区位结构的角度看，传统的农村社区基本上采取了以村落为单位的家族聚居方式，也就是在各个农村聚落之间有着相对明显的地理划界，农村社区居民则在聚落内部聚族而居。这种地理划界往往是依据道路、河流、山势划定，形成一个一个的自然村落。这种传统农村社区的聚落形态正随着社会主义新村建设(农业新村和牧业新村)而发生变迁，行政规划下的新村建设正在逐步改变着这些自然村落的布局和村民们的生产生活方式。

3. 社会关系特征

社会学家费孝通把中国传统农村与西方社会进行比较发现，中国传统农村社区是一个典型的滕尼斯所谓的"礼俗社会"，礼是一种社会规范，与法治社会中的法律不同，二者在维持既定规范上所凭借的力量是不一样的。法律靠的是国家权力来贯彻执行，而礼俗社会中的"礼"则是靠乡规民约、风俗习惯来维系。费孝通还把中国传统农村社区社会关系的基本特征归结为一个"伦"字，就是从自己推出去的和自己发生社会关系的那一群人里所发生的一轮波纹的差序，他从《礼记》中所讲的十伦(鬼神、君臣、父子、贵贱、亲疏、爵赏、夫妇、政事、长幼、上下)中看到了一圈圈的水波纹形的差序格局，这种格局是中国乡土社会的基层结构。差序格局这一概念揭示了传统农村社区社会关系的实质性特征是血缘关系与地缘关系的紧密结合，这种结合就成为农村社区占支配地位的社会关系。

大多数村民可以在本社区内找到与自己有血缘关系的人，数代之间同宗同族，血缘相通。单姓村则是一个宗族下的有血缘关系的人聚居在一起生活；多姓村则是几个姓氏、不同宗族的血缘群体的联合聚居。无论是单姓村还是多姓村，在社会资源分配与社会支持系统创建中，血缘和地缘关系对社区居民都有重要的意义。

随着农村经济体制改革的深入进行和农村人口流动的日益频繁，农村社会关系也在逐步由血缘关系和地缘关系向市场经济条件下的交换关系和契约关系转变。传统农村居民重农轻商、重义轻利的观念正在受到挑战，离土离乡、弃农经商、追逐实利的行为日益被农村居民所接受，这将大大改变传统农村社区社会关系的面貌。

4. 社会生活特征

农村社区居民的生活特征直接受到农村生产方式的深刻影响。就典型的传统农村社区而言，其社会生活特征主要表现为如下特征。

(1) 农业生产是农村社区生活的主轴。农业生产效率直接决定着农村生活质量的高低。在农业生产的束缚下，人口的流动性小。

(2) 经济上自给自足。传统的农业生产以自给自足为特点，很少有以商品交换为目的的农业生产。即便存在着少量的商品交换，那也是建立在少量富余农产品与其他农村生活必需品之间的一种交换，这种交换不以追求农业利润最大化为目的，而是以满足农业家庭的基本生活为前提。经济上的自给自足大大减少了农村社区对外部环境的依赖性，也就形成农村社区长期以来的封闭性特征。

(3) 生活方式崇尚简朴。节俭是农业社会的第一美德，这主要是受到土地产能的影响。在没有计划生育措施可供选择的传统农村社区，农村人口的增长常常会突破土地产能的给养极限，勤俭节约只能成为农村生活方式的最终选择。

(4) 人们的思想观念倾向保守。农村居民对人生阅历和传统经验比较依赖，对于新鲜事物的态度往往持高度的警惕性。

(5) 生活节奏自然化。农村人的日常生活不像城里人那样受工作作息时间的影响，不会有十分紧凑的时间安排。日出而作，日落而息，农忙时辛劳，农闲时松散，生活节奏受自然条件和节气的影响较大。

(6) 社区生活同质性较高。在农村社区内部，除了人们的生产生活大致相似之外，在风俗习惯、宗教信仰、职业身份、受教育程度甚至价值观念上大多相似，形成一家如此、家家相似的局面。

农村社区的社会生活特征适用于分析典型的传统农村,在改革开放三十多年后的今天,农村社区的社会生活面貌发生了巨大的变化。一些农村地区乡镇工业不断发展,城乡一体化进程加速进行,农村人离土又离乡或离土不离乡的生活状态逐步形成,农民开始进入到第一产业之外的二、三产业中获得生活资料来源,其生活节奏和生活方式也日益趋近于城里人,而且在职业分工和价值观念上也日益表现出多样性来。

(三)农村社区的发展

农村社区的产生与人类农业生产的出现联系在一起,在传统农业出现以前没有农村社区。在远古时代,人们主要依靠捕鱼、狩猎和采集的方式获取生活资料。在逐水草而居的游牧时代,也很难形成今天我们能够看到的牧业社区。经过长期的历史演变,大约在一万年以前,农田种植业逐步出现,人们开始在一个地方固定下来,建立居所,居所相连,形成村落。据史料记载,早在一万年以前,尼罗河流域的埃及就出现了以农田种植业为基础的原始村落,人们只有组成村落才能防止猛兽侵袭和外来族群的侵害。对于以耕种土地为生的农民来说,房屋、土地、牲畜、家具是农村居民安身立命的条件,为了保护这些财产,为了获得精神上的安全感,定居与联合成为早期农业社会的必需,村落就成了农村社区固有的居住形式。

从发展过程来看,农村社区可以划分为原始农村社区、传统农村社区和现代农村社区三个阶段。原始农村社区是人们利用石器工具从事农业生产,没有创立文字,靠习俗来维护社区整合的共产制时代。传统农村社区是人们使用铁器农具和人畜力,主要凭借直接经验从事农业生产,注重礼俗,实行家长制统治的自给自足且相对封闭的社区,封建时期的农村社会是传统农村社区的典型形式。现代化农村社区是近代以来在工业革命的推动下逐步形成的,其特点是农业生产的机械化、化学化、商品化和近现代科学技术的推广应用,农民交往范围扩大,生活方式多样化,农村社区城市化。目前,这种现代化农村社区主要存在于发达国家,我国正处在传统农村向现代化农村的过渡阶段。

由于原始农村社区的具体形态缺乏文字记载,人们讨论得比较深入的还是传统农村社区和现代农村社区这两个阶段。在我国,传统农村社区的历史延续十分漫长,历时2000多年的封建制度使我国的传统农业得到了充分发展,从而孕育出十分典型的传统农村社区形态:以农为本,重农轻商;安土重迁,安贫乐道,乡土情结突出;农村中的家族或宗族势力影响很大;土地占有情况成为传统农村社区阶层划分的重要依据。

新中国成立后特别是改革开放以后,我国传统农村社区开始向现代农村社区转型。这种转型主要表现在:①农村经济的发展水平得到很大程度的提升,机械化生产方式开始在部分农村社区推广,局部地区实现了农业商品化,农村社区的经济结构趋向多元化,非农化现象日益明显;②农村劳动力的流动日益频繁;③农村社区居民的物质和文化生活得到改善和提高,农村扶贫工作大大减少了农村贫困人口;④地区发展不平衡的问题依然存在,东部沿海地区的农村社区发展水平与西部偏远地区的农村社区发展水平的差距还很大。发达地区农村居民的居住方式和生活方式都发生了显著的变化,表现出城镇化特征。西部偏远地区农村居民的生产与生活还停留在典型的传统农村社区之中,其农村现代化步伐尚未起步。

二、城市社区

在古代汉语中,"城"和"市"有不同的意义。"城"是指都邑周围的防护墙,用以抵御野兽侵袭和外敌侵犯,这种防护墙有内外之分,内墙为"城",外墙为"郭"。"市"是指商品交易或商品交易的场所,后来引申为人口聚居、工商业发达的集镇,现在的"市"也指因行政管理需要而划分出的行政制单元。后来,"城"与"市"合起来指一种与乡村相对的聚落形态。《中外城市知识词典》把城市界定为:"区别于乡村的一种相对永久性的大型聚落,比较稠密地聚居在一定的地域内,在经济上具有复杂的分工与互相依赖关系,主要从事工商业、服务性行业及其他专门行业的活动,在政治上它具有地方政府的体制并取得法定的地位,在文化和教育方面,在日常活动上与社会关系上,它多半是集体的、间接的联系,所以城市也成为间接社会或团体。一个城市的政治、经济、社会、文化教育与关系模式就是它的体制。"

因此,城市社区是由从事工业、商业、服务业或其他非农产业的人口在一个相对比较密集的空间中组成的区域社会。在传统意义上,城市社区既是工商业中心,也是政治权力中心。在现代社会,除了工商活动和政治活动在城市进行之外,科学、教育、文化、医疗、卫生、体育等活动也大都汇集于城市社区之中。

(一)城市社区的分类

按人口规模把城市社区分为特大城市社区、大城市社区、中等城市社区、小城市社区和城镇社区。在我国,100万人以上的城市为特大城市社区,100万到50万的人的城市为大城市社区,50万到20万的人为中等城市社区,20万到5万的人为小城市社区,5万人以下且不够设市标准的为城镇社区。城镇与集镇不同,城镇是城市社区分类体系中最低的一级,其规模比其他城市类型要小很多;集镇是农村社区分类体系中最高的一级,其规模比散村和集村要大,它不具备城市的各项功能,依然属于农村社区。

按照城市在更大区域乃至全国范围内所发挥的功能可以把城市社区划分为政治型城市社区、工业型城市社区、商业型城市社区、文化型城市社区和旅游型城市社区。在政治型城市社区中,政治活动是该社区内人们活动的主要内容,它可能在更大范围作为社会管理和政治文化核心而发挥影响。在工业型城市社区中,人们的主要社会活动是工业生产。在商业型城市社区中,人们的主要社会活动是商业贸易。在文化型城市社区中,人们的主要社会活动是文化产品的生产传播和文化教育事业。在旅游型城市社区中,人们的主要活动是围绕既有的城市旅游资源开展旅游活动及配套服务。当然,很多城市社区都具有多重功能,我们只能按照某一城市社区居主导地位的功能来进行相对意义上的分类。

(二)城市社区的特征

1. 城市社区人口聚居规模大、密度高

城市社区是人口高度集中的地区。由于城市中的土地资源比较昂贵,因此高层建筑成为解决城市人就业和居住场所紧缺的重要手段,这使得城市向空中发展,加大了城市人口密度。一些特大城市人口密度过高,造成人均活动空间狭小、交通拥挤、环境污染等一系

列城市问题。

2. 城市社区居民异质性高

城市社区居民的异质性表现在不同个体、群体的差异性上，某些方面的差异性越大，异质性就越高。城市社区成员之间在职业构成、宗教信仰、风俗习惯、价值观念和生活方式等方面都存在很大的差异，究其原因，一是移民涌入城市；二是城市本身的包容性，三是第二、三产业专业分工的需要。

3. 城市社区以非农产业为谋生方式

城市居民的生活资料来源不以直接耕作土地获得，而是以工业、商业和服务业等非农产业的方式作为谋生渠道。在城市，人们已经没有可以耕作的土地，只能借助城市在政治、经济、文化、科教和社会管理中的优势来获取生存资源。在古代，城市通常是统治集团和达官贵人聚居的场所，商业和传统手工业是其经济活动的主要内容。工业革命以后，现代城市社区居民主要以工业、建筑业、交通运输业和其他工商服务业作为谋生方式。

4. 城市社区居民人际交往中感情色彩淡薄

工业革命在大幅度提高组织效率的同时也造成人们在组织内事务交往的理性化和仪式化，这也影响到多数城市社区居民人际交往的特点：理性、肤浅、功利。相比农村社区居民的人际交往，城市社区居民之间的人际交往不太依赖血缘和地缘关系，而更多的是依据社会分工建立起事务性的交往，这样的交往常常是以工具理性为手段，以自身利益的最优选择为目的，利害算计多，人情投入少，这就造成城市社区居民人际交往中感情色彩淡薄，临时性的、就事论事式的交往比较普遍。当然，这并不是说城市居民之间的交往都缺乏情感，在有直接的血缘关系、婚姻关系、恋爱关系的人群之间，人们依然有着很深的情感交往。那些经由长期居住形成的胡同或四合院中，人们交往的情感投入也是比较多的，比较类似于乡村中的熟人社会。

(三)城市社区与农村社区的特征比较

农村社区与城市社区相比，各自的特点都十分鲜明。无论是在社区规模、人口布局，还是在家庭结构、社区生活等诸多方面，农村社区与城市社区都存在着显著的差异，这些差异如表 6-1 所示。

表 6-1 城市社区与农村社区的特征比较

特 征	农村社区	城市社区
社区规模	相当小	相当大
人口密度	比较低	比较高
人口组合	多为同质性	多为异质性
工作环境	在户外	在户内
职业	农业，无大的差异	非农业，有很大差异
家庭人口	比较多	比较少

续表

特　征	农村社区	城市社区
社会接触	机会较少但直接接触	机会较多但间接性强
社会地位	稳定，多为规定性	不稳定，多为赢得性
家庭与工作场所	相距较近	相距较远，常分开
社会群体	少而简单	多且庞大复杂
社会控制	主要靠民俗民德	主要靠法律
社会心理	富于迷信、保守	思想开放、自由、易变
社会流动性	低	高
社会阶层	较少	较多
生活水平	较低	较高
社会病态	较少	较多
教育及娱乐机会	较少	较多

(资料来源：龙冠海. 社会学[M]. 台湾三民书局，1986.)

(四)城市社区的发展

城市社区起源于农村社区，其产生需要一系列的条件。一般来说，剩余农产品和剩余劳动力的出现是城市产生的两个前提，这两个前提是在原始社会末期、奴隶社会初期逐步形成的。事实上，城市的产生发展史就是城市社区的发展史。世界上最早的城市诞生在自然生态条件适宜人类更好生存的地方。古代西亚文明发源于幼发拉底和底格里斯的两河流域以及伊朗高原地区，位于两河流域的南北地区分别是北美索不达米亚、南巴比伦尼亚，其中美索不达米亚文明和埃及文明由于自然地理的不同导致双方在宗教和社会方面存在很大的差异，这些城市文明的发源地都具有丰富的自然资源和良好的生态环境，现在知道的最早的城市位于南亚次中国的印度河流域。

我国是世界城市的发源地之一，至少在3600年前就有了城市。不过，夏商时期的城市是很少的。周代时，在现今河南、山东境内的黄河流域建立了一些城市。秦、汉两代的城市特别是县城有了一定的发展。三国以后，我国南方的城市数量和人口逐渐赶上并超过了北方。隋唐时期大运河的开凿、茶叶种植的影响和海外贸易的兴起进一步促进南方城市的发展。在我国古代城市发展的历史上，唐宋以后市镇的出现是一个重要的特点。市镇是以一定数量的工商业户的定居经营为前提的社区，往往在集市贸易的基础上形成，是城市的最低一个层次。到明清时期，我国已形成许多大中城市和一批工商业市镇，越来越多的农村居民进入城镇谋生、定居。19世纪初，我国的城市人口占全国总人口的4%，高于当时3%的世界平均水平。

综观我国城市形成与发展的历史，随着生产力水平的提高，商品经济得到了进一步发展，从而产生了城市，随着生产力的进一步发展，城市的功能随之发生变化。虽然城市防御性堡垒、要塞、市政中心等主要功能并未发生巨大变化，但由城市发展为集贸市场，又经历了农业化城市、商业化城市、工业化城市，至今在一些发达国家出现的后工业化城市，单纯的防御性功能逐渐被商业和生产功能代替，转化为综合性城市。

第三节 社区发展与社区服务

一、社区发展

(一)社区发展的含义

社区发展理论源于社区发展实践，其内涵也随着实践的展开和深入而日益丰富。社区发展的本来用意是帮助那些工业化城市中的穷人。早在19世纪，英国城市富裕阶级和中产阶级中的理想主义者和社会改良主义者发起成立了现代意义上的社区工作机构，旨在为穷人提供各种社会支持。此后，社区发展成为促进社区变迁的一种方法和手段得到了越来越广泛的应用，其实践范围也从城市扩展到乡村、从发达国家扩展到发展中国家。

由于社区发展的阶段性和地域性，人们往往会根据社区自身情况及其宏观社会背景去理解社区发展的内涵。当前，人们对社区发展内涵的解释大致分为四种主要观点，即分别把社区发展视为一种运动、一种方法、一个过程和一项计划。

1. 社区发展作为一种社会运动形式

社区发展是由某些人发起的一场轰轰烈烈的社会运动，强调通过社会宣传、激励等情感手段动员社区成员积极参与到这项运动中，从而促进社区的发展或进步。在许多发展中国家推行社区发展的初期都在不同程度上存在这种观点并收到一定成效。

2. 社区发展作为一种工作方法

社区发展是达到某种目的和获得某些利益的一种手段或方法。规划师、开发商和从事社区工作的专业人员持这种观点。在实践中，把社区发展当作一种方法的优点是问题单一、目的明确、容易收到实际成效；其缺点是不同主体都会根据是否有利于实现各自设想的具体目标去看待社区发展，容易割裂社区发展的整体性。

3. 社区发展作为一种方案或计划

社区发展是由一套程序和一系列活动内容组合而成的工作方案或计划，其构想是通过实施某些具体项目奠定社区发展的基础。这种类型的社区发展实践目前仍在世界各国推行，不过一般都在全国性社区发展计划指导下进行。尽管对每一个社区而言都是非常必要的，但因缺乏对每类社区实情的了解，故不能真正表达社区发展的深刻内涵。

4. 社区发展作为一种过程

根据社区发展的实际，可把社区发展看成是调整社区关系、解决社区问题的一种过程，其核心是实现包括决策、合作、参与和资源等在内的一系列社会转变。决策转变是指从原先由社区内部或外部的少数人为其余大多数人做出决策转变为由社区成员自己决定他们共同关心的事情。合作转变是指由社区成员或组织之间的不充分合作转变为充分合作。参与转变是指由少数人参与转变为多数人参与。资源转变是指从主要依靠来自社区外部的资源和专家转变为由社区成员设计出充分利用社区内部各种资源的办法。

综合以上观点,我们认为,社区发展就是指城乡基层社区居民依靠政府等组织机构支持和自身努力以改善社区的经济、社会和文化状况、提高居民的生活质量、促使社区融入社会整体生活并对社会进步做出贡献的过程。

(二)社区发展的目标与功能

1. 社区发展的目标

社区发展的目标可以分为短期目标和长期目标两种。短期目标概括为:一是改善社区生活的总体环境;二是帮助社区获得更多的发展资源;三是使用专业方法促进社区健康发展;四是帮助社区居民认识社区发展的共同需求并做出一致性应对行动。

长期目标概括为:其一,社区经济发展。提升社区居民职业的、技术的能力,以增加物质的建设,提高生活水准。其二,社区社会发展。培养社区居民互助与合作精神,调动各种因素融洽社区居民关系。其三,社区政治发展。发展社区居民的组织,以训练社区居民的自治能力和自助精神。其四,社区文化发展。推进社区多元文化建设,推行生活教育,举办休闲活动,提倡敦亲睦邻,以建立祥和的社会秩序。

2. 社区发展的功能

首先,社区发展促进社区民主。在社区内部,实施民主是一套专业的社区工作程序和方式,包括促进社区居民积极参与公共事务,认识社区共同需要,通过集体思考、集体计划与集体行动的方式解决共同问题。社区发展的过程就是社区基层民主的训练过程。其次,借助社区发展实现助人和自助。再次,通过社区发展实现社区安定团结。最后,运用社区发展方法实现社区有计划变迁。

(三)社区发展的组织模式

从世界范围来看,社区发展的组织模式有三种:一是整体模式,即由国家成立一个独立的单位负责推动全国的社区发展。通常由政府设立社区发展的专门机构负责全国的社区发展工作,而省、市、县、乡(镇)分别设立对应的工作部门,管理各地区的社区发展工作。二是委托模式,即国家只负责制订社区发展的各种计划,但不设专职机构,而是将社区发展计划委托给相关的职能机构办理。三是分散模式,各种计划分别由不同的单位规划,并由这些单位对所定规划来实施,没有一个统一管理与协调的部门,有的国家将社区发展分别由政府组织、非政府组织和社区企业自己规划实施。

二、社区建设

1991年,民政部提出在城市调动各方面力量共同开展社区建设的工作思路,这标志着我国正式引入社区建设的理念。1998年,由于国家政治体制改革和政府机构调整的需要,社区建设概念正式被国务院认可,并要求新组建的民政部基层政权和社区建设司"指导社区管理工作,推动社区建设",从而开启了社区建设在我国的制度化发展进程。

(一)社区建设的内涵

关于社区建设的内涵,人们的认识并不统一。有人认为社区建设就是在一个社区内搞好各项工作的配套建设。有人认为社区建设就是依靠社区力量发展社区经济，强化社区功能，解决社区问题。有人认为社区建设就是把城市基层社区的经济与社会发展放到大社会中去，并把大社会的指标体系引进社区，促进小社区的工作与大社会的发展同步。还有人认为社区建设是依据社区规划对城市基层社区有计划地实施建设。

根据《民政部关于在全国推进城市社区建设的意见》，社区建设是指在党和政府的领导下，依靠社区力量，利用社区资源，强化社区功能，解决社区问题，促进社区政治、经济、文化、环境协调和健康发展，不断提高社区成员生活质量的过程。我们认为，社区建设是指专为强化社区要素、发展社区组织、增强社区活力、提高社区居民生活水平而进行的一系列活动。

(二)社区建设的特征

一是综合性，社区建设是整个社区的全方位建设，包括工作、标准、知识和方法的专业化投入。二是地域性，社区建设要突出体现地域差别，要根据不同地域人群的职业构成、宗教信仰、风俗习惯来开展。三是社会性，社区建设是面向社区居民，依靠各类社区主体和力量共同参与。四是计划性，社区建设是人们在认识和掌握社会发展规律的基础上自觉推动社区变迁的过程。

(三)社区建设的内容

(1) 社区服务，这是社区建设的重点，我们将在本节第三部分详细介绍。

(2) 社区组织建设，即建立健全社区管理体制，这是社区建设的关键，包括社区党组织建设、社区自治组织建设和社区中介组织建设。

(3) 社区卫生，包括社区的疾病预防、医疗保健、康复、健康教育和计划生育技术服务。

(4) 社区文化，包括社区群众性文化、体育、教育、娱乐、科普等活动以及其他形式的精神文明建设活动。

(5) 社区环境，包括社区的环境卫生、环境保护、社区绿化、环境美化等建设内容。

(6) 社区治安，主要是指社区保卫、民事调解、帮教失足者、防火防盗、普法宣传、流动人口管理、扫黄打非等社会治安综合治理工作。

(7) 社区经济，经济建设是社区发展的物质基础，是社区公共支出的物质保障。

(四)我国社区建设现状及问题

我国的社区建设是在政府主导下形成区、街、居三级框架的建设体系，主要存在以下一些问题。

(1) 社区建设作为一种新生事物，新旧体制的衔接还是一个突出问题。原来的城市基层管理是区政府—街道办事处—居委会的三级建制，行政化的倾向非常明显，其社会功能、自治功能相对薄弱。目前我国绝大多数地方通过"居改社"的方式来进行社区建设，旧有体制框架、功能范围等还没有发生根本性变化。如何理顺社区与区政府、街道办、社区居民、物业管理公司的关系是进行社区建设的前提和基础。

(2) 社区建设面临着机构、人员、经费、设施支持不足的问题。目前，除少数一些经济发达地区和社区建设发展较早的城市外，其他绝大多数地方的社区建设资源匮乏，缺乏办公场所、专业人员、活动经费和可利用的手段和渠道，主要依靠政府支持而勉强运作。而政府对如此大规模的社区提供充足的经费支持显然是不可能的，这就急需寻找一些整合资源的渠道和有效方式。

(3) 社区建设在具体推进时缺乏统一的法律、法规。由于缺乏调整和指导社区建设的法律法规，各地政府在引进社区建设时，对于社区的概念和范畴的理解很模糊，对社区建设的内容和规模设置还不清楚，无法确立社区机构的建立和科学组成，更无法对社区建设及行为进行监督，这些问题严重制约着社区改革和社区建设的顺利发展。

(4) 社区建设的从业人员素质和能力有待提高。社区建设工作覆盖面广，涉及内容多，密切接触群众，对社区建设的专业工作者的素质和能力的要求也相应较高。实际上，主要由原居委会干部组成的社区工作队伍普遍年龄较大，文化较低，还不能适应新形势下社区建设工作的需要，有必要改革和创新用人机制，通过发展社会工作教育来解决社区工作的专业人才队伍问题。

三、社区服务

社区服务既是社区建设的重要内容，又是城乡基层管理的组成部分。讨论社区服务及其相关问题既是微观方面探索社区管理的有效体制，更是从宏观方面搞好城乡社区建设与加强城乡基层管理的重要途径。

(一)社区服务的概念

社区服务是指政府、社区居委会以及其他各方面力量直接为社区成员提供的公共服务以及其他物质、文化、生活等方面的服务，其价值目标在于努力实现社区居民困有所助、难有所帮、需有所应。

社区服务具有事业和产业双重属性，作为事业，社区服务是不以营利为目的的专业型社会服务；作为产业，社区服务是一种特殊的第三产业，其特殊性主要表现在社会福利属性上。

社区服务与商业服务都是社会服务，但它们之间有根本的区别。

(1) 服务对象不同。社区服务的基本对象是社区内的"三无"老人、孤残人、优抚对象以及老、青、少、幼和一部分居民群众，而商业服务行业面向社区的所有成员。

(2) 服务目的不同。社区服务以福利服务为主，不以营利为目的；而商业服务追逐的目标是营利。社区服务即使是有偿服务，也具有公益性的特点，而不以营利为主要目的。

(3) 行业性质不同。社区服务是指社会化的福利服务事业，政府给予相应的优惠政策扶持，而商业服务行业进入市场竞争，没有相应的政策倾斜。

(4) 服务方式不同。社区服务的服务者与被服务者是一种互济互助的奉献关系；商业服务的服务者与被服务者是一种单纯的经济关系。

(5) 服务效果不同。社区服务追求广泛的社会效益和社区稳定；而商业服务将经济效益放在首位。

(二)社区服务的功能

1. 社会福利功能

社会福利功能是由社区服务的福利性特征决定的。社区服务能够为居民提供就地、直接、及时的帮助。社区为老年人、残疾人、青少年、贫困者、下岗失业工人等弱势群体提供全方位的服务,为一般居民提供便利服务,充分体现出社区服务的福利功能。

2. 社会整合功能

社区服务是一个对社会资源进行整合的过程,通过整合使社会资源的分布更加符合社区服务的需求,社会资源得到有效利用。社区服务的整合功能包括以下几个方面。

(1) 对现实资源的整合。现实资源包括存在于社会中的人力资源、财产资源、公益资源和市场资源,通过社区服务使它们的配置更趋合理,利用更加充分,作用发挥更为有效。

(2) 对管理资源的整合。管理虽然不是一种现实性资源,却是一种特殊的资源,一种对事业的发展必不可少且能间接产生重要影响的因素。通过社区服务可以理顺社区管理体制,调整管理结构,使管理资源的作用得到充分发挥。

(3) 对人气意愿的整合。社区服务在培育整合人气意愿方面具有独特的作用,它使人们在社区氛围中逐步形成关心社区、热爱社区、参与社区事业的共同志向和热情,这些共同志向和热情在转化为人们参与社区服务的自觉行动中,其资源效果也同时得到体现。

3. 社会控制功能

社会控制的目的在于促使人们遵守公认的行为规范,维护已有的社会秩序。社区服务为社区居民特别是弱势群体提供福利性服务,有助于缓解社会不公及其引起的矛盾,有助于控制潜在的和现实的非稳定因素,实现社区的稳定,进而促进整个社会的稳定。社区服务的基本内容就是为弱势群体提供服务,使其分享社会发展的成果,获得最基本的社会公平。市场经济注重效率,社区服务兼顾公平,维护人们的基本社会经济文化权利。

4. 精神文明功能

社区服务的福利性体现了平等公正的价值理念,居民接受服务的过程也是接受教育的过程,社区服务具有推动精神文明建设的功能。

(1) 社区服务培育居民的文明意识。社区服务所倡导的公共意识、团结意识、互助意识都是社会文明意识的重要内容,社区理所当然成为建设、培育社会文明意识的重要阵地,而社区服务则成为建设、培育社会文明意识的具体手段。

(2) 社区服务培养居民的社区参与意识。在计划经济条件下,社区参与程度比较低。随着改革的深化,社区管理者运用各种方法为社区居民提供社会参与机会,促进社区成员之间的互动,营造和谐的社区氛围,培育社区居民奉献、自我完善与实现的观念,形成自我认同与广泛参与意识。

(3) 社区服务培养居民的民主意识。社区政治是中国政治的基础,居民通过参与社区政治活动,有助于参与社会政治活动,社区服务与中国政治模式的走向发生关联,有助于培养居民的民主参与意识,有助于市民社会的形成。

(三)我国社区服务存在的问题及其对策

1. 我国社区服务存在的问题

社区服务是一项广泛而又复杂的社会工作。我国的社区服务具有鲜明的中国特色,在经济社会生活中起着至关重要的作用,但同时也存在着很多问题。

(1) 政府职能定位模糊。在我国,政府既是社区服务的发起人,又是提供主体,还要负责监督和指导,负担很重,职责不清。

(2) 社区服务运行主体和机制单一,提供准公共物品甚至私人物品的能力有限,这与居民的多元化需求相悖。

(3) 资金短缺导致可持续发展受限。社区服务资金的来源渠道主要有政府财政拨款、居委会自筹、社区经济收益和社会捐助,资金短缺的主要原因是政府投入不足,社区公共事业发展受到限制。

(4) 社区服务的专业化程度低。国内从事社会工作的人很多是下岗职工、家庭妇女、退休人员或者老人,他们的专业化程度低,精力有限,缺乏服务动力,无法满足居民多种多样的生活需求,而专业的社会工作者往往不受重视,待遇和社会地位都比较低,致使很多人不愿意从事社会工作。

2. 我国社区服务的发展对策

(1) 找准政府职能定位。政府不应当承担社区建设的具体职责,而应作为倡导者和维护者,应该把握社区服务的发展方向和模式,确保其福利性和公益性,激励其互助性和志愿性。

(2) 应建立政府主导型的社区自治组织体系。在减轻政府工作压力的同时也能充分发挥社会的力量,社区是社会组织发挥作用的合适空间,在提供社区服务这样一种特殊产品时,非政府组织、社会组织和民间慈善组织具有行政机构无法取代的作用。

(3) 解决社区服务发展过程中遇到的资金瓶颈问题。政府作为社区服务的主导者和坚强后盾,必须加大投入,还要充分扩充渠道筹措资金,使公共服务和商业服务保持功能互补的关系。

(4) 加强社区服务队伍建设。应当注重社区工作者的培养,提高社区工作者的社会地位和待遇,积极发展社区教育。政府应对志愿型的社区服务加以引导,使志愿服务种类多样化,向老年服务、助残服务、邻里互助等领域拓展。

第四节 城 市 化

一、城市化的含义与动力

(一)城市化的含义

美国《现代社会学辞典》对城市化的定义是:人口的移动从乡村到城镇,其结果是人口居住在城市较乡村地区的比例日益增加以及城市行为模式与思想方法的传播。

城市化就是一个国家或地区中的农村人口向城市流动并融入城市的生产生活方式之中,导致城市数量增加或城市规模扩大的过程。城市化的终极目标不是要消灭农村、消灭农业,而是在城乡协调发展的基础上实现城乡一体化,消灭城乡差别。

城市化有四个特点:①城市化是一个不断发展的动态过程;②城市化是社会生产力不断发展的结果,是人类从农业文明走向工业文明的过程;③城市化包括量的城市化和质的城市化两种。量的城市化即人们涌入城市后导致城市数量增加和规模扩大的过程,质的城市化是指城市的价值观念、生活方式不断深化的过程;④城市化的目的是城乡整合与协调发展。

(二)城市化的动力

1. 工业化

工业化是城市化最直接的动力。工业化是在工业革命的推动之下商品经济不断提升的过程。工业化以农业的较大发展为基础,工业化带来的机械化生产方式提高了农业劳动生产率,出现大量农村剩余劳动力,其出路在于非农产业,工业自然是吸收农业剩余劳动力的主要渠道,工业的发展吸纳了大量农村劳动力进入城市,成为产业工人。这样,工业与农业、城市与乡村之间便形成一种相互促进、互为拉动的过程。

2. 城市社会管理和社会事业的发展

伴随着城市化的深入推进,城市社会管理和各项社会事业也不断发展,导致两方面的结果:一是政府部门及其机构不断扩张,公务员及其他相关从业人员不断增加;二是城市科、教、文、卫、体等社会事业不断发展,也会吸纳大量从业人员,这两个方面都会带来城市规模的扩张。

3. 城乡差别

在存在城乡二元结构的地区,城市的物质文化生活往往优于农村。城市生活对农村人口而言具有较强的吸引力,当农村居民具有进入城市的能力时,农村人口便大量涌入城市,城市的扩展就成为必然。

4. 城市的中心作用

城市是一个地区经济、政治、文化和科学技术中心,在国家发展中的地位十分重要,现代国家的发达程度与城市的发展水平有着直接的关系。城市是一种新的生产生活方式,对农村发挥着越来越重要的辐射作用,对农村的聚合力、影响力比较突出。大城市或特大城市的中心地位十分明显,在其周围聚合形成大量的卫星城镇,造成拱卫发展之势,一些地区城市群的兴起和城市带的发展就是城市中心作用下的结果。

二、城乡关系

城市社区和农村社区是两种不同类型的社区。城市社区自产生之时起就与农村社区有密不可分的关系,二者的关系经历着从对立走向差异,最终走向融合发展的历程。

(一)城乡对立

城市的发展以农村发展为基础,在城市发展的早期,城市中居住的多是统治阶级的人群,从而形成在经济上城市剥削农村、在政治上城市统治乡村的基本格局,即事实上的城乡对立阶段。

(二)城乡差别

城乡差别是城乡两类社区的居民在经济收入、政治地位、文化教育及生活方式等方面存在的差异,只是这种差异并不形成对立关系,这是在城市发展到一定阶段,城市中心地位形成,造成了城乡之间的这种关系:城市领导农村,城市优于农村。

(三)城乡整合

城乡对立是人类社会发展史上的一种异化状态,城乡差别也不是合理的选择。人类的理想是农村和城市相互促进、共同发展,最后实现城乡整合。在实现城乡整合的途径方面,常有三种选择:一是优先发展农村;二是优先发展城市;三是城乡一体化协调发展。

三、我国的城市化

我国的城市化走过了一条曲折的道路。新中国成立初期,我国的城市人口仅占全国人口的 10.6%,城市化水平很低。1949—1957 年是我国城市化健康发展的时期,新中国成立初,国家开始着手经济恢复与旧城重建工作,城市工业的恢复和发展促进大批农业劳动力向城市转移,至 1957 年"一五"计划结束时,我国城市化水平提高到 15.4%。1958—1966 年是我国城市化大起大落的阶段,而 1966—1978 年则是城市化基本停滞的阶段。

改革开放以来我国进入城市化的新时期。十一届三中全会以后,我国开始由计划经济向市场经济转型。从城乡流动的角度来看,我国社会结构的变化可以用"农转非"来概括。"农转非"使农业人口下降和城市人口增加,农业人口占全国人口的比重由 1970 年的 82.6%降到 1988 年的 60%。20 世纪 80 年代以来,农村实行家庭联产承包责任制,城市实行外来人口暂住政策,等级森严的城乡关系开始松动,农业人口可以进城就业,特别是城市中的第三产业为农业人口提供了大量就业机会。

为了进一步改善城乡二元结构,1980 年 10 月,国家又提出"控制大城市规模,合理发展中等城市,积极发展小城镇"的基本方针,我国城镇数量从 20 世纪 80 年代的 2200 个发展到 1992 年的 14 500 个。发展小城镇使其成为沟通城乡社会的桥梁,有助于乡村地区的城市化。进入 20 世纪 90 年代以来,我国的特大城市、大城市和中等城市都有较快发展,2010 年第六次人口普查结果显示,我国的城市化水平达到了 45.7%。国家统计局发布数据,2016 年我国的城镇化率达到 57.35%。

本章小结

本章主要介绍了社区的概念、构成要素、分类和社区研究的基本情况,由此引申出关于农村社区和城市社区、社区发展与社区服务、城市化等相关专题的描述与探讨。本书认为,社区就是在特定地域范围内相互联系、相互交往的人们形成的具有共同体特征的相对独立的地域性社会。农村社区和城市社区既是两种不同的社会生活形态,又是理解乡村社会变迁的重要视角。在强调和谐社会的今天,社区建设与社区发展的水平已经成为整个社会进步与文明程度的重要标志。在工业化的推动之下,破除城乡二元结构、实现城乡融合已经成为许多发展中国家的艰难选择。我国的城市化既取得了突破传统体制束缚、迎来城市化发展新高潮的成绩,也有生态环境、经济发展、社会稳定等问题的隐忧,需要我们不断探索。

习 题

一、判断题

1. 社区研究最早起源于法国。 ( )
2. 社区内居民交往通常要比社区外多。 ( )
3. 社区服务就是搞好社区的治安与保洁工作。 ( )

二、单项选择题

1. 最早提出社区这一概念的是德国社会学家( )。
   A. 哈贝马斯　　B. 滕尼斯　　C. 达伦多夫　　D. 韦伯
2. 1919—1920年,上海沪江大学教授库尔普用英文撰写( )的报告,这标志着外国学者在国内开启社区研究。
   A. 《中镇:现代美国文化研究》　　B. 《伦敦居民的生活与劳动》
   C. 《都市社区》　　D. 《华南乡村生活》
3. ( )是人们在长期的共同生活中逐步扩展形成的、往往依据特定的自然地理条件确立起来的社区。
   A. 农村社区　　B. 城市社区　　C. 自然社区　　D. 法定社区

三、多项选择题

1. 社区的构成要素包括( )。
   A. 社区居民　　B. 社区地域　　C. 社区生活
   D. 社区文化　　E. 社区心理
2. 依据社区规模大小的不同,我们可以把社区分为( )。
   A. 巨型社区　　B. 大型社区　　C. 中型社区
   D. 小型社区　　E. 微型社区

3. 1980年10月，国家提出( )的城市发展基本方针。
   A. 控制大城市规模 B. 合理发展中等城市
   C. 积极发展小城镇 D. 积极发展特大城市
   E. 控制发展小城镇

四、案例分析题

城市化拉响环境警报

1. 气候变脸

随着城市化和工业化进程的加快，排入空气中的污染物不断增加，已超过大气的自净能力，造成了严重的大气污染。近几年我国环保部门对城市空气中的二氧化硫、氮氧化物、颗粒物和降尘四项主要污染物所做的监测结果表明，城市中大气环境质量符合国家一级标准的很少，绝大多数城市的降尘、颗粒物和二氧化硫浓度均超标。颗粒排放量上升到12 460万吨，比1982年增加了14倍。由于SO_2和NO_2在空气中造成的污染，目前我国受酸雨危害的土地面积已占国土面积的1/3左右，主要集中在华中、西南和华南，已成为与欧洲、北美并列的世界三大酸雨区之一。酸雨造成我国一些地区森林死亡、农业减产、建筑物腐蚀，每年的经济损失在140亿元以上。城市化对局部地区的气候会产生影响，热岛效应是人类活动对城市区域气候影响中最典型的特征之一，致使城市白天储热多，夜晚散热慢。热岛效应会导致热岛环流的产生，在市中心气流上升并在上空向四周辐散，而在近地面层，空气则由郊区向市区辐射，形成乡村风，补偿低压区上升运动的质量损失。这种环流可将在城市上空扩散出去的大气污染物又从近地面再次带回市区，造成重复污染。

2. 水质恶化

城市化破坏了区域正常的水循环，影响了水环境。城市化使原有的透水区域(农田、森林、草地)不断被混凝土建筑物及沥青路面所取代，城市不透水面积和排水工程扩大，减少了雨水向下的渗漏，增加地表径流流速，致使地表总径流量的峰值流量增加，滞后时间缩短，地表径流的侵蚀和搬运能力相应增强。城市化过程中由于过量开采地下水，引起地下水收支量的失衡，地下水支出量远大于其收入量，已引起地面沉降、塌陷、地裂缝和海水入侵等环境地质问题，形成地下水位降落漏斗。城市化过程中生活、工业、交通、运输以及其他服务业所排放的污染物大量进入水体，使水质恶化。据抽查，全国城市污水排放量每年约300多亿吨，其中97%未经处理直接排入江河。目前我国七大水系中近一半的河段污染严重，"三湖"(太湖、巢湖、滇池)尤为突出；50%以上的城市地下水受到污染；500多条主要河流和绝大多数的湖泊受污染面积达82%以上。

3. 土壤污染

由于城市污水大多未经处理或处理率和处理达标率低，导致江河水体和农田灌溉用水受到污染，进而污染土壤或使土壤的理化性质变差。城市化使机动车辆的数量急剧增加，机动车排放的废气会对土壤环境产生影响，公路两旁土壤中氮氧化物、碳的氧化物和碳氢化合物增加，特别是公路两旁土壤中铅的含量明显增加，且距公路越近，铅的含量越高。同时，城市化产生的大量固体废弃物，大多是作一般的填埋处理，对土壤造成了严重的污染。

4. 生物悲鸣

城市化使生物环境的组成和结构发生改变，造成生产者有机体与消费者有机体的比例不协调。城市内高楼大厦代替了森林，水泥路面代替了草地、绿野，形成了"城市荒漠"，野生动物群在城市中消失，植物生长量比例失调，微生物活动受到限制，生物多样性也逐渐减少，从而使生态系统失调，并影响到碳、氧等物质的循环。

5. 噪声扰民

城市现代化工业生产、建筑施工、交通运输、社会生活等活动都会造成一定程度的环境噪声污染。我国城市区域环境噪声污染严重，城市平均等效声级均在55dB以上，其中85%的城市高于60dB，影响了城市居民身心健康。城市通信、通信线路以及输电线路纵横交错，电台、电视台、雷达卫星以及其他方面产生的电磁波造成的环境污染越来越值得重视。

(资料来源：孙俊. 城市化进程敲响环境警钟[J]. 资源与人居环境，2005(4))

问题：

(1) 什么是城市化？
(2) 城市化动力与城市化问题之间有哪些值得思考的关系？

第七章 社会制度

【学习目标】

通过对本章内容的学习，读者应了解社会制度的含义、特征和类型，掌握社会制度的构成、体系及其功能；理解制度建设与制度化、制度改革与制度变迁的内涵，能够将其运用到关于社会秩序与社会协调运行的现实问题分析之中。

【导读案例】

> 江苏省物价局自上个月公布拟调价的137个医疗服务项目后，由于涉及91.2%的项目价格上涨，所以该方案自公示起，反对之声就不绝于耳。鉴于这种状况，物价局决定暂缓推出各项基本医疗服务新价，表示要继续征求社会各界的意见，并在听证后再行决策。笔者认为，这是一个好的动向。因为这意味着有关的政府部门开始将民意作为影响自己决策的重要因素，并意识到改革的方案应该尽可能兼顾到社会各方利益。
>
> 长期以来，我们印象中的改革却不是这样的。改革总是和这样一些"关键词"联系在一起：力排众议、闯关、攻坚、"以铁心肠、铁手腕、铁面孔砸烂铁饭碗、铁交椅、铁身份"的所谓"以三铁砸三铁"等，似乎非如此就不足以展示"改革者"的魄力。然而我们却很少意识到，这样的一种改革方式，其实是一种不民主的改革方式，由于这种方式拒绝了利益相关者的参与，必然会埋下许多隐患，不仅不利于社会和谐，而且也损害了改革的声誉。
>
> 一个改革方案只有符合这样两个前提才可以被人以"铁腕"来强行推进，一是对大多数人有利并且不损害少数人的合法利益；二是符合历史进步的方向。但综观近年来的诸多改革，我们很难从中找到同时符合这两条原则的，而相反的例子却比比皆是。比如，在高等教育改革中，从不收费到收费，我们无论如何都不能说这是符合大多数人利益的，恐怕也不能说这就符合历史进步的方向。"请神容易送神难"，因为改革就是利益格局的重新调整，一项不合理的改革措施被强行推出以后，尽管只有少部分人能够从中受益，但如果再想将其"改回来"，那就会变得极其困难。如果江苏省的这100多项医疗服务项目价格被涨上去之后，发现老百姓无法承受，再要把它降下来，将可能遇到更大的阻力。
>
> 现在我们知道了，一项改革方案即便是符合我们前面提到的那"两个前提"，也必须经过完整的民主程序之后，即要让各利益相关方都有同等的权利和机会充分参与之后，才能获得实施的正当性，这应该被视为一个原则。江苏省物价局这次"暂缓推出"改革方案的举措昭示了一种新的改革路径，值得我们继续予以期待。
>
> （资料来源：郭松民. 改革路径的新突破[J]. 公民导刊，2006(12)）

以上案例中介绍的是江苏省物价局在公布的拟调价的137个医疗服务项目后"暂缓推出"改革方案的举措，你对此有哪些看法？它告诉我们，在现代社会，人为设计的制度需要经历怎样的过程？由此，我们还可以发现制度改革的必要性和迫切性在哪里？带着这些疑问，我们可以更深入地思考关于制度改革、制度化与制度变迁等诸多现实问题。

第一节　社会制度概述

在现实生活中，人们通过社会行动来实现各自的目标，这些社会行动的背后总有一些行动规则来确定、协调和纠偏，从而确保人们行动的秩序和目标达成，这些行动规则就是社会制度在人们行动中的反映。社会制度就是人类社会关系与社会行为的规范体系，社会制度对人的社会生活有着广泛而深入的影响。研究社会制度可以使我们看到它在规范人类行动、实现社会进步以及构建社会秩序等方面所起的重要作用。

一、社会制度的含义

《说文解字》解释"制"为："裁也，从刀从未。"转引为"制作、规则、制订"之意，引申为"约束、法度"。"度"在古代是指计算长短的标度和器具，引申为"法制、法度"。"制"与"度"合用，意为"规范、法度和制定法度、规定"。社会制度对应的英语单词是"social intitution"，"institution"原意为"风俗、习惯、教导、指示"，其含义包括三个方面：①机构或组织；②风俗或习俗；③创立规则或创建社会。

美国新制度经济学派的舒尔兹把制度定义为管束人们行为的一种规则，这些规则涉及社会、政治及经济行为，他们包括管束结婚与离婚的规则，支配政治权力的配置与使用的宪法中所内含的规则以及确立由市场资本主义或政府来分配资源与收入的规则。美国经济学家诺斯也指出，制度是一系列被制定出来的规则、守法程序和行为的道德伦理规范，它旨在约束追求主体福利或效用最大化利益的个人行为。制度是人所发明设计的对人们相互交往的约束，它们由正式的规则、非正式的约束(行为规范、惯例和自我限定的行为准则)和它们的强制性所构成。

从社会学的角度来界定社会制度，社会制度是在实践中形成并作用于人们的社会实践，能够满足人们的社会需要，具有相对稳定的规则体系。它包括三层含义：①社会制度起源于社会实践，没有哪一项社会制度能够脱离人们的社会生活而孤立存在，每一种具体的社会制度总会影响到特定条件下人们的社会生活；②社会制度是为了满足人们的社会需要而产生的，人们对社会秩序、社会安全与社会整合的共同需求促使人们运用群体的力量来解决各种各样的社会问题，由此，风俗习惯、乡规民约、宗教信仰、伦理道德以及法律、法规等规则便发挥不同的作用；③社会制度具有相对稳定性，社会制度经由制度化过程一旦产生，就会在比较长的时间内发挥作用，不会随意更替，更不会瞬息万变，制度变迁也是在保持制度的相对稳定性基础上的变迁过程。

人们经常把社会制度与社会规范视为同一个范畴，实际上，这两个概念既有联系又有区别。在共同点上，社会制度与社会规范都形成于社会、作用于社会并且具有相对稳定的一套行为模式，二者的作用都在于调节人与人、群体与群体、人与群体之间的关系。

二者的区别在于：①社会规范总是对社会生活中的个人而言，而大的群体或社会组织的行为约束与利益协调总是通过社会设置的规范体系来实现；②社会制度对群体和组织的利益与行为的约束总是必须借助一定的正式机构和设施，而社会规范对社会行动者个体行为的约束则不尽然；③考察社会制度的着眼点是各项规范之间的关系，而不是某种具体的孤立的规范之间的具体内容；④社会制度中的规范都是具有普遍意义的、稳定的和正式的规范，而社会规范可以包括特定的、临时性的行动规则；⑤社会制度包括价值系统、规则系统、组织系统和设施系统，社会规范往往不包括组织机构和具体设施。

二、社会制度的特征

(一)普遍性

社会制度的普遍性表现在当今社会人们的社会生活都离不开社会制度的调节和影响。人类的社会制度是社会"与生俱来"的，尽管在远古时期，它们还不具有今天这样完整的形式，婚姻家庭制度、教育制度、宗教制度在人类社会的早期就已经存在，它们共同发挥传承社会生活经验和调节人们的社会关系的作用。人类社会的主要制度如政治制度、经济制度、教育制度、家庭制度、宗教制度普遍存在于世界上的一切国家和民族之中，尽管它们的表现形式是不同的。所以，无论从时间还是从空间来看，社会制度都在人类社会中普遍存在，这种普遍性是由于人类的基本需要是大体相同的。

(二)变异性

社会制度时时可见，处处可寻，但在不同的历史时期，社会制度的具体内容和表现形式往往并不相同而具有变化性。这首先是由社会生产力发展水平造成的，随着生产力水平的提高，社会关系会出现变化，由此引起社会制度的变异。其次，阶级社会中的阶级利益对立及社会各阶级的发展状况造成社会制度的变化。另外，自然环境和社会环境对社会制度的变化也会产生一定影响。

(三)相对稳定性

社会制度是人类社会中相对稳定的规范体系，它是人类在长期的社会生活中形成的，具有协调人们的行为、稳定社会生活的作用。一般来说，一种社会制度确立以后，就会在一个相当长的时期内制约着它所涉及的整个范围的全体成员，社会制度的稳定对社会发展是有益的，如果不能保证社会制度的相对稳定，人们就容易无所适从，社会就容易动荡不安而无法发展。所以，无论是个人还是社会整体都要求社会制度应该有相对的稳定性。当然从根本上说，社会制度是可以变化的，但相对稳定性还是存在的。

三、社会制度的类型

按照不同的标准可以把社会制度分成不同的种类。社会学家一般是按照制度的性质和功能分类，美国早期社会学家萨姆纳把社会制度分为四类：①社会自存制度，包括工业组织、财产、统治组织等，此类制度集中于包含谋生的兴趣，即所以满足此种基本兴趣者。②社会自续制度，包括婚姻与家庭等，此类制度集中于情爱兴趣，即所以满足此类基本兴趣者。③社会自足制度，包括许多不相关联的社会形式，如服饰、装束、礼节以及关于娱乐的游戏、赌博、舞蹈、艺术等，此类制度集中于自炫及寻乐的兴趣，即所以满足此种基本兴趣者。④宗教制度，包括灵魂鬼怪等信仰，此类制度集中于敬畏的兴趣，即所以满足此种基本兴趣者。

现代美国社会学家英克尔斯认为得到大多数人承认的重要制度有四种：①政治制度，它涉及的是权力的行使和对力量的合法使用的垄断；②经济制度，它涉及的是货物和服务的生产和分配；③表意组合制度，它是关于戏剧、消遣、思想和价值传递的制度，科学、宗教、哲学、教育也归入这一类制度；④亲属制度，它是关于婚姻家庭、性和抚育的制度。

按照历史唯物主义把社会分为两大类的原则，社会制度也可以相应地分为两大类：一类是本原的社会制度，另一类是派生的社会制度。在社会制度中，那些在人类社会初期就形成并在社会生活中发挥基本作用的制度可以称为本原的社会制度，其特点有：①它们在人类的社会生活中较早出现，是这些制度使人类生活成为社会生活。②这些制度发生于人类生活的基本领域，因而在人类的共同生活中发挥着基本作用。③这些社会制度可能会衍生出新的社会制度。经济制度和家庭制度在人类社会的存续和发展中发挥的作用是基本的和持久的两个基本制度，也是两个最具代表性的本原的社会制度。

派生的社会制度是在本原社会制度的基础上分化、产生和发展起来的社会制度，它是某一特定领域中的社会制度。与本原的社会制度相比，派生的社会制度是后来出现的，它是在本原社会制度的基础上产生的，甚至是由本原社会制度的某一部分发展起来的。派生的社会制度的功能与本原社会制度相比综合性不强，其领域特点比较明显。派生的社会制度主要有政治制度、教育制度和宗教制度。随着人类社会的发展，新的派生的社会制度也在发展，比如科学制度、医疗卫生制度和社会福利制度都在现代社会生活中发挥着越来越重要的作用。

从管理的角度来看，社会制度由正式制度和非正式制度组成。正式制度是指人们有意识地创造的、正式的、由成文的相关规定构成的规范体系，它们在组织和社会活动中具有明确的合法性，并靠组织的正式结构来实施，包括法律、法规、组织规章等。非正式制度是指人们在长期交往中无意识地形成的、不成文的、指导人们行为的道德观念、伦理规范和风俗习惯等。研究表明，非正式制度对正式制度发挥着支持、补充的作用，因此不能忽视非正式制度的作用。

第二节　社会制度的构成与功能

一、社会制度的构成

社会制度是由价值系统、规则体系、组织系统、设施系统四个要素组成的综合体，四个要素的排列组合不同，就形成不同的具体制度。

(一)价值系统

价值系统是社会制度的灵魂，是关于确立社会制度的目的和宗旨，是一项社会制度所确立的根据和人们应当接受的理由，具体表现为抽象的社会学说、社会理论、社会思想和社会价值观。社会制度之所以能够被人们接受，是由于有一套关于它存在的根据和令人接受的理由，用以支持和维护这个制度的存在，不同的制度需要不同的观念来引导和支持。

社会制度的价值系统是社会制度在长期实践过程中形成并逐步完善的，反过来又促进制度的发展。资产阶级的自由、平等和竞争的价值观是在资产阶级革命初期提出来的，是资产阶级从封建地主阶级手中夺取政权，建立自由竞争的资本主义社会的理论基础，这套价值系统对促进资本主义制度的巩固和发展发挥了巨大的作用。

(二)规则体系

规则体系是社会制度的基础。社会制度包含着一整套活动规则，用以规定在这个制度之下的人们之间的社会关系以及人们各自的行为模式。规则系统范围很广，包括社会的风俗习惯、传统惯例、伦理道德等不成文的规范以及准则、章程、条例、仪式和法律等成文的正式规范。一套行之有效的社会制度总要有规则系统，缺少了规则系统，就会使执行人无所适从。一套规则系统如果已经落后于实际，便会成为一纸空文，如果硬性规定，必须实行，则容易产生阳奉阴违。若一套制度的规则体系在人们的行为中深入人心，则容易产生惰性，形成路径依赖，使人们即使在新的条件下也不想改变这种老的规范系统，使人们的行为趋于保守，阻碍革新。

(三)组织系统

组织系统是社会制度得以执行的机构保障。如果只有价值系统和规则体系，社会制度还仅仅是个空架子。社会制度的实际作用是通过组织活动来实现的，社会组织把一定数量的社会成员集中在一个被赋予特定目标和职能的组织中，组织通过对成员的行为进行规范来体现社会制度的协调和规范功能，维持特定的秩序，提高行政效率，从而满足人们的社会需要。组织机构的结构和效能对制度的功能发挥关系极大，当原有的组织机构不能适应制度变革的要求而不能有效运转时，对组织系统的变革就成为制度改革的重要突破口。

(四)设施系统

设施系统是社会制度得以执行的物质保障。社会群体或社会组织推动社会制度运行总是要凭借一定的条件与媒介，这种媒介就是物质设施，它是根据社会制度的实际需要而设立的。设施系统包含象征性设施和非象征性设施，象征性设施代表一个组织、一种制度的威严和力量，发挥树立组织形象、团结激励组织成员的作用。

社会制度的四个基本构成要素是相互联系、相互影响的关系，社会制度的变革应注重四种构成要素的整体协调性。

二、社会制度的体系

社会制度不仅十分深刻地影响着人们的社会生活，而且内涵十分丰富，各种社会制度彼此联系，构成一个完整的体系，这是分析社会制度内部结构的重要维度。

从纵向联系的角度来看，我们经常使用"封建主义制度""资本主义制度""经济制度""宗教制度""公司财务制度"和"学校考勤制度"等概念，这些概念反映出社会制度在纵向上所具有的三个不同层次，即宏观层次的社会经济与社会意识形态、中观层次的社会生活领域、微观层次的具体社会活动，较低层次社会制度是较高层次社会制度的基础。

在宏观层次上，马克思在分析人类发展的规律时使用了社会经济形态的概念。按照生产力发展的不同阶段以及意识形态上的差异可把社会制度分为五大类，即原始社会制度、奴隶制度、封建制度、资本主义制度和共产主义制度，这些制度反映出不同的社会形态在特定历史条件下所实行的根本经济制度和政治制度，历史学和政治学比较关注宏观层面的制度含义。

在中观层次上，社会制度是指社会为了组织和管理某方面的社会活动而订立的行为规则与规范体系，婚姻家庭制度、经济制度、政治制度、宗教制度和教育制度就属于中观层次的制度，这些制度是社会学考察的重点。

在微观层次上，社会制度反映的是某一组织或群体内部用以约束成员行为的社会规范，如考勤制度、值班制度、财务制度、岗位责任制度等，它们是具体指导人们活动的规则，是组织中的一些具体规定。

社会学研究中观层次的社会制度，其内部也可以分为不同的层级。例如，婚姻家庭制度包括婚恋制度、姻亲制度、生育制度、财产分配制度、遗产继承制度、家庭成员之间的责任制度。经济制度涉及的内容就更为多样，在它的亚层级中既可以进行宏观与微观的纵向划分，也可以按经济制度作用的领域进行横向划分，通常把经济制度分为生产制度、流通制度、分配制度和消费制度。

从横向上看，同一层级的不同社会制度之间通常是相互联系、相互作用的。社会生产与生活本身就是一个完整的体系，虽然它们被人为分为不同的系统，但在各个社会系统中发挥作用的社会制度从来不是孤立存在的。比如，经济领域中的生产制度、流通制度、分配制度和消费制度总是相互影响的。一个社会的经济制度、政治制度、家庭制度、教育制度和宗教制度也是相互联系的，它们构成了社会制度体系，由此在研究一种制度时，不应忽略相关的其他制度，研究制度之间的关系有助于认识某一社会制度。

一个社会的社会制度是由不同层级、不同领域的社会制度构成的体系即社会制度体系，各种社会制度互相依存、联合运作，才能使高层次的社会制度发挥应有的作用。各种社会制度的相互联系表现在以下几个方面。

(1) 在产生上相互交织和在发展上相互促进。社会制度的产生有先后，但最早出现的家庭制度同时包含了其他制度的内容，只是随着社会生产力的发展，其他制度才逐步独立出来，各自承担不同的功能，所以从产生上看，它们原本是不可分割的。从发展上看，各种制度具有不同的功能，因而其在社会发展中的地位和作用是不同的，其中经济制度起着决定性的作用，但其他制度对经济制度的发展也起着能动的反作用，例如政治制度、宗教制度对经济制度就可以起促进或制约作用。

(2) 在结构上相互影响。许多社会制度最初都源自本原的社会制度，因而在结构上不免受到本原社会制度的影响。在现代社会中，社会制度不断细化、复杂化，制度间互动频繁，其内部结构也有相互适应的因素。如果制度间发生结构性不适应，则容易产生制度摩擦。

(3) 在功能上相互依存。首先，制度在功能上具有多样性，每一种社会制度除了自己特有的主要功能之外，还具有其他的一些次要功能，即不仅服务于自己特定的领域，还对其他领域产生影响。例如，政治制度不仅服务于社会的政治生活领域，而且还对经济、文化及家庭生活领域产生影响和制约作用。其次，制度在功能上存在着互补性，每一种社会制度都不可能仅靠自己来发挥其多种功能，只有在其他社会制度的配合下才能使自己的功能得到很好的发挥。

各种社会制度之间的相互联系和相互影响要通过多种方式来进行，这些方式主要有：①社会制度间的相互调适。在社会制度体系中，任何一种社会制度都不可能独立存在，总要与其他制度发生联系，一种制度必须和其他社会制度相调适，一方面在结构和功能上相调适，以维持整个体系的相对平衡；另一方面要适应其他制度的变化，以保证制度体系的协调发展；②社会制度间的相互合作。为了达到某个社会目标或效果，单靠某一种社会制度是不够的，需要不同社会制度在功能上进行配合，共同努力；③社会制度间的相互制约，这种制约可以避免社会制度体系中某一制度的过快或过慢等异常发展，避免因此引起的社会制度体系的不平衡，防止制度体系因不能正常运转而引发的制度失效。

三、社会制度的功能

(一)社会制度的基本功能

社会制度的基本功能是社会制度为了满足社会运行与发展的需要而发挥的作用，各种各样的社会制度都会产生特定的社会功能，这些社会功能的影响和制约范围也各不相同。总体性社会制度决定着社会的意识形态，对其他各项社会制度起着基础性作用。正如英国人类学家马林诺夫斯基所指出的那样，任何社会制度都针对一种社会需要，各种社会制度的存在满足着社会不同的需要，发挥着相应的功能。

1. 需要满足功能

无论本原的社会制度还是派生的社会制度都是为了满足人们的社会生活需要而存在的。人类社会对人的需要的满足与动物世界不同，满足人的需要是一个极为复杂的过程，要受到各方面条件的制约，最主要的制约就是社会制度。人们可以通过社会制度来约束自己的需要，把需要控制在社会许可的范围之内，然后再通过相应的渠道来满足自己的需要。如为了满足人的物质需要，就要有相应的文化制度，没有这些制度来调整在物质或精神生产、消费中的相互关系，就无法满足人们的需要。

2. 行为导向功能

社会制度对于人们的行为具有激励和导向功能。任何具体的社会制度都是对特定人群的社会行为及其相互关系的调整和规定。从社会化的角度来看，人的社会化的主要内容就是认识角色和学习各种行为模式，从而使人获得社会成员的资格。社会化的行为模式也就是社会角色的模型，是要由社会制度来提供的。社会制度中的概念系统和规范系统规定了社会中的每个成员应扮演的角色形象和应具有的行为模式。例如，婚姻家庭制度规定一个家庭中各个成员应扮演的角色及角色之间的相互关系，父母、子女、妻子、丈夫应各自遵从这种规范，努力扮演好自己的角色，父严母慈、子孝妻贤就是封建社会制度对家庭成员各自行为的规定。社会制度不仅提供人们社会化的行为模式，而且还作为一种力量推动着人们按照社会规范行事，任何人违背社会的要求，社会制度就会对其进行干涉和惩罚。

社会中的每个人都有自己的价值观念和利益诉求，这些差异使人们有可能在行为上发生冲突，而社会生活要求人们的行为协调一致，保持一定的生活秩序，于是社会制度以提倡或禁止某一行为方式把社会所需要的行为模式建立起来，使社会中的个人或群体知道应该怎样做，不应该怎样做，使人们的行为有规可循，正确对待冲突，形成一定的社会秩序，同时通过对理想行为模式的倡导促使人们见贤思齐，从而推动社会进步。

3. 社会整合与控制功能

社会整合是社会系统内部达到协调的过程和状态，社会整合是社会作为整体的基本要求。社会制度规定了社会成员的行为模式，但并不是所有的人都能按制度要求行事，由于价值认同和客观条件等方面的原因，在现实社会中总会出现偏离甚至背离制度的情况，为了维持社会的正常秩序，制度就会出来干预，通过运用强制性、惩罚性手段或引导性、鼓励性手段对偏离或背离社会制度要求的成员给予不同程度的约束，从而起到对越轨行为的控制作用，社会整合目标的实现与社会制度的控制功能密不可分。

4. 文化传递功能

社会制度本身就是文化的重要内容。社会文化的传递要依靠一定的社会制度，社会制度一方面把过去人类创造的文化保存下来，传给下一代，即当人们来到社会上时，社会已经为他们准备了一系列文化、知识及相应的设施；另一方面，社会制度不断创造出新的文化，促进社会的发展。例如，社会化的过程就是通过家庭制度、教育制度、经济制度和政治制度等把社会文化传递给个人，使个人适应社会生活，成为社会中的一员，并在此基础上创造出新的文化形式，言传、身教和文字就是社会制度发挥文化传递功能的主要表现形式。

需要指出的是，以上四种功能只是社会制度功能的一般性概括，现实社会中各种具体的社会制度如政治制度、经济制度、家庭制度的特殊功能往往又各不相同，而且每一种制度都有多项功能，这些功能存在主次之分。例如，家庭制度的主要功能是养育子女和延续生命，次要功能包括生产和娱乐等功能。

(二)社会制度的功能失调

社会制度并不是任何时候都能很好地发挥功能，在社会变迁的过程中，一些原有的社会制度可能会出现不适应社会现实、阻碍社会进一步发展的情况，此时的社会制度在功能上表现为紊乱或不起作用，这就是社会制度的功能失调。主要原因如下。

(1) 制度惰性。社会制度具有一定的稳定性，而现实社会却处于不断变化发展之中，社会制度不可能完全适应社会生活和人类需要的变化，当这种不适应达到一定程度时，社会制度就会变得越来越僵化，最终成为社会发展的桎梏，这种情况被称为制度惰性。为适应社会的不断发展，要么要求打破旧有的制度框框重建新的制制度，要么原有的制度及时进行调整或者创新；否则，制度惰性带来的功能失调就无法克服。

(2) 制度内部秩序紊乱。从社会制度内部的构成要素来看，观念系统、规范系统、组织系统和设备系统这四个要素之间的关系未必十分协调，面临着失调的可能，容易导致社会制度在运行过程中发生紊乱，产生个人与个人、个人与群体、群体与群体、行为与规范之间的冲突，最终危及社会的健康运行与协调发展。

(3) 人为因素干扰。有时并非社会制度自身存在什么问题，而是由于制度的执行者出现了问题，他们操纵或干扰社会制度的正常执行，使社会制度的功能无法正常发挥，甚至产生相反的功能即负功能，主要有两个方面：一方面，压制个性、阻碍社会变迁。社会制度对社会成员个性的压制来自社会制度所具有的"代表社会利益"的特征，由此社会制度往往反对标新立异的个性化行为，压制违反制度要求的人们的需要。另一方面，尽管社会变迁不以人的主观意志为转移，但越是成熟的社会制度越不能容忍社会变迁。社会制度对社会变迁的阻碍作用至少来自两个方面：①对社会成员的过度社会化；②对越轨者的制裁。社会制度在满足人们需要的同时，也对人们进行着驯化，这种驯化会使社会制度发挥作用的情境"再生产"出来，其结果则是社会的"复制"或再生产。一般说来，过度社会化与社会制度的过分集中、过分强势有着密切的关系。社会制度在发挥控制作用时往往以对越轨者的制裁表现出来，对越轨者制裁的结果通常是社会创新的力量和社会变迁的动力受到阻碍，从而直接或间接地抑制社会变迁。

(三)社会制度的功能分析

运用结构功能主义学派的方法对社会制度进行功能分析对认识和充分发挥社会制度的功能、促进社会制度创新具有指导意义，对社会制度的功能分析包括性质分析和层次分析两个方面。

1．对社会制度的性质分析

功能分析视角的立足点是说明社会结构的各部分如何相互依存去实现社会整体目标。根据社会制度对社会运行后果的不同影响，可以把社会制度的功能分为正功能和负功能。社会制度的正功能是指某一社会制度的实行后果提高了社会系统的活动和适应能力，促进着社会系统各部分之间关系的稳定、协调和一致，为系统的良性运行和协调发展做出了积极贡献。社会制度的负功能是指某一社会制度实行以后，其结果是降低了社会系统的活力和适应能力，破坏了社会系统内部既存的结构与关系，造成社会系统内部结构与关系的紧张和冲突，对社会系统的良性运行和协调发展起到了消极作用。

任何社会制度对社会运行的作用既具有正功能又具有负功能，正如帕森斯所认为的那样，一项社会制度对社会系统运行的作用并不都是积极的和符合人们期望的，它在对社会运行产生积极作用的同时，不可避免地会产生一些消极作用，影响目标的达成。例如，企业在用工制度上引入竞争机制，一方面竞争能够增强企业活力，调动员工的工作积极性，促进企业的发展；另一方面竞争尤其是过度竞争也会造成群体之间、员工之间社会关系的疏远。正确理解社会制度功能的二重性具有重要意义，促使我们在制定制度时尽可能考虑到它可能发挥的负功能，使负功能的影响控制在一定的范围内，促进正功能得到充分发挥。

2．对社会制度的层次分析

功能主义认为有些社会制度的运行后果是人们能够认识到的，有些后果则隐而不露。社会制度对社会的作用往往有多种后果，根据这些不同的后果，我们可以把社会制度的功能分为显功能和潜功能两个层次。

社会制度的显功能是指一项社会制度在运行过程中能够被人们预料到的后果和意义。社会制度的潜功能则是指社会制度运行过程中还没有被人们预料到的客观效果。任何社制度都在某一特定的生活领域通过运用一套明确的社会规范系统来影响社会成员的行为。如果社会成员能够遵守社会制度的要求，则其行为结果通常是可以预期的。因而，对于某项具体的社会制度而言，与其直接目的相关的社会行动后果往往受到人们的特别关注，这就是社会制度的显功能。与此同时，一些社会制度影响下的社会行动的后果不仅仅与该制度的直接目标相联系，同时还与其他社会活动领域和其他社会制度发生联系，这些联系常常不被人明显地意识到，从而构成了社会制度的潜功能。

潜功能是一种盲目的自发力量，往往处在我们的认识范围和控制范围之外。但是，一旦人们认识到这种力量并对它进行研究和控制，它就有可能转化为一种显功能，服务于社会的良性运行。社会制度潜功能存在的原因有三个方面：①受到人们对客观事物认识的局限性的影响，对制度功能的期望与目标的实现总会有一定程度的距离；②社会制度运行条件的差异和变化往往也可能改变制度功能的实现；③不同制度之间的相互作用以及制度本身的生命周期会产生一系列问题，对制度的功能造成不同程度的影响。

潜功能对研究社会制度的建立及完善具有十分重要的意义，它告诉我们在制定某一具体的社会制度时，应当注意可能的客观后果，进行全面的利弊权衡，不能急于求成，也不能急功近利，才能让社会制度更好地发挥它的积极作用。

3. 社会制度功能分析的有关理论

运用功能概念来分析社会制度的社会学家很多，最著名的有马林诺夫斯基、帕森斯和默顿，这里介绍他们关于社会制度功能分析的理论，为我们对社会制度的功能分析提供借鉴。

英国人类学者马林诺夫斯基认为，任何社会制度都具有满足人类某种需要的功能。人类的需要分为基本需要和派生需要，人们创建社会制度就是用来满足人类的这些基本需要和派生需要的，如果一种社会制度不能满足人类的特定需要，那么这种社会制度是过时的社会制度。经济制度对应解决人们生存所需要的生活资料，家庭制度与人类抚育子女、精神满足的需要有关。在此基础上，他提出功能普遍性和功能不可缺少性两条基本假设作为制度分析的基本原则。功能普遍性是指任何社会制度必定有其社会功能；功能不可缺少性是指任何社会制度都发挥着不能为其他制度替代的功能。由于所有文化体系必须满足相同的需要，因此不同的社会有类似的制度。尽管有些制度初看起来十分奇怪，但它们与其他制度在形式上是同源的，只有体会到各种制度的类似性质，我们才能更好地理解这些社会制度。

美国社会学家帕森斯作为现代结构功能理论的创始人，他没有像马林诺夫斯基那样从人类个体的需要出发来解释社会制度，而是从社会整体的需求出发来解释社会制度现象。他认为，任何社会要存在和发展下去必须满足四个功能先决条件：①适应性需求，即社会适应外界环境的能力；②目标实现需求，即确立社会目标的优先顺序并调动社会资源来实现这些目标；③整合需求，即社会维持其成员或组织之间最低限度的团结和合作以避免分裂性冲突的需求；④模式维持功能，即社会必须保护和传递社会基本价值规范以使社会的延续不受成员更替的影响。这四个功能先决条件决定了社会系统的生存能力，其理论核心是强调社会系统的整合运行，而整合运行建立在任何社会系统都具有某种程度的自给自足及相互支持的基础之上。

默顿对帕森斯的观点进行了批判性反思，提出了一些新的功能分析概念，如显功能、潜功能、功能分析项目、功能分析机制、功能接受者、结构制约性、功能替代物。功能分析有四个步骤：第一，制度分析的重点是某项社会制度的客观后果；第二，要充分认识这种客观后果的多重性，包括正功能和负功能、显功能和潜功能；第三，根据特定后果与相应系统之间的关系确定其功能性质，并通过反功能考察制度问题和制度变迁；第四，必须清楚界定某一制度后果涉及的系统范围和群体范围，认识到对不同群体来说，特定后果的功能性质发生变化的可能性，并通过对"结构制约因素"的考察解释这种替代过程。默顿的功能分析概念和分析步骤对社会制度的研究做出了重要贡献。

第三节 制度建设和制度变迁

一、制度化与制度建设

(一)制度化及其过程

制度化是社会学研究社会制度时的一个重要概念。社会制度与人类社会一起发生发展，社会生活的本质是一种制度化了的有组织的生活。制度化就是社会群体和社会组织的社会生活从特殊的、不固定的方式向被普遍认可的固定化模式转化的过程，是人类的社会行为普遍被制度制约并且社会规范逐渐内在化的过程。制度化是群体与组织发展和成熟的过程，也是整个社会生活规范化、有序化的变迁过程。

制度化的内涵意味着三个方面的变化过程。

(1) 制度化指社会不断创立制度的过程，社会发展过程就是不断创立新制度、用制度的形式使社会活动、社会关系定型的过程。社会生活的和谐与社会关系的协调都离不开制度调节，社会各个领域的制度化是社会稳定有序的重要保证。

(2) 社会成员对社会制度的遵从和执行的力度也在发生改变。制度化的过程往往伴随着社会成员日益自觉地按照社会制度的规定来安排并实施自己的行为。在现代化与全球化的影响下，人们的行为几乎都可以看作是制度化了的行为，因为只有执行制度的规定和要求，人们的行为才是正当的、合理的。

(3) 社会制度调节范围的改变。随着社会的发展，越来越多的社会活动、社会关系需要社会制度予以调节，这就促使社会制度的调节范围一直在不断地扩大。

从中反映出制度化既是社会发展的必然结果，也是社会发展的必然要求。

制度化的具体过程表现在三个方面：①确立共同的价值观念。通过制度执行过程中的宣传教育促使社会成员认识自身利益与共同利益之所在，树立重视共同利益的一致性和重要性的价值取向，并将这种价值取向转化为群体性认同，制度化的过程在某种意义上就是加强个人对社会群体乃至整个社会的价值认同过程；②制定具体的社会规范。共同价值观确立以后往往需要用具体的规范来施行，以便把人们的行为纳入到一个共同的框架下进行管理，实现社会管理的标准化和合法化；③提供实施规范的物质保障。在具体的社会规范建立之后，其实施必须提供组织机构以及人力、物力和财力的保障，否则制度制定得再好也无法施行，可以说制度化的过程必然伴随着组织机构建立与健全的过程。

那么，判定一项制度的制度化程度有没有具体的标准呢？我们认为，制度化程度的判别标准可以从以下三个方面进行考虑。

一是看概念是否明确。一项具体制度所涉及对象的概念越明确，那么制定的规范标准也就越清楚，制度化程度也就越高。

二是看制度中规范的适用范围如何，也就是制度的系统化、完善化和影响力大小的问题。对于一项制度而言，其适用范围越普遍，人们的行为方式也就越统一规范，那么制度化程度也就越高。

三是看制度内部结构的合理性。从制度体系化的角度来看，一项具体制度的内部构成要素及各分支系统的结构布局合理，则该制度的功能发挥就会比较顺畅或者比较充分，这也可以反映出该项制度的成熟度。

任何一项制度都有一个从无到有、从不成熟到成熟、从不被熟知到被认同和执行的过程，而且在制度化以后，还会经历一个这种制度日益僵化过时、不能有效发挥作用的衰落阶段。一项具体的制度从形成到消亡的过程表明制度有其特定的生命周期，这一周期可以分为形成期、效能期和萎缩期三个阶段。当某项社会制度处在形成期的时候，也就是一些社会价值和行动规范趋于一致的时候，这里面包含一个渐进的制度转化过程，即社会制度从不完善到完善的过程。当一项具体的社会制度达到概念明确、规范普遍适用、内部结构合理、效能充分发挥的时候，就表明社会制度已经进入制度化过程完结的效能期。对于制度化过程造就的具体制度而言，还存在着一个由于制度生存环境的变化所导致的制度消亡阶段，也就是制度的萎缩期。一项制度从效能期向萎缩期转化的过程即是制度变迁所关注的内容。

(二)制度化的机制

制度化作为社会规范的形成过程是借助什么力量来完成的？这就是制度化的机制问题，自然起源论和人为设计论对这个问题做出不同的解释。

自然起源论认为制度化并不是人们有意地预先设计制度的过程，而是在人们的社会生活中自然而然的制度生成过程。人为设计论者持不同的观点，他们把制度化看作是人的自主自为的制度设计过程，这个过程要经历不间断的理性选择，当某种行为和互动方式使人们感受到切实的利益时，人们会重复这种行为方式，最终促使这种行为方式固定下来而形成制度。

由以上争论可见，现代社会中的许多社会制度是人为设计并通过特定的社会运行机制去实施的。单从某项社会制度出现的角度来看，制度化过程具有"自上而下"的特征，但这种社会制度被接受和实施的制度化过程并不只是"自上而下"的。在社会建构论者看来，社会成员并不是完全被动地接受和执行某项社会制度，尤其是面对某些具体规则时，现实的利益与既定的规则之间常常会形成某种博弈，更多的时候是社会成员特别是社会制度的执行者和解释者会站在自己利益的角度去变更规则。由此，制度化机制就是一个制度制定者、推行者与各种制度的相关参与者与制度的适用对象之间的互动过程。

(三)制度建设

现代社会是一个十分复杂的既高度组织化也高度制度化的社会，在这样的社会中，组

第七章 社会制度

织或社会的权威部门力图设计某些制度性规则并将其推行的情况十分常见,这也是人们经常讨论的制度建设问题。从制度设计者的角度来看,这种使相关人员认同某些规则并且努力实行的过程就是制度建设。开展制度建设的目的就是要从各种可能的条件出发,充分发挥制度的积极效能,服务于社会的发展。

一般而言,推进制度建设必须考虑三个因素:一是制度建设的目标是否与更大的社会系统目标相一致;二是具体制度的建设必须与社会的实际情况相结合,逐渐完善制度的细节部分,而不是期待制度设计一旦完成,制度建设就顺利完成了;三是制度建设与制度改革是相辅相成的,有时需要同时进行,从本质上讲,制度建设就是社会制度定型化的过程。

从正式组织和组织体系的角度来看,在"自上而下"的制度化模式中,要使制度规则被实施有两条途径:一是做好组织成员的社会化过程,使组织成员逐步认同新生的制度,并协助这些制度的推行工作;二是借助组织机构的权威和控制力,强制性地推行某些新生的制度,对保守力量和反对力量予以惩戒,以此实现制度建设的目标。

在制度建设的过程中有两种现象值得注意,即制度化优先现象与制度化逃避现象。当某种制度得到人们的认可而顺利推行时,说明这种价值观和规范得到了公众的普遍认可,这样的价值观和规范在社会中就会畅通无阻,这就是制度化优先现象。也就是说,当社会中的几种社会规范发生冲突时,有一种比较定型的社会规范占有优先地位,如在封建社会里,当遇到忠孝不能两全时,先国家后小家、先忠义后孝道的选择则具有优先性。在现实生活中,当个人利益与集体利益发生冲突时,尽管两种利益都具有合法性和合理性,但舍弃个人利益去成全集体利益则会是人们优先考虑的问题,这也是一种制度化优先现象。从深层次上讲,制度化优先现象是制度建设过程中制度冲突的必然结果。

制度化逃避也是制度建设中经常发生的问题,阳奉阴违就是一种常见的制度化逃避现象。在现实社会里,黄、赌、毒、贪污腐败等现象在法律和道德上都是不允许的,但经常存在,而且还屡禁不止,就是因为有一些人钻制度的空子。一些人借制度改革之名假公济私,中饱私囊,有时是"合法不合理",有时是"你有政策、我有对策",这就是制度化逃避现象。所以,加强制度建设就要高度关注制度化优先现象和制度化逃避现象。

【案例7-1】富士康悲剧彰显制度建设的缺失。富士康跳楼事件看似偶然,实质却反映长期以来我们某些社会制度的缺失。"一趾之疾,丧七尺之躯;蜷蚁之穴,溃千里之堤。"我们必须高度重视社会制度建设,使社会更和谐、更稳健地走向未来。具体而言,富士康跳楼事件警示我们,我们的社会制度至少存在五个方面的缺失:①劳动监管制度的缺失;②社会表达和维权制度特别是工会制度的缺失;③心理救济制度的缺失;④积极健康的主流意识形态和适应多元精神需要的非主流意识形态的缺失;⑤公平正义的社会制度在局部领域缺失。

(资料来源:蒋晓伟.健全和完善缺失的社会制度[J].探索与争鸣,2010(7).)

问题:是什么原因造成上述制度的缺失?

分析:案例中提到了富士康悲剧。从制度建设的角度来看,诸多制度的缺失正好反映出制度化优先和制度化逃避的双重现实,在制度建设过程中,如何面对现实去克服这些问题将是制度决策者和执行者共同面对的难题。

二、制度变迁

当我们从微观的角度去观察社会制度的发展过程时，就会发现社会制度是经常性地处于变化之中的。制度变迁就是社会制度发生、发展和消亡的过程。任何一种社会制度都处于不断变化之中，但这种变化不是偶然的、自发的，而有具体的原因和特定的规律可循。

(一)制度变迁的原因

(1) 社会生产方式的变化，这是制度变迁的根本原因。任何社会制度都建立在一定的生产方式的基础之上，生产方式的变化是由生产力发展决定的，而生产力的发展则不以人的主观意志为转移，它始终是一个客观的必然过程。所以，从根本上讲，生产方式引发制度变迁的实质是生产力的发展决定制度变迁。

(2) 人类社会生活需要的变化，这是制度变迁的直接原因。各种社会制度其实都是为了适应一定社会条件下人们的生活需要而产生的，随着生产力的发展和社会的进步，人们的需要也在不断地变化。为了满足人类这种不断变化的生活需要，人们总是不断地改革旧制度和创造新制度，从而促进社会制度的变迁。

(3) 自然环境的变化。自然环境是人类社会赖以生存和发展的物质基础，人类社会的生产生活方式在很大程度上受到自然环境的制约。任何社会制度都存在于一定的自然环境之中，或多或少地受到自然环境的影响。游牧社会与农耕社会在自然条件上的差异直接影响到它们在社会制度与社会文化方面的许多差异。自然环境的变化一般来说是缓慢的，它会促成社会制度的渐变过程，但有时自然环境的变化则十分迅速而且剧烈，它所导致的社会制度的变化也会突然而且急剧，如气候变暖、沙漠化对人类社会制度的影响较为缓慢，而地震、海啸、泥石流、火山喷发对人类具体社会制度的影响就较为剧烈。

(4) 社会环境的变化。社会制度只是社会的一个子系统或者一个组成部分，必然受到其他子系统的影响，这些子系统构成社会制度的外在环境。一般来说，科学技术的创新、思想观念的进步、外来文化的传播、异族势力的武装侵略、阶级冲突引发的战争都会影响到社会制度的变迁，这些非制度性因素的社会环境变化有时对制度变迁的作用还十分明显。

(二)制度变迁的规律

历史唯物主义认为社会发展是有规律可循的，作为社会系统一部分的社会制度的变化也必然是有规律可循的。

(1) 社会制度的变迁是必然性与偶然性的统一。社会要向前发展，社会制度要发生变化，这是历史的必然。但是社会制度在什么时候发生变化，以什么方式发生变化，会有哪些因素去加速或延缓制度变迁，这往往又是偶然的。

(2) 社会制度的变迁是量变与质变的统一。任何事物的发展变化往往都是由量变开始的，社会制度也是如此。它的变化问题从平稳而缓慢的变化开始，当制度内部的矛盾积累到一定程度时，这种量的变化就会产生飞跃，引起社会制度根本性质的变化。

(3) 社会制度的变迁是可能性与现实性的统一。社会制度的变迁需要以一定条件为前提，但这些条件的具备还只能给社会制度的变化提供可能性，要把这种可能性变成现实性，还需要人的艰苦努力,社会制度的变迁表现人的主观能动性与社会发展规律性的辩证统一。

(三)制度化与制度变迁的关系

制度化与制度变迁都是从历史的角度来看待社会制度的动态变化及其过程,不同之处在于以下几方面。

(1) 制度化是人们的行为方式或群体的社会生活从不固定到比较固定,从变动不居到模式化、定型化的过程;而制度变迁则是在特定社会制度形成以后,制度的相对稳定性受到挑战而发生的制度变化过程。

(2) 制度化强调的是制度的"化成",制度变迁强调的是制度的"化去"。也就是说,制度化这一概念更着力于某一制度的形成与成熟过程的考察,而制度变迁则更加强调制度生命周期中的老化、消亡以及新制度的替代过程。

(3) 制度化之中的"化"既可以指某种过程,也可以指特定的结果。制度化作为一种结果,显示出制度的相对稳定性;制度化作为一个过程,显示出制度始终处于不断变化之中。而制度变迁则更多地指制度在其生命周期中的不断变化。

三、制度改革

在社会发展过程中,由于人类社会需要在不断发展,社会制度的惰性和社会制度的周期性特征导致社会制度变迁及其改革从来就没有中断过。制度改革既可通过社会革命的方式来建立新的社会关系和社会制度,也可通过对旧的社会制度的改革来适应新的社会关系的变化,促使社会制度的功能得以正常发挥。每当社会生活发生重大变革的时候,这些变革必然引起社会制度的较大变动。我国正处在社会转型时期,一些制度需要调整,另一些制度需要淘汰,还有一些制度需要创造。

那么,人们为什么要进行制度改革?一是人类自身需要在不断发展。二是社会制度的惰性和社会生活的易变性之间存在矛盾,如果不及时进行制度改革,社会历史的发展进程就会因制度过分滞后或过分僵化而受阻。三是社会制度总有一定的生命周期,没有不变的制度。主动进行制度改革既遵循制度运行的基本规律,也有助于把制度变迁纳入人们可控的范围之内,促使制度效能得到更好的发挥。

制度改革的基本要求有以下几点:①制度改革应当以满足社会发展的客观需要为目标;②制度改革要配套,既要注意制度构成要素之间的协调,又要注意制度与制度之间的协作;③注意制度变迁的路径依赖现象。按照诺斯的观点,路径依赖就是指人们过去做出的制度选择决定着他们现在可能的选择,造成路径依赖的因素包括:一个有效的制度被确立之后会产生强化这一制度的一些活动;在制度发挥作用从而收益增加时,会产生与这一制度共荣共存的组织或利益集团,他们会自觉地维持这一制度,即使这样的制度是无效的,他们也会努力地去维持。所以,某项社会制度一旦被人们选择并且实施后,它就会有一种惯性,即在制度发生变迁时,由于很多人熟悉原来的制度,造成在新制度的选择方面会深深地受到原来制度的影响。当前,我国在经济体制改革和政治体制改革中遇到的许多问题都与制度依赖有着密切的关系。

本章小结

本章介绍了社会制度的内涵、构成及特征，分析了社会制度的功能，揭示了社会制度变迁的原因及制度建设的思路。社会制度是在实践中形成并作用于人们的社会实践，能够满足人们的社会需要，具有相对稳定的规则体系。社会制度多种多样，是社会运行的软件系统，具有正功能和负功能，要适时进行制度化并对失效制度进行改革。

习 题

一、判断题

1. 社会制度就是社会规范。 （ ）
2. 社会制度的功能是由社会制度的内部结构决定的。 （ ）
3. 制度化与制度变迁是两个既有区别又有联系的概念。 （ ）

二、单项选择题

1. 在社会制度的各个层次中，社会学家们研究的主要层次是（ ）。
   A. 现实层次   B. 中观层次   C. 宏观层次   D. 微观层次
2. 认为社会制度是人们为了有效地共同活动而有意设计出来的观点是（ ）。
   A. 社会唯名论 B. 社会唯实论 C. 自然起源论 D. 人为设计论
3. 人们有意识地创造的、正式的、由成文的相关规定构成的规范体系，可以称作（ ）。
   A. 经济制度   B. 政治制度   C. 正式制度   D. 非正式制度
4. 某种社会制度从其产生、不断完善到成熟、再到衰落直到消亡的过程，可以称为（ ）。
   A. 制度生命周期 B. 制度改革   C. 制度建设   D. 制度依赖

三、多项选择题

1. 本原的社会制度包括下面（ ）。
   A. 政治制度   B. 教育制度   C. 宗教制度
   D. 经济制度   E. 家庭制度
2. 社会制度的构成要素有（ ）。
   A. 价值系统   B. 规则系统   C. 组织系统
   D. 设施系统   E. 网络资讯
3. 社会制度的功能具体表现为（ ）。
   A. 满足人的需要功能 B. 行为导向功能   C. 社会整合功能
   D. 文化传递功能   E. 社会制度也有负功能

第七章 社会制度

四、案例分析题

材料：燃油税的历史回顾，13年的政策之旅

1994年有关部门正式提出开征燃油税。

1997年全国人大常委会通过《公路法》首次提出以"燃油附加费"替代养路费，拟于1998年1月1日起实施。

1998年10月，九届全国人大常委会第五次会议审议有关燃油税的议案。同月国务院提请全国人大审议《公路法》修正案草案，但修正案两次遭否决，燃油税也跟着被推迟。到1999年10月31日全国人大常委会第十二次会议才通过《公路法》修正案，正式将"燃油附加费"改为燃油税。

1998年，时任国务院总理的朱镕基在《政府工作报告》中强调，要进一步完善财税体制改革，重点是全面清理和规范收费，逐步实行"费改税"。

2001年1月4日，时任国家税务总局局长的金人庆透露，燃油税出台工作已经就绪，将在适当时候开征该税种；当时有消息称，2001年下半年燃油税肯定会开征。

2001年6月6日，时任国务院总理的朱镕基在清华大学经济管理学院讲演时对燃油税下马给出了解释。目前问题是油价太高，28~30美元/桶，去年还是25美元/桶，因此原定下半年实行但现在看来要推迟。

到了2002年，金人庆则再次声称燃油税将"择机出台"，而在其调离国家税务总局时，时机仍未到来。

2004年3月，国家税务总局局长谢旭人透露，财政部、国家税务总局会同有关部门，已经就燃油税的问题做了大量的调查、研究、测算，取消养路费、开征燃油税的工作已经进入审批程序，一旦时机成熟将适时开征燃油税。

2004年5月，市场又传出"燃油税"将于6月正式开始实施的消息，但结果证明不过是又一次猜测而已。

2005年1月22日，国务院发展中心的报告称：我国已经制订征收汽车燃油税的方案，并将择机在全国公布推行。

2007年6月，国务院印发了国家发改委同有关部门制定的《节能减排综合性工作方案》，其中再次提出将制定和完善鼓励节能减排的税收政策，"适时出台燃油税"。

2007年9月，乘用车信息联席会议上，记者向全国乘用车信息联席会秘书长饶达提出有关燃油税是否可能根据目前油价改革出台，饶达表示："现阶段的准备条件足够具备燃油税开征。"

2007年9月13日，国家税务总局地税司副巡视员曹聪在网络公开答疑时表示，我国今后要开征燃油税，替代养路费。曹聪表示，按照有关方案的设计，今后对汽油、柴油开征燃油税之后，养路费、客运附加费等多项行政收费将同时停收。

(资料来源：人民网-市场报，2007-11-18)

问题：根据上述关于燃油税改革的报道，请分析制度建设中可能出现的问题有哪些？解决这些问题的途径和思路是什么？

第八章　生活方式

【学习目标】

通过对本章内容的学习，读者应了解生活方式的含义、基本内容以及研究生活方式的意义与作用，理解社会主义生活方式的构建目标及现代网络社会对生活方式的影响。

【导读案例】

> 随着改革开放的深入推进，竞争日益激烈，城市生活节奏加快，人们时间观念增强，与此相适应，西式快餐涌进中国并在大中城市迅速发展起来。据《国际广告》杂志2001年第12期透露：肯德基在2001年前11个月在中国开店100家，总投资3亿多元人民币。麦当劳在中国的餐厅总数为380多家。两家在竞争中发展，并且互相还有协作，如武汉一家肯德基餐厅就餐者可以付另一家快餐店麦当劳餐厅发给的优惠券。消费者无论手持麦当劳的优惠券还是肯德基的优惠券，都能得到基本相同的产品包括汉堡包、薯条、炸鸡、饮料、冰激凌等，两家获得双赢。据国家统计局统计2000年的数据，麦当劳在北京卖了6.3亿元的快餐，肯德基卖了5.6亿元的快餐，二者占去2000年北京餐饮行业营业收入的13.85%，牢牢占据前两名的位置，这反映了当代中国城市人对西式快餐的认同。许多洋快餐进入中国后，为适应中国消费者的口味，增加了中西合璧的快餐品牌，受到中国消费者的欢迎。如哈尔滨的肯德基快餐店推出的"榨菜肉丝汤"与"寒稻香磨饭"就属于此类，由于价格便宜，它们成为市民喜爱的食品。
>
> （资料来源：http://www.nugoo.com）

本案例描述了洋快餐在中国迅速发展并占据中国快餐业市场的现象，洋快餐之所以能够取得成功，除了其自身卫生、营养、快捷、符合大众口味、管理规范等因素外，能够体现现代社会的快节奏和适应年轻人文化生活的需要是重要原因，洋快餐消费已经成为现代城市的基本生活方式之一。那么，何谓生活方式？其内容是什么？这是本章的重要内容。

第一节　生活方式概述

一、生活方式的含义

从广义上讲，生活方式是指整个人类生存的活动方式，包括人类物质资料的生产方式、人自身的生产方式以及两种生产过程中所形成的物质生活方式和精神生活方式，也就是整个人类社会生存活动类型的总和。

从狭义上讲，生活方式是指在一定社会客观条件制约下，社会中的个人、群体或全体成员为一定的价值观所指导的、满足自身生存和发展需要的全部生活活动的稳定形式和行为特征。

第八章 生活方式

　　本书从狭义角度来理解生活方式，其内容包括家庭生活方式、消费方式、社会交往方式和休闲娱乐方式。家庭生活方式是有关家庭关系的生活观念和行为模式。消费方式是指在消费观念指导下占有和进行消费的方式和手段。社会交往方式是指以何种方式选择交往对象并通过一定的交往关系达到交往的目标，包括人们在彼此交往过程中所呈现的模式、形态和结构。休闲娱乐方式是指人们利用闲暇时间进行休闲活动和愉悦身心的方法和形式。随着社会的发展，人类的生活内容、生活风格日益丰富，人们的生活水平、生活质量不断地变化和提高，与此相适应，人们对生活方式内涵的理解也在深化。

　　(1) 从主体层面可将生活方式分为社会、群体和个人三大类型。①社会生活方式是指该社会全体成员生活模式的总体特征，人类历史发展至今形成了原始社会、奴隶社会、封建社会、资本主义社会和社会主义社会五种重要的基本生活方式类型。②群体生活方式包括家庭、阶级、阶层、集体等生活方式。③个人生活方式可从不同角度进行划分，如从心理特征和价值取向角度可分为内向和外向、奋发和颓废等生活方式类型。

　　(2) 从内容层面可将生活方式分为家庭消费方式、交往方式、休闲娱乐方式三种类型。

　　(3) 从社区层面可将生活方式分为城市和农村生活方式两大基本类型。

　　(4) 从时代特征层面可将生活方式分为现代和传统两种生活类型。

　　(5) 从经济层面可将生活方式分为自然经济和商品经济两种类型。

　　生活方式与生产方式是既有区别又有联系的两个概念。其区别体现在以下三个方面：①两者的范畴不同。生产方式是生产力与生产关系的统一，反映人们生活所必需的生产资料和消费品的生产所达到的水平，属于客体范畴；生活方式说明人们如何凭借一定的生产方式进行满足自身需要的生活活动，属于主体范畴。②两者的外延不同。生产方式涉及物质生产领域，生活方式作为满足人们需要的生活活动，包括生产领域的活动，但又不局限于生产领域，而是包括劳动、消费、闲暇等更广泛的领域。因此，生活方式的外延较生产方式更为广泛。③两者的概念层次不同。生产方式是高层次概念，从社会宏观的角度描述社会运动形式及规律；而生活方式则既可以称某一阶级的生活方式，又可以称某个家庭、个人的生活方式，因而是个多层次的概念。但两者之间又是紧密联系的，生产方式制约生活方式，是形成人们生活方式的客观条件，有什么样的生产方式就有什么样的生活方式。马克思说："物质资料的生产方式制约着整个社会生活、政治生活和精神生活过程。"随着现代社会生产力的高度发展，人们的闲暇时间也逐渐增多，生产与生活的界限越来越模糊，这给生活方式的定义带来一定困难。

二、生活方式的构成要素

　　生活方式的基本要素分为生活主体、生活需要、生活观念和生活模式四个部分。

　　(1) 生活主体是生活方式的承担者。按人群范围大小可以分为社会、群体(从阶级、阶层、民族等大型群体到家庭等小型群体)和个人三个层面。任何个人、群体和全体社会成员的生活方式都是作为有意识的生活活动主体的人的活动方式。不同的主体在环境、生活需要和生活观念等方面存在差异，因而形成不同的生活方式，表现出不同的行为特征。就社会而言，迄今为止相继出现了五种社会形态，每一种社会形态都有其特有的生活方式；就群体而言，每个阶级、阶层、民族都有各自的生活方式；就个人而言，每个人的生活方式是所属社会群体共性和自身个性的综合反映。

(2) 生活需要是生活主体从事生活活动的出发点。需要引起动机，动机支配行为，因此，一定的生活需要是产生相应生活方式的必要条件。按照马斯洛的观点，需要有五个层次，即生理需要、安全需要、情感和归属需要、尊重需要、自我实现需要。生活需要也是具有层次性的复杂现象，一般人们会在物质生活需要得到满足的情况下才产生更高层次的精神生活需要，而人们不同的生活需要自然会产生不同的生活方式。

(3) 生活观念是人们对生活环境以及生活活动意义的解释。生活观念包括个人的世界观、价值观、人生观、幸福观、道德观和审美观。生活观念一旦形成就会对个人生活活动发挥调节作用，指示个人生活方式的选择方向。众多人的生活观念形成后就会演变为社会传统、社会习惯、社会风气乃至社会时尚，成为影响生活方式的深层力量。不同社会条件下生活观念基于生活方式的作用会有差异，社会内部发生变革，通常会由生活观念的率先变化引起生活方式的系列反应，生活观念成了生活方式各要素的先导。

(4) 生活模式是人们在生活活动过程中形成的行为定式或行为习惯。人们的生活活动总是历史的产物，个人的行动中蕴含了许多历史的因素，这些历史的因素在个人认知结构的接纳和筛选下形成一定的行为定式或习惯。这种定式和习惯一旦形成又会反过来制约人们的生活观念，从而更加坚定这种习惯，乃至演变成为固定的生活模式。不同地域、不同年代、不同职业等主客观因素所形成的特殊生活模式必然通过一定的典型形式表现出来。因此，生活方式通常是区分民族、社会阶层和社会群体的一个重要标志。

生活主体、生活需要、生活观念和生活模式四个要素各具一定功能，共同构成生活方式的基本结构。其中生活主体既是生活方式的物质承担者，也是生活活动的执行者；生活需要是推动生活主体从事各种生活活动的原始动力，是社会方式的动力机制；生活观念是生活方式的灵魂，对生活方式发挥着决定性的作用；生活模式以直观的形式表现着生活方式，是生活方式的客观外在标志。

三、生活方式的基本特征

(一)综合性与具体性

综合性一方面是指生活方式既可以表述整个社会形态的生活方式，也可以表述群体和个人的生活方式；另一方面是指生活方式既涉及满足主体生活需要的物质生产领域，也涉及政治、经济和文化等人们生活更广阔的领域。具体性是指所有生活方式都要通过个人的具体活动形式、状态和行为特点来表现。

(二)稳定性与变异性

人类任何历史阶段的生活方式都受一定客观历史条件的制约，与当时的生产条件和生活状况相适应，故生活方式既具有相对的稳定性和历史传承性，又随着制约它的社会条件的变化而发生相应的变化。

(三)社会形态属性与全人类性

生活方式具有社会形态属性的特点。如奴隶社会和封建社会就存在不同的阶级生活方式,表现为奴隶主和奴隶、地主和农民的生活方式存在显著差异。与此同时,生活方式还具有非社会形态的全人类性的特点:①生活方式具有自然属性,能够满足人的生存需要和种族的繁衍;②共同的语言、地域、经济、生活和文化传统决定同一民族具有共同生活方式;③生产力和科学技术发展水平的接近、全球化的发展促使人类生活方式逐渐有着更多共同的规范、准则及趋同性。

(四)质与量的规定性

质和量的统一构成生活方式的整体范畴属性。质的规定性是指对社会成员物质和精神财富利用性质及它对满足主体需要的价值大小的测定,而量的规定性则是一定数量的物质和精神生活条件、产品和劳务的消费水平。

研究生活方式具有重要的理论和现实意义,理论上可以加强历史唯物主义原理和社会学学科建设;实践中有益于促进个人的全面发展及合理组织日常生活,建立新型的生活方式符合社会主义事业本身的价值目标和总体效益要求,正如党的十九大报告指出的那样:"形成绿色发展方式和生活方式。"

第二节 生活方式的基本内容

生活方式是与生产方式相对应的范畴,如果说社会生产是创造产品和服务的过程,那么社会生活就是消费产品和服务的过程。生活方式可以反映一个社会的价值取向,反映群体和个人的人生观和价值观。因此,生活方式是个人塑造自我的意义、创造表示其身份的文化符号的手段。一般而言,生活方式包含家庭生活方式、消费方式、社会交往方式和休闲娱乐方式,包括物质、文化、政治和信仰层面。

一、家庭生活方式

家庭生活方式是有关家庭关系的生活观念和行为模式,包括组建家庭、家庭人口、结构、类型、家庭的居住环境、收入条件、支出、生活层次及其家庭观、婚姻观、子女观等具体内容。家庭生活是人类生活的一个重要方面,表现为:家庭是人类最早和最基本的社会群体形式,对人类社会的发展起着重要作用。作为社会的基本单元,人类很大比例的活动是在家庭中完成的。随着社会的发展,家庭的功能逐步退化,人们的活动范围逐步扩大,但人们的生活依然无法脱离家庭的影响。

家庭生活方式建立在家庭的人口数量、家庭结构基础之上,人口数量和家庭结构是家庭生活方式的重要表征。随着社会的发展,家庭也在变化,呈现出小型化和核心化趋势。原有的几代同堂的大家庭逐渐解体,由一代或两代人组成的核心家庭比例增高。早在1985年日本家庭平均人口就降至3.11人。中国目前户均3.33人,而像北京、上海、广州这样的现代化大城市在2007年户均人口不到3人,北京2007年户均人口只有2.73人。

婚姻观与家庭生活方式息息相关。婚姻是家庭的开始,不同社会情境下的婚姻观存在差异,由此形成多样化的家庭动机,有的是单纯的经济共同体,有的是单纯的生育合作社,还有的是强调情感与心理需求,追求充满温馨的文化心理满足。

离婚现象在当今社会越来越普遍。①现代人更加注重婚姻质量，注重感情，从传统的"合得来就过，合不来也凑合"的"义务型婚姻"转变为现代的"合得来就过，合不来就散"绝不凑合的"感情型婚姻"。因为现代社会人们的生活水平提高，基本的生存需要已经得到满足，人们越来越追求更高质量的精神生活，所以在家庭中"感情的位置越来越重要"。②现代社会中女性地位得到较大改善，广大女性走出家门，参与社会分工，不少女性发展成为职业女强人，与男性平起平坐，成为家庭和社会的主人，女性地位的改善与当今社会离婚率增高有关。在一个家庭中，丈夫和妻子处在平等的地位，各自有着对自己物质精神生活的全面追求，从实际生活的角度看，这种平等型的关系比"服从型"、"依附型"的关系更难协调。

家庭的价值取向也是家庭生活方式的重要因素，传统的中国家庭一般以老人为中心，强调孝文化；而现代中国家庭由于国家生育政策的影响，逐渐演变成以孩子为中心，出现了"望子成龙"的普遍社会心理。传统的中国家庭氛围严肃，家庭成员之间遵循等级森严的伦理秩序；而现代中国社会的家庭成员之间享受平等宽松的天伦之乐。

社会养老方式在发生变化。传统中国家庭一般以集体主义的生活方式为主，现代中国家庭逐步向核心家庭过渡，养老方式也在逐步演化，由传统的家庭承担逐渐转变为社会承担。由于现代社会工作和生活节奏加快，社会变迁加速，社会竞争压力增强，年轻人与老年人在工作生活及价值观方面存在显著差异。20世纪70年代后期出生的中、青年人，虽然承认有赡养父母的义务，但在赡养方式上不一定是同吃同住，更多的是倾向于借助社会力量来完成自己的赡养义务。现代社会经济分工的发展使家务劳动社会化，在社会服务机构和经济实力有保障的条件下，现代的中、青年人更倾向于为需要照顾的父母请家政服务人员，或者通过社区及专业养老机构的服务实行社会化养老。他们平时忙工作，与老人分开生活，节假日回来探视老人，每月支付账单式的赡养费用。对于子女的这种赡养方式的选择，部分老年人也逐步接受，现在赡养父母的方式决定未来自己的养老方式。经济上越独立，则对子女的依赖性越低。大多数的中、青年人认为在自己年老时，不需要孩子一定得照顾自己。这既和他们目前的年轻心态和良好的身体状态有关，也和未来可预期的、由于生活节奏和人口迁移率加快所导致的各代分居状态有关。

二、消费方式

与生产方式相对应，消费方式是在消费观念指导下占有和进行消费的形式和手段，消费的内容包括基本的物质消费和精神生活消费，可以是满足基本需要的吃、穿、住、行，也可以是追求精神享受的其他类型消费。消费需要满足程度及实现的手段体现了生活质量，不同的消费倾向及其对生活质量的追求也是区分社会阶层的标志，消费的内容和手段一方面发挥满足实际需要的功能；另一方面也是一种社会性的符号和文化象征，凡勃伦在其《有闲阶级》一书中用"炫耀性消费"来表达这一概念。炫耀性消费即社会上的有闲阶级在其基本需要得到满足的前提下，进一步追求新的消费内容和新的消费方式，并以此作为其财富和社会身份地位的象征。现代社会人们对消费品品牌的过分追求一方面是高品质生活质量的体现；另一方面也是该品牌所喻指的社会身份的表征。随着社会的发展和人们收入水平的逐步提高，炫耀性消费在社会总消费中的比重越来越大。

基于消费的实用与象征的双重功能和意义，我们可以把消费划分为"基本性消费"和"表现性消费"两种类型。在人们日常的消费结构中，表现性消费所占的比例越高，说明人们的生活质量越高，表现性消费的内容体现出是否出现消费方式的阶层化倾向。

中国社会的消费方式和消费水平在改革开放前后发生了翻天覆地的变化。改革开放前由于物质生活的贫乏，中国社会普遍贫困，老百姓的消费水平和生活质量较低，消费层次停留在基本性消费水平，属于滞后型消费，"新三年、旧三年，缝缝补补又三年"，这是当时社会生活的基本写照。改革开放后，社会生产力得到极大提升，老百姓的收入普遍提高，人们的消费观念也在不断升级。人们开始从追求单纯的物质消费向追求精神消费和服务消费转变，从满足基本的生存需要向全面发展转变。总体而言，改革开放以来中国社会的消费方式在朝着科学的方向发展，消费水平、消费质量逐年提高，消费观念不断更新，消费结构日趋合理。但不可忽视的是，在社会转型期我国消费方式还存在诸多问题，不健康的消费方式还在一定范围内存在，消费比例失调也是一种比较常见的现象，这与建设社会主义先进文化相悖，需要克服和加以纠正。

三、社会交往方式

社会交往方式是指以何种方式选择交往对象并通过一定的交往关系达到交往的目的，包括人们在彼此交往过程中所呈现的模式、形态和结构。社会交往包括两个维度的重要内容，一是社会网络；二是社会交往范围。

社会网络是社会个体成员之间因为互动而形成的相对稳定的关系体系，关注点是人们之间的互动和联系，社会互动会影响人们的社会行为。社会网络可以分为强关系网络和弱关系网络两种：①强关系指的是个人的社会网络同质性较强，即交往的人群从事的工作和掌握的信息都是趋同的，人与人的关系紧密，有很强的情感因素维系着人际关系；②弱关系的特点是个人的社会网络异质性较强，即交往面很广，交往对象可能来自各行各业，因此可以获得的信息也是多方面的，人与人关系并不紧密，也没有太多的感情维系，也就是我们所谓的泛泛之交。关系的强弱决定了能够获得信息的性质以及个人达到其行动目的的可能性。美国社会学家格兰诺维特认为美国社会是一个弱关系社会，也就是说，一个人认识的各行各业的人越多，就越容易办成他想要办成的事，而那些交往比较固定、比较狭窄的人则不容易办成事。根据格兰诺维特的理论，华裔学者边燕杰提出了强关系假设。他认为中国社会并非美国的弱关系社会，而是一个强关系社会。也就是说，在中国，想要办成事，靠的不是弱关系所能够获得的信息的广度与多样性，而是强关系所能给予的确定而有力的帮助，即人们通常说的"找关系"。可以说，边燕杰的强关系假设是很符合中国社会现实的。

社会交往的另一个维度是社会交往范围，社会交往范围的大小或一定时期交往范围的变动情况可以说明社会交往的频率。一般而言，社交范围的变化与社会变迁呈现相关关系。此外，居住格局的变动如拆迁、购买商品房和新兴小区的出现、工作的变动和业务的扩展、接受教育和培训机会的扩展、参加社团组织和公共活动以及新型交流手段如互联网的使用也会促进社会交往范围的变化。

改革开放以来，我国公众社会网络和社会交往范围发生了很大变化，家庭邻里关系日趋和睦，建立在社会主义公有制基础上的民主、平等、互助的新型人际关系逐步建立起来。

但在交往方式上城市与农村依然存在着巨大差异,我国历来就是一个"熟人社会",农村更是一个熟人社会圈,农民由于祖居一地,地缘关系、亲缘关系、血缘关系对人际交往影响至深,但这种熟人社会圈在给农民带来某些便利的同时,也在很大程度上限制了农民的交往范围,将他们的日常交往圈局限于有限的范围之内。因工作关系变动、城市生活节奏加快、城市人口剧增、基于业缘关系而建立的纽带以及交往方式的先进性和网络的普遍使用,人们的社会网络和交往范围不断扩大,城市越来越呈现出"陌生人社会"的特征。

四、休闲娱乐方式

休闲娱乐方式是指人们利用闲暇时间进行休闲活动和愉悦身心的方法和形式。闲暇时间是人们宝贵的社会财富,闲暇时间的多少以及时间分配的结构状况是社会发展水平和人们生活质量的一个重要反映。闲暇时间中的娱乐活动可分为"一般消遣性活动"与"较高级活动"两大类,一般消遣性活动包括文艺欣赏、听广播、看电视或电影、开展体育活动、旅游观光、社会交往以及从事其他个人爱好活动等;较高级活动包括参加各种业余学习和自修,开展社会工作和从事社会活动,进行文艺创作、科学研究和科技发明等。

> **【案例8-1】休闲,让生活慢下来**
>
> 中国人生活方式发生新转变,休闲成为重要考量。"采菊东篱下,悠然见南山"的惬意洒脱曾是古人的休闲理想。在当代,人们对这种悠闲生活的期待却没有改变。
>
> 在北京一家银行工作的柳思思最近喜欢上了在周末逛胡同。一到周末,她就约上朋友一起选条胡同,去拍拍照片、逛逛小店,慢慢走过探出挂着石榴的三两枝丫的斑驳院墙。"之前做项目的时候每天都加班,忙得没日没夜。现在项目结束了,觉得应该放松一下紧绷的神经,给自己打打气。"柳思思说,跟朋友们一起,即便只是坐在街边的咖啡店闲聊也能够排解工作的压力和生活中的不顺心。如今像柳思思这样开始注重休闲时光的年轻人越来越多,对于生活品质和幸福感的追求让他们乐于投身休闲去享受一种慢节奏的生活。山东大学哲学与社会发展学院马广海教授认为,过于关注经济收入的提高而产生的"工作—赚钱—消费—工作"的生活方式会影响人们的健康休闲和快乐生活。山东省旅游规划设计院院长陈国忠表示,休闲和劳动都是人们的基本权利,休闲并不是偷懒或浪费,而是为了更好地劳动,更好地生活。
>
> (资料来源:河北电视台网,http://www.hbtv.com.cn/i/content/2011_09/13/content_1904324.htm)
>
> 问题:休闲的意义何在?
>
> 分析:休闲成为当代都市人的一种生活向往,让生活从高度紧张和快节奏状态中慢下来,从而产生惬意。

改革开放以来,中国社会物质生活条件改善,人们的精神需求也不断提高。过去家务劳动过重,个人享受、娱乐和学习发展时间过少以及文化生活比较单调的状况正在逐步改变,闲暇时间分配结构开始发生良性变化:家务劳动时间减少,自由支配时间增多,读书学习等发展型活动占用时间比重上升,文化娱乐时间增多,内容趋向丰富。在大众传媒和商业力量的双重推动下,中国社会正迅速走向一个娱乐化的社会,娱乐成了许多社会活动的最终目标。因为从事娱乐活动有利于缓解现代生活带来的巨大压力,促进身心健康,同

第八章 生活方式

时可以增长知识，推动社会交往。

通常不同年龄阶段的个体娱乐方式存在差异，据对中国城市人口娱乐方式的调查显示，在所有娱乐项目中，"看电视"成为年长各代首屈一指的娱乐方式，而听音乐、阅读、从事户外活动、体育活动和上网打游戏则是年轻各代比较中意的娱乐项目。年轻人的娱乐特点是，活动可以在一个比较私密的个人空间中展开，而传统的打扑克、下棋和打麻将等娱乐项目需要在一个较公开的社会空间中展开。

中国农村社会的休闲方式也在发生变化。过去，农村地区物质生活虽不富裕，但农闲娱乐方式丰富多彩，扭秧歌、划旱船、踩高跷、看电影，那种"充满人情味的、带着泥土气息的'田野沙龙'"使农村业余生活热火朝天，农闲娱乐具有非常重要的社会功能和文化价值，既使劳动者实现劳逸结合、丰富精神生活，也可以扩大人们的社会交往，促进良好的人际关系和培养积极向上的农村文化环境。但是现在农村集体性的娱乐活动越来越少，活动方式也越来越单一。文化娱乐活动的贫乏使农民处于无事可做的状态，有的通过蹲墙根、晒太阳、看电视、串门儿聊天等方式来消磨时间，有的则迷上打牌、打麻将。如何有效利用资源开发农村文化娱乐活动、建设积极健康的社会主义新农村休闲娱乐生活方式是重要的现实课题。

第三节 完善和发展社会主义生活方式

一、什么是社会主义生活方式

改革开放以来，我们党多次提出建设社会主义生活方式的历史任务。党的十四届三中全会通过的《中共中央关于建立社会主义市场经济体制若干问题的决定》中指出，社会主义市场经济积极倡导文明健康的社会主义生活方式。社会主义生活方式应该是体现时代进步的生活方式，是体现和谐社会价值理念的生活方式，是既能满足个体需要，又能推动社会发展，同时还能促进社会各个方面协调的生活方式。

社会主义生活方式是一种以人为本的生活方式，遵循的是社会主义和谐价值理念，是随着对中国特色社会主义事业总体布局和全面建设小康社会向前推进的必然的生活实践，在政治生活上体现"民主法治、公平正义"，在社会交往上体现"诚信友爱、充满活力、安定有序"，在文化生活上体现"人与自然和谐相处"。简而言之，社会主义生活方式是以人为主体的社会和谐发展状态，包括人与自身、人与社会、人与自然的和谐共处[1]。

二、社会主义生活方式的特征

社会主义生活方式的特征一方面是作为社会主义社会生活方式的原则要求；另一方面也是生活方式的未来指向，具有如下特征[2]。

(1) 进步性。社会主义生活方式的直接和最终的目的都是促进社会中所有个体进步和

---

[1] 范正平. 论生活方式与社会的科学发展[M]. 攀枝花学院学报，2006(10).

[2] 戴锐. 生活方式现代化：当前中国社会生活方式建构的理念与过程[J]. 社会科学辑刊，2002(3).

发展的全面实现。生活方式只有与时代发展方向一致并对社会的文明进步和人的发展发挥积极作用才可能具有价值和生命力，也才会使人们获得实现人生幸福的可能性。社会主义生活方式正是具有这一特性，这种进步性包括：对社会生产力提高、社会关系协调发展和精神文明建设的促进功能，对人性的肯定与维护功能，对人的身心健康和精神完善的促进功能。

(2) 个性化。社会主义生活方式是在人的意志力量指导和支配下自觉进行的生活活动方式，每个人都有权利对个人生活的总体规划与具体处理进行谋划，弘扬主体精神，在生活中充分展现自主与个性。从这个意义上讲，社会主义生活方式应当逐步成为"自我取向、自由选择、自我设计、自我调节的创造性的、个性化的生活方式"。当然，个性化并不是要求每个人都与众不同，而是要求每个人都过好自己的生活，不随波逐流。

(3) 科学化。社会主义生活方式是一种科学的生活方式，它要求人们在选择自己的生活方式时，不能仅凭自己的个人喜好，而应当达到科学化的水平，包括两方面的要求：①把握生活中的科学道理，摒弃不科学的生活习惯，通过科学引导逐步消除吸烟、嗜酒、偏食、过度劳累、缺乏体育锻炼、迷信等不科学生活方式对人体健康的影响；②运用科学知识更好地组织自己的生活，使之达到合理、优质、高效的状态，做到家庭生活计划化、消费方式合理化、闲暇时间利用充分化和娱乐休闲适度化。

(4) 道德化。社会主义生活方式倡导社会主义道德，社会主义核心价值观集中体现了社会主义社会的价值取向，是社会主义社会是非善恶的道德标准。社会主义生活方式的道德化要求社会交往必须导向和谐的人际关系，而现代社会人际冲突、对抗等都不符合社会主义生活方式的要求。在消费方式中，既要求人们遵循一般的消费道德，不损人利己，注重节约简朴，合理消费，又要遵循环境保护、生态伦理维护准则。

(5) 审美化。社会主义生活方式倡导人们发现和营造生活之美，全面和谐是社会主义发展的一种理想目标和境界，其核心和实质在于和，和则为美，是实践中主体与客体、人与自然、个体与社会达到的一种和谐关系。审美是以追求人的全面发展为理论动力，集情感愉悦、理性体验和能动改造三位一体的生命活动。审美的生活才是美好的生活，审美经验也就成了人的现实生活的经验。社会主义生活方式就是通过发现美的存在和审美体验促使人们按照美的规律推动社会生活的审美化。

三、社会主义生活方式的目标与模式

(一)以人为主体的社会和谐是基本目标

传统工业化社会在一味追求经济利益的导向下造成人与自然、人与人、人与社会以及人的内在身心发展的失衡。社会主义社会要充分发挥人在生活方式构建上的主体作用，要实现以人为主体的社会和谐发展。社会主义和谐生活方式是以人为主体的社会和谐发展状态，包括人与自身、人与自然、人与人以及人与社会之间的和谐。人与自身的和谐是指人的身心和谐。在和谐的社会生活方式中，生活质量的改善不仅表现在物质享受的提高和感官的满足，而且体现在精神文化生活的提升和追求方面，更加注重人性的标准、公民的精神、艺术创造力、智力深度、科学上的聪明才智和政治知识方面的价值。这种高尚的精神追求把人格从功利型的单向度或经济人中拯救出来，实现人格的升华。

第八章 生活方式

人与自然是生命共同体，人与自然的和谐一方面表现为人们在合理利用自然资源过程中创造出更多的社会财富，使人们的生活质量得以改善，从而奠定和谐社会发展的基础。另一方面表现为人们在利用自然资源的过程中，不仅要维护人类自身的利益，而且要维护自然界的平衡，使人类社会系统与自然生态系统和谐相处，协调发展，建设美丽中国。

人与人之间关系的和谐是指个人与个人或个人与群体关系的和谐。社会主义初级阶段的社会经济成分、职业结构、生产关系和分配方式具有多样性，因此人们之间利益的差别表现为多种多样。社会主义和谐社会生活方式不仅要包容不同利益主体的存在，而且要通过建设民主法治、公平正义、诚信友爱的社会来正确处理人们之间的各种利益关系，化解不同利益主体之间的矛盾。构建社会主义和谐社会生活方式要切实维护社会的公平正义，建立健全同和谐社会相适应的体制和机制，促进城乡之间、区域之间以及社会各阶层之间和谐相处，共享改革发展成果。

(二)简约适度、绿色低碳生活方式是基本模式

简约适度即是选择科学、适度的消费方式，改革开放以来人们的生活水平和消费水平逐步提高，但中国人生活方式的基调仍然是勤劳节俭，坚持适度消费是走可持续发展道路的要求。

绿色低碳生活方式是指生活作息时所耗用的能量要尽力减少，从而减低含碳物质的燃烧，特别是减少二氧化碳的排放量，从而减少对大气的污染，减缓生态恶化，减缓温室效应。绿色低碳对公民而言是一种生活态度，每个人都可以做到。绿色低碳生活的核心内容是低污染、低消耗和低排放以及多节约。

四、构建社会主义生活方式的基本路径

我国现阶段社会生活方式存在的问题有：在认识上健康意识淡薄，对疾病疏于防范；在生活习惯上重享受轻节制，重经验轻科学，缺乏生态意识和可持续发展意识；在价值取向上重自我轻他人，缺乏社会责任感，重物质轻精神，引发盲目甚至畸形的消费心理和行为，部分社会个体中存在的这些生活方式已经对其身心健康和社会的全面进步产生不良影响。在全社会倡导文明、健康、节约、合作、民族的和谐生活方式具有重要的现实意义，需要从社会和个体两个层面共同努力。

(一)社会层面

1. 坚持社会主义

社会主义制度是和谐社会生活方式建构的根本保证。社会主义道路是我国历史和现实的必然选择。中国特色社会主义的本质是解放生产力、发展生产力，消灭剥削，消除两极分化，最终达到共同富裕。在资本主义条件下可形成以"物的依赖"为特征的生活方式，这种生活方式在财富极大增长的情况下使人的个性受到扭曲。社会主义将探索出一条新的动力机制，把人们进步的价值目标及合理的生活形式有机结合。

2. 坚持对外开放

对外开放是我国社会主义建设取得巨大成就的重要保障。同样，构建社会主义和谐生活方式必须继续在对外开放的过程中反映和吸收世界文明的先进成果，这是 21 世纪全球化进程的必然选择。对外开放不是无原则的照搬照抄，而是参与世界生活方式的构建，在世界多样性中鉴别和学习，形成文明、健康、节约、合作、民族的社会主义生活方式。

3. 以习近平新时代中国特色社会主义思想为指导建设社会主义现代化强国

习近平新时代中国特色社会主义思想根据新时代新征程面临的新形势新任务阐述的"八个明确"中提出在全面建成小康社会的基础上分两步走，在 20 世纪中叶建成富强、民主、文明、和谐、美丽的社会主义现代化强国，提出建设社会主义现代化强国的目标；强调必须坚持以人民为中心的发展思想，不断促进人的全面发展、全体人民共同富裕；明确中国特色社会主义事业总体布局是"五位一体"、战略布局是"四个全面"；明确全面深化改革总目标是完善和发展中国特色社会主义制度、推进国家治理体系和治理能力现代化；明确全面推进依法治国总目标是建设中国特色社会主义法治体系、建设社会主义法治国家。

4. 加强政府引导和宏观调控

政府对推广社会主义和谐生活方式具有导向作用。一是确立正确的生活价值标准，引导社会成员辨别"什么是好的生活方式"和"什么是不正确的生活方式"。二是运用经济的、政治的、文化的、舆论的和行政的手段发挥宏观调控作用，制定科学的发展规划，构建全面主导的价值体系，引领生活方式潮流。

(二) 个体层面

1. 培养合理的生活需要

以合理的生活需要为核心，培养积极的生活心理。人的需要是人生活动的原动力，是进行生活方式选择的现实起点。人的需要在日益增长，如果任由它无限膨胀，就不能理智地规划生活。以追潮的生活倾向为例，它实际上是三类主体共同作用造成的结果，即"猎寻时尚者"的首创与倡导、"率先入流者"的接受与示范、普通大众的攀比与追随。进入潮流者并非都是错误的，错误者只是那些对自己的真实需要缺乏正确判断的人，他们并不清楚自己需要什么以及怎样的需要结构更为合理。因此，形成和培养自己良好的生活习惯首先就要明确自身的合理需要，使生活需要与自己的发展目标相符合、与自己的实际能力相适应。

2. 更新生活观念

不断调整和更新生活观念，实现生活观念与社会主义和谐社会相适应。在日常生活中，个人所具有的世界观、人生观、价值观、道德观、审美观对其生活方式的选择发挥着重要作用，并通过生活观念集中地表现出来。生活观念的核心内容是对生活的意义和价值的认识，它决定着个体的生活态度和对生活样式的选择，生活观念的变革是一切社会生活方式变革的先导。改革开放以来，我国人民在生活观念上经历了一个显著的变革过程。

(1) 更加务实。用实事求是的思想观念来评价生活中的利害得失，并成为新的价值取向，在发展目标的设定上着眼当前实际利益，不好高骛远；在实现方式上注重调查研究真抓实干，不眼高手低。

(2) 敢于竞争。30多年的改革开放把亿万人民从高度集中的计划经济思维方式中解放出来，挣脱了平均主义的精神桎梏，勇敢地走向市场，在竞争中追求经济效益和社会效益。竞争意识促使人们由墨守成规转变为追新求变，由知足常乐转变为"应有尽有"，冒险精神代替了对稳定的追求。

(3) 更加独立。过去，人们在社会生活中充满着对单位、户籍、领导人和家庭等社会关系的依赖，基本上维持一种依附型的人格状态，个体的自我认同靠社会认同支撑，依附性较强而独立性较弱，盲从性较强而思想性较弱。现在，由于社会主流意识与文化宣传的导向和鼓励，言论自由和文化多元给人们提供了更多表达自我和价值选择的空间，真正的个性与自我被焕发出来，这是一种积极的主体意识的体现。要防止全盘否定传统和全盘接受外界的极端生活态度，注重发现传统生活观念的现代价值，促进传统观念在当代的创造性转化，应当成为生活观念现代化的重要途径。

3. 养成积极的生活态度

生活态度是生活观念在生活方式中的外在化，是人们的日常行为和思想的集中体现。健康生活方式养成的关键在于一个人是否树立积极的生活观念，积极生活观念确立的标志是形成积极的生活态度，判断生活态度积极与否的标志是看这种态度隐含的倾向是否与时代发展的趋势一致，使人们富有饱满的生活热情、进取拼搏的精神状态、独立自主的个性特征、积极健康的生活格调，能够认真地设计人生，真诚地对待生活，笑对生活中的一切境遇[1]。

21世纪是生活方式发生巨大变革的世纪，无论是人与人、人与社会、人与环境、人与世界的关系都面临着新的问题，现存的生活方式受到极大的挑战。我们应该高度重视社会生活方式问题，科学统筹生活方式与人的全面发展、生产发展与生活发展、个人生活与社会生活的关系以及人与自然的关系，倡导和构建科学、健康、文明的社会主义生活方式。

第四节 网络社会及其对生活方式的影响

一、网络社会的崛起

人类经历了原始渔猎社会、农业社会和工业社会，如今步入具有全新结构的信息社会。随着计算机网络的普及，人们的生活方式发生了翻天覆地的变化，网络正在以前所未有的方式刷新和重构着人们的生活。社会的网络化已成为一种世界性趋势，网络交往与网络行动已成为信息时代人类社会交往的基本特征和基本行动方式。网络和网络社会为人们重塑现实生活提供了新的手段，BBS、E-mail、QQ、微信、MSN、聊天室、网络论坛和微博为个体提供了快捷的交往平台，各种想要表达的思想几乎都可以找到符合心境的地方，网络

---

[1] 戴锐. 生活方式现代化：当前中国社会生活方式建构的理念与过程[J]. 社会科学辑刊，2002(3).

已渗透到社会和人类生活的各个角落，改变着人类社会的生产方式和工作方式，网络社会正在形成。齐美尔说过，当人们之间的交往达到足够频度与密度，以致人们相互影响并组成群体与社会单位时，社会便产生和存在了，网络社会符合这一定义。

迈克尔·海姆的《从界面到网络空间》、卡斯特尔的《网络社会三部曲》、尼葛洛庞帝的《数字化生存》、普斯科特的《数字化成长》分别从哲学、社会学、技术和教育的视角对网络时代人类生活方式的问题进行了有益的探讨。网络生活被定义为"人们借助互联网所营造的超时空情境而实现的以符号传递为表征的社会活动。这种经过媒介技术为中介的人机行为在时空情境、符号形式和意义赋予、主体特征等方面都有别于一般的日常活动。它形成了一种依赖于情境定义的存在空间，成为人类生活的一个有限意义域，并因此而表现出现实与虚拟共生的主体特征"[1]。这种定义较为科学，是对网络生活的客观描述，主要侧重于依托互联网的社会活动。因此，我们可以把网络社会定义为：一定数量的网民基于网络人机互动、网络人际互动、网络自我互动的耦合互动，在一定的价值观念影响下自主选择、满足自身各种需要而组成的虚拟性空间群体。网络社会的本质在于沟通方式的改变，进而改变人们的心理和行为，从而最终改变人们的生活方式。

二、网络社会的特征

(一)网络沟通主体实现真实性与虚拟性的统一

一方面，网络可以将远在天涯海角的陌生人联系在一起，构建虚拟的社会角色，形成虚拟的社会关系。在这种虚拟的社会角色体系中，网络沟通主体必须遵循虚拟社会中已经形成的行为规范，并通过对键盘或鼠标的操作达到实际互动的效果，从而获得真实的情感体验，网上各种虚拟俱乐部、联机活动就是证明；另一方面，在网络沟通中，除了与陌生人沟通外，与熟人沟通也是普遍现象，这是对传统社会交往方式的革命。许多人闲暇时间不再是和亲朋好友相约玩乐，而是回家连线上网，在舒适隐秘的私人空间中通过扮演新的角色而对陌生人敞开心扉，或者通过网络沟通方式用真实角色和朋友交流信息和思想。这说明网络既是虚拟也是真实，"虚拟是一种存在，虚拟是一种有中介的真实，虚拟是真实的表现形式之一"[2]。真实性和虚拟性角色的转换在以过去任何时候都无法想象的速度和频率进行交替，网络沟通方式的真实性与虚拟性改变了人们的生活。

(二)网络沟通实现物理时空和心理时空的转换

网络缩短了时空，拉近了距离，是人类 21 世纪了解世界、走向世界的一扇窗口，可以使"远在天涯"变成"近在咫尺"，大大加快了信息的传递，使得社会的各种资源得以共享。但网络也使"近在咫尺"变成"远在天涯"，主要原因在于网络的时滞造成沟通信息传递不及时，由于打字速度等技术因素和单方面中断交流而产生沟通信息传递不及时现象，而心理时空，是指在技术上可以完成瞬间沟通的前提下，网络行动者由于沟通时滞而产生的心理焦虑和挫折情绪。经常上网的人如果不能正确认识和对待心理时空问题，就可能产

---

[1] 何明升. 网络生活中的情景定义与主体特征[J]. 自然辩证法研究，2004(12).

[2] 何明升，李一军. 网络生活中的虚拟认同问题[J]. 自然辩证法研究，2001(1).

生心理问题，影响网络沟通方式甚至影响正常生活。

(三)网络生活实现公共性与私密性的矛盾统一

网络沟通方式使网络沟通主体可以在私密的空间领域实现公共领域的沟通，达到真实的私密性与虚拟的公共性的统一。网络沟通方式可以在私密环境下进行，但其参与的网络虚拟空间又产生出一个公共领域，在这个领域任何人都可以发表意见，也可以保持缄默。在私密环境中介入网络公共领域，改变了传统的公共区域交流环境，创设了一种有利于沟通主体充分展现个性的场域，对构建网络内外生活方式都具有重要作用。

(四)网络社会实现与传统社会有别的新的社会分层标准

传统社会的分层标准是权力、财富和声望，而在网络社会中基于性别、种族、年龄等自然因素以及职业、收入和声望等社会因素都被网络沟通方式所掩盖。在网络社会，信息成为最重要的资源，谁能拥有信息或能较快较多地获取准确信息，谁就占有了财富。托夫勒说过，未来生产和生活方式的核心是网络，谁控制了网上资源，谁就是未来世界的主人。网络社会是在网络技术平台上建构起来的一种新型的社会组织形式，这必然会强化以掌握网络技术、信息资源的多少为标准的分层观念。因此，网络社会分层的标准主要以"掌握的网络资源量"和"网络素养"为核心。分层标准的改变使得个体可以在网络社会中重塑自我，改变传统社会分层标准对自身的束缚，从而充分发挥自身的主体性，塑造新的生活态度和网络生活方式[1]。

三、网络社会对生活方式的影响

(一)对社会交往的影响

1. 网络为社会交往带来极大便利

网络拉近了人与人之间的距离，扩大了人际交往范围和频率。网上交往渐成时髦，微信、QQ、电子邮件、微博以其廉价快捷的特点成为互联网的重要利用方式。交友方式有很多种，聊天是首选，其次还可以用BBS发帖子，参与网上论坛。互联网具有许多传统人际交往方式所不具备的优势。如任何人都可以张贴和广泛发布消息并自由获取信息，通过电子邮件实现异地快速发送信息，迅速聚集并传播多数人感兴趣的话题，不受时空限制像团体内的非正式讨论一样发表观点。

网络沟通交流的广度和深度都是空前的。在网络社会里，不管是远隔天涯还是近在咫尺，都有相识和交流的机会，人们在沟通交流中突破了时空限制。网络传播使我们能经常、及时地传递信息，表达情谊，距离不再能隔断我们彼此的交流。目前国内较大的门户网站新浪就包括政治、文学、艺术、电影电视、计算机技术等各个方面内容，而且用户可以随意搜索相关站点。互联网的开放、自由和交互性是任何一种传统媒体所无法比拟的。

---

[1] 周桂林. 浅谈网络沟通方式对生活方式的影响[J]. 丽水师范专科学校学报，2004(2).

【案例8-2】微博成为一种新的生活方式

上海交通大学公共关系研究中心、舆情研究实验室发布《2011上半年度中国微博报告》，称微博已成为一种新的社会生活方式。2011年上半年，随着微博用户数的高速增长，微博网站蓬勃发展，政务微博带来微博问政的升温，企业及企业家微博促进微博营销的发展，媒体微博加速了微博与其他媒介的融合趋势。微博意见领袖影响力剧增，更显现出对社会更深层次的影响与价值，改变着人们信息收集与获取方式以及社会交往方式。随着微博的发展与普及，它对中国社会更深层次的影响和价值逐渐得以显现——已经成为一种新的社会生活方式。微博用户通过微博进行沟通交流、娱乐休闲、拓展知识、网络交易、网络购物、搜索、学习、自我管理、交友等。作为现实社会与网络社会的媒介结点，微博在用"微力量"改变中国媒介生态的同时，也见证着社会生活方式的变迁。

（资料来源：http://news.163.com/11/0707/18/78CN869000014AEE.html）

问题：微博对人们的生活方式有哪些影响？

分析：微博具有多种功能，已经成为一种新的生活方式，对社会各阶层的学习和生活产生重要影响，需要正确对待微博的功能。

2. 网络对社会交往的负面功能

(1) 网络交流缺少面对面交流的真切感受。网络的虚拟性造成人们上网心态的虚拟化，网络上的人被简化为一个符号，交流的不真实感使人们的交往缺乏信任度。这种不真实感使人们在沟通过程中对对方的思维和语言表达都打上了一个问号，对任何信息都将信将疑，导致人际交往的诚信度下降。网络小说《第一次亲密接触》中的女主人公在最后一段日记中写道："网络虽然迅速，但并不真实，我可以很快地用 E-mail 发给你我的思念，但是我无法附上落在键盘上的我的泪滴。"

(2) 个人隐私在网络社会中变得越来越没有保障。在传统社会中，个人的隐私相对容易保持。而在网络社会，人们的生活、娱乐、工作、交往都会留下数字化的痕迹并在网上有所反映，网络科技虽促使沟通传播加速，但另一方面也给网络沟通主体带来隐私泄露的隐患，网络社会中各种侵权行为和不道德行为日益增多而使网络沟通主体受到伤害。

(3) 在一定程度上导致人际关系的疏远和淡化。网络交流扩大了人们交流的范围，同时缔造了一种前所未有的更独立、更自由的生活方式，它使我们的交往对象空前广泛和泛化。物理空间上的孤立改变了人们的传统交往方式和情感表达方式，产生了诸如孤独、网癖、网恋等一系列包括道德在内的社会问题。技术的每一次巨大进步都使人的能力日趋增强，使社会更趋为一个整体，个人越来越依赖社会，但个人与个人之间的感情依赖渐趋减弱，人际关系日渐疏远和淡化，这是我们不能忽视的问题。

(二)对消费方式的影响

随着网络沟通、网络付款等技术的成熟，消费品开始大量上网销售，人们的消费观念、消费方式也随之发生变化，网上购物逐渐走进人们的生活。网上购物是指消费者借助网络进入购物站点进行消费的行为。网上购物、网上消费的直接对象是信息产品和各种商品，许多商品都可以用信息来刻画，也可以直接通过信息市场来运送。

第八章　生活方式

网上购物的最大特点是方便消费者，商品种类繁多，商品价格可以直接比较并较之正规商场要便宜，消费者可以在足不出户的情况下浏览众多产品，省去了奔波之苦，可以反复查看产品质量，进行网上咨询，询问网友意见，消费的选择权和自主权增加。同时消费者价值观的变化促使商家必须听取消费者的意见，即时做出反应。网上消费促使销售商必须积极变革销售方式，为新一代消费群体提供更好、更快的个性化服务。

网上购物虽然方便，但在现实条件下还不能完全取代传统购物方式。基于网络本身的虚拟性、自由性带来的道德失范，可能会使消费者受到欺骗，同时并不是任何商品都适合在网上销售，一些涉及交易安全、便利的操作还需要进一步得到完善。但作为传统购物方式的一种延伸，网上购物对人类消费方式的革命产生了深刻影响。

(三)对教育方式的影响

在教育过程中引进网络技术，远程教育模式和自我教育模式正逐步改变人们接受教育的形式，影响教育的功能。网络教育拓宽了学生接受知识的范围和途径，使参与式、启发式教学真正成为可能，终生学习成为普遍趋势。

在网络多媒体的作用下，未来教育将出现一些新特点，教育机会将可能对全社会所有的人开放，任何地方的学生都能学到最出色教师的最好课程，这有助于为每个人提供优质教育。信息高速公路允许学生从一系列具有各种质量的课程中挑选内容，所有不同年龄不同能力的学生都能自己获取信息并进行交互活动。当网络技术、交互式多媒体技术得到长足发展并广泛进入学校和千家万户后，教育传播媒体已不再仅限于印刷在书本上的单一文字，还有融文字、声音、图形、动画、影像为一体的电子教科书、多媒体软件以及网上传输的影视节目、卫星节目和虚拟现实的学习环境；学习者将从网络上获取广泛而丰富的教学知识和内容，获得最优质的教学服务。教育还将在计算机和互联网络的支持下，把学习时间、地点和进度的控制权还给学生，彻底改变传统课堂教学形式和教学方法，在主动的、开放的、交互式的学习中真正形成以学生为中心的现代学习方式。

当然网上远程教育并不是一种万能的教育模式，它缺乏传统教育方式在情感培养、人格塑造等方面的特有功能。网上远程教育也不适用于所有的教育层次和课程，它对学生的自学能力提出更高的要求，而且必须具备计算机和网络的硬件条件，这在有些国家和地区还很难实现。因此，目前网上远程教育还只能作为传统教育方式的补充和延伸，但可以肯定的是网络对未来教育的影响是具有革命性的。

(四)对娱乐休闲方式的影响

网络技术的迅速发展使网络休闲越来越成为人们休闲的常态，60%以上的网民都高度认同网络休闲，适应各类网民的网络游戏、网络视频、网络音乐、网络图片、网络新闻应有尽有，网络休闲已成为大多数网民上网的主要动机之一，各种网上休闲资源已成为众多网民日常生活的调剂品，成为缓解工作压力、度过闲暇时间的主要方式之一。

总之，随着网络在社会生产、商品消费、社会交往、学习娱乐等方面的广泛使用，网络沟通方式逐渐取代传统的信函、电话等沟通方式，成为影响当代社会的主要沟通途径。网络除了通过改变传统沟通方式而改变人们的生活方式外，还通过自身构建的虚拟社会以及虚拟社会中的种种特殊活动使其本身成为一种生活方式。也就是说，作为一种新型的传播沟通技术，它在改变人类社会互动与沟通环境的同时，也逐渐演变成人们生活方式的重要组成部分。

本章小结

本章主要介绍生活方式的概念、分类和基本内容，分析了社会主义社会生活方式的特征及构建目标，阐述了网络社会对生活方式的影响。生活方式包括家庭生活方式、消费方式、社会交往方式、休闲娱乐方式。社会主义生活方式是以人为主体的社会和谐发展状态，包括人与自身、人与社会、人与自然的和谐共处，具有进步性、个性化、科学化、道德化、审美化特征，以人为主体的社会和谐是基本目标，以简约适度、绿色低碳为基本模式。构建社会主义和谐生活方式要从社会和个人两个层面努力。网络社会是一定数量的网民基于网络人机互动、网络人际互动、网络自我互动的耦合互动，在一定的价值观念影响下自主选择、满足自身各种需要而组成的虚拟空间群体。网络通过改变传统沟通方式来改变人们的生活方式，同时也通过自身构建的虚拟社会以及虚拟社会中的种种特殊活动使其本身成为一种新的生活方式。

习　题

一、判断题

1. 生活方式与生产方式的范畴不同。　　　　　　　　　　　　　　　　　(　　)
2. 生活方式具有多层次性。　　　　　　　　　　　　　　　　　　　　　(　　)
3. 网络科技在改变人们社会交往方式的同时也建构了人们新的生活方式。(　　)

二、单项选择题

1. 首次将生活方式确认为一定地位群体的社会标志的是(　　)。
    A. 马克思　　　　B. 恩格斯　　　　C. 迪尔凯姆　　　　D. 韦伯
2. 社会主义生活方式的基本目标是(　　)。
    A. 以人为主体的社会和谐
    B. 生活方式的现代化
    C. 文明、健康、节约、合作、民族的生活方式
    D. 个性化、进步化、科学化、道德化、审美化的生活方式
3. 网络社会的分层标准是(　　)。
    A. 财富　　　　B. 信息资源　　　　C. 地位　　　　D. 权力

三、多项选择题

1. 生活方式的构成要素有(　　)。
    A. 生活主体　　B. 生活需要　　C. 生活观念　　D. 生活模式
2. 从内容的层面看，生活方式可以划分为(　　)。

第八章 生活方式

　　A. 家庭生活方式　B. 消费方式　　C. 社会交往方式　D. 休闲娱乐方式
3. 从社会层面构建社会主义生活方式有(　　)。
　　A. 坚持社会主义
　　B. 坚持对外开放
　　C. 以习近平新时代中国特色社会主义思想为指导建设社会主义现代化强国
　　D. 加强政府引导和宏观调控

四、案例分析题

1. 生活方式的得当能增强人自身的健康度，在一次对 932 名被调查者的调查中得出的结论却是惊人的，当前人们存在 10 种错误的生活方式。

　　(1) 极度缺乏体育锻炼。在 932 名被调查者中，只有 96 人每周都有固定锻炼时间，68%的人选择了"几乎不锻炼"，这极易造成疲劳、昏眩等现象，引发肥胖和心脑血管疾病。

　　(2) 有病不求医。将近一半的人在有病时自己买药解决，有 1/3 的人则根本不理会任何表面的"小毛病"。许多上班族的疾病被拖延，错过了最佳治疗时间，一些疾病被药物表面缓解作用掩盖而积累成大病。

　　(3) 缺乏主动体检。有 219 人从来不体检。

　　(4) 不吃早餐。随着工作节奏的加快，吃上符合营养要求的早餐已经成为办公室白领的奢求，只有 219 人按照营养要求吃早餐，不吃早餐或者胡乱塞几口成为普遍现象。

　　(5) 与家人缺少交流。有超过 41%的办公室人群很少和家人交流，即使家人主动关心，32%的人也常抱以应付的态度。在缺乏交流、疏导和宣泄的情况下，办公室人群的精神压力与日俱增。

　　(6) 长时间处在空调环境中。在上班时，超过 7 成的人一年四季除了外出办事外，几乎常年窝在空调房中，"温室人"自身肌体调节和抗病能力下降。

　　(7) 常坐不动。有 542 人的工作习惯是一旦坐下来，除非上厕所，否则不轻易站起来。久坐不利于血液循环，会引发很多新陈代谢和心血管疾病；坐姿长久固定，也是颈椎、腰椎发病的重要因素。

　　(8) 不能保证睡眠时间。有超过 6 成的人经常不能保证 8 小时睡眠时间，另有 7%的人经常失眠。

　　(9) 面对计算机过久。31%的人经常每天使用计算机超过 8 小时，过度使用和依赖计算机，除了辐射外，还使眼病、腰颈椎病、精神性疾病在办公室群体中十分普遍。

　　(10) 三餐饮食无规律。有超过 1/3 的人不能保证按时进食三餐，确保三餐定时定量的人不满半数。

(资料来源：http://www.jiaoyitong.com.cn/hynews_baike.php?id=20295)

问题：(1) 怎样理解现代生活方式的含义？
(2) 现代社会生活方式与社会环境有什么样的关系？

2. 在大城市爱上"赶集"——中国人追求"有机"生活

　　"我已经成功买到了纯手工辣椒酱、苹果酱和米酒，还有香甜的玉米，味道棒极了，辣椒酱尤其美味啊。""每周末赶个集，生活真美好！从最小的事做起，爱这世界。""我要带上我的手工米酒参加市集，找到家乡赶集的感觉"。

微博上网友们热烈讨论着周末"赶集"的大收获,然而此赶集并非古时候农村的原始贸易市场,而是城市人自发组织兴起的"有机"农夫市集。最近一次"有机"市集于2011年8月27日在望京novo一个开放式食堂举行。创意无限的市集logo,精心布置的小摊位,精致讨巧的有机食物像艺术品一样在市集里陈列起来;新鲜的蔬菜水果、健康的干货和杂粮、纯天然手工作坊的点心、有机环保的日用品琳琅满目。"这是一个不大的市集,但是热闹异常,这里的货品不多,但是火爆异常。"参加过北京有机农夫市集的网友duonuo,在个人博客上描述了市集活动的盛状。如今,在城市里"赶集"渐渐成为一种"时尚"生活方式,"有机"也逐步融入中国人的生活理念。

有机食品是指来自有机农业生产体系,根据国际有机农业生产要求和相应标准生产加工并通过相关认证机构认证的一切农副产品及其加工品,包括粮食、蔬菜、水果、奶制品、禽兽产品、蜂蜜、水产品和调料等。由于有机食品在生产加工中不使用化学农药、化肥、化学防腐剂和添加剂,也不使用基因工程生物及其产物,因此它是安全食品。北京有机农夫市集以民间活动为原型,于2010年5月由"有机食品、自然生活"理念推广者张映辉首次策划举办,2010年9月,日本艺术家植村绘美开始推广并使其成为一种形式固定下来,"有机"爱好者纷纷加入农夫市集组织。10~20元1斤的西红柿,15元一斤的桃子,40元左右的奶酪……尽管价格有些昂贵,但健康绿色使有机食品依然魅力十足。"如果一个月都吃'有机'食品,算下来会多花1000元钱,其实省下了更多,少上馆子少看病,吃得更放心和健康。"一位市集活动参与者说。"有了孩子后,更加关注食物的健康和营养,在市集里可以买到无添加剂的牛奶,营养价值更高。"

北京农夫市集活动已经举办过9次,不定期,也没有固定的地点,活动提前通过微博、媒体、用户分享交流。参与者从几百位发展到最多4000人,健康生活的理念深入人心,辐射范围渐渐增大。经济的飞速发展、热闹喧嚣的城市环境扰乱城市人的生活节奏,人们更愿意回归自然,享受"有机"慢生活。"国外有机生活大行其道,已成为一种时尚标志。"在上海一家外企工作的maggie认为,一些白领都出于对国外潮流的追随而选择"有机"生活。

(资料来源:新华网 http://www.news.xinhuanet.com/society/2011_08/29/c_12192731/.htm)

问题:结合材料谈谈你对"有机"生活的看法。

第九章 社会变迁与现代化

【学习目标】

通过对本章内容的学习，读者应了解社会变迁的含义、类型、原因；掌握社会运动的含义和类型，掌握社会发展的含义、社会发展的观点及理论、和谐社会的内涵，明确社会运动是社会变迁的一个重要内容，社会发展是一种正向的变迁，为中国的社会现代化建设提供认识基础。

【导读案例】

十字路口的国家路径选择：美国梦？欧洲梦？还是中国梦？(节选)

——专访中国社会科学院哲学研究所研究员赵汀阳

赵汀阳：什么是"中国梦"，这是个困难而尴尬的问题。在这里我们愿意讨论一个使中国发生天翻地覆变化的梦想，这就是百年来的现代化梦想。中国现代化梦想的第一缘由就是落后就要挨打的经验，因此中国现代化梦想的第一要求就是要变成在物质上强大的中国，这一基本要求一直到今天仍然是首要的任务。为了解决贫穷问题，邓小平把中国现代化梦想重新调整回到物质现代化的方向上，发展是硬道理这一战略转变首先表现为让一部分人先富起来，现在贫穷问题初步缓解，问题又变成贫富差距，于是现代化发展的要求就进一步表现为和谐社会。

人民论坛记者：能够表达中国精神的中国梦又该如何建构呢？

赵汀阳：中国梦想需要认真考虑这样几个问题。

一是什么样的思想、知识体系能够有效地思考世界的所有根本问题。显然，如果没有强大的思想能力，就不可能创造社会所需要的各种大观念，也就不可能有强大的文化和社会。

二是什么样的社会制度能够使有德之人愿意生活在这个社会中。这要求有一个关于公正社会的设计。这是非常困难的设计，目前所知道的社会都达不到公正社会的标准，都或者是对经济人和小人有利或者是对庸人和弱者有利，还从来没有一种对有德之人最有利的社会设计。

三是什么样的生活方式能够使人永远觉得生活有意义。这是在要求一个社会必须有利于发展高水平的精神生活。没有一个社会能够仅仅依靠高水平的物质生活去长期维持人们的生活意义和兴趣，人终究要过的是精神生活，只有精神生活才具有无限丰富发展的空间。我相信这些问题是人类社会的根本问题，而目前世界上的各种梦想都还不能够很好地解决这些问题。

现代化梦想虽然不是一个表达了中国精神的梦想，但它是中国必须实现的一个物质梦想。在中国实现现代化之后必定出现如何构建真正能够表达中国精神梦想的问题，真正能够表达中国精神的梦想正是我们需要去建构的，其内涵应包括普遍民心原则。这是一个比民主问题更深刻的公共选择问题，我们希望能够重构民心问题而克服民主问题一直无法超越的各种困难。

(资料来源：社会学视野网 http://www.sociologyol.org/yanjiubankuai/tuijianyuedu/iebiao/2011-09-22/13194.html)

以上案例讨论在中国如何选择社会现代化的道路问题：美国梦？欧洲梦？还是中国梦？社会现代化的过程其实是一种社会发展过程，而社会发展又是一种正向的社会变迁，中国当代社会的现代化过程又是在提出建设社会主义和谐社会这样一个社会背景下来进行的。本章就社会变迁、社会发展、和谐社会的相关问题进行讨论，为认识中国的社会现代化过程提供一种认识。

第一节 社会变迁概述

社会变迁是最使人们感兴趣但又最难加以定义的一个概念。古希腊哲学家赫拉克利特在他经常被引用的命题中指出了人不能两次踏进同一条河流。我们经常听到有人感叹："沧海桑田""人心不古"，这说明社会变迁无论何处都成为人们的注意中心，而且人们相信社会变迁是不可逆转、不可抗拒、不可消除的。

一、社会变迁的含义

几乎每个社会学家都对社会变迁给予回答和解释，但没有形成一个统一的、公认的规范化定义。社会学创始人孔德把社会学思想区分为"社会静力学"和"社会动力学"，后者所关注的实际上就是社会变迁。美国社会学家鲍格达认为，社会变迁是态度、价值及组织的更替。台湾学者龙冠海认为社会变迁是生产方式或社会关系的变异。众多的社会变迁理论分别从各个不同的方面透视了社会的动态形式。

我们认为，社会变迁就是社会关系在社会结构中或大或小的变动，可从要素角度来分析社会变迁的内涵。组成社会的要素有多少，社会变迁的因素也就有多少。《红楼梦》里描写几百个人物的形象(人口因素)，包括不同性别、不同年龄的人(年龄和性别因素)，有的是管理国家的官僚，有的是主持家政的主人，有的是侍候少爷小姐的丫鬟，还有的是更夫(职业因素))。该小说以贾府为中心，展示各种身份人物的性格，从他们的言谈举止(个人行为因素)、待人接物的方式和相互称谓上显示出他们之间复杂的社会关系(社会关系因素)，有主仆、父子、师生、弟妹、伙伴关系。贾府的兴衰表现了中国封建时代的官僚家族的兴衰，所有这一切因素在小说的情节发展过程中出现了变化。由此可见，社会变迁的因素是丰富多样的。社会变迁既泛指一切社会现象的变化，又特指社会结构的重大变化；既指社会变化的过程，又指社会变化的结果。

【案例9-1】口号：社会变迁的晴雨表

标语口号，这个时代的符号，简短、精练、朗朗上口，是时代精神、理想信念、行为规范的凝练和概括，它以易传播等特点一直被人们予以重视和运用。其重要性牢牢地粘贴

第九章 社会变迁与现代化

在历史的卷页中，寥寥数字的口号折射着时代精神。也许是传媒工具的落后，或许是历史的传承，党和政府的重要方针政策和工作重点的传播大都以标语的形式出现，这种写在祖国大地上的宣传形式真正使人牢记在心。新中国成立60年以来的各个年代的标语口号随着时代而不断变化，它浓缩、反映了国家政策的变迁。

新中国成立后，天安门城楼的两边改写为"中华人民共和国万岁！世界人民大团结万岁！"新中国成立初期，遍布全国的口号是：解放全中国、打倒美帝国主义、抗美援朝、保家卫国。50年代初，毛泽东主席题词：好好学习，天天向上。从此，这句话进入整个教育系统，中国几乎每一间教室的黑板上方，都张贴着"好好学习，天天向上"的标语。

1957年反右口号提出，运动被严重扩大化，致使一大批忠贞的中共党员、有才能的知识分子、有长期合作历史的民主党派朋友、政治上不成熟的青年被错划为"右派"分子，他们被下放进行劳动改造，身心受到严重伤害，不能发挥应有的作用，造成严重损失。

1958年，"鼓足干劲、力争上游、多快好省地建设社会主义的总路线"的标语写在屋墙上、屋顶上、山坡上。"三年超英，五年赶美"；"革命干劲冲破天"；"用钢铁压倒美帝"。于是一个全民炼钢的运动在全国各地展开。"人有多大胆，地有多高产"更是滑稽可笑。

1966年以后十年，是标语口号泛滥成灾的十年，更是动乱、浩劫的十年。用口号喊出的错误决定给全中国人民一次重大打击。以时间为序的代表性口号大致有这些：破四旧，立四新。横扫一切牛鬼蛇神，打倒三家村、四家店。千万不要忘记阶级斗争。大海航行靠舵手，干革命靠毛泽东思想……

1978年12月，党的十一届三中全会召开，宣告了"文化大革命"的结束，果断做出把全党工作重点转移到社会主义现代化建设上来的战略决策。

此后，空洞号召没有了，伴随而来的是发展生产的口号："建设有中国特色的社会主义""建设社会主义和谐社会""全面建设小康社会""为实现四个现代化而努力奋斗"的口号拉动了改革开放的步伐。口号鼓舞了人民群众的意志，提高了我国的综合国力。一些新的政策也用口号推出：搞好农村联产承包责任制、建设社会主义新农村、一对夫妇只生一个好。

文明语言崭露头角，1981年出现"五讲四美三热爱"口号，即讲文明、讲礼貌、讲卫生、讲秩序、讲道德，语言美、心灵美、行为美、环境美，热爱祖国、热爱社会主义、热爱党。标语分上级单位指定内容和结合本单位当地的实际情况创造出来的两种内容。现在的标语与早些年的标语有着很大的变化，一些警示性标语变为温馨提示，使人愉悦，如"城市是我家，爱护靠大家""高高兴兴上班来，平平安安回家去""诚实做人，精心做事""讲文明从我做起，树新风从现在开始"。

(资料来源：网易探索，http://www.news.163.com)

从上面这个案例"口号"的变化中，我们可以窥见中国社会在发展过程中所经历的社会变迁，其涉及的内容比较丰富，有政治结构的变迁，也有教育文化的变迁，有经济结构的变迁，也有职业结构的变迁。从社会学研究的历史中我们认为，社会变迁是指社会结构及其功能生成变化的过程。

(一)社会结构的变迁

社会结构的变迁是社会变迁的核心和实质，社会结构包括实体结构和文化结构，实体结构包括阶级阶层结构、职业结构、经济结构、政治结构等；文化结构包括价值观、行为规范和生活式样等，所有这些方面的重大变化都是社会变迁范畴。

1. 价值观的变迁

每一个时代的人都有一定的价值观念，这种价值观决定着人们行为的动机、取向和方式，影响人们的社会交往和社会关系。中国在不同阶段对人口问题有不同的看法和态度，在"文化大革命"期间，"人多力量大"的观念普遍存在，人们在这一时期生育的子女较多，对中国人口造成了一定的压力。改革开放之后，我国越来越认识到人口问题的严重性，多子多福的观念发生改变，在计划生育政策的作用下，中国人口增长过快问题得到控制。2015年10月，党的十八届五中全会决定全面放开二孩政策，对人们的生育观念产生着影响。

2. 行为规范的变迁

社会结构的变迁意味着社会关系的变化和各种社会因素的重新组合，这必然引起人们行为规则的变迁，契约社会的理性规则逐渐超越人情社会的关系规则而占据主导地位。

3. 阶级结构的变迁

阶级结构的变迁表现在各个阶级自身的变化以及阶级之间关系的变化。阶级自身的变化是指阶级人数的增减、力量的消长以及阶级特征的变化；阶级关系的变化是指一个阶级相对于另一个阶级的政治经济地位的改变。阶级结构的变迁是社会结构变迁中最基本最重要的变迁。中国的阶级结构在新中国成立前后发生了根本变化，新中国成立初期存在工人阶级、农民阶级、地主阶级、知识分子和其他个体劳动者等阶层；社会主义改造完成后，只有工人阶级、农民阶级、知识分子和少量个体劳动者；改革开放之后，除了原有的阶级、阶层之外，又出现了私人工商业主、大量的非农个体经营者和雇工。同时，工人阶级内部和农民阶级内部也发生了重大的变化，各阶级和阶层之间的关系也发生了变化。

4. 职业结构的变迁

人类历史上发生过两次大的分工，第一次分工是农业和牧业的分工，第二次是农牧业和手工业的分工。这两次大的社会分工使社会上出现了三个职业阶层，即农民、牧民和手工业者。后来商业又从以上三个职业阶层中分化出来，形成了商人。每次社会分工和由此引起的职业结构的变化都是社会结构变迁的重要表现。

5. 人口的变迁

人口是社会活动的主体，人口过程是一个社会过程。人口变迁就是下一代人接替上一代人，下一代人在数量、质量和特征等方面都不同于上一代人的社会变化过程。中国的人口从20世纪50年代中期的6亿人增加到2010年第六次人口普查时的13.39亿人就是人口数量上的变迁。人口质量上的变迁是指人的体魄、文化知识和职业种类的变迁。在现代社会中，两代人之间的知识水平和职业种类有很大差别，总体趋势是下一代人在文化水平上比上一代人高，子女的职业收入和职业声望比父母高。

第九章 社会变迁与现代化

(二)社会功能的变化

社会功能的变化是社会变迁的重要内容，社会结构的变迁是一个渐进的累积过程。在社会系统的结构未发生重大变化的情况下，社会系统的功能也可能会发生很大的变化，并以社会分化和社会整合的形式表现出来，从而带动现象层面的变化。

社会变迁是个大概念，包括社会进步、社会发展，社会变迁是没有特定方向的变化，社会发展、社会进步是有特定方向的变化，是朝着好的方向变化。

二、社会变迁的类型

(一)进步的社会变迁和倒退的社会变迁

从变迁方向来看，能够顺应历史潮流、促进社会良性运行和协调发展、反映历史发展方向的社会变迁就是进步的社会变迁，也就是社会发展；违背历史发展潮流和方向、阻碍社会良性运行和协调发展的变迁是倒退的社会变迁。这两种不同方向的社会变迁是同时存在的，当代中国社会的变化也体现了这个特点。

(二)有计划的社会变迁和无计划的社会变迁

从变迁的计划性来看，社会变迁可分为有进步的社会变迁和倒退的社会变迁。恩格斯曾说："人离开动物愈远，他们对自然界的作用就愈带有经过思考的、有计划的、向着一定的和事先知道的目标前进的特征。"可见有计划的社会变迁是指人类在不断认识社会变迁客观规律的基础上按照一定的社会发展目标、计划、步骤设计的社会变迁，社会现代化就是一种典型的有计划的社会变迁。无计划的社会变迁是指人类的认识水平低下时以盲目的方式参与的社会变迁，可以分为两类：一类是自然条件的改变导致的完全自发的社会变迁，另一类是个体有目的和预期但社会整体无计划的半自发的社会变迁。

(三)整体社会变迁和局部社会变迁

从变迁的范围来看，整体社会变迁是指整个社会结构的重大变化及其功能的彻底转变，如社会形态的更替，封建社会取代奴隶社会、社会主义社会取代资本主义社会就属于整体社会变迁。局部社会变迁是指社会系统的各个构成要素自身以及它们之间部分关系的变化，如生活方式、家庭习俗、思想观念和社会成员阶级阶层的变化就属于局部社会变迁。整体社会变迁和局部社会变迁是相互联系、相互作用的关系，整体社会变迁建立在局部社会变迁基础之上，但不能简单地理解为整体社会变迁是局部社会变迁之和，只有局部变迁遵循客观规律，并按照各局部社会变迁之间的联系和作用进行互动，才能有效推动整体社会的变迁。

三、社会变迁的原因

一般来说，有两种情形必将导致社会稳定状态的变化：一是社会系统与外部环境之间存在物质、能量和信息交换；二是社会结构要素的自我发展。社会变迁实际上以各种形式发生在社会运行和发展之中。在研究社会变迁时，必须把社会及其变迁作为一个具有整体性的、有着复杂相互作用和相互制约关系的系统来认识。

(一)社会变迁的客观与主观原因

1. 社会变迁的客观原因

社会变迁的客观原因包括气候、地形、土壤、自然资源、人口、种族、科学技术等。一般来说，气候、雨量、地形、土壤、自然资源、自然灾害都间接、暂时地影响社会局部的变化。气候影响人们的生活习惯和社会产业具体形式的差异，这可以从我国南北方生活方式和生产方式的差异中见到；雨量、土壤、地形、自然资源影响人口的集中与迁移，城市的发展史表明，工厂一般建在河边，城市随工厂的密布而慢慢兴起。世界四大文明发源地之所以在中国、印度、埃及和美索不达米亚平原出现，一个重要原因就是每个文化发源地都傍依着一条巨大的河流：中国有黄河，印度有恒河，埃及有尼罗河，美索不达米亚平原则抱拥着幼发拉底河和底格里斯河。自然灾害可以破坏文化，造成经济损失和人口的大量死亡，这就会引起社会结构的变化。据历史记载，几乎每一次农民革命战争都发生在自然灾害连年发生之时。大地震引起地震区人口数量与成分的变化，可导致当地及附近地区生产生活的重新调整和安排。

人口的巨大压力引起贫穷、犯罪、移民乃至战争；人口的锐减也影响社会分工和工商业的发展；人口组合的变化本身就是广义社会结构的一部分，而性别比率在总人口中的变化又引起家庭结构的变迁，女多男少会产生一夫多妻制，男多女少也是一妻多夫制的原因之一，或者以一部分人的独身来解决性比例的失调问题。

科学技术的革新和传播导致社会变迁的现象更是异常明显，马克思说："蒸汽、电力和自动纺织机甚至是比巴尔贝斯、拉斯拜耳和布朗基诸位公民更危险万分的革命家。"[1]列宁更具体地讲，"从手工工场向工厂过渡，标志着技术的根本变革，这一变革推翻了几百年积累起来的工匠手艺，随着这个技术变革而来的必然是：社会生产关系的最后剧烈的破坏，参加生产者的各种集团之间的彻底决裂，资本主义一切黑暗面的加剧和扩大，以及资本主义的使劳动大量社会化。"[2]

指南针、造纸术、印刷术和火药这四大发明是中国对人类文明的巨大贡献，火药、指南针、印刷术迎来的是资本主义，火药粉碎了西欧的骑士阶层，指南针打开了世界市场并建立了殖民地，古老文明的中国转而沦为西方的殖民地。总之，科学技术的发明和传播不但可以改变一时一地的社会结构，还可以改变整个人类的命运，改变人类历史的发展方向。计算机的广泛运用改变着人们的日常生活方式，大到国家决策小到儿童游戏都采用了电子技术。

2. 社会变迁的主观原因

社会变迁的主观原因包括价值观、意识形态、人类理性的发展等。韦伯认为，基督教中的加尔文派的宗教伦理融化在日常生活中，变成一定的生活方式，使人们的经济行为带有禁欲消费倾向，这就导致了一个预想不到的结果即资本积累和新的刺激心理，由此导致

---

[1] 马克思恩格斯选集第2卷. 北京：人民出版社，1972.

[2] 列宁全集第3卷. 北京：人民出版社，1972.

近代资本主义的产生,表明价值观、意识形态等主观因素对社会变迁的影响是巨大的。马克思主义在中国以及其他国家中的传播改变了中国乃至世界史的方向和结构。在历史转折的关键点上,某个杰出人物的性格、品行和当时的愿望会赋予历史以不同的色彩,会对历史的发展起阻碍或推波助澜的作用。社会历史是无数个人共同创造的历史,人类理性的发展必然影响社会发展的方向并呈现出不同的特征。

(二)社会变迁的宏观原因与微观原因

社会变迁是在一定的外在条件的触发和引导下发生的社会结构变迁。从变迁的规模与过程而言,任何社会变迁都可以分为宏观原因与微观原因,但从变迁的方向与过程来说,总是从微观变迁到宏观变迁的过程。

社会首先是由无数个体组成的有机整体,其次是由经济、政治、宗教、法律、文化等子系统组成的有机整体,各部分的和谐与平衡依赖于各系统之间及社会个体之间的功能协调。不同的社会个体发生变化必然引起社会子系统发生变化,社会一个子系统的变化必然引起另一个子系统的变化,连锁反应最后引起社会所有子系统的变化,甚至导致整个大的社会系统的变化,这就是从微观原因到宏观原因变化的过程。

个人的一项发明应用于生产会引起旧的生产结构的变化,引起经济领域的人际关系的变化即生产关系的变化,生产关系的变更引起社会形态的政治、法律、教育、卫生、文化等上层建筑的变更,由此产生社会结构变迁的全过程。工业文明确立资本主义制度的过程是这样的:蒸汽机的发明引起手工工场向大机器生产的工厂转变以及地主与封建农奴的关系解散,自由劳动力进入市场,资本家与雇佣工人的关系构成,通过资产阶级革命确立资本主义的国家制度,资本主义的法律意识形态和文化取得合法地位,这个过程是从微观变迁到宏观变迁的过程。

四、社会运动

(一)社会运动的含义

社会运动是众多社会成员在明确目标指引下推动或阻碍社会变化的一种有组织的行为,属于社会变迁内容。前工业社会通常与传统价值观联系在一起,社会流动性小,不易形成社会运动,社会运动比较罕见。而在工业社会,社会运动却很常见,因为推动社会运动发展的亚文化和反文化价值目标增多,利益结构更为复杂,由此形成多种多样的社会运动,包括同性恋运动、保护环境运动、女权主义运动、消费者运动、反核运动等。

(二)社会运动的类型

考察社会运动有两个重要变量:一是谁会被改变;二是会改变多少。根据这两种变量把社会运动分为四个类型,如表9-1所示。

①改良性的社会运动只针对特定的某群人做出有限改变,目的是帮助一些人改变他们的生活,如"守约者运动";②救赎性的社会运动也是影响某些特定群体,但是这些群体发生根本性改变,目的是帮助人们恢复他们原来的生活状态;③变革性的社会运动是对一定的目标集群做出特定改变,通常是在已经存在的社会政治系统中运行,可能是进步的,也

可能是保守的；④革命性的社会运动寻求的是整个社会的根本性变化，矛头直指现存的社会制度，试图让它们发生根本性的改变。

表9-1 社会运动的四个类型

谁会被改变	会改变多少	
	有限的	根本性的
具体的个人	改良性的社会运动	救赎性的社会运动
任何人	变革性的社会运动	革命性的社会运动

(资料来源：约翰·J.麦休尼斯. 社会学[M]. 11版. 北京：中国人民大学出版社，2009.)

(三)社会运动的解释理论

社会运动在当今世界上是持续存在的，社会学家从不同的理论视角来解释社会运动的发生、发展，表9-2所示是几种重要的解释理论。

表9-2 社会运动的解释理论

理论名称	社会运动的解释理论
剥夺理论	社会运动之前人们感受到相对剥夺体验。社会运动的目的是给参与者寻求更大的利益，当人们获得更好境况的期望落空时，社会运动就很有可能发生
大众社会理论	稳定社会关系的缺失促使人们参与社会运动。社会解体时期可能产生新的社会运动
结构性紧张理论	人们聚集在一起是因为他们共同关心的这个社会的运行不像他们认定的那样，非常无力。社会运动数量的增长反映出很多因素，包括对其合理性的信仰以及一些引起运动的突发事件
资源驱动理论	人们可因种种原因参加社会运动，也可能因为和参加社会运动人员的关系紧密而参加社会运动。社会运动的成功与否很大程度上取决于社会运动中可以利用的资源。当然在更大型的社会中敌对冲突的扩大也很重要
文化理论	一些可以引发社会运动的文化象征会驱使人们参与社会运动。运动本身常常会成为权力和正义的象征
政治—经济理论	人们联合起来发表批判社会弊病的言论，由资本主义引起的弊病包括失业、贫穷和缺乏对健康状况的关注。社会运动是必然的，因为资本主义经济必然无法满足人们的基本需求
新社会运动理论	人们参与社会运动是由基本生活条件问题驱动的，不一定非要涉及经济因素。这种运动的动员在范围上可以是国家性的和全球性的。随着信息技术和大型媒体的扩展，新社会运动也随之增加

(资料来源：约翰·J.麦休尼斯. 社会学[M]. 11版. 北京：中国人民大学出版社，2009.)

第二节 社会发展

一、什么是社会发展

(一)社会发展的含义

"发展"(development)最初是从生物学借用来的,原意指生物胚胎潜在力得以发挥的生长发育过程。在19世纪,社会学的奠基者将"发展"概念应用于研究社会过程,由此产生了以社会进化论为特征的社会理论。在社会学中,社会发展指整个人类社会的向前运动过程,纵向上指人类社会由低级向高级的运动和发展过程,如从封建社会发展到资本主义社会;横向上指在特定社会发展阶段中一个社会各方面的整体运动和发展过程,如新中国成立至今,中国社会的政治、经济、文化等方面都得到提升和发展。

(二)社会发展的特征

1. 人本性

人本性是社会发展的基本特征,可以从两个层面去理解:一是指人在发展过程中应当具有主体的意义。经济对人类社会的发展至关重要,不少人将经济发展视为人类社会发展的唯一目的和全部内容,这种观点被称为"经济至上论",该观点容易导致一系列不利后果,如导致人的异化、社会机体的畸形发展、经济行为的"不经济"(即经济本身潜力的耗竭)、颠倒目的与手段的关系。经济因素应该是作为满足人类生存和发展需要的基本工具,是完善人类自身的手段,但是绝对的经济决定论将经济视为绝对的中心,人类被自己的创造物所控制,成为物的附属物。在一味追求经济增长的条件下,人们必定会采取片面发展经济的战略,不可避免地造成社会结构的失衡,出现大量的社会问题。

二是发展的根本目的在于实现人人共享、普遍受益。在现代社会,以人为本的发展具体表现为人人共享、普遍受益,"社会发展的成果对于绝大多数社会成员来说应当具有共享的性质,即随着社会发展进程的推进,每个社会成员的尊严以及平等、自由的权利更应当得以保证,每个社会成员的基本需求应当持续不断地得以满足,其生活水准应当相应地得以不断的提高。"[1]

2. 整体有机性

社会发展是社会机体各个层面、各个环节的协调并进,发展是整体的推进。发展的速度、规模和效益取决于发展过程中最慢的、最薄弱的那一个层面与环节。政治文明程度不高,政府办事效率低下,就会阻碍工业企业的发展,进而影响整个国民经济的发展。一个国家或地方的人们文化素质不高,高技术人才缺乏,必然会影响经济的发展速度,进而影响到整个社会的发展。

---

[1] 吴忠民,刘祖云. 发展社会学[M]. 北京:高等教育出版社,2002.

3. 内生性

民族是人们赖以生存的最重要的社会群体,发展的最基本的生长力量存在于民族的内部,是一个民族求得生存和发展的必然选择。

4. 开放性

一个民族要想实现有效的社会发展就必须实行开放,开放能提供必要的压力,从而最大限度地激发一个民族的原动力。通过开放从别的民族那里获得借鉴和参照,可以相互学习,取长补短,实现资源交换以及资金和技术的对流。

(三)社会发展的原则

1. 可持续性原则

社会发展是一个持续的过程,要求当今社会在满足自身发展的同时不能以牺牲后代利益为代价,绝不能吃祖宗饭,断子孙路。在社会发展过程中,环境污染、资源浪费、人口过分膨胀等问题已经严重影响到可持续发展的过程,必须引起高度重视。

2. 协调性原则

协调性原则即指经济、社会、资源和环境保护协调发展,既要达到发展经济的目的,又要保护好人类赖以生存的大气、淡水、海洋、土地和森林等自然资源和环境,使子孙后代能够永续发展和安居乐业。协调发展是可持续发展的前提,只有社会各要素协调一致,才能做到可持续发展。

3. 人本性原则

人是社会发展的根本目的,也是社会发展的根本动力,一切为了人,一切依靠人,二者的统一构成人本性原则的完整内容。社会发展以促进人的全面发展为出发点和归宿,充分发掘人在社会发展过程中的积极性、主动性和创造性,促使人们德、智、体、美全面提高,促进人的潜能得到最大限度的发挥。

4. 全面性原则

社会发展不仅包括经济的发展和进步,还包括政治、文化、社会、环境以及人的全面、综合和协调发展。坚持全面性原则,要反对"经济至上论"的观点。

二、社会发展观的演变

【案例9-2】3月的陕北,树还没有泛绿,但从飞机上鸟瞰,黄土地已被一眼望不到边的褐色林木覆盖。当地人都知道,在这个季节,能看到成片褐色的地方,正是生态保护得最好的地方。

从陕北到南疆,从贺兰山到青海湖畔的群山,大西北的褐色已不再像从前那样难得一见。"饭都吃不上了,奢谈生态岂不等于自杀?"几年前西北某省一位地方官员曾向记者这样抱怨。然而今年春天再赴西北采访,我们总能听到同样的心声:西部大开发绝不能以牺牲环境为代价,绝不能搞成"西部大开挖"。

第九章 社会变迁与现代化

陕北高原蕴藏着一个世界级的能源宝库，石油、天然气、煤炭储量相当可观。但只要是向地下取宝，必然会破坏地表环境。"如果只开挖不保护，这个宝库迟早会变成包袱。"陕西省靖边县林业局局长高玉川这番话道出了当地政府的忧患意识。自西部大开发战略实施以来，陕北的煤矿越建越多，公路越修越长，项目占地面积越来越大，但由于采取种草植树、退耕还林等措施，生态一直在持续好转。2800公里的油气运输管道沿线被破坏的植被也基本得到恢复。

高玉川告诉记者，过去的靖边县10天中有8天是风沙天气，穿越沙漠的公路也常被流沙阻断，但从1999年至今还没出现过沙尘暴天气。2001年以后，靖边的平均年降水量提高了100毫米，小气候明显改善。根据政府制定的规划，今年年底靖边还将消灭所有的荒山。

在国家西部大开发战略规划中，生态是使用频率最高的用词之一。退耕还林、退牧还草、天然林保护、京津风沙源治理、环境保护、自然保护区六大生态工程陆续实施，在大西北掀起了一股"生态热"。在各省区的统计报表上，经常出现上千万亩的生态保护面积。即使是地域最小的宁夏，近5年来人工造林、天然草原围栏面积也都超过了1000万亩。

青海是黄河、长江、澜沧江的发源地，素有"中华水塔"之称。为了涵养水源，青海省决定，"三江源"地区不发展规模工业，不破坏生态，不过度放牧，并在果洛、玉树两个自治州的8个县实行生态移民工程，其中黄河源头的玛多县扎陵湖乡还被列为整体搬迁、永久性禁牧的试点。投资75亿元的"三江源"自然保护区生态保护与建设工程也将在年内正式启动。

在生态极差地区实行禁牧，在生态较好地区实行休牧、轮牧，内蒙古在保护生态建设中并没有采取"一刀切"的做法。既要保护牧民利益，也要保护生态环境，内蒙古为此推行了按草场生产力测定牲畜头数的划畜平衡制度。内蒙古森林面积位居全国第一，每年新增人工造林面积占全国1/10，"树进沙退"的现象并不鲜见。林业部门的监测结果表明，内蒙古土地沙漠化扩展速度已由6年前的0.87%下降到现在的0.25%，属于正常波动范围。科尔沁和毛乌素两大沙地的森林覆盖率分别提高到20%和15%，乌兰布和沙漠每年向黄河的输沙量下降了4000万吨。

在新疆，一度河床朝天的塔里木河水面重现，而且越流越远。在甘肃，清澈的黑河水重新流进胡杨遍地的额济纳绿洲。尝尽生态恶劣之苦的西北人已开始编织山川秀美的梦想，这是记者在西北采访一个月最深刻的感受。

（资料来源：崔军强，姜雪城.(西部大开发)西北人的生态观："开发"不是"开挖"，中国经济网，

http://news.sina.com.cn/o/2005_04_19/21265694984s.shtml)

问题：西北人的发展观发生了怎样的变化？

分析：在西部大开发过程中，由最初发出"饭都吃不上了，奢谈生态岂不等于自杀？"这样的抱怨，到后来共同发出这样的心声：西部大开发绝不能以牺牲环境为代价，绝不能搞成"西部大开挖"。在西部大开发中，陕北高原、青海、内蒙古、新疆等地也在生态环境保护方面不断地努力，这其实是一种社会发展观的变迁。随着社会的发展，人们对社会发展的认识也在不断发生变化，社会发展观经历了由传统发展观、经济发展观、综合发展观到以人为中心的发展观，再到可持续发展观、科学发展观的转变。[1]

---

[1] 童星. 发展社会学与中国现代化[M]. 北京：社会科学出版社，2005.

(一)传统发展观

发展观念从最初产生的时候就具有一系列内在的逻辑前提。19世纪确立的发展理论起源于启蒙运动,启蒙运动的方案是指理性和合理计划的固有思想。韦伯整个学术思想的核心是理性化,也就是探讨欧洲社会的"理性化"发展问题。在"发展、现代化就是理性的体现"观念指导下,不少发展理论忽视非理性的作用。这不仅表现在发展的内涵、动力上轻视非理性,而且在社会历史观上忽视情感、价值观等在社会历史上的作用。

发展理论首先以社会进化论的面目出现,认为现代社会是成长中的有机体,发展必定会经历一系列有秩序的阶段,并以欧洲先进国家为人类社会发展的最后归宿。这种进化论的发展观念把局部历史景观普遍化,即把至多只是西欧社会发展的某些特征说成普遍的真理,否认丰富的人类诸文明的发展过程。在对发展过程的认识中,认为社会发展轨道是直线前进的。

另外一种传统的发展观就是历史决定论,认为人类历史中隐藏着一个规律,它是不可改变、不可抗拒、不以人的意志为转移的,它支配着各国历史的演进和变迁。

从整个历史发展过程来看,人类社会是趋于前进和进步的,但并不是在人类社会的任何时期都表现出进步性,在某一阶段社会可能出现倒退,在进步的路途上可能会遇到挫折。社会发展也不仅仅只有发达国家的发展,还包括发展中国家根据自身实际情况自主选择的发展。

(二)经济发展观

经济增长观源于近代,它把社会发展直接等同于经济发展,经济发展以物质财富增长为核心,以经济增长为唯一目标,认为经济增长必然带来社会财富的增加和人类社会福利的共享。在这种发展观的指导下,落后国家大多沿袭发达国家的老路,强调经济增长第一,其GDP有了较大程度的增长,但是广大人民群众的生活没有得到很大的改善,在这些国家内部还出现了生态环境恶化、资源浪费严重、人口过分膨胀、社会腐败等一系列问题,最终导致有增长而无发展的局面。

(三)综合发展观

20世纪60年代以来,西方发达国家的某些学者在批判经济增长模式基础上探索新的发展观和发展模式,提出社会发展观的新思想。社会发展观又可以称为社会协调发展观,认为发展应该是整体的、综合的、协调的,注重人与人、人与环境、人与组织的关系,强调发展是社会发展。从经济发展观到社会发展观的转变,扩大了发展的外延,体现出进步性,但是社会发展观并未对人的地位给予充分的论述,具有一定的局限性。

(四)以人为中心的发展观

进入20世纪80年代以来,经济全球化的进程加快,国家间贫富差距在扩大,正如联合国开发计划署在1999年度《人类发展报告》中指出的:"迄今为止的全球化是不平衡的,它加深了穷国和富国、穷人和富人的鸿沟。"民族矛盾、宗教纠纷、武装冲突、局部战争接连不断,世界并不太平,各类社会问题层出不穷,所以和平与发展成为这一时期的两大重要课题。在这样的背景下，逐步形成以人为中心的发展观，将人置于发展的中心，把人看作是发展的最高目标，认为社会其他方面的发展只是发展的手段或条件。这种发展观也有自己的缺陷，比如会助长人类中心主义的扩张。

(五)可持续发展观

可持续发展 (Sustainable Development) 是20世纪80年代提出的一个新概念。1980年，世界自然与自然资源联盟第一次提出了可持续发展概念。1987年，世界环境和发展委员会在《我们共同的未来》一文中提出了可持续发展的战略思想，得到国际社会的广泛认同。可持续发展的核心思想是：在经济发展的同时，注意保护资源和改善环境，使经济发展能持续进行下去。

(六)科学发展观

人们对社会发展的认识在不断发生变化，我国在借鉴各国发展经验的基础上提出了以人为本、全面协调可持续发展的科学发展观，就是要按照统筹城乡发展、统筹区域发展、统筹经济社会发展、统筹人和自然的和谐发展、统筹国内外发展和对外开放的要求，最大限度地发挥市场在资源配置中的基础性作用，为全面建设小康社会提供强有力的体制保障。科学发展观的基本内容可以概括为"坚持以人为本，树立全面、协调、可持续发展观，促进经济社会和人的全面发展"。科学发展观的第一要务是发展，核心是以人为本，基本要求是全面协调可持续发展，根本方法是统筹兼顾。

党的十九大报告指出："经过长期努力，中国特色社会主义进入了新时代，这是我国发展新的历史方位"，为此需要坚持新发展理念。发展是解决我国一切问题的基础和关键，发展必须是科学发展，必须坚定不移贯彻创新、协调、绿色、开放、共享的发展理念。这是发展观的最新理论成果，需要在实践中贯彻落实。

三、社会发展模式

(一)社会发展模式的含义

每个国家或地区都以一定的方式在发展，当这种方式被认为具有普遍意义并被普遍借鉴时就成为一种发展模式。"所谓发展模式，主要是指对不同时空下不同国家从传统向现代转化的一种经验概括，或曰现代性的各种因素在不同国家不同条件下的组合方式。"[1]通过对不同发展模式的比较，可以清楚地看到各国社会发展的得失，借鉴其中的成功经验，避免其失败的教训，为我国的社会现代化服务。

(二)两种社会发展模式

依据列维的看法，考察一个国家在现代化浪潮中是"内源发展者"(indigenous developers)还是"后来者"(laters)，可以把社会发展模式划分为"先发内源型"和"后发外生型"两种。

---

[1] 童星. 发展社会学与中国现代化[M]. 北京：社会科学文献出版社，2005.

1. "先发内源型"社会发展模式

内源发展者是指现代化是在它本身基础上长时期逐渐发展起来的，是一个自发的演进过程，这些国家在其发展过程中一切都是自发地演进，发展的动力来自社会内部，主要由民间基层的内在需要推动经济增长和社会发展，英、美、法是典型的"先发内源型"发展模式国家。

英国模式有一种示范效应，现代社会的许多特征都是从英国开始的，英国最早实现工业化，其工业化是以内生的技术创新为基础，国内市场的扩张也推动了工业的快速发展；英国开拓现代政治制度，其科学精神和经典理论丰富了人类文化，为现代思想文化的发展提供了基础。

美国的发展也是一个奇迹，美国是一个"没有童年"的国家，正如斯塔夫里阿诺斯所说的那样："美国作为没有以往数千年的负担和积淀的一块新的土地而受人羡慕。"[1]美国在社会发展过程中十分鼓励技术创新和制度创新，通过技术和组织制度实现了创新发展。1893年，美国取代英国"世界工厂"的地位而成为头号工业大国，自威尔逊、罗斯福以来，其社会发展模式发生了转变，不断出现主张国家干预、要求重建社会的努力。

法国的发展基本上也是自发的、内生的，但和英美的一个最大不同就是，法国式政治先行。法国其实是一种特殊的经济增长模式，即渐进的、相对持续的增长。

德国的发展是自上而下推进的，是由旧的保守势力发起的，这是德国社会发展的最大特色。

2. "后发外生型"社会发展模式

外生型都是在先发国家的"诱导"下，或者是外来的力量中断了它们自身原有的生存和发展逻辑，从而被动地走上了现代化的发展轨道。这些国家发展的动力源来自外部，是在外来压力的挑战下向现代化目标奋进的，其中最著名的就是拉美模式、东亚模式和苏联模式。

拉美发展的第一阶段采取"自由主义模式"，在政治上主张"秩序"与"进步"，在经济上信奉自由主义。第二阶段选择"进口替代模式"，也就是引进外国技术，生产国内必需的消费品，以代替进口，后来又对"进口替代"进行提升和深化。拉美国家在发展过程中遇到了一些难题，如社会问题严重、社会利益协调困难，如果不给予解决就可能成为制约拉美社会发展的瓶颈。

东亚模式中，首先是日本，作为第一个非西方的成功的后来者，打破了近代以来西方工业世界的垄断。其后是"四小龙"，即中国台湾和香港以及韩国和新加坡。东亚一些国家和地区只用30多年的时间就完成了英国300多年的经济发展历程。东亚模式的一个最大特色就是由政府决策，自上而下地制定现代化的目标和选择实施途径。

苏联模式是诞生于20世纪20年代末30年代初的苏联，后来被欧、亚一系列社会主义国家所仿效的经济、政治、文化管理体制和发展模式，基本特征是各方面权力的高度集中，或称为高度集权型模式。

---

[1] [美]斯塔夫里阿诺斯. 全球通史——1500年以后的世界[M]. 吴象婴，梁赤民译. 上海：上海社会科学院出版社，1992.

第九章 社会变迁与现代化

先发国家往往成为后发国家的榜样,正如马克思所说的那样:"工业较发达的国家向工业较不发达的国家所显示的,只是后来者未来的景象。"这两种社会发展模式在某些方面存在差异:①先发国家基本上服从"看不见的手"的支配,遵循"先发展、后转型"的逻辑;而后发国家则由具备能动性和强制性的政府所主导,遵循"转型与发展交叉"的逻辑;②先发国家发展的动力直接来自国家的内部和社会的底层,后发国家的发展动力则来自国家的外部和社会的上层;③从先发国家的经济发展史来看,渐进性是其经济增长的基本特征;而后发国家的经济增长速度一般来说都大大高于先发国家历史上的增长水平。总而言之,后发国家可以利用后发的优势,充分借鉴和分享先发国家的经验、制度和技术优势,吸取其发展中的教训,避开发展的风险,用较短的时间实现经济的快速发展。

第三节 和谐社会与中国社会的现代化

一、和谐社会

【案例9-3】和谐社会的不和谐音——政协抨击假大空现象

"不要再玩锦上添花的形象工程。""大树特树诚信之风。"

正在北京举行的政协十届全国委员会常务委员会第十次会议上,200多位全国政协常委围绕构建社会主义和谐社会纷纷建言献策,一些常委将矛头直指和谐社会的不和谐之音——社会经济领域存在的"假大空"现象。碘超标奶粉、疫苗造假、毒大米、假种子、假农药、劣质化肥……当前,假冒伪劣产品泛滥,已经成为严重影响中国经济社会发展的公害。各种各样的假冒伪劣产品充斥城市尤其是乡村,不仅严重扰乱了社会经济秩序,而且危害着人们的身心健康。

政协常委瓦哈甫·苏来曼说,假冒伪劣之所以屡禁不止、屡打不绝,对造假者的处罚成本过低、打击力度不够是主要原因之一。中国的惩罚力度不仅低于大多数发达国家,而且低于发展中国家的平均水平。瓦哈甫·苏来曼建议,建立打击假冒伪劣行为领导协调机制,加强立法工作,尽快健全和完善打击假冒伪劣行为法律体系,提高罚款额,延长企业惩戒治理期限,加强对打假工作的监督检查。

广场比天安门大、贫困县里办公楼豪华奢侈。多年来,党和国家多次发出指示,要求各地不搞形象工程,但屡禁不止。一些形象工程、政绩工程在一些地方甚至贫困县市愈演愈烈,引起群众强烈反感。政协常委萧灼基指出,为提高城市的形象和知名度,建设一些反映城市特征的"形象"工程也无可厚非。但目前中国经济还不发达,我们必须节约一切财力、物力、人力用于社会经济建设,用于扶贫解困,用于急需的公共投入。

经过多年的努力,中国扶贫工作已经取得巨大成就。贫困发生率从1979年的30.7%下降至目前的3%。但是必须看到中国当前贫困情况还相当严重,全国平均每6.5人中就有1人为赤贫者。萧灼基指出,中国有限的资源不应该本末倒置,用于锦上添花的形象工程和政绩工程,而应该用于急需的扶贫工程,这才是坚持以人为本、构建和谐社会的本质要求。

公款追星、不孕广告满天飞。政协常委曹圣洁在分析现在社会上种种作秀现象时表示,要建设社会主义和谐社会,建立诚信友爱的人际关系是重要内容。在社会道德的要求方面,中国传统道德一向注重言而有信、民无信不立，然而近20多年来，西方极端个人主义思想蔓延，社会道德失衡，损人利己、尔虞我诈现象比较严重，公民道德建设亟须加强。

曹圣洁建议，道德的实践不仅是依靠理论教育，更有赖于习俗以及社会氛围的形成，要实现诚信友爱的社会必须大力树立这方面的正气。建议政府特别是宣传部门不仅把诚信当作标语来宣传，更要对诚信之风大树特树，对于弄虚作假的行为无情地揭露鞭挞，只有教育和赏罚双管齐下才能收到应有的效果。

(资料来源：光明网，http://news.xinhuanet.com)

问题：
(1) 结合本案例谈谈什么是社会主义和谐社会？
(2) 构建社会主义和谐社会提出的历史背景。

分析：

(1) 和谐社会是社会成员能实现各尽所能、各展所长，社会各阶层和利益群体之间能够良性互动，利益分配能够公正，社会能够实现平稳运行和健康发展的一种社会状态。和谐社会是一种状态，而不是社会形态。既然是一种状态，它就可以体现在不同的社会形态中，也可以体现在同一种社会形态的不同发展阶段上。社会主义和谐社会是我们党在总结历史经验的基础上，从中国社会主义初级阶段的实际出发，反映了社会主义本质的内在要求，与社会主义市场经济、民主政治和先进文化相适应，以全面建设小康社会为目标和以追求更高和谐状态为理想的新型的和谐社会。

(2) 改革开放以来，我国社会主义现代化建设取得了举世瞩目的巨大成就，社会主义市场经济体制的框架基本形成，我国社会活力大大增强，与世界的联系日益紧密。但与此同时，社会经济成分、组织形式、就业方式、利益关系和分配方式日益多样化，社会发展、资源状况和生态环境都面临着不少新问题。在这样的情况下，党如何更好地代表最广大人民的根本利益，正确反映和兼顾不同阶层、不同方面群众的利益；如何有效地整合社会关系，促进各种社会力量良性互动；如何认识和把握新形势下人民内部矛盾的特点和规律；如何切实维护和实现社会公平和正义，保障全体社会成员共享改革发展的成果；如何建立健全社会全面发展进步的体制和机制；如何更好地参与国际经济和技术的合作与竞争等，就成为我们党提高执政能力不可回避的重大理论和现实问题。构建社会主义和谐社会，正是着眼于我们党面临的新形势和新任务，着眼于我国社会已经和正在出现的深刻变化而提出来的。

(一)有关和谐的思想资源

1. 有关和谐的中国传统思想资源

(1) 在人与自然的关系上讲求天人合一。道家创始人老子提出："人法地，地法天，天法道，道法自然。"庄子说"天地与我并生，而万物与我为一"。孔子主张以仁待人，也以仁待物，即所谓推己及人、成物成己。《中庸》说："致中和，天地位焉，万物育焉。"孟子提出："尽其心者，知其性也；知其性，则知天矣。"宋代张载在《正蒙》中首先使用了"天人合一"四字。这些观点都是在强调天、地、人的和谐发展以及人与自然的和谐相处。

(2) 儒家讲求和谐的人际关系，创造"人和"的人际环境。以孔孟为代表的儒家提出

第九章 社会变迁与现代化

了仁、义、礼、恭、宽、信、敏、惠、智、勇、忠、恕、孝等范畴。孔子说:"君子和而不同,小人同而不和。""君子矜而不争,群而不党。"孟子讲"天时不如地利,地利不如人和","老吾老以及人之老,幼吾幼以及人之幼。"可见,能够宽厚待人、与人和谐相处是君子人格中一个不可缺少的重要方面。

(3) 在家庭关系上讲求"家和万事兴"。家庭是社会的最基本单位,是社会的细胞,家庭的和睦和稳定是整个社会和谐稳定的基础,家庭成员关系和睦对家庭的兴衰以及社会的和谐都具有重要意义,"父义、母慈、兄友、弟恭、子孝、内平外成","齐家""治国""平天下"是实现和谐的三个阶梯。

(4) 在上下关系上讲求君臣和谐、君民和谐。孔子云:"民者,君之本也。"孟子说:"民为贵,社稷次之,君为轻。"荀子说:"君者,舟也;庶民者水也。水则载舟,水则覆舟,"强调君臣、君民关系的重要意义,又成为处理这些关系的基本准则。

(5) 在民族与民族、国家与国家的关系上主张和谐共处,协和万邦。《尚书·尧典》中说:"百姓昭苏,协和万邦。"《周易·乾卦》说:"首出庶物,万国咸宁。"即主张万邦团结,和睦共处。孔子提出"四海之内皆兄弟",又说:"远人不服,则修文德以来之,既来之则安之。"孟子提出"仁者无敌",主张以德服人,提倡王道,反对霸道。

在中国传统社会中产生的有关天人、人际、家庭、君民、国家之间的和谐共处思想对建设社会主义和谐社会具有借鉴和指导意义,要批判地吸收传统和谐思想中的优秀成分为我们所用。

2. 有关和谐的西方理论和思想

(1) 社会秩序论。主要代表人物有孔德、斯宾塞和迪尔凯姆。孔德认为社会是一个有机整体,社会秩序是社会制度之间的相互关系。斯宾塞提出社会有机体论,社会是一个由相互联系的各个部分构成的紧密整体,这个体系只能从其结构运转的意义上去理解,体系要存在下去,它的需求就必须得到满足。迪尔凯姆把社会团结分为机械团结和有机团结,以机械团结为基础的社会之所以能够得到整合是因为社会成员们扮演着非常相似的经济角色,从而共享着共同的价值观念。以有机团结为基础的社会的整合来自社会中的成员承担着非常专业化的经济角色,从而相互高度依赖。

(2) 社会均衡论。19世纪后半期,英国经济学家马歇尔和社会学家斯宾塞的著作中都使用了社会均衡概念,其含义是指社会生活在功能上保持一种整合的趋向,社会体系中某一部分的变迁都会给别的部分带来相应的变迁,其结果是社会趋于平衡。帕森斯和帕累托对社会均衡作了系统论述。他们认为平衡是社会的常态,而变迁则是暂时的,变迁最终也是为了达到新的平衡。社会均衡有稳定的均衡和不稳定的均衡两种基本类型。稳定的均衡可进一步划分为静态均衡和动态均衡两类。静态均衡表明社会系统的结构是固定的、无变化的。动态均衡表明在均衡状态中含有活动和变化,但这类活动和变化并不意味着改变社会系统内部各部分之间的基本关系,因而变化和活动将很快被均衡的趋势所矫正。

不稳定均衡是指在社会系统中,一种轻微的失调将会引起没有任何调整性干预的进一步的失调,它将会逐步使社会系统本身或是毁灭或是建立一种新的平衡结构。在社会系统内部有一套维系和修复社会均衡状态的整合机制。一旦社会系统的某些部分遭到外部力量的破坏而产生失调时,其他部分会自动予以调节,从而使社会系统重新回到均衡状态。

(3) 协和社会论。其于1941年由美国人类学家本尼迪克特首次提出，美国人本主义心理学家马斯洛作了进一步阐述。该理论把各种社会视为一个统一整体，把社会成员之间协和的程度作为区别不同社会的尺度。高协和社会里，人们和睦相处，合作共事，财富分配大体上是平均的；低协和社会里，人们则争斗、仇恨，财富分配呈现两极分化。

(4) 社会系统论。其是由美国学者贝塔朗菲和巴克莱等人提出，认为人类社会是一个复杂的大系统，相互交叉，彼此渗透，形成错综复杂的网络。系统的各个组成部分之间存在着均衡和协作，系统本身存在着与环境的交换——系统嵌入更大的社会环境之中。系统不断适应时空的变化而保持其均衡和协作，这一运动轨迹体现着社会的发展。稳定、协作和发展就构成了和谐社会的三部曲。

尽管上述理论不尽相同，但有一个共同点是：从社会整体运行角度思考问题和解决问题，必须将社会结构视作一个有机整体，社会结构中某一局部功能的失调意味着社会某一部分的结构不合理，要治愈某种功能失调，必须先从社会整体的角度对社会结构进行调整，这一观点对构建社会主义和谐社会具有启发意义。社会主义和谐社会是对西方各种相关理论的扬弃，也是对中国传统思想的突破，有继承也有发展。

(二)社会主义和谐社会的内涵

千百年来，中国人一直在追求政治和谐、社会和谐。20世纪80年代，国民经济计划改称为"经济社会发展计划"。2002年中国共产党发出"社会更加和谐"的号召，2003年又提出协调经济与社会的关系。2005年提出社会主义和谐社会的六个基本特征：民主法制、公平正义、诚信友爱、充满活力、安定有序、人与自然和谐相处。

社会主义和谐社会就是各方面利益关系得到有效协调的社会，是社会管理体制不断创新的社会，是稳定有序的社会，是以人为本的社会，因而能够激发整个社会的活力与创造力。

我国社会转型正面临关键的临界点，即进入社会发展矛盾凸显时期。以建立社会主义市场经济体制为目标的改革一方面打破了原有的利益格局，另一方面催生大量的利益主体，形成多元化的利益格局，人民内部的物质利益矛盾出现了前所未有的复杂局面，而解决这些矛盾的难度也越来越大。当前社会中最不和谐的问题是收入分配差距过大而且很多是由不公平分配造成的问题，权钱交易、偷税漏税、走私贩私就属于不公平体制造成的不和谐问题。另外，农民、产业工人曾经为改革发展承担了相当大份额的成本或代价，但存在对他们的补偿不对等的问题。所以，通过加大以民生建设为核心的和谐社会建设力度来解决利益不公问题，妥善协调社会各方面利益关系，消弭冲突对抗因素，维护社会公平和正义，实现社会经济的健康发展和人民群众的安居乐业。

二、社会现代化

(一)社会现代化的概念

社会现代化是18世纪以来人类社会变迁的一种形式，一般而言，18世纪的英国工业革命和法国政治革命是世界现代化进程的起点，也是社会现代化的起点。

社会现代化就是在世界范围内以工业化为发端并以民族实体为载体的整个社会的变

第九章 社会变迁与现代化

革[1]，基本内涵包括：①社会现代化是一个连续不断的历史过程；②社会现代化绝非"西方化"或"欧洲化"；③社会现代化是对历史传统既批判又继承的过程；④社会现代化是社会结构体系协调发展的过程。

(二)社会现代化的基本特征

1. 社会结构的日益分化和一体化

伴随着个人角色、社会组织和社会成员的社会地位的分化，社会在新的基础上形成高度一体化。

2. 理性化

现代化在很大程度上可以看作是社会文化价值观的理性化转变，或者说是理性原则的提高，现代科学技术产生的基础就是理性精神。

3. 科学技术带动经济和社会发展

科技在整个社会活动中的地位越来越重要，成为第一生产力，推动社会结构转型，促进经济、政治和文化发展。

4. 经济持续而迅速地发展

社会现代化表现为生产力的迅速发展、经济结构的改变、现代工业与现代农业相互促进以及全体人民生活水平和生活质量的提高。

5. 城市化

在一个国家中，城市人口增加，城市规模扩大，农村人口向城市流动，农村中城市特质不断增加，城市化水平通常以城市人口占总人口的比例来标明。

6. 人的现代化

一个社会的现代化不仅是结构变化的过程，也是人的现代化过程。美国社会学家英克尔斯系统研究了人的现代化，指出人的现代化就是人获得现代性的过程，人的现代性体现在人的主观态度和客观行为两个方面，具体包括14个维度的内容。人们在现代制度和现代组织中的经历有助于形成人的现代性。

(三)社会现代化理论

对于现代化的探讨可以追溯到19世纪的一些经典理论家那里。到20世纪五六十年代，当现代化成为一个全球性现象的时候，有关现代化的研究也在不同学科中发展起来，并且一度非常活跃。随着各国现代化实践的进展，现代化的研究也在不断发展，形成许多颇具影响的理论模式。

---

[1] 吴忠民，刘祖云[M]. 发展社会学. 北京：高等教育出版社，2002.

1. 经典社会现代化理论

经典社会现代化理论是在20世纪50—60年代形成的。美国社会学家的三本专著《社会系统》(Parsons, 1951)、《传统社会的消逝：中东现代化》(Lerner, 1958)和《现代化与社会结构》(Levy, 1966)的问世标志着经典社会现代化理论的诞生。"二战"之后，美国社会学在整个西方处于领先地位，帕森斯提出的结构功能理论对当时的社会产生了很大影响，认为人类社会的演变可以分为原始阶段、中间阶段和现代阶段，西欧从17世纪开始就进入现代化社会，现代化是一个从西方向全球扩展的普遍过程，现代化就是整个社会趋向于分化为子系统，社会总体适应能力不断提高的过程。经典社会现代化的结果是完成从农业社会向工业社会的转变，成为工业化社会。

2. 后现代社会理论

20世纪80年代以后，以解构现代理性为主要旨趣的后现代主义的批判对象由最初的文化、哲学领域转向了社会学领域，西方后现代社会学理论相继涌现，并逐渐成为当代西方社会学的重要理论流派。西方后现代社会学的主要理论有后工业社会理论、信息化社会理论、消费社会理论、风险社会理论和全球化社会理论，这些理论具有一些共同特征。

首先，它们对社会只是进行微观分析。由于拒绝辩证法和总体化的方法论，后现代理论只强调差异、多元、片断、异质分裂，对理性、共识、总体性、系统、社会概念则一味拒斥。

其次，文化主义倾向。后现代主义者否定社会理论，并用文化理论即话语理论来置换社会理论，其认识论根源是对外在实在的否定。由于所有后现代主义者都否认任何种类的假定独立于个体精神过程和主体间沟通的实在观念，因而在他们看来，任务不在于提供现实，而在于发明各种隐喻性的谈论方式，以便使无法呈现的事物可以被料想到。

再次，无构想与目标。它们在政治上崇尚犬儒主义，拒绝行动，回避选择，对任何政治及社会运动都不参与，采取超然和冷漠态度，主张后现代退却，如果抛弃一切，世界就将变得更美好。

最后，后现代主义者所考察的社会是一个没有主体或个体的社会。在解构现代主体这一社会的至高无上的建构中心之后，后现代社会理论把目光转向被现代社会所塑造的边缘者、被忽略者、非中心者和被剥夺权力者，他们作为映衬现代主体的"他者"，是现代主体奴役和统治的对象，后现代理论试图从这些人中发现"后现代个体"的影子。

3. 广义社会现代化理论

广义社会现代化理论既是社会领域的广义现代化理论，也是经典社会现代化理论的一种扩展，是关于18—21世纪这400年社会领域现代化进程的规律和特征的一种可供选择的理论解释。广义社会现代化既是一个历史过程又是一种革命性的社会变迁，包括从农业社会向工业社会、从工业社会向知识社会的两次转型，社会生产力和生活质量的持续增长，以及追赶、达到和保持世界社会先进水平的国际竞赛。广义社会现代化既是国家内部的一种社会变迁，又是一场追赶、达到和保持社会现代化的世界先进水平的国际竞赛，其实质是社会形态的转变、社会生产力和生活质量的提高以及国际社会地位的变化。

三、中国社会的现代化

(一)中国社会现代化

中国社会现代化的历史分为三个阶段：社会现代化起步、局部社会现代化和全面社会现代化，如表9-3所示。

表9-3　中国社会现代化的阶段

阶 段	时 期	大致时间	历史阶段	社会发展新特点	社会转型	国际地位
现代化起步——清朝末年	启蒙	1840—1860	鸦片战争	引进科学知识	无	下降
	准备	1860—1894	洋务运动	现代运输和教育	无	下降
	起步	1895—1911	维新新政	现代教育和卫生	起步	下降
局部现代化——民国时期	探索	1912—1927	北洋政府时期	现代教育的发展	比较慢	下降
	探索	1928—1936	国民政府早期	交通运输和教育	比较慢	下降
	探索	1937—1949	战争时期	局部社会现代化	比较慢	下降
全面现代化——新中国	探索	1949—1977	计划时期	教育、卫生和福利	比较慢	相对上升
	城市化	1978—2001	改革时期	城市化和社会改革	比较慢	相对上升
	全球化	2002年至今	追赶时期	新城市化和全球化	比较慢	相对上升

(资料来源：2006年中国现代化报告. 中国现代化战略研究课题组. 北京：北京大学出版社，2009)

如果从清朝末年的维新和新政算起，中国社会领域的现代化已经走过100多年的历程，经历了上述三个阶段，也经历了多次战争和社会动乱的摧残。在过去的100多年中，中国的国际地位经历了下降和上升两个阶段。从20世纪末以来，中国社会与世界先进水平的差距开始缩小，中国社会现代化有如下特点：首先，中国社会现代化是一种后发追赶型现代化，需要借鉴先行国家的经验和教训。其次，中国社会现代化将是一个长期的过程，与世界发达国家现代化水平差距很大。我国是拥有13亿多人口的大国，发达国家总人口约为10亿。2003年我国社会现代化水平在世界131个国家中排名第75位。像我们这样一个人口众多、世界现代化水平排名相对落后的国家要追赶上发达国家的社会现代化水平将面临十分艰巨的任务。

1949年中华人民共和国成立标志着中国开始进入社会主义现代化建设时期，党的十一届三中全会之后进入一个崭新的历史阶段，我们党对我国社会主义现代化建设做出战略安排，提出"三步走"战略目标。从2020年到21世纪中叶分为两个阶段：第一个阶段为2020—2035年，在前期全面建成小康社会的基础上，再奋斗十五年，基本实现现代化；第二个阶段，从2036年到21世纪中叶，在第一阶段的基础上，再奋斗十五年，把我国建成富强、民主、文明、和谐、美丽的社会主义现代化强国。

到21世纪中叶，中国将成为世界发达的现代化国家，中国现代化对世界的贡献有五个方面[1]：①经济贡献。中国是世界经济最大的发动机，为世界做出越来越大的市场贡献、贸

---

[1] 胡鞍钢等. 2050中国：以人民为中心的社会主义全面现代化[J]. 国家行政学院学报，2017(5).

易贡献、就业贡献、投资贡献。②创新贡献。全面建成创新型国家，将成为全球创新领导者，引领科技进步。③绿色贡献。在保护地球环境、应对全球气候变化、节能减排、促进绿色工业革命等方面做出积极贡献。④文化贡献。中国文化软实力大幅度提高，中国"各美其美，美美与共""协和万邦""天人合一"等思想会被越来越多的人所接受。⑤对全球治理的贡献。积极推动建立更加公平、更加公正的国际经济秩序、政治秩序。

(二)中国社会现代化的制约因素

1. 中国社会现代化面临两种不利因素

(1) 两个国内基本矛盾的制约。①基本国情矛盾：人地关系高度紧张——资源约束。2010年我国第六次人口普查总人口为13.39亿，人均资源占有量偏低，人地关系高度紧张，这就影响着社会现代化的进程；②基本体制矛盾：城乡二元体制矛盾与相关制度安排——体制约束。户籍制度把公民分为城市居民和农村居民，形成城乡二元体制，与这种体制相联系的社会保障制度、就业制度和教育制度等加深了这种二元对立，制约着现代化进程。

(2) 外部国际环境的制约。和平与发展仍然是当今国际社会的两大主题，但种族冲突、局部战争、恐怖主义、国际社会问题等仍然存在，对我国的现代化建设产生不利影响。

2. 西方现代化道路在中国不可以复制

当代中国社会是一个前现代、现代与后现代多种成分同时并存的社会，而在同一个时代让不同社会成分的诉求之间达成妥协是一项高难度的任务。我们必须勇于面对和有效化解现代化发展所带来的各种后果和风险。在这个意义上，后现代社会学对现代社会进行反思与批判，对边缘和弱势群体给予深切关怀，对市场机制固有缺陷进行深刻揭露，对全球生态环境问题高度重视，这些关注点对当代中国类似问题的解决具有一定的启示意义。从国内资源紧缺的约束来说，中国走传统西方式工业化道路是行不通的，加快城市化的进程也难以有效解决巨大的农村剩余劳动力问题。

当前流行的现代化理论主要是从西方经验过程中提升出来的，要起到指导本国现代化的作用，则需要理论与实践相结合，多搞些社会调查，多些切合本土现实的问题意识，这在任何时候都显得尤为必要。我们已经注意到当代中国社会传统和现代并存，古老的社会文明和现代的社会风尚在当前社会都发挥着巨大的作用，只有在既关注西方后工业时代的主要社会特征，又重视作为新兴发展中国家所特有的社会复杂性的情况下，才有可能构筑更具包容性和解释力的具有中国特色的社会学理论，应从实践中提炼出适合国情的有利于大多数人的现代化道路，这是对国家和民族前途负责的表现。

本 章 小 结

本章主要介绍社会变迁、社会发展、和谐社会的内涵及理论观点以及中国社会现代化的相关问题。社会变迁是指社会结构及其功能生成变化的过程。社会发展是指整个人类社会的向前运动过程，是一种特殊的社会变迁。社会和谐是开放与发展中的和谐，是社会变迁中的和谐。中国的社会现代化需要克服内外各种制约因素，在追求社会和谐的前提下来实现。

第九章 社会变迁与现代化

习　题

一、判断题

1. 社会发展是一种正向的社会变迁。　　　　　　　　　　　　　　（　　）
2. 社会系统论是由美国学者贝塔朗菲和巴克莱等人提出的。　　　　（　　）
3. 中国社会现代化的历史分为三个阶段：社会现代化起步、局部社会现代化和全面社会现代化。　　　　　　　　　　　　　　　　　　　　　　　　　（　　）

二、多项选择题

1. 社会现代化过程的基本特征是（　　）。
   A. 社会结构的日益分化和一体化　　B. 理性化
   C. 科学技术带动经济和社会发展　　D. 经济持续而迅速地发展
   E. 城市化　　　　　　　　　　　　F. 人的现代化
2. （　　）属于社会结构的变迁的内容。
   A. 价值观的变迁　　　　　　　　　B. 社会规范的变迁
   C. 阶级结构的变迁　　　　　　　　D. 人口的变迁
3. 科学发展观的基本内容包括（　　）。
   A. 坚持以人为本　　　　　　　　　B. 树立全面、协调、可持续发展观
   C. 促进经济社会和人的全面发展　　D. 单纯的经济增长

三、思考题

1. 试述社会学有关社会变迁的基本理论观点。
2. 社会变迁的原因是什么？
3. 社会发展观经历了怎样的发展历程？
4. 比较"先发内源型"和"后发外生型"两种发展模式的异同。
5. 中国社会现代化的制约因素有哪些？
6. 调查你所在的村庄或城镇，试描述其变迁过程与形式，结合社会变迁的理论分析其发生变迁的原因，结合现代化理论分析你对"传统"与"现代"的理解。
7. 全面建成小康社会后的中国现代化建设规划是怎样的？

四、案例分析题

摩天楼不等于现代化

建筑界曾流行高的时尚，第一高楼的纪录被不断刷新。在我国也有不少人认为，城市现代化的标志就是摩天大楼，而且越高越好，越多越好。如今，高楼疯狂生长，庞然大物矗立。据统计，世界排名前10位的摩天楼，亚洲占了6幢，而中国内地及港台地区就占了4幢。上海环球金融中心高95层，466米，夺得世界最高建筑的桂冠。对此，日本的《产经新闻》说，日本游客来到上海，对摩天大楼之高、之多，无不感到惊讶。难道盖了几座

摩天楼就意味着城市现代化？答案绝非如此。

自20世纪90年代开发浦东以来，上海中心城区发展很快，从1993年开始，8层以上的建筑几乎每天建成一幢。记得有一首歌叫作《上海天天在长高》，就很形象地描绘了上海的发展情况。目前，上海中心城区内18层以上的高楼有2800幢，已批待建的尚有约2000幢，而日本全国超过20层的高层建筑也不过1700幢。

诚然，过去10年，上海的高楼满足了社会经济高速发展对空间的庞大需求，但中心城区的交通拥挤、热岛效应也随之而来。此外，高层建筑在建造过程及建成后会产生一系列污染以及一些难以消除的安全隐患，世界各国已对高层建筑越来越谨慎。目前，世界上一些城市和地区根据自身地域特点和要求制定了相应的地方性法规，如美国的波士顿、旧金山等都制定了高楼环境评估的法规；日本制定了大型建筑项目能源消耗评估以控制热岛现象的法规。

过去摩天大楼是经济发展的象征，增强了国民的自尊心，但这样的观念正在被淘汰。有一位专家曾心痛地说，我们是跟人家比实用还是比豪华？那些耗资千百亿元建成的这些天下之最的后果及影响有谁考虑过？因此，有人认为摩天楼是工业社会的一种病态，野蛮地把城市的天空破坏了。

对此，西方社会学家指出，现代化的过程应是一种合理化的过程，有其丰富内涵。现代化城市不在于其表象是不是有高楼大厦，而应该考察其政府管理体制、是否有适宜居住的环境、社会经济发展是否均衡等本质的东西。欧洲一些城市的现代化气息颇浓，但高楼大厦不多。历史文化名城如巴黎虽也有高楼大厦，但相对集中在新城区，凯旋门、埃菲尔铁塔等历史景观周围并没有高层建筑，这样，既保证了城市的现代化发展，又维护了城市的历史传承。

过去人们单纯地把摩天大楼等同于现代化标志，一味鼓励兴建高层建筑，现在已是全面考评建筑综合效应的时候了。

(资料来源：人民日报海外版，2004年7月7日第二版)

思考：
(1) 结合所学知识谈谈应如何理解现代化的含义和衡量标志。
(2) 结合实际谈谈中国应该选择什么样的社会现代化道路。

第十章 越轨与社会控制

【学习目标】

通过对本章内容的学习,读者应了解社会控制的构成与功能,掌握社会控制的类型与手段,理解对越轨行为的社会控制和对社会问题的综合治理。

【导读案例】

> 2010年9月开始,平房区和双城市连续发生抢劫案,至当年12月,类似手法或有类似嫌疑人的抢劫案已达十余起,有的被害人称遭到多人围殴后抢劫。平房警方迅速与相关单位联手,展开抓捕。很快,团伙中的8名成员相继落网,而其中一名叫王宇阳(化名)的男子,却始终没有消息。
>
> 2011年7月29日,平房公安分局网监大队在对逃犯信息进行梳理时发现,王宇阳近期很可能已经回到平房,而且在平房活动频繁。警方立即对几名4月份落网的抢劫团伙成员进行突击审讯,终于得知,王宇阳的女友也在平房住,王宇阳很可能在其女友处藏匿。
>
> 根据团伙成员提供的线索,民警对王宇阳的女友林莉(化名)进行跟踪调查。经过几天的跟踪调查民警发现,林莉经常与一男子一起出入,但是该男子的容貌与王宇阳大相径庭。随后,民警经多方了解,此人正是王宇阳,但是对外化名为孙波。
>
> 8月1日,民警以治安检查为名,在一家游戏厅将王宇阳和林莉拦住。王宇阳仍称自己叫孙波,并称没有带身份证,民警不动声色地将两人放行。就在两人走出不到5米的时候,民警突然赶上,拍了王宇阳一下,大喊"你叫什么?"没有任何防备的王宇阳立即报出真名,被民警当场抓获。
>
> 经审讯,今年18岁的王宇阳交代,2010年他到哈尔滨打工,他不满足于当饭店服务员每个月1000多元钱的工资的现状,便和8个朋友合伙抢劫。同时,王宇阳还交代他曾参与4起盗窃工地电缆、获赃款两万余元的犯罪事实。目前,王宇阳已被平房警方刑事拘留。
>
> (资料来源:哈尔滨新闻网新晚报 2011-08-17)

本案例描述了18岁的王宇阳参加抢劫团伙、改变容貌潜逃一年难逃法网的事实,你对此有哪些看法?从社会学视角来看,王宇阳走上犯罪道路的原因是什么?对社会产生了哪些危害?如何打击各种犯罪活动?这是本章要回答的问题。

第一节 社会控制的构成和功能

一、社会控制的概念

社会控制这一概念最早由美国社会学家罗斯在1901年出版的《社会控制》一书中引进社会学,社会控制是指社会对人的动物本性的控制,限制人们发生不利于社会的行为。

20世纪前半期，社会控制的概念在欧美社会学界非常流行，得到了广泛的使用。但社会学者对社会控制概念的理解差别较大。广义的社会控制泛指对一切社会行为的控制，是社会组织体系通过社会规范指导和约束社会成员的价值观念和社会行为，调节和制约各种社会关系的过程；狭义的社会控制特指对偏离或越轨行为的控制。我们采用广义的解释。因为在一个正常的社会里，绝大多数社会成员是遵守社会规范的，背离社会规范的人只是少数，采用广义的解释可以使社会控制这一概念更具涵盖力。从积极方面看它是对社会成员进行指导，使其懂得为什么和怎样去遵守社会规范，进而促使人们自觉地遵守社会规范；从消极方面看则是对违反和背离社会规范的行为进行制裁，这是一种后置的控制方式。根据以上的分析和理解，我们对社会控制做出如下界定：社会控制就是通过各种强制或非强制的手段对个人或组织的行为进行引导和约束，使其遵从社会规范，建立和维持社会秩序的过程。可从以下四个方面进行理解。

(1) 社会控制的任务既包括对违反社会规范行为的制裁，又包括引导广大社会成员认同并自觉遵从社会规范，以此协调个人、群体、组织和社会整体的关系。

(2) 社会控制的目的不仅要使个人和组织的行为服从社会稳定的需要，还要服从社会发展的需要，使个人和组织的自由与社会秩序达到和谐的统一。

(3) 社会控制的实现途径必须是社会力量控制与社会成员自我控制的统一。

(4) 社会控制是一个动态的过程，它不仅包括对现有社会秩序的维持，还包括新的社会秩序的建立。

二、社会控制的构成

(一)控制主体

控制主体是指根据一定社会、阶级、群体的要求，有目的、有计划、有组织地对社会成员、群体或组织实施控制的行动主体，这里的行动主体不仅指国家，也可以指社会群体、组织和个人。控制主体可以分为三个层次：①社会场的控制，即社会成员之间的相互影响和相互制约，只要有人群的地方就会存在这种社会场，它能对社会成员造成无形的压力，迫使他们遵从社会规范，维护社会秩序，从而发挥社会控制功能。他人在场时的拘谨、舆论指责的担心等都是社会场发挥社会控制功能的具体表现。②社会组织的控制，社会越发达，社会组织的控制作用就会越强。任何社会组织为了维护组织秩序、促进组织目标实现都必须对其成员进行控制。国有国法，党有党纪，校有校规，军有军令，工厂、医院、家庭、工会、妇女等组织都有自身的控制机制。③全社会的控制，一般是执政党、政府及其执政机构对全体社会成员的控制。它与社会组织控制不同的是，社会组织控制是针对组织成员的控制，对该社会组织之外的成员一般不进行控制，也控制不了。由于这种控制是以全社会的名义对全社会成员的一种控制，因而它在社会控制体系中居于主导地位，对社会的存在和发展发挥着极大的影响作用。

(二)控制客体

社会控制的客体即接受社会控制的对象，包括组织、群体、个人及其社会行为。任何社会群体或社会成员都有自己的利益要求和价值追求，因此其社会行为都会对社会造成一定的后果和影响。我们常说，要对个人的行为负责，这就是说一个人的行为往往会对社会或其他社会成员带来正面或负面的影响。社会控制正是从个人行为的结果所表现出来的与社会规范、需要和目标的一致性与否来评价这些行为的。社会控制的对象还包括组织行为，组织行为离不开作为组织代表的个人行为，但是它又具有单独的个人行为所不具有的性质，故成为社会控制的重要对象。

(三)控制手段

社会控制的手段是指保证人们遵守社会规范的各种社会力量的总称。社会之所以能够对社会成员进行控制，保证人们遵守社会规范，维护社会秩序，关键在于社会掌握了各种有效的控制手段，包括经济利益、政治权利、教育机会、舆论工具和宗教组织等。具体地说，社会控制的主要手段可简要概括为法律手段、行政手段、习俗手段、道德手段、艺术手段、舆论手段及宗教手段，其中政治控制是实行社会控制的最重要手段。

三、社会控制的功能

(一)社会控制的正功能

1. 维持社会秩序

社会秩序主要是指社会各组成部分在结构上相对稳定和有序以及社会在运行中的相互协调和平衡的状态。秩序是社会存在和发展的基本前提，有了一定的社会秩序，社会成员和群体间的交往就具有可期待性，社会生活也就处于某种程度的模式化状态，从而确保社会稳定。但由于种种原因，人们并不总是能自觉地遵守既定的行为规范，而是不断发生越轨行为，给社会秩序带来混乱。尤其在社会急剧变动时期，原有的固定模式和僵化观念受到了冲击，使现有行为规范的权威性受到挑战，人们可能同时面临两个或两个以上相互矛盾的规范，从而导致个人和社会团体偏离社会规范的行为增多。为了不使社会在混乱中走向崩溃，统治阶级及其社会利益的代表者就要对各种偏离社会规范的行为加以制止、分化和引导，并在社会控制主体、控制手段上加以变革，以协调个人与社会、社会各部分之间的平衡，保持社会稳定。

当前我国正处在社会转型时期，在有些社会生活领域，原有的社会规范已经被破坏或不能发挥作用，而新的社会规范又没有建立起来，容易出现规范真空，从而使这些社会生活领域处于失范状态。改革开放产生了一些不稳定性因素，如社会分配不公、贫富差距扩大、党风与社会风气受到破坏、价值观念的混乱等也是影响社会稳定的原因，必须正视这些不稳定因素，实行有效的治理和控制。

2. 巩固政治统治

社会控制最基本的作用在于维持一定的社会秩序。随着阶级和国家的产生，社会控制在其内容规定和执行的过程中也打上了阶级的烙印，并因而又具有一个新的重要作用，即成为统治阶级实行政治统治的手段。任何统治阶级要维护和建立自己统治下的社会秩序必须实行一定的社会控制，通过运用政权、军队、警察、法律、道德、舆论等方式对被统治阶级实行全面的社会控制，建立和维持与统治阶级利益相符合的社会秩序，把统治阶级压迫被统治阶级的行为固定化、合法化，并在一定程度上缓解阶级冲突，把它们控制在允许的范围之内。

在人类历史上，奴隶主阶级、封建地主阶级和资产阶级都把社会控制作为其政治统治的手段，运用各种社会控制工具建立其统治秩序，维护本阶级的利益。在我国社会主义初级阶段，还存在着各种敌视和破坏社会主义现代化建设的敌对分子，他们总是企图破坏社会的稳定和正常秩序，甚至还幻想颠覆社会主义制度。因此，我们还要继续巩固社会主义制度，社会控制仍然具有政治统治的功能。

3. 保障正常生活

适应大多数人共同生活要求的社会结构构成了一定社会历史条件下的正常生活形态。社会控制有效调节社会成员之间的互动，及时纠正各种偏差行为，以保证日常生活持续、稳定、有序地运行。在日常生活中，不管人们是去学校上学、去单位上班还是到菜场买菜、到剧院看电影，都必须遵守相应的规范，将社会行动纳入一定的模式化轨道。如果上学不守纪律、上班违反规章、买菜拒绝付钱、看电影大声喧哗，就要遭到一定的约束。为了维持正常的生活状态，社会必须运用各种控制手段对人们的社会行为进行指导、约束，对那些偏离社会规范、破坏正常生活的越轨行为进行制裁。

人类的社会生活需要一些共同的准则来指导，由此产生社会规范及社会控制。社会规范的形成有两种方式：①共同生活的人们将一代又一代的生活经验积累起来，经过选择逐渐形成大多数人共同遵守和维护的行为模式，如习俗；②国家机构或其他社会组织根据需要，按照一定的程序制定和颁布一些行为规则，并依靠政权力量和组织权力要求人们遵从，从而使其成为社会或组织内部公认的规范，如法律、纪律。不管哪种社会规范，最终都得通过社会控制的机制来贯彻和落实，以维持社会的基本秩序并保障人们的正常生活。

4. 促进社会发展

真正的社会发展是社会各部分的协调发展，其最终目标是人们生活质量的提高。但稳定与有序是社会发展的前提，离开了稳定与有序，社会发展无法想象，也根本不可能实现。人们在追求自我发展的过程中难免要同他人发生矛盾甚至冲突，如果不把这种冲突和矛盾控制在一定的范围内，社会就会陷入无序的状态之中，社会的发展就会受到影响，人们的生活也就不得安宁。因此，必须将人们之间的各种矛盾与冲突通过社会控制限制在一定的范围之内，协调人们之间的关系，从而促进社会发展，提高人们的生活质量。

社会控制能够保证正常的社会秩序和生活秩序，为各种社会管理活动的顺利开展和社会目标的实现创造一个良好的环境，防止社会成员的活动偏离正确的轨道；社会控制能够通过积极引导和教育作用，使社会的共同理想、价值观念和行为准则内化为人们自己的内心信念，转变为人们自觉的行动，促使社会系统产生强大的凝聚力；社会控制能够通过引导和调控作用，最大限度地把人们的思想和行动引导到实现社会共同目标的轨道上来，使各项社会活动与社会共同目标保持一致。[1]

---

[1] 风笑天. 社会学导论[M]. 武汉：华中科技大学出版社，2008.

(二)社会控制的负功能

当社会控制过度或不合理时,就会危害社会秩序,损害多数人的利益,阻碍社会发展,这就是社会控制的负功能。

1. 不合理的社会控制使多数社会成员的利益受损

在阶级社会中,社会控制往往体现统治阶级的利益,控制手段往往偏向统治阶级一方,这就使占大多数的被统治阶级的利益受到损失,从而引发社会矛盾,甚至社会冲突,不利于社会安定和发展。

2. 僵化的社会控制不利于维护现有的社会秩序

任何社会规范体系都是在一定历史条件下建立的,都有一定的适用范围。如果社会控制一味强调与旧的社会规范保持一致,束缚人们对新的、合理目标的追求,或者社会控制的程度太过严厉,人们的一言一行、一举一动都没有什么自由,这样的社会就是停滞和僵化的社会,是缺乏民主与自由的集权社会。涂尔干通过经验研究表明,社会控制过度会导致利他型和宿命型自杀率的上升。福柯在《规训与惩罚》一书中揭示了现代社会的一个重要变化:对待犯人的公开酷刑和血腥惩罚逐步被控制他们的极其严格和详细的监狱规章所取代,其实质乃是从对身体的惩罚过渡到对灵魂的控制。新的控制犯人的技术与更为广阔的"规训"的发展紧密相关,这种规训建立在军事模型的基础之上,包括一系列用来对身体施加严格控制的训练,从而制造出受操纵、被驯服的身体。规训不仅存在于监狱之中,它还遍布于学校、医院、工厂等一切现代社会组织机构之中。事实上,惩罚性权力已经更深地嵌入现代社会本身,它标志着一个规训社会的诞生,社会因此就像一个大监狱,人们的生活受到比过去更强烈的干涉。

3. 过度的控制往往不利于社会发展

一般来讲,社会控制有一个程度的要求,控制不足或控制过度均难以达到良好的控制效果。特别是控制过度,不仅意味着需要较高的控制成本,而且还会导致被控制者思想和行为的僵化与刻板,泯灭人们的创新行为。

第二节 社会控制的类型和手段

一、社会控制的类型

(一)宏观控制和微观控制

根据控制的社会结构层次可将社会控制分为宏观控制和微观控制。

1. 宏观控制

宏观控制就是社会利用政权的力量对整个社会在总体上加以控制,包括政治、经济、文化、意识形态等方面的控制,也就是利用社会控制机制从整体上来协调社会的各个子系统，从而促进社会良性运行与协调发展。社会是一个大系统，其中的经济子系统的变化最活跃、最迅速，经济因素的不断发展势必导致经济子系统与其他子系统之间的不相适应，从而使现存的社会结构出现危机，这时就要求用革命形式来调整社会结构，这就是宏观的社会控制。

2. 微观控制

微观控制主要是指在社会活动的具体的微观领域里进行的社会控制，或某个具体的社会组织运用组织规范、组织利益、组织目标等控制手段对其成员所实施的控制。衣、食、住、行、婚、丧、嫁、娶是人们最基本的生活领域，对这些领域实施的控制就是微观控制。学校作为一个社会组织，就构成了一个微观环境，其规章制度、利益目标和精神文化必然对全校师生的言行具有制约作用，这就是微观控制。

(二)硬控制和软控制

依据社会控制所采取的手段，可以将社会控制分为硬控制和软控制。

1. 硬控制

硬控制即某种社会机构按照规章制度所进行的一种社会控制形式，包括法律控制、宗教控制、规章制度控制等形式。硬控制有固定和严密的规章制度，这些规章制度是由一定的团体或组织为维护其生存和发展而建立的，任何触犯规章制度的行为都有可能遭到惩处。

硬控制在整个社会控制方式中占有重要地位。制度的构成包括社会规范体系、组织体系以及物质条件，从这层意义上讲，硬控制是带有根本性的社会控制形式，它影响到社会生活的各个层面，制约着人们的行为模式和相互之间的关系。社会制度中的经济制度、政治制度、家庭制度、教育制度和宗教制度都在社会生活的各个不同方面发挥作用。

2. 软控制

软控制是指社会控制的形式并不是以明文规定的行为规范来实现，而是按照通常做法以及社会成员中的相互影响来实现的。软控制虽然没有十分严格的行为规范，也不具有执行或监督这些规范的组织体系，但仍然能对社会成员的行为产生相当的约束力，甚至在某些情境中，这种约束力比硬控制还强。软控制包括习俗控制、道德控制、社会舆论控制等。其中，社会舆论控制在软控制形式中表现得最为突出。社会舆论是社会公众对某一特定事件、现象所抱的一致性的态度和意见，其特点是流行迅速、传播范围广、对行为当事人能产生巨大的精神压力。"人言可畏"就是指舆论能够使人产生惧怕心理，从而发挥它的控制作用；"众口铄金"则是指某些舆论足以混淆是非，颠倒黑白。借助报纸杂志、电视广播、网络等大众传播媒介，社会舆论的控制作用会更强。

一般来说，社会经济发展水平越高的国家和地区，硬控制在整个社会控制中的作用和意义越大；而在社会经济发展水平较低的地区，软控制的影响力更为明显。硬控制和软控制本身并无好坏之分，关键就是要与社会经济发展水平相适应。但不管在何种社会形态中，二者要相辅相成，才能为促进社会稳定、推动社会发展做出贡献。

第十章 越轨与社会控制

(三)内在控制与外在控制

依据社会控制的表现形式可将社会控制分为内在的和外在的社会控制。

(1) 内在控制是社会成员内化社会价值观和社会规范而不需要借助外在约束力量来实现的社会控制。一个社会成员从出生到长大成人的过程就是一个通过各种途径认知逐步内化价值观念、社会规范和行为方式的过程,社会秩序从而具备扎根于身体的深刻基础,其他各种社会控制手段也具备适于其生效的控制对象。

精神控制是一种极端的内在控制形式,是指控制者对控制对象进行观念灌输,使其丧失理智,从而自觉受控制者摆布的过程。精神控制是邪教组织最重要的控制方式。为了达到使教徒对自己绝对忠诚的邪恶目的,邪教教主无一不以各种谎言、骗术、心理暗示以及诱导等手法灌输歪理邪说,对教徒实行"洗脑术"。在政治生活与经济生活中,这种极端控制方式也有可能出现,它对正常生活秩序、社会稳定及良性运行危害很大。

(2) 外在控制是指社会运用诱导性手段引导社会成员遵守社会规范或是运用强制性手段对违背社会规范的行为进行制裁,从而使社会成员遵守社会规范。

要辩证地看待内在控制与外在控制的关系。首先,内在控制与外在控制相互联系,外在控制要发挥作用往往需要以内在控制为中介,一些相同的制度在不同的文化环境中发挥的作用常常差异很大。外在控制也会对内在控制产生影响,外在控制方式的变化可能导致社会成员价值观选择的变化。其次,内在控制与外在控制之间也存在差别,这种差别最明显的表现是内在控制与外在控制经常产生相反的作用。社会的外在控制可能鼓励人们灵活处理各种社会关系,但内在控制可能号召人们诚实守信、一诺千金,这可能使社会成员在行为方式的选择上出现迷茫与矛盾。所以,既要区别两种社会控制,又不能简单地采取一刀两断的方式进行区别。在社会管理过程中,为了选择有效的外在控制政策,我们也一定要充分考虑既有的内在控制手段,同时考虑两者之间的这种辩证关系。[1]

(四)积极控制与消极控制

依据社会控制的实现途径,可将社会控制分为积极的社会控制和消极的社会控制两种。

1. 积极控制

积极控制是通过对人们社会行为的正向引导所实现的社会控制,它有三种形式:①社会化。通过社会化过程将社会规范内化,自觉遵守社会规范。②社会奖赏。是通过对那些符合社会规范有利于社会秩序的社会行为施以奖赏的方式,引导人们的行为取向,达到社会控制的效果。在现实生活中,通过表彰、奖励、提薪、晋升、优待等方式引导人们遵从社会规范、维护社会秩序,促进社会发展。③社会劝导和社会影响。社会劝导是通过社会传播和沟通的方式使人们认同并达到自觉遵守社会规范的控制效果,具体方法包括宣传和说服。我国的思想政治工作是社会劝导的重要形式,它对实现有效的社会控制起到重要作用。社会影响是通过权威行为、榜样行为的示范效应引起人们模仿、学习的过程,是积极控制的重要组成部分,每个社会都十分注意树立各种榜样,以充分发挥榜样的无穷力量。

---

[1] 吴方桐. 社会学简编[M]. 北京:高等教育出版社,2003.

2. 消极控制

消极控制是对各种社会偏离行为的禁止、限制和制裁，具体方法有批评、谴责、处分、惩罚(包括财产惩罚、地位惩罚和人身惩罚)。

二、社会控制的手段

一般认为，社会控制的手段可分为强制性社会控制手段和非强制性社会控制手段。[1]

(一)强制性社会控制手段

1. 法律

法律是由国家制定或认可并通过强力保证其实施的各种行为规范的总和，包括法令、条例、规则、决议等具体形式。法律反映了统治阶级的意志，将统治阶级的共同意志上升为国家意志，使其获得人人必须承认和遵守的一般形式。在现代社会中，法律是最权威、最严厉、最有效、最普遍的社会控制方式。

法律的社会控制作用主要是调控社会关系和社会行为，保障人民生活稳定有序，促进社会良性运行和协调发展，具体体现在三个方面：①教育作用。法律的一个重要内容就是给全体社会成员规定行为模式，知法守法是对每个社会成员最起码的要求，从而将社会成员的行为纳入一定的轨道，使社会生活有序化。②威慑作用。法律除了规定行为模式外，还规定了行为后果，告诉人们违反规范会受到何种处罚，这对人们特别是对可能的违法者就会产生强大的威慑作用，从而抑制各种反社会行为的动机和表现，预防和阻止可能破坏社会正常秩序的事情发生。③惩罚作用。一般来说，法律的指导和威慑作用足以使社会上绝大多数成员约束自己的行为，但社会中总会有少数人无视法律规定，违法犯罪，破坏社会秩序，国家权力机关就要对这部分人绳之以法，进行惩罚和制裁，强迫他们遵守法律，严重者要被判处监禁和死刑，以此维护社会的安定。

随着社会生活的日益复杂化，法律成为处理社会成员之间利益冲突越来越重要的社会控制手段，一个国家如果国法不明，执法不严，必然导致社会不稳定甚至动乱。

2. 纪律

纪律是一定的社会组织为维护稳定、实现目标而对自己成员所规定的具体行为准则。无论组织的性质、规模和目标存在怎样的差异，都会有约束其成员的纪律，促使他们承担一定的责任和义务。

纪律具有三个特征：①组织性。实施纪律的实体一定是某个社会组织，如党派、军队、行政部门、群众团体、学校、企业等，纪律反映了特定组织的要求，它的作用只限于该组织范围内，对于该组织以外的社会成员是没有约束力的。②多样性。不同组织的性质和目标不同，纪律呈现出各具特色的多样性，党纪、军纪、校纪、厂纪的性质和约束力具有较大差异。③强制性。无论何种形式的纪律都是法律的补充手段，同法律一样，都以强制和服从为前提，谁不遵守纪律就会受到相应的纪律处分，其强制性和约束力仅次于法律。

---

[1] 风笑天. 社会学导论[M]. 武汉：华中科技大学出版社，2008.

第十章 越轨与社会控制

3. 政权

政权是占统治地位的阶级利用国家机器实行阶级统治的权力形式，具体表现为从中央到地方的各级政权机构——政府。政权的基本职能是对外防止别国侵略，保卫领土完整，对内保护一定的物质生产资料的占有方式，维护现行政治制度和社会秩序，具体表现为：①统治阶级通过行政体系，设置各级统治机构和官员来实现对内的管理任务。②运用宣传教育手段，通过向国民灌输统治阶级所认可的价值观念使其自觉地按国家政权认定的规则行事。③凭借军队、警察、法庭、监狱等专政工具对损害国家利益、严重危害社会秩序的行为进行制裁。国家政权可以从政治、经济、文化、教育等各个方面来全面控制社会，是一切控制手段的基础和最强有力的控制力量。

(二)非强制性社会控制手段

1. 习俗

习俗是人们在长期社会生活中逐渐形成并共同遵守的习惯、风俗。习俗是最早产生的一种社会行为规范，是原始社会维持社会秩序的主要控制手段。即使在社会经济发达的现代社会，人们仍然会受到各种习俗的熏陶和影响，从而发挥其社会控制作用。违反习俗会使自己的行为与他人格格不入，会遭到他人的议论或舆论谴责，因而大多数社会成员都会遵守习俗规范。

习俗的特征有：①自发性。习俗是人们在长期的共同社会生活中自发产生、悄然形成的，主要通过社会成员之间的暗示与模仿逐渐形成并发挥作用。②广泛性。习俗控制范围广泛，涉及社会生活的各个领域，如衣食住行、婚娶丧葬、生老病死、节日庆典、社交礼仪等，因而对人们的生活有着广泛的影响，甚至有些法律、纪律不能发挥作用的社会生活领域，习俗仍然可以发挥控制作用。③普遍性。习俗普遍存在于一切国家、一切民族、一切社会之中，而且得到人们的普遍遵从。④地域性。所有国家、民族和社会都存在习俗，但由于不同地区自然环境和社会经济条件相差很大，因而导致不同国家、民族、地区有各自不同的习俗。俗话说，"十里不同风，百里不同俗"就是这个道理。⑤非强制性。习俗主要依靠人们千百年来逐渐形成的共同社会心理尤其是从众心理以及舆论力量来发挥控制作用，如果不遵守习俗，通常只会招致他人的议论和舆论的谴责，而不会受到惩罚和制裁，在现代社会尤其如此。

习俗的社会控制作用体现在三个方面。

(1) 习俗具有一定的社会凝聚力。习俗是一种把一定地域内的人们结合起来的无形力量，使人们产生认同感、亲近感、归属感，更易于沟通和交流，从而产生一致行为，起到良好的社会整合作用。

(2) 习俗可以协调社会关系。习俗将人们在共同生活中所结成的一部分社会关系通过约定俗成的方式固定下来，使人们在日常交往中遵循一定的模式，使交往双方的行为可以相互期待，从而维护社会的秩序与稳定。

(3) 习俗对人们的行为具有一定的约束力。习俗的制约作用十分广泛，法律、道德等顾及不到、控制不了的社会行为，习俗都可以发挥作用。一般来讲，在越是传统、落后的、同质性强的社会，习俗的控制作用越强；相反，在越是发达的、现代的、异质性的社会，习俗的控制作用则越弱。

2. 道德

道德是以善恶、荣辱等观念来评价和约束人们的社会行为并调整人们之间以及个人和社会之间关系的社会行为规范，有两种形态：一种是理论家或统治阶级提倡并上升为理论的规范，另一种是在世俗生活中得到广泛认同并遵守的习俗性规范。

道德具有如下几个特点：①内在性。道德主要从习俗中演化而来，通过社会舆论和人们的内心信念来发挥社会控制作用。②自觉性。道德一般是人们自觉遵守的社会准则。人们之所以遵守道德规范是因为他们认为那样做是正确的、应该的，不遵守道德规范人们会感到焦虑和不安，产生愧疚和自责。③重要性。与习俗不同，道德控制涉及的大都是社会生活中比较基本、比较重要的社会关系和社会行为，因此道德控制的约束力比习俗大得多，不道德的行为所受制裁也更严厉。④相对性。道德作为一种社会行为规范，总是与社会发展的特定历史阶段相联系，与一定的地域文化相联系，不同的阶级拥有自己独特的道德体系，因而道德控制具有一定的相对性。当然，不同国家和地区的道德观念可能存在很大的差异，不过也有像"己所不欲，勿施于人"这样的道德"金律"，得到人们普遍的认同。

道德的社会控制作用主要体现在依靠社会舆论的力量使道德规范内化为人们的意识，让人们自觉调整自己的行为，做有利于他人和社会的善事，不做损害他人和社会的恶事。道德的社会控制作用还体现在它是法律的重要补充，道德比法律的控制范围要广泛得多，法律涉足不到的地方，道德可以起作用，道德控制是内在的，社会成本相对较低。法律所起的作用在一定程度上取决于社会的道德风尚状况。所以，道德控制是法律控制的重要基础，要加强社会控制必须法治和德治并重，坚持"道之以德"与"齐之以刑"的统一。

3. 宗教

宗教是自然力量和社会力量在人们思想中虚幻反映的产物，是一种与神圣物相联系的信仰和规范体系。宗教起源于原始人的图腾崇拜和灵魂不灭的观念。由于对某些自然现象和社会现象感到迷惑、神秘、敬畏和恐惧，通过对超个人的自然和社会力量的顶礼膜拜，人们逐渐创造出以崇拜、主宰万物的神为特征的宗教，宗教的社会作用表现如下。

(1) 维护现存秩序。宗教教规大都要求人们安于现状，逆来顺受，告知人们现实的苦难已是命中注定，一切希望只能寄托在来世的幸福上，从而使社会成员在观念上接受既定现实的安排，放弃反抗与斗争，这无疑有助于维护与稳定现存的社会秩序。

(2) 提供精神的支柱。宗教对来世幸福或特殊体验的强调在一定程度上减轻了人们对现世苦难的痛感，缓解了因对超个人的自然力量和社会力量的疑惑和恐惧所带来的内心压力，使人们获得较大的精神安慰。此外，宗教明确指出了人生的终极目的和绝对价值，赋予本来可能毫无意义的宇宙以特殊的意义，使一部分人拥有情感的寄托与心理的平衡。

(3) 加强社会的整合。通过特定的信仰和礼仪使不同的个人、群体凝聚成一个认识高度统一、行动协调一致的整体。不过，宗教的社会整合作用只发生在信奉同一宗教的人群之中，而信奉不同宗教的人群则极易发生对立和冲突，从古到今，宗教战争从未停止过。

(4) 约束人们的行为。宗教作为一种社会规范，包括礼仪、戒条与教义三个方面的内容，其中戒条是宗教最基本的行为准则，它严格规定信徒所不能做的事情，对宗教信徒的行为有很大的约束力。

必须指出，宗教是通过信仰来实现对人们行为的控制，对于宗教信徒来说，宗教信条是只能信仰而不能怀疑的，因而宗教对信徒具有极强的控制作用，若违反教规，可能受到非常严厉的制裁。历史上在政教合一的情况下，宗教发挥着极强的控制作用，但在现代社会中，伴随宗教的世俗化，宗教的控制力趋于减弱，尤其是对于不信教者，它基本失去了控制效力。

4. 舆论

社会舆论(简称舆论)又称公众意见，是公众对共同关心的事物或问题的议论和评价，也就是公众对某个问题所持的态度和意见。公众是群体的一种独特形式，是舆论的承担者，是由一些具有共同利益、关心共同事务并散布共同意见的人所组成。公众的边界比较模糊，人数多少也不确定，一般以无组织、不定型的方式出现。公众并非无足轻重，公众的意见即舆论在现代社会中发挥着极其重要的社会控制作用。

舆论的形成一般有自下而上和自上而下两种途径。①自下而上的舆论大都自发形成，首先由少数社会成员或社会群体发出议论，引起其他社会成员的共鸣，逐渐形成人们共同关心的话题，最终发展为社区性的乃至全国性的社会舆论。②自上而下的舆论由国家或地区有关领导机关将某个意见通过文件公布下去，并有组织、有计划、有步骤地通过报纸、广播、电视等大众传媒加以宣传，从而形成公众意见，这种方式形成快、传播广，具有很大的权威性。

舆论具有重要的社会控制作用，它以社会规范为根据，用意见、评论、议论等形式广泛传播，引起人们普遍关注，造成一种社会心理压力，从而约束人们的言行。舆论还能促使法律、纪律、道德、习俗等控制方式更好地发挥作用。具体来说，舆论的社会控制作用主要体现在以下几个方面：①引导行为的方向。舆论通过对某些价值、理想、行为的褒贬，指导人们做某些事和不做某些事。②监督有关的部门。舆论对社会各界，尤其是各级政府机构或社会管理部门及其领导者有很重要的监督作用。③促进社会的团结。舆论通过评议、争论、传播等形成统一的公共意见，从而有利于加强社会的团结。④预防越轨行为的发生。在一般情况下，法律要等待"明显行为"出现时才能予以制裁，而舆论却能在任何时候干预人们的行为，它通过一定的警告、谴责，能制裁预期中的越轨行为。

【案例10-1】 交警在车流中指挥，文明交通劝导员在各路口劝导，社区志愿者也在现场助阵。上午8时许，记者在松桂园路口看到，在各方的协作下，车水马龙的路口秩序井然。

"我早上6时20分就来了，车行有序，行人过马路闯红灯的也少见！"来自长沙吉祥巷的志愿者黄生华老师说。几位多年从事交通劝导的志愿者纷纷告诉记者说，现在长沙文明驾驶的人多了，文明出行的市民也多了，志愿者的劝导大多数时候能受到礼貌的回应。

"请走非机动车道，如果要走人行道请下来推！"8时10分，几辆电动车欲从路口驶上人行道，都被志愿者一一劝阻。8时30分，一辆电动车由南往北逆行，险象环生。"电动车属非机动车，在有规划非机动车道的地方就只能走非机动车道，人行道也不能走。"一位交警接受记者采访时介绍，除了不按道行驶、闯红灯等显见性交通违法外，逆行、违规载人载物、中学生骑电动自行车都是严查的重点。

(资料来源：星辰在线-长沙晚报，2011-08-12)

问题：从这个案例中可以看出，交通秩序是如何维护的？

分析：用社会学视角来看这个案例，交通秩序是通过有效的社会控制来得到维护的。社会控制就是通过各种强制或非强制的手段对个人或组织的行为进行引导和约束，使其遵从社会规范，建立和维持社会秩序的过程。交通警察、志愿者是控制主体，红绿灯是控制手段，行人和车辆是控制客体，采用的社会控制手段主要有强制性社会控制手段和非强制性社会控制手段两类。

第三节 越轨行为及其社会控制

一、越轨行为的含义与特点

越轨行为又称"离轨行为""偏差行为"或"违规行为"，是指偏离或违反社会大多数成员公认的社会规范的行为，如闯红灯、公共场所吸烟、婚外恋、虐待老人、身着奇装异服、赌博、偷盗、抢掠、诈骗都是典型的越轨行为。

越轨行为有两个特点：①普遍性。也就是说越轨行为是一种普遍的社会现象，任何时代、任何社会都存在越轨行为，任何人的一生都难免做出或多或少的越轨行为。②相对性。越轨是相对的，而不是绝对的，这可以从两个层面去理解。首先，从本质上看，一种行为是否越轨并不是这种行为本身所固有的，而是人们赋予的。从某种意义上可以说，越轨是人们创造出来的，人们在创造社会规范的同时也就给某些行为贴上了越轨的标签。其次，从具体情况来看，越轨的基本特征是背离社会规范，而社会规范本身并不是各地统一、固定不变的，因此，对越轨行为的判定随着时间、地点、所在群体、所属文化类型的不同而发生很大的变化。在中国封建社会，男女自由恋爱是越轨，而在今天则是一种正常现象；在教室穿泳装是越轨行为，但在游泳池穿泳装则是正常行为；在中国，男子穿裙子是越轨行为，但在越南、苏格兰等地则不是。究竟什么人和什么行为被确定为越轨取决于是谁在做出这一定义和谁拥有将越轨这一标签强加于别人的权力。

二、越轨行为的类型

不同学者对越轨行为有不同的分类，如有学者把越轨分成行为越轨、习惯越轨、人格越轨和文化越轨；有学者把越轨分成行为越轨、滥用麻醉药品、暴力行为、不诚实以及认识越轨。事实上，这是根据不同的标准对越轨行为进行的分类。一般认为越轨行为有以下几种分类方法。

(一)个体越轨、群体越轨和法人越轨

这是根据越轨行为的主体进行的分类。①个体越轨是指具体的个人在社会生活中做出的违反社会规范的行为。例如，有读者在大学图书馆阅览室内肆无忌惮地用手机大声打电

话，就违反了规定。②群体越轨是指由若干个社会成员形成的团伙进行的越轨行为，如盗窃集团。③法人越轨是指具有法人资格的社会组织的越轨行为，如某个企业偷税漏税、制造假冒伪劣产品。一般来说，群体越轨、法人越轨比个人越轨对社会规范和社会秩序的破坏性更大。

(二)违俗行为、违德行为、违纪行为、违法行为、犯罪行为

这是根据违反的社会规范的性质或程度进行的分类。

(1) 违俗行为。即违反传统习俗的行为，这在社会生活中非常普遍，如男人穿裙子；不举行婚礼等。违俗并不一定会受到社会的指责或惩罚，而是被宽容或接受。

(2) 违德行为。即违背社会道德规范的行为，包括违反社会公德、公民道德、婚姻家庭道德、职业道德等行为。违德通常比违俗要严重得多，会受到自我良心的谴责和社会舆论的非议，使越轨者感受到巨大的社会压力。

(3) 违纪行为。即违反有关组织的纪律或违反有关维护社会治安和公共秩序的规则、规定、条例的行为，如违反交通规则，不遵守公共秩序等。

(4) 违法行为。这是一种违反法律但尚未触及刑律的行为，如盗窃但数额很少，虐待家庭成员但情节轻微等。

(5) 犯罪行为。指触犯刑律而应受到刑法处罚的行为，它是最严重的越轨行为，如抢劫银行、贩卖毒品等。犯罪行为对他人和社会的危害最大，是强制性、惩处型社会控制的重点。

(三)积极越轨、消极越轨和中性越轨

这是根据越轨行为的社会后果进行的分类。

(1) 积极越轨是指行为虽然不符合现有的社会规范，但对社会生活和社会发展具有积极作用的越轨，如移风易俗、社会革命，当年安徽凤阳小岗村18位农民按下鲜红手印实行大包干的行为在当时就是一种越轨行为，正是这次越轨行为掀起了中国农村改革的浪潮。当现有的社会规范不能有效维护秩序、促进社会发展时，对这种社会规范的偏离常常就是积极越轨行为。

(2) 消极越轨是指对社会生活和社会发展具有破坏性或阻碍作用的行为，如拐卖妇女儿童等违法犯罪行为。消极的越轨是社会控制尤其是强制性控制打击的对象。

(3) 中性越轨行为是指那些与社会发展无损益作用的越轨行为，如女青年剃光头，男青年穿裙子，虽然不符合社会生活习惯或社会审美习惯，但这样的越轨行为对社会发展谈不上什么积极或消极作用，属于中性越轨范畴。

(四)失常性越轨和反叛性越轨

这是根据行为主体的主观意志进行的分类。失常性越轨是指行为者并非有意违反社会规范，而是在无意之中或不知情时违反了规范，如过失杀人或法盲犯法；反叛性越轨是指行为者有意甚至公开挑战社会规范，如集团走私或其他违法犯法行为。

三、越轨行为的功能

(一)越轨行为的反功能

1. 破坏社会秩序

所有社会秩序的维护都依赖社会成员遵守社会规范,按他人或社会的期望扮演好各种社会角色,如果某些社会成员公然违背约束他们行为的规则,整个系统的正常运行就会出现问题,社会秩序就会受到破坏。如有学生在图书馆阅览室旁若无人地大声接听电话,就会使其他人的正常学习难以为继。

2. 浪费社会资源

为了有效控制越轨行为就需要投入大量的人力、物力和财力来进行监护,这就造成社会资源的浪费,尤其在预防和打击犯罪方面,社会投入巨资建立大规模的、设备先进的警察部队、监狱系统等,而这些投入如果转移到其他社会领域可能产生更有价值的收益。

3. 诱导他人或集体越轨

许多越轨行为一般会使他人的利益受到损失,但对越轨者来讲,之所以越轨就是为了谋取某种利益。如果越轨行为未受到严密的控制和有力打击,或者惩罚小于他获得的利益,就可能为他人提供不良的榜样,诱导他人或集体也跟着去越轨,从而引发越轨泛滥成灾,使社会处于非常危险的状况。

(二)越轨行为的正功能

1. 有助于明确社会规范并表明社会所能承受的限度

有许多社会规范是模糊的,某一行为是否属于越轨行为并没有清楚的界限,越轨行为的存在有助于明确社会规范,指出越轨与非越轨的界限。社会或群体对于越轨行为的标定和惩罚具有警示作用,可以为人们指明社会或群体对越轨行为所能承受的限度。

2. 在一定条件下起到维护社会的统一和团结的作用

通过集体反对越轨行为或越轨行为者,社会或群体成员重申了他们的规范和价值标准,从而使大家再次意识到群体的一致性。只要能够对越轨行为进行有效的控制,越轨行为的存在反而能唤醒和加强人们的团结意识。

3. 发挥安全阀机制的作用

某些越轨行为可以宣泄人们对社会或组织的不满情绪,只要将它们控制在一定的范围内,就不会对组织或社会造成太大的破坏。如果没有这样的机制,人们对社会或组织的不满没有一定的宣泄渠道,就可能累积起来直到以更加激烈和更具破坏性的方式爆发出来。

4. 常常成为社会变革的根源或动力

某些越轨者可能是社会变革的先行者,他们向既有社会规范的挑战,可能导致社会规

第十章 越轨与社会控制

范的改变,进而推动社会的发展和进步。如果一个社会上的所有人都循规蹈矩,不敢越雷池一步,这个社会就会停滞不前,丧失发展和进步的动力。

四、越轨行为的社会控制

(一)改变社会规范

随着越轨行为的出现而改变原有的社会规范看似有些荒谬,然而它常常是社会进步的表现。在一个社会中,如果大多数人都背离了某一社会规范,这种情况通常说明这一规范有许多不合理的地方,其出路只有两条:要么进行修改,要么被取消。

(二)消除越轨行为产生的原因和社会条件

这是控制越轨行为的根本途径。有些社会成员之所以越轨是因为不懂得、不熟悉社会规范,这就需要通过各种途径使社会成员内化社会规范。一旦社会规范内化成功,一个人就会自觉地遵守社会规范。这种对规范的自觉遵守与害怕招致惩罚的遵从大不相同。前者出于自愿,个人良心充当了社会控制的内部机制;后者是被迫的,可能的惩罚起着外部控制的作用。

(三)增加越轨行为的成本

如前所述,越轨者之所以越轨是为了获得某种利益。因此,为了有效控制越轨就需要加大越轨者的越轨成本。我们把门锁上、把自行车拴上铁链就是在使用这一方法。惩罚或以惩罚相威胁也是增加越轨成本的常用方法。例如,对罪犯实施监禁既是一种对犯罪行为施加的惩罚形式,也是威胁潜在罪犯的手段以及防止同一罪犯再次犯罪的方法。

第四节 社会问题及其综合治理

一、社会问题的定义

"社会问题"一词源于英文"social problems"。对社会问题最简洁的定义当属美国社会学家米尔斯的观点,他认为社会问题也即社会环境中的公众问题,而不是局部环境中的个人困扰,这一公众问题影响社会生活中多数人的生活,而不仅仅是对个人生活产生影响。他在定义社会问题时写道:"社会的公众问题常常包含着制度上、结构上的危机,也常常包含着马克思所说的'矛盾'和'斗争'"。[1]在西方,除米尔斯之外,乔恩·谢泼德和哈文·沃斯对社会问题的界定也很具代表性,他们认为:"一个社会的大部分成员和社会一部分有影响的人物认为不理想、不可取,因而需要社会给予关注并设法加以改变的那些社会情况即为社会问题。"[2]

---

[1] 赖特·米尔斯等. 社会学与社会组织[M]. 何维凌,黄晓京译. 杭州:浙江人民出版社,1986.
[2] 乔恩·谢泼德,哈文·沃斯. 美国社会问题[M]. 乔寿宁,刘云霞译. 太原:山西人民出版社,1987.

我国老一辈社会学者孙本文认为:"社会问题就是社会全体或一部分人的共同生活或进步发生障碍的问题。当社会秩序安定,人与人之间的共同生活顺利安全,社会是没有问题的。"

袁方主编的《社会学百科辞典》中对社会问题是这样定义的:"社会中的一种综合现象,即社会环境失调、影响社会全体成员的共同生活,破坏社会正常运行,妨碍社会协调发展的社会现象。"

陆学艺主编的《社会学》一书将社会问题定义为:"凡是影响社会进步与发展,妨碍社会大部分成员的正常生活的公共问题就是社会问题。它是由社会结构本身的缺陷或社会变迁过程中社会结构内出现功能障碍、关系失调和整合错位等原因造成的;它为社会上相当多的人所共识,需要运用社会力量才能消除和解决。"

郑杭生主编的《社会学概论新修(第三版)》中认为社会问题有广义与狭义之分。"广义的社会问题泛指一切与社会生活有关的问题;狭义的社会问题特指社会的病态或失调现象。这里所说的狭义的社会问题,指的是在社会运行过程中,由于存在某些使社会结构和社会环境失调的障碍因素,影响社会全体成员或部分成员的共同生活,对社会正常秩序甚至社会运行安全构成一定威胁,需要动员社会力量进行干预的社会现象。"

在不同的定义中,我们可以发现社会问题的一些共同属性:客观存在的社会失调现象;影响社会的良性运行、协调发展;影响多数社会成员的共同利益和生活;引起社会普遍关注。因此,在本书中,我们将社会问题界定为:在一定历史时期存在的影响多数社会成员的共同生活,妨碍社会良性运行与协调发展,引起了社会多数成员的共同关注,需要并且只有运用社会力量才能加以解决或消除的社会失调现象。

二、社会问题的构成要素

在现实生活中,并非所有的社会现象都能成为社会问题,一种社会现象能否成为社会问题必须具备一些共同要素,满足一些共同条件,国内外学者们一般认为,社会问题由以下四个要素构成。

(一)必须有一种或多种社会失调现象

社会问题必须以客观事实为依据,这是界定社会问题的前提条件,但这种"社会事实"与一般的"社会事实"又有所不同,主要区别就在于社会问题中的社会事实由一种或多种社会失调现象构成,是一种失调的"社会事实"。社会问题是社会生活中确实存在的某种具体的客观事实,而不是存在于人们头脑中的主观臆想。对社会问题的认识是以社会生活中存在某种与社会和谐、社会运行和社会发展不相协调的社会失调现象为客观依据的。没有社会失调现象,社会问题就无法确认。有些社会问题尽管一时还未被社会觉察或确定,但它依然客观地存在于社会生活中,对社会生活产生影响。值得注意的是,大多数社会问题涉及多种社会现象,是多种社会失调交织在一起的。

例如,现阶段的住房紧张问题不仅是家庭生活条件现象,也是社会生产现象、社会分配现象、社会消费现象;不仅是人口与生活条件的失调,也是生产与消费的失调、社会分配中的失调、经济与社会发展中的失调。对任何一种社会问题都需要从多方面考察其失调的具体内容。

(二)这种失调现象影响多数社会成员的利益或共同生活

社会问题通常是一种"公共麻烦",而非"个人困扰"。人们在社会生活中总会遇到许多问题与困扰,但如果它仅仅是个人或极少部分人的遭遇或感受,只能属于私人问题。社会问题则必然与全体或多数社会成员的生活密切相关,涉及相当多的人和较为广泛的社会关系,直接或间接地危及相当一部分社会成员的正常生活及利益,大家共同感到一种困扰或不适。例如,在一个城市中,只有少数几个或几十个人买不起住房,这仅仅是少数人的个人麻烦,与该城市绝大多数人的生活无关,麻烦的原因可能是个人的能力不佳、品行不端等,要解决这类问题只要从提高个人的素质入手就可以了。若这个城市有成千上万的人都买不起住房,那就由"个人麻烦"上升为"公共问题"了,其原因可能是某些社会方面的因素引起的,如制度弊病、社会分配不公、经济萧条、市场无序等。

(三)这种失调现象引起了社会的普遍关注

"客观事实"是社会问题得以成立的先决条件,但是,有了这种"客观事实"并不一定就能成为社会问题,只有这种"客观事实"引起多数社会成员的普遍关注、认识和确定才能真正成为社会问题。也就是说,当这种"客观事实"还处于潜在状态且未被多数社会成员认识到时就不能成为社会问题。因此,可以说"公众认定"才是社会问题的本质条件。当然,具体认定过程中还会牵涉多方面的因素和环节。社会问题认定的一般过程是:首先由专家、学者或有识之士先行觉察和认识,然后在社会上宣传、呼吁,引起社会成员的普遍关注,逐渐形成社会舆论,从而引起政府或相关权力部门的注意,利用制度、政策、法律、法规等强制力量使这个问题明确化和具体化,使社会公众越来越认识到它的严重性、破坏性,越来越多的人关注它的现状、形成原因、发展趋势、社会危害及消除它的必要性和对策。到此时,这一失调的社会现象就正式成为社会问题了。

(四)这种失调现象只有运用社会力量才能予以解决

仅仅依靠个人的力量是无法妥善解决社会问题的,必须依靠整个社会的力量,才能妥善解决社会问题。其原因就在于社会问题的起因一般是社会性的,并非由个人或少数人负责;社会问题的后果也是社会性的,涉及相当一部分人共同的社会生活。因而它的解决或消除也绝不是个别人或少数人能办得到的,要依靠社会力量的通力合作才有解决的可能,需要动员相当多的人甚至全社会采取"社会行动"才能解决。一般认为社会问题解决的可能性在一定程度上取决于动员和调动社会力量的可能性。

【案例 10-2】有调查显示,大多数女性把婚房作为结婚的基本条件,而现实中高昂的房价让很多80后开始啃老买房,或许有老可啃也是一种幸运。但并非所有人都如此,高房价制造剩男剩女不无道理。今年以来,各地房价均表现出上涨态势,尤其以一线城市最为明显,很多百姓望"房"兴叹,那么哪些城市买房压力最大呢?房价收入比最高呢?

数据显示,目前北京市的房价收入比已达 27∶1,超出国际平均水平 5 倍。房屋一套(80 平以上,不含市区,直接三环以外,四环以里),以均价 3 万元计,3×80=240(万元)。以男方家庭 30 万元的家产,男人年收入 6 万元计,(240-30)/6=35(年)。最后得出结论为:男方倾家荡产+男人不吃不喝工作 35 年=讨一个北京中等条件的老婆的成本。

有人说，上海房价收入比市价最高。有媒体算了一本账，2009年按照增长15%计算，月平均工资为3785元；按目前上海一级市场平均房价1.8万元/平方米计算，一套房1.8万元/平方米×90平方米的面积＝162万元＋10万元的装修费，即为172万元，如果我们按平均收入3785元/月的工资计算，一年工资就是45 427元，172万元/4.5万元＝38.222，需要38年来还清。如果我们按30岁买房年龄，他要还清房价就要等到68岁，这里我们还没有计算各种开销和利息，我们就可以得出，一个人一辈子就是为了买一套房，就要劳碌一辈子。

(资源来源：凤凰网，http://house.ifeng.com/touziguancha/detail_2011_04/16/5785548_2.shtml)

问题：从这个案例中可以看出社会问题由哪些要素构成？

分析：

(1) 房价高涨是与多种社会失调现象交织在一起的。现阶段的房价高涨问题不仅是家庭生活条件现象，也是社会生产现象、社会分配现象、社会消费现象等；不仅是人口与生活条件的失调，也是生产与消费的失调、社会分配中的失调、经济与社会发展中的失调。

(2) 房价高涨影响了绝大多数社会成员的利益，尤其是社会中低阶层的利益。

(3) 房价高涨问题已经引起政府、社会成员、新闻媒体的高度关注。

(4) 解决中国的房价问题必须依靠社会力量。

三、社会问题的特征

(一)普遍性

普遍性是指社会问题无时不有、无处不在的特性，也就是说社会问题在任何历史时期、任何民族、任何国家或地区都是普遍存在的。从空间范围来看，当今世界任何国家和地区都存在一些社会问题。西方发达资本主义国家的吸毒、离婚、青少年犯罪是比较严重的社会问题；而在发展中国家人口结构失衡、环境污染、教育不公平是比较严重的社会问题。

从历史的角度来看，社会问题与人类社会几乎同时产生，有了人类社会也就有了社会问题。迄今为止的人类社会还未出现一种没有任何社会问题的完美无瑕的社会形态。在原始社会时期，由于生产力水平低下，获得食物与安全、维持基本生存比较困难，因而经常发生的饥荒、自然灾害就是威胁一个民族、一个部落的十分严重的社会问题。后来，随着生产力的发展，产品有了剩余，出现了私有制和剥削，人类进入阶级社会，又带来许多新的社会问题。总之，人类无法消灭所有社会问题，而只能将社会问题限制在一定的时空之内，将社会问题的危害性减小到最低限度，人类社会就是在解决社会问题的过程中不断发展进步的。

(二)特殊性

特殊性是指社会问题的产生原因、表现形式、社会影响、解决办法等具有地域性和历史特殊性。地域性分为两个方面。

(1) 特定的社会问题，往往只发生在特定的地域空间范围，因而不同国家和地区所面临的社会问题是不同的。比如，宗教矛盾问题一般只会在不同宗教信仰的人混居的地区才

第十章 越轨与社会控制

有可能产生,而在无宗教信仰的地区一般不会产生;住房紧张、房价高涨问题一般主要在城市尤其是大城市中存在,而农村地区特别是偏远落后的农村地区一般不会产生。

(2) 同一社会问题在不同国家和地区的产生原因、表现形式、社会后果、解决办法往往有很大的差异性。同样是人口问题,有些国家或地区主要表现为人口数量过多,有些国家或地区主要表现为人口短缺,还有些国家或地区可能是人口结构或素质问题。历史性是指社会问题的产生原因、存在形式、社会后果及其解决办法在不同的历史时期或发展阶段有不同的特征。同样是人口问题,我国现阶段主要是人口数量大、劳动年龄人口多、就业困难的问题,而到 2040 年左右,我国面临的主要人口问题是老龄化严重、劳动力短缺的问题。

(三)客观性

对社会问题的认识是以社会生活中存在某种影响社会良性运行、协调发展的社会失调现象为依据的,而不是由人们的主观愿望所决定的,没有这种客观事实的存在,社会问题就无从确认。有的社会问题尽管一时还未被人们觉察,但它依然客观地存在于社会之中,对社会生活产生或隐或显的影响,随着时间的推移,其社会危害性会逐渐暴露出来,最终也必将为人们确认。在 20 世纪五六十年代,由于对社会主义存在一些片面的认识,讳言中国现实生活中的社会问题,否认社会主义社会中客观存在着的诸多影响社会良性运行、协调发展的社会失调现象,认为揭露了社会问题就是在揭社会主义的短处,结果导致我们对一些社会问题失去了应有的认识和警觉,耽误或延缓对某些社会问题的治理,例如人口问题,如果能在 20 世纪五六十年代就开始治理,则今天就不会面对如此巨大的人口压力。

(四)复杂性

社会运行与社会发展是多种社会力量叠加、复合、交融的过程,社会问题往往是多种社会矛盾与失调交织在一起,其复杂性体现在以下三个方面。

(1) 社会问题产生原因的复杂性,即社会问题是各种主客观因素交织在一起,其起因常常是多种多样的,有文化心理因素,也有政治经济因素;有微观因素,也有宏观因素;有现实因素,也有历史原因。比如贫困问题的原因一般与恶劣的自然环境、人口素质低下、生产力水平不高、交通不发达、信息闭塞、贫困文化困扰等种种因素有关。

(2) 社会问题后果的复杂性,即一种社会问题会引起一系列后果,产生连锁效应。一个社会问题往往与别的社会问题相关联,或者互为因果,甚至相互转化。如人口问题,由于出生率高,人口增长过快,既造成青年就业难问题,又造成住房紧张、交通拥挤问题,还影响社会秩序和人民生活水平的提高。

(3) 社会问题解决的复杂性,即一旦产生社会问题就要调动各方面力量,花费极大的努力来解决它,我们为解决人口问题所花费的成本是非常高的。

(五)破坏性

破坏性是社会问题最本质的特征,是指社会问题对社会良性运行、协调发展以及多数社会成员社会生活的不良影响或破坏作用,表现在以下三个方面。

(1) 社会问题影响社会成员的正常生活秩序,降低社会成员的生活质量。

(2) 社会问题危及社会和谐稳定，社会必须花费相当数量的资源去解决这些问题，从而浪费了社会资源。

(3) 社会问题阻碍了社会的发展与进步。人们对自然资源的过度开采和利用造成森林面积锐减，水土流失严重，引发严重的环境问题，出现特大洪灾和旱灾，不仅直接危害人民的生命财产安全，而且严重干扰社会经济的正常运行。

四、社会问题的类型

(一)国外学者对社会问题类型的划分方法

1. 二分法

默顿与尼斯特在1978年合编的《当代社会问题》中，从"行为-社会"二元角度将社会问题分为两种基本类型：第一类是从社会行为角度划分出来的社会问题，称为偏差行为，如犯罪、卖淫、精神病、吸毒、自杀等；第二类是从社会结构角度划分出来的社会问题，称为社会失范，如世界人口危机、种族矛盾、家庭瓦解、社区解体、交通拥挤等。

2. 三分法

乔思·谢泼德与哈文·沃斯于1978年所著的《美国社会问题》中，将结构性社会问题分为两类：一类是社会结构对立性问题——不平等，如贫富两极分化、偏见和种族歧视、政治与权力、教育不平等；另一类是社会结构功能失调性问题，变化着的价值观如家庭危机、对工作的不满情绪、人口问题与都市化、环境危机。与结构性社会问题相对应的是过失行为问题：犯罪与少年过失问题、酗酒和吸毒问题、性行为过失问题、精神问题。

斯卡皮蒂所著的《美国社会问题》对社会问题的分类是：①社会失规性问题，如都市化、家庭、偏见与歧视、贫穷、人口、教育、保健；②异端行为问题，如精神错乱、麻醉品与酒精中毒、犯罪与暴力、性行为；③技术与社会变迁引发的问题，如通信、大公司制下的政府、工作、环境。

理查·富勒和理查·麦尔兹在《价值冲突》一文中把社会问题分为三个层次，第一层次是自然的问题(physical problem)，这类问题虽然影响社会的良性运行、协调发展，但不涉及价值判断，主要指各种自然灾害，如地震、飓风、水灾、旱灾等，这类问题往往并非人为因素直接导致，是人类难以控制的自然力量，有的人甚至不把它看作社会问题。第二层次是修正过的问题(ameliorative problem)，这类问题是一种人为的情境，因而是需要加以修正的，然而应该采用何种方式来修正这类问题并没有达成共识。第三层次是道德的问题(moral problem)，道德问题对整个社会而言是令人讨厌的。

3. 四分法

奥杜姆在1947年的《了解社会》一书中对第二次世界大战后出现的各种社会病态现象将社会问题分为四种类型：①个人病态问题，如酗酒、自杀、个人解组(人格分裂)、心理缺陷、精神病残疾等；②社会病态问题，如离婚、遗弃、私生子、恶习、娼妓等；③经济病态问题，如贫穷、失业、分配不均、贫富悬殊等；④社会制度病态问题，如政治腐败等。

4. 五分法

兰迪士在 1959 年的《社会问题和世界》一书中将社会问题分为五种类型：①个人调适的失败，如精神病、精神错乱、自杀、酗酒、吸毒、强奸；②个人社会适应的失败，如越轨、犯罪、不完全的核心家庭、离婚与小家庭离散、离婚后的适应、个人主义社会的儿童训练、青年的危机等；③社会结构的缺憾，如边际人、种族矛盾、男女不平等、卖淫、乞丐增多等；④政治与经济问题，如劳工的生活贫困与工作压力大、人口素质低、生育率过高或过低；⑤社会政策与制度的失调，如自然资源的过度开发、工业社会的老龄化、战争、卫生条件恶化、健康与长寿受到影响、社会福利滞后、社会计划与政策的不稳定等。

(二)我国转型期社会问题的划分[1]

以上各种分类方法都有一定的参考价值，但是这些分类都带有分类者所处时代的社会特征以及分类者个人的价值判断。根据我国正处于转型期的实际情况，从社会问题的表现形式及产生的主导原因的角度出发可将社会问题划分为以下三类。

1. 结构型社会问题

结构型社会问题主要由基础社会条件或基本社会结构的缺陷所引起，表现为社会结构没有很好地发挥其应有的功能，致使社会结构中积存一些社会弊病，这类问题包括人口、贫穷、劳动就业、城乡二元结构等问题。

2. 变迁型社会问题

变迁型社会问题主要由社会变迁所致，即在社会现代化与社会转型过程中的结构失衡、功能障碍、关系失调、整合错位导致各种社会问题的产生，包括环境污染与保护问题、区域发展不平衡问题、老龄化问题、流动人口问题、农村剩余劳动力转移问题、分配不公问题等。

3. 失范型社会问题

社会结构的变化引发原有的社会规范和价值观念紊乱，导致社会生活中出现价值冲突、失去规范或规范混乱。在这种状态下，人的行为易出现偏差，如犯罪、吸毒、卖淫、自虐、药物滥用、精神疾病、集体行为等问题。

五、社会问题的基本理论

社会问题从社会学诞生之时就成为基本研究主题，社会学家不仅对社会问题进行实证研究，而且在理论上进行探讨，试图把握社会问题的本质、原因、后果及其发生变化的规律。

(一)社会病理学观点

社会病理学观点(social pathology)是早期社会学中较为流行的一种观点。当时社会学家

---

[1] 风笑天. 社会学导论[M]. 武汉：华中科技大学出版社，2008.

极力推崇有机体类比法，认为社会就是一个相互依赖、结构复杂的有机体，容易像有机体生病一样出现故障。他们最关心的是社会的疾病或社会的病态，主张像研究人的疾病一样去研究社会的疾病。

早期的社会病理学家认为造成社会问题的最大原因就是社会化过程的失败，社会通过社会化将道德规范、价值观念、行为模式传递给下一代，借以维系社会正常发展，但有时社会化过程因各种原因遭到阻滞，因而生成一些"有毛病的人"，如犯罪者、精神不健全者、依赖者等。他们在社会中的存在引起各种"社会问题"的发生。还有些早期社会病理学家认为有些人因为近亲联姻等遗传原因，天生就有毛病，他们倾向于研究"个人的"不道德特征。后期的社会病理学家则认为产生社会问题的原因是人们学习了错误的东西，社会不良环境才是造成社会病态的一个主要条件，他们倾向于研究社会环境的不道德特征。

对于解决社会问题的办法，社会病理学家的基本原则是治疗社会中"带菌的""有毛病的"部分或个人。早期的社会病理学家多侧重于社会道德地位的重整及个人品德的熏陶，认为优生优育是解决社会问题的有效办法。还有一些社会病理学家认为可利用中产阶级的道德来教化和矫正这些"有毛病的"、给社会制造麻烦的人。后期的社会病理学家则把"毛病"看成是社会化失败的结果，认为治疗"有毛病"的制度可以改变人们的观念，唯一真正可以解决社会问题的办法就是对全民施以道德教育。

(二)社会解组论

第一次世界大战后，社会解组论(social disorganization)逐渐替代社会病态论成为当时主流的社会问题解释范式。如果说社会病态论主要关注个人及其行为，那么社会解组论则侧重从社会结构视角来解释社会问题，具体包括以下几个方面。

(1) 社会是一个由多种结构要素组成的复杂系统，正常情况下，这个系统的各部分发挥自身应有的功能，维持彼此之间相互协调的关系。一旦某一结构要素出现故障或不能正常发挥其应有的功能，其他部分必须重新做出相应调整以适应这种变化，否则会使各部分彼此脱节，功能丧失，这样原有各部分之间相互协调的关系被破坏，就会产生社会解组现象，进而使个人越轨直至犯罪。

(2) 社会解组就是指社会失规状态，即社会生活"失去规则"或"乱了规矩"。社会解组有三种表现形式：①缺乏规范，即社会生活中没有一个现存的社会规范来指引人们应该如何行动。②规范冲突，即社会生活中虽然有规范，但这些规范是相互对立与冲突的，导致人们不知道应该遵守何种规范。③规范体系完全紊乱。对个人来说，社会解组会带来紧张、压力，造成个人解组(失范)，如精神病、自杀等。对社会系统来说，社会解组会导致三种可能的后果：①系统内部及时做出相应调整，重新恢复平衡状态；②虽然有部分解组，但不至于使社会瓦解，整个系统仍能维持运转；③造成系统极度混乱，致使整个社会崩溃。

(3) 造成社会解组的最根本原因是社会的急剧变迁，推动社会变迁最重要的力量是快速的工业化、急剧的城市化、移民的大量涌入、科技的飞速发展，美国社会学家奥格本提出文化堕距概念，说明当这种文化堕距影响到大多数人时，就成了社会问题。

(4) 解决社会解组的主要办法在于尽快重建社会规范体系和维持正常的生活秩序，重建社会均衡体系。

(三)偏差行为理论

偏差行为(deviant behavior)理论是社会学研究社会问题与社会控制的一种重要理论观点，产生于第二次世界大战前后。从 20 世纪 20 年代到 50 年代，美国社会学界以哈佛大学和芝加哥大学为中心逐渐形成两派，承续美国早期社会学传统，从实证的角度对社会问题、社会过程、社会行为进行研究，偏差行为理论即形成于这两派对社会问题的研究之中，其主要观点包括以下几方面。

(1) 偏差行为，即违反社会规范的行为。各个国家和地区的文化传统、社会制度、价值观的内容不同，判定偏差行为的标准也就存在很大差异。

(2) 在社会变迁失控的时候，如在战争、动乱、经济危机、经济不稳定、经济增长过快等情况下，社会秩序会遭到破坏，出现价值冲突和失范现象，个人在遵守社会规范上发生困难，不知该做什么或该怎么做，甚至不能控制自己的欲望，于是产生偏差行为。

(3) 从个人角度讲，偏差行为的产生是由于社会化不当，青少年生活的初级群体如家庭、朋友环境不良使他们沾染上不好的习惯，做出违反社会规范的偏差行为。

(4) 解决偏差行为的主要办法是重新社会化，对生活进行调整，改变生活方式或生活环境，使青少年有更多的机会和条件接触先进文化，杜绝与沾染上偏差行为的人或事的接触，抵御各种偏差行为的诱惑。创造实现社会目标的条件和机会，减轻使人们做出偏差行为的紧张压力。一旦合法的机会增加，个体的偏差行为就会减少。[1]

(四)价值冲突论

价值冲突(value conflict)论是社会学冲突学派运用冲突理论来分析和研究社会问题的一种理论视角。人们的社会地位不同，利益诉求各异，因此对同一社会问题的价值评判标准、立场和态度也会表现出非常大的差异，在采取某种措施改变某一社会现象时，通常会引起人们之间的冲突，所有的社会问题都与"文化价值上的冲突"有密切关系。随着从传统社会向现代社会的转型，人们的价值观念越来越多元化，持不同价值观的人在社会生活中必然会发生分歧，产生矛盾甚至冲突。一方面人们对同一社会现象存在不同看法，另一方面价值冲突会引发人们思想混乱。互相冲突的价值观渗透到社会生活的各个方面，如果人们长期受到这些影响，就会出现"社会解组论"所说的社会失范状态，导致越轨行为的发生，产生社会问题。

解决社会问题主要有三种方式：①交涉，即指冲突双方能够就发生冲突的问题进行磋商、谈判并达成共识；②达成协议，即对立双方在利益均衡前提下各自做出一些让步和妥协；③使用权力，即在冲突非常激烈的情况下，拥有权力的一方运用权力使冲突得到解决，而且这种解决是有利于权力方的。

(五)标签理论

标签理论(labeling theory)起源于社会学中的符号互动论，偏重于研究人们对社会问题的主观界定过程，即着重分析、探讨"越轨行为"或"社会失调"是如何被界定为社会问题

---

[1] 方青，孔文. 社会学概论[M]. 合肥：安徽大学出版社，2005.

的，分析人们是如何定义那些被视为是有问题的现象、行为或事件的，主要代表人物是拉默特和贝克尔。

标签理论认为一种行为被界定为越轨行为是人们根据该行为的频率、特性以及人们对它的反应来界定的，该行为者被视为"越轨者"，大都是因社会反应造成的，即个人和群体之所以越轨是因为人们预先制定出"规则"和"规范"，而那些违反这些"规则"和"规范"的行为便被认定为"越轨行为"，同时这些"犯规"的人也被贴上了"越轨者"的标签，而一旦这种标签被贴上，这个人或群体的社会行为、生活状态将受到极大影响，遭到多数人的排斥，他或他们不得不继续扮演这种角色。标签论提出了两种完全不同于其他理论视角解决社会问题的办法：一是修改规范，就是提高"犯规"的标准和条件，减少对某些行为或个人的越轨的指控；二是消除标签所能带来的利益，即减少因这种给他人贴越轨标签而使自己获得某种利益与好处的机会。

(六)社会整合理论

社会整合(social integration)是指社会的各要素、各部分组合成一个协调统一的社会整体的过程。这一概念最早由法国社会学家迪尔凯姆在研究自杀问题时提出，主要分析社会整合形成的条件、社会整合与个人的关系、社会整合对团体意识的影响以及社会整合对社会和个人的意义等问题。迪尔凯姆认为，社会问题的产生与社会整合程度高度相关，社会整合力量的减弱是社会问题产生的根源。在传统社会，社会整合力量的减弱主要表现为传统权威的消失和共同信仰的失落。在现代社会，社会整合力量的减弱主要表现为组成社会的各要素、各部分之间的不协调甚至发生矛盾和冲突，从而不能使社会正常运转。一般来说，一个社会整合程度越低，社会问题就越多；一个社会整合程度越高，社会问题则越少。

后来，美国社会学家帕森斯进一步发展了社会整合的概念并将其纳入自己的结构功能主义理论体系中，社会被看成是由个体组成的具有复杂结构的系统，这个系统由不同的子系统组成，子系统又由更小的子系统构成，这样一直分下去，便达到不可再分的个体，其中每一个体和子系统都是一个行动者，一个社会要自下而上地发展就必须保持其社会系统的稳定性和继承性，其中社会化机制和社会控制机制对社会系统保持整合具有促进作用，当这两种机制不完备或功能丧失而不能使人格系统被很好地整合到社会文化价值系统中去时，就容易产生社会问题。

六、社会问题的治理

(一)治理社会问题的一般原则[1]

1. 认识客观规律，按客观规律办事

社会问题是由于人们没有认识社会运行的客观规律和没有按客观规律办事造成的，要从根本上解决某一社会问题就必须做到：尽可能多地发现和揭示社会运行的客观规律；研究运用社会运行规律的形式和条件；运用各种社会力量包括政策和立法手段促使人们遵循客观规律。

---

[1] 王雪梅. 社会学概论[M]. 北京：中国经济出版社，2001.

第十章 越轨与社会控制

2. 加强宏观调控，实行综合治理

社会问题大多具有多因性、复杂性等特点，某领域中的社会问题往往在单独的社会领域难以彻底解决，因此，单靠与这一问题直接有关系的部门和人员的力量是很难解决的，常常需要依靠与此问题有关的所有部门和人员才能加以解决，这就要求政府在治理社会问题的过程中加强宏观调控，实行综合治理。

3. 着眼于制度、体制的改革和完善

社会制度和社会体制是人们社会关系的反映，对人们的社会行为和社会生活起着直接的制约和调节作用。几乎所有的社会问题都与社会制度和体制的失调有关，而且在导致社会问题的各种原因中，社会制度和体制的失调常常是根源性的。所以，要解决社会问题，除了实施一般性的改造和补救措施外，更重要的是必须着眼于制度、体制的改革和完善。

(二)社会问题治理的主要方法[1]

(1) 掌握社会问题的成因，区分其性质与类型。必须深入调查取得大量第一手实际资料，然后据此做出社会诊断，对症下药，探索切实可行的解决方案。

(2) 多管齐下，采取综合治理的办法。一要综合运用治理力量，动员和组织全社会的有关力量参与治理；二要综合运用治理方法，把各方面的方法和手段都运用起来，如环境问题的治理就必须运用法律、经济、舆论、教育、思想以及干部政绩评价等一切相关方面的方法和手段；三要努力实现综合治理的目标，要求有关部门有切实可行的明确计划，必要时应纳入有关的社会规划，还要有对实施情况进行检查和评估的办法。

(3) 分清主次，治本与治标相结合。治本是指以根本性措施治理，发展生产力与控制人口增长就是两个最大的治本措施，对我国现阶段每一个社会问题的根除都适用。治标是指部分解决、暂时解决和次要问题的解决，有时也包括抓主要矛盾。抓主要矛盾不一定就是抓治本措施，因为治本需要较长时间和许多必要条件，而条件又只能逐步创造，所以一个时期的主要矛盾也可能只能治标，使之缓解，为日后的根本解决逐步创造条件。

(4) 创造稳定发展的环境，取得实效。治理任何社会问题只有在社会稳定、生产不断发展的环境下进行才能收到效果，这对任何国家都是适用的，倘若人民的物质、文化需要不能得到越来越充分的满足，治理方案再好，措施再有力，也会全部落空。

本 章 小 结

本章主要介绍了社会控制、越轨行为控制、社会问题治理等基本知识。社会控制就是通过各种强制或非强制的手段对个人或组织的行为进行引导和约束，使其遵从社会规范，建立和维持社会秩序的过程，主要由控制主体、控制客体和控制手段构成。社会控制既有正功能也有负功能。社会控制可以划分为宏观控制与微观控制、硬控制与软控制、内控制与外控制、积极控制与消极控制等类型。社会控制的手段主要有强制性社会控制手段和非

---

[1] 吴方桐. 社会学教程[M]. 武汉：华中师范大学出版社，2007.

强制性社会控制手段两类。越轨行为是偏离或违反社会大多数成员公认的社会规范的行为，具有普遍性和相对性等特点，既有正功能，也有反功能，主要通过改变社会规范、消除越轨行为产生的原因和社会条件、增加越轨行为的成本等途径来控制越轨行为的发生。社会问题是指在一定历史时期存在的影响多数社会成员的共同生活，妨碍社会良性运行与协调发展，引起社会多数成员的共同关注，需要运用社会力量才能加以解决或消除的社会失调现象。社会问题具有普遍性、特殊性、客观性、复杂性、破坏性等特点。分析社会问题的主要理论视角包括社会病理学的观点、社会解组论、偏差行为理论、价值冲突论、标签理论和社会整合理论。

习 题

一、判断题

1. 越轨行为只有负功能。 ( )
2. 过度的社会控制往往不利于社会发展。 ( )
3. 社会问题具有客观性。 ( )

二、单项选择题

1. 最早提出"社会控制"这一概念的是( )。
   A. 斯宾塞 B. 罗斯 C. 迪尔凯姆 D. 马克思
2. 从( )角度可以将社会控制分为硬控制和软控制两种类型。
   A. 社会控制主体 B. 社会控制层次
   C. 社会控制客体 D. 社会控制手段
3. 偏重于研究人们对社会问题的主观界定过程，这种分析社会问题的理论视角称为( )。
   A. 社会病理学观点 B. 社会整合理论
   C. 价值冲突论 D. 标签理论

三、多项选择题

1. 社会控制的构成要素包括( )。
   A. 控制主体 B. 控制客体 C. 控制手段 D. 控制方式
2. 强制性社会控制手段主要有( )。
   A. 法律 B. 纪律 C. 政权 D. 习俗
3. 下列属于失范型社会问题的是( )。
   A. 犯罪 B. 吸毒 C. 卖淫 D. 老龄化

四、案例分析题

1. 2011年4月28日，国新办举行新闻发布会，国务院第六次全国人口普查领导小组副组长、国家统计局局长马建堂发布2010年第六次全国人口普查主要数据公报(第1号)。

第十章 越轨与社会控制

(1) 总人口：全国总人口为 13 亿 7053 万 6875 人。

(2) 人口增长：我国 31 个省、自治区、直辖市和现役军人的人口同第五次全国人口普查 2000 年 11 月 1 日零时的 12 亿 6582 万 5048 人相比，十年共增加 7389 万 9804 人，增长 5.84%，年平均增长率为 0.57%。

(3) 家庭户人口：我国 31 个省、自治区、直辖市共有家庭户 4 亿零 151 万 7330 户，家庭户人口为 12 亿 4460 万 8395 人，平均每个家庭户的人口为 3.10 人，比 2000 年第五次全国人口普查的 3.44 人减少了 0.34 人。

(4) 性别构成：我国 31 个省、自治区、直辖市和现役军人的人口中，男性人口为 6 亿 8685 万 2572 人，占 51.27%；女性人口为 6 亿 5287 万 2280 人，占 48.73%。总人口性别比(以女性为 100，男性对女性的比例)由 2000 年第五次全国人口普查的 106.74 下降为 105.20。

(5) 年龄构成：我国 31 个省、自治区、直辖市和现役军人的人口中，0～14 岁人口为 2 亿 2245 万 9737 人，占 16.60%；15～59 岁人口为 9 亿 3961 万 6410 人，占 70.14%；60 岁及以上人口为 1 亿 7764 万 8705 人，占 13.26%，其中 65 岁及以上人口为 1 亿 1883 万 1709 人，占 8.87%。同 2000 年第五次全国人口普查相比，0～14 岁人口的比重下降 6.29 个百分点，15～59 岁人口的比重上升 3.36 个百分点，60 岁及以上人口的比重上升 2.93 个百分点，65 岁及以上人口的比重上升 1.91 个百分点。

(资料来源：中国新闻网，2011 年 4 月 28 日)

问题：

(1) 结合材料分析社会问题的内涵是什么？

(2) 如何有效治理中国人口问题？

2. 案例：有网友在博客中写道"天亮了，我起来，早餐想下楼吃油条，不敢，怕泔水油和洗衣粉。去了单位，先看报纸，什么地区什么企业增长多少多少，不敢相信，因为数字出干部。然后去开会，台上的人讲得很好听，不敢相信，因为在会下他们从来不是这么做的。下午去医院看病，有高级职称的专家门诊，不敢相信他们是专家，更不敢相信职称高的一定比职称低的强，因为职称水分很大，里面的问题够写一本书。下班回家，过马路，绿灯亮了，不敢相信，左看右看确认所有汽车都停住了，才兔子一般地穿过马路。"

(资料来源：http://bbs.szhome.com/commentdetail.aspx?id=3713621)

问题：

(1) 结合材料分析什么是越轨行为？

(2) 如何有效控制越轨行为？

第十一章　社会学理论视野与研究方法

【学习目标】

通过对本章内容的学习，读者应理解社会学理论流派的主要观点，了解社会学的研究方法及程序，为进一步学习、研究和应用社会学理论与方法打下基础。

【导读案例】

全国人大财经委员会副主任吴晓灵领导的中国民生指数课题组进行2010年中国城市居民幸福感调查发现：七成半人感到幸福，整体幸福感接近"比较幸福水平"。

调查显示，在被调查的4800人中，回答"非常幸福"的比例为14.9%，回答"比较幸福"的比例最高，约占六成，为59.2%，两项相加为74.2%，也就是回答倾向于认为自己生活得幸福；有13.6%的人做了介于幸福和不幸福之间的选择，9.8%的人认为自己生活得"不太幸福"，2.5%的人选择了"不幸福"，倾向于不幸福回答的比例为12.3%。

女性比男性更感幸福

本次调查样本的男女比例为男性52.9%，女性47.1%。调查结果显示，两性被调查者的幸福感有一定差异，女性回答"非常幸福"和"比较幸福"的比例均高于男性，而回答"说不清""不太幸福"和"不幸福"的比例均低于男性，经卡方检验，男性和女性之间幸福感的差异在统计上达到显著水平。男性的平均水平低于女性，为3.71，低于总体平均水平的3.74，也低于女性的3.78。

大学本科、研究生幸福感最高

大学本科及以上文化程度的被调查者幸福感最高，16.7%的人感到非常幸福，60.6%的人感到比较幸福，二者合计为77.3%；职业高中、中专或技校学历的被调查者幸福感最低，回答"非常幸福"的比例为13%，回答"比较幸福"的比例为55.5%，合计为68.5%，三项均为五组中最低；倾向于幸福的排序分别是大专组、高中组和初中及以下组。初中及以下组、高中组、职业高中、中专或技校组、大专组和本科及以上组幸福感的平均值分别为3.69、3.75、3.63、3.78和3.82。

非农户口居民幸福感高于农业户口居民

本次调查中被调查对象分为本市非农户口、本市农业户口、外地非农户口和外地农业户口四种类型。经统计分析发现，非农户口的被调查者回答"非常幸福"的比例最高，外地为17%，本地为16.3%；回答"比较幸福"的，本市非农户口比例最高为77.8%，外地农业户口比例最低，为68.9%；介于本市非农户口和外地农业户口之间的本市农业户口和外地非农业户口居民幸福感比例接近，分别为70.5%和71.7%。本市非农业户口组、本市农业户口组、外地非农业户口组和外地农业户口组幸福感的平均值分别为3.81、3.67、3.75和3.65。

（资料来源：理论网，
http://www.cntheory.com/news/Dshcdszs/2011/127/11127852445CIKHDDDGC93F92ED922.html）

第十一章 社会学理论视野与研究方法

本次调查的中国城市居民幸福感是否可信？判断其是否可信的依据是什么？如何从理论角度解释不同群体幸福感的差异？通过本章的学习，对这些问题应能做出科学的回答。

第一节 社会学的理论流派

在试图解释社会如何运转的问题上，不同的社会学家对人类社会生活的基本特征有着不同的假设。一些人认为秩序与稳定比冲突与变迁更重要，另一些人则持相反观点。一些人主要考察大的制度结构，另一些人则更关心小群体的人际互动。一些人主张采用自然科学的方法来研究社会生活，另一些人则认为不能将自然科学的方法运用于社会研究领域。这些选择决定了社会学的理论流派的多样性。

一、结构功能理论

结构功能理论又称为结构功能主义，结构功能主义这一名称最早由美国社会学家帕森斯于1945年提出，该理论在20世纪50年代取得统治地位，其中最有影响的代表人物是帕森斯和默顿。

(一)帕森斯的抽象功能主义

1. 社会行动理论

帕森斯把对社会行动的研究作为全部理论研究的出发点，认为社会行动是具有自主性的行动主体为达到某种目标而实施的动作，任何单个社会行动都包含四个要素：①目标，即行动者希望达到的预期状态；②手段，指环境状态中行动者可以利用来实现目标的工具性要素；③条件，指环境状态中行动者无法控制和改变的那些阻碍目标实现的客观要素，条件既指自然物质条件，也包括社会条件；④社会规范，即行动者在确立目标、选择手段、克服障碍时所遵循的社会标准。

2. 模式变量理论

一个行动者在与其他行动者的互动过程中必然要面临五个方面的抉择，即五对模式变量。

(1) 普遍性与特殊性。行动者在互动过程中首先要解决的就是特定行动标准的适用范围，即行动标准是否受到互动团体界限的影响。如果行动标准不受互动团体界限的影响就称为普遍性，如老师与学生、医生与病人就是普遍性的例子。如果行动标准要受互动团体界限的影响就称为特殊性，如夫妻关系、母子关系就是特殊性的例子。

(2) 扩散性与专一性。这一抉择涉及互动双方权利义务关系的宽窄和清晰程度。如果互动双方的义务狭窄且被明确限定，就意味着选择了专一性，其特征是提出要求的一方有证明这项要求的义务，如医生和病人的关系；相反，如果双方的权利义务关系非常宽泛模糊，就意味着选择了扩散性，其特征是被要求的一方有义务解释这一要求无法满足的理由，如父母与子女的关系。

(3) 情感性与中立性。这一抉择要解决的是互动关系中是否包含感情因素。如果双方在互动中投入或获得了感情，则关系处于情感性一边，如父母与子女的关系；相反，如果互动双方以理智对待，避免在相互关系中掺进感情因素，则关系处于中立性一边，如律师和委托人之间的关系。

(4) 先赋性与自获性（或品质与成就）。这一抉择涉及行动者之间作为相互对待基础的识别标准的性质。先赋性的识别标准着眼于对方是"谁"，即对方的先天品质及其身份背景；自获性标准则主要根据对方"做什么"，即以对方的表现和成就来识别和评价对方，家庭关系与医生病人关系可以分别作为这对范畴的实例。

(5) 私利性与公益性。这一抉择涉及互动中优先考虑的是哪一方的利益。私利性意味着将自身利益置于优先地位；而公益性则将对方或整个集体的利益放在优先地位。例如，商业关系主要受私利性支配，而公众福利事业则要优先考虑他人或集体利益。

3. AGIL模式

帕森斯认为，行动理论的分析重点不是单个行动，而是行动系统，因为任何单个行动都是在特定的行动系统内发生的，行动系统是指行动者与其状态之间发生的某种稳定的相互关系。任何一个行动系统（群体和组织）要想在社会中获得生存就必须具备四个基本功能：适应功能(A)、目标实现功能(G)、整合功能(I)、维模功能(L)。

(1) 适应功能。其是指系统必然同环境发生一定关系，为了能够存在下去，系统必须拥有从外部环境中获生存资源的手段，或者说，系统必须具有通过操纵某些手段来控制环境状态的能力。

(2) 目标实现功能。系统的目标是指某种期望状态。任何行动系统都必须确立自己的目标体系、各目标的优先次序以及调动一切力量为实现目标而奋斗。

(3) 整合功能。任何行动系统都由各个部分组成，为了使系统作为一个整体有效地发挥功能，必须将各个部分联系在一起，使各个部分之间协调一致，不致出现游离、脱节和断裂。

(4) 维模功能，又叫潜在模式的维持。在系统运行过程暂时中断即互动中止时期，原有的运行模式必须完整地保存下来，以保证系统重新开始运行时能照常恢复互动关系，系统必须拥有特定机制经常维护处于潜在状态的模式。

社会系统能否良性运行、协调发展取决于这四种功能能否得到满足，满足社会系统这四大功能的分别是以下四种结构：①经济制度满足社会系统的适应能力，只有通过经济活动（生产、分配），社会环境中的自然资源才能转化为满足成员各种需求的产品；②政体满足社会系统的目标实现功能，这里的政体不仅包括政府机构，还包括一切行使权力或权威的行动类型，政体为社会系统确立自己的目标体系、各目标的优先次序以及调动一切力量为实现目标而奋斗；③法律与宗教承担社会系统的整合功能，使社会内部各个成员组织之间维持着某种最低限度的团结与合作，避免分裂性冲突；④家庭、学校承担社会系统的维模功能，家庭和学校通过教育使社会成员将社会规范、价值标准、行动模式内化，从而实现模式维持功能。

(二)默顿的功能分析范式

默顿是帕森斯的学生，他推动了结构功能主义的发展，提出了功能分析范式。

第十一章 社会学理论视野与研究方法

功能分析的项目和机制。功能分析的第一步是明确分析对象,如对社会分层、人口流动、角色关系、贫困现象进行分析,接着分析研究对象的"可观察后果"。在社会现象和客观后果之间,研究者还要识别一种被称为"机制"的中介因素,社会现象正是通过一些中介因素而产生特定的客观后果。

显功能和潜功能。显功能是指参与者能够预料到的客观后果;潜功能是指没有被预料也没有被认识到的客观后果。

正功能和反功能。正功能是指有助于系统的调整和适应的客观后果;反功能是指有可能减少系统调适的客观后果。

功能接受者。功能接受者是指功能项目发生影响的系统范围和受它影响的群体界线。对不同群体或系统来说,同一后果可能有不同的功能性质,一个群体可能是该后果的功能受益者,而同时另外的群体是该后果的反功能受害者。

功能替代。默顿没有一般性地否认系统功能先决条件的存在,而是主张在接受以前对之进行慎重的经验检验,即使承认了某种功能需求,也不能因此而断言实现这些需求的特定项目是必需的。在多数情况下,总是存在着可供选择的功能替代物,跨文化研究证实了这一点。由于提出了功能替代物的概念,系统的功能需求和对待特殊结构的需求这两个概念被清楚地区别开来,从而推翻了以往功能分析中的"功能不可缺少性"假设。

功能主义是社会学研究中的一个重要流派,但过分强调社会的一致性和协调性(即使在解释社会变迁的时候也认为打破均衡的力量主要来自社会的外部),强调社会的部分有助于整体的整合,从而使其解释力受到重大约束,尤其在社会内部不平静的时候,功能主义几乎没有什么解释力。功能主义社会观在本质上是保守的,忽视了社会的不满和冲突。功能主义视角在研究稳定的社会时或许有用,但对于飞速变迁的社会是例外。由此,社会学家不得不寻求另外的解释逻辑,与功能主义相对立的解释逻辑就是冲突论视角。

二、社会冲突理论

社会冲突理论是在对结构功能主义批判的基础上形成的理论流派,其主要代表人物是科塞和达伦多夫。

(一)科塞的功能冲突论

1. 冲突的根源

冲突是价值观、信仰以及稀少的地位、权力和资源分配上的斗争,在这一斗争中,一方的目的是企图中和、伤害或消除另一方。可见,科塞将冲突的原因分为物质性原因和非物质性原因,物质性冲突原因是指权力、地位和资源分配的不均;非物质性冲突原因是指价值观念和信仰的不一致。

在区分了社会冲突的物质性和非物质性起因之后,科塞分别就社会冲突产生的这两种原因背后的社会根源作了进一步的说明。冲突的非物质性原因源出于"社会合法性的撤销",指人们怀疑现有的制度并缺乏信心,不再接受现有制度为合理合法。

冲突的物质性原因是社会报酬分配不均以及人们对不平均分配表现出的失望,报酬分配不均是社会结构本身的问题,引起冲突的这类原因属于物质性原因。科塞承认并指出这类原因，但并不十分重视它，他把物质性原因最后归并为非物质性原因，因为人们对分配不均表现的失望属于心理方面的反映，等于又回到非物质性起因范围。对此，科塞解释说，冲突的严重程度取决于社会结构与心理因素两者间不同程度的相互作用。他不认为冲突会给社会带来什么危害，而是认为冲突因此可能导致群体与群体间界限的扩大，也可能导致决策过程中集中与民主的结合及社会控制的增强。

2．外部冲突与内部冲突

外部冲突是指一个社会系统与其外部的矛盾和对抗；内部冲突是指一个社会系统内群体之间的不和及斗争。外部冲突的作用主要体现在两个方面。

（1）它是确立群体认同感的基础，是形成群体的必要因素。冲突为什么能在同一社会体系内使各个群体形成鲜明的界限？这是因为冲突可以引起阶级的自我觉醒，外在的冲突使各个群体强烈地意识到自己是独立的，并且由此在体系内部确立了群体的认同感，强化群体的共同意识。

（2）外部冲突还能使群体发展、壮大、坚强。敌对群体的出现、外部冲突的发生一方面确立并证实这一群体的认同感，另一方面由于树立了一个强大的反面参照群体，促使群体成员意识到他们之间的同一性，这样便增加群体的整合，增强成员的参与感。外部冲突的这一作用也有限定条件，即如果冲突发生前该群体内聚力很弱，那么冲突只能加速该群体的解体。

内部冲突的作用体现在两个方面。

（1）群体内部冲突可重新导致团结和平衡。早在齐美尔的思想中就有这样的看法，即人类的任何关系中都存有敌对情绪，这种敌对情绪的发泄将有利于群体的统一，如果冲突在某种关系中涉及事物的根本基础时就很难形成新的和谐，反而导致关系破裂。

（2）内部冲突可以在压力状态下通过排除反对者来避免群体解体，内部冲突同时是社会群体的一种重要的安全阀机制。

3．社会安全阀制度

社会安全阀制度是社会的一种机制，它通过潜在的社会冲突来维护一个群体的稳定。安全阀可以使过量的蒸汽不断排出，而不破坏整个结构，冲突也能帮助一个动乱的群体"净化空气"，这样一个安全阀"可以充当发泄敌意的出口"，及时排泄积累的敌对情绪。

安全阀体制与社会结构之间存在密切关系。首先，社会结构越僵化，安全阀体制就越重要。一个结构松散的社会，由于存在连续不断的、交叉施加影响的冲突，所以冲突并不是发生在同一断裂带上，加上人们参加各种组织并在其中追求各自的利益，所以不可能把全部身心投入瓦解社会的同一种冲突中去，因而这种结构的社会是稳定的。而僵化的社会不允许有冲突，如果再取消发泄敌对情绪的途径，造成敌对情绪的积累，一旦爆发必然造成对整个社会结构的威胁。

其次，安全阀体制必须在社会结构中加以制度化。当然，科塞论述这个问题时明显表现出两种矛盾倾向。作为一个理论家，他一方面客观地讲，"通过这些安全阀可以阻止敌对情绪反对它最初形成时的目标。但是，要做到这一点社会体系和个人都要付出代价"。也就是说，安全阀有两方面的作用，好的方面是发泄累积的敌对情绪，不好的方面是发泄了情

第十一章 社会学理论视野与研究方法

绪，但问题不能解决，不能消除敌对的根源；另一方面作为一个生活在特定社会中的个人，他又希望安全阀体制在社会结构中制度化，这样使统治者可以得到社会信息、体察民情；各种群体的人可以发泄敌对情绪，避免灾难性冲突的最终出现。

4．现实冲突与非现实冲突

现实冲突是个人或群体只运用冲突方法来达到自己确定的目的。绝大多数冲突都可以看作是现实性的或理性型的，尤其是以组织形态出现的社会冲突基本上都属于这一类。非现实冲突源于某种难以捕捉的外在因素，其对象不是冲突的根源，冲突的目的纯粹是为了宣泄敌对情绪。这种冲突的特点在于：无论人们是否承认冲突的存在，冲突本身就是它的目的，它是用来发泄不满情绪的途径。非现实冲突"不是由竞争者的目标引起的，而是由其中一方发泄紧张情绪的需要引起的"。

(二)达伦多夫的辩证冲突理论

1．冲突团体的形成

在强制性协调组合关系中，存在利益对立的准团体，这些准团体中成员还没有意识到自己的共同利益处于自发状态，但在一定条件下把自己组织起来而成为具有共同利益的团体，由此形成冲突团体。这些条件主要包括技术条件、政治条件和社会条件。技术条件指形成团体所必需的物质资料、核心成员的人数、团体章程的制定情况；政治条件指准团体所处的政治环境对自由联盟的容许程度；社会条件指由各种沟通工具所决定的准团体成员相互接触的可能性以及准团体吸收新成员的正式(非偶然随机的)社会分配程序。

2．团体冲突形式

冲突的紧张程度和激烈程度是衡量冲突形式及其变化的两个标准。冲突的紧张程度是用来测定团体在冲突中所消耗的能量和在各个方面的卷入程度的标准。冲突激烈程度是衡量冲突表现形式的标准，用来测定团体在表达其愤怒情绪时所采取的各种手段。冲突的形式主要受以下几个因素的影响。

(1) 组织条件。组织条件(如技术、政治及社会条件)越是得到满足，即冲突团体的组织程度越高，为冲突而消耗的能量以及卷入冲突的个人也就越少，从而降低了冲突的紧张程度；同时，冲突手段的激烈程度也将降低。

(2) 各个强制性协调组合的权威结构之间的多元关系对冲突形式的影响。这种多元关系是由同样一组社会成员在各个组合中权威地位的分布状况决定的。如果这些社会成员在各个组合中的权威地位归属并无关联，就叫作多元分散；相反的情况叫作多元重叠。多元分散—重叠度对团体冲突激烈程度的影响并不显著，但对紧张程度的影响是相当大的。如果一个社会的各个强制性协调组合的权威结构重叠度非常高的话，就有可能使社会成员在他们的各个角色地位上全面地卷入冲突，从而有可能形成足以导致社会分裂的两大敌对集团；相反，如果各个权威结构的分散度高，则团体冲突只涉及社会成员的部分角色，从而使冲突紧张程度有可能得到有效的缓解。

(3) 社会流动对冲突形式的影响。社会流动一般分为代际流动和代内流动，由于代际流动中各代的地位具有一定的稳定性，因此对冲突形式的影响不如代内流动。代内流动中的那些在不同权威地位之间的垂直流动对社会冲突形式的影响最大。在这种情况下，冲突团体的归属对个人来说是偶然的和临时性的，因此，在具有高速代内垂直流动的强制性协调组合中，虽然仍然存在着权威结构和准团体，但由于各个权威地位的占有者不断更换，使得准团体转化为利益团体的机制遭到破坏。

(4) 冲突调节机制对冲突形式的影响。任何社会中冲突的根源都不可能被彻底消除，同时，冲突也不可能被长久压制而不爆发，因此，我们所能做到的至多是对冲突形式——特别是冲突的激烈程度进行控制，这正是冲突调节的含义。冲突调节机制由下列因素决定：为实现有效的调节，发生冲突的团体必须具有一致的价值前提，即共同认可冲突是权威结构中不可避免的现象；各个利益团体必须达到一定的组织程度，因此，前面提到的组织条件是建立冲突调节机制的前提；各个冲突团体必须共同遵守一些正式的冲突规则。具备了上述要素，就有可能减少冲突的暴力形式，降低冲突的激烈程度。

3. 社会结构变迁

利益团体之间的冲突通过改变统治地位的占有者而导致社会结构的变迁。从内容上来看，社会结构变迁体现在两个层次上：一个是观念层次，即规范或价值取向的变化；另一个是实际层次，即制度上的变化。从形式上看，社会变迁可以分为三种：①突发式或革命式，统治地位上的人员全部或绝大部分被更换；②改良式，统治地位上的人员一部分被更换；③革新式，不更换统治地位上的人员，但在立法、政策和制度等方面发生了变化。

达伦多夫确定了考察社会变迁的内容和形式的两个标准：激进程度和突发程度。前者用以测定变迁的深度，即价值取向和制度的变化幅度；后者用来测定变迁中的人员变动情况，这两个标准也是相互独立的。

达伦多夫在冲突形式与结构变迁之间发现了一种密切的联系，在冲突的紧张程度—激烈程度与变迁的激进程度—突发程度之间找到了某种对应关系。结构变迁的突发性随团体冲突的激烈程度而变化；结构变迁的激进性随团体冲突的紧张程度而变化。因此，从社会结构变迁的角度来看，影响冲突形式的条件同时也是影响结构变迁的条件。

在西方社会学史上，社会冲突理论的特殊重要性在于，它率先打破了结构功能主义一统天下的局面，推动理论社会学形成多流派、多传统相互竞争和彼此共存的百家争鸣格局，这对繁荣和发展社会学理论是有益的。由于社会冲突理论是西方社会日益加深的社会矛盾在理论上的反映和概括，因此，通过它可以帮助人们认识当代西方社会的特点。安全阀体制、冲突调节机制、冲突干预变项在剔除其维护资本主义制度这一具体的阶级内容之后，对于维护社会主义国家的秩序也有一定的借鉴意义。

三、社会交换理论[1]

社会交换理论是美国当代社会学理论的主要流派之一，与结构功能主义研究宏观社会结构不同，它的重点是研究人际关系中的交换现象，代表人物有霍曼斯和布劳。

---

[1] 贾春增. 外国社会学史[M]. 北京：中国人民大学出版，2000.

第十一章 社会学理论视野与研究方法

(一)霍曼斯的行为主义交换理论

1. 行为主义交换理论的基本概念

霍曼斯的心理和经济学中借鉴大量概念，提出了行为主义交换的基本概念。

活动，指群体成员具体的行为表现，其特点是逃避惩罚、追求报酬。

报酬(或奖赏)，指能满足有机体某种需求的强化物，既有物质性的如金钱，也有非物质性的如感激。

价值，指刺激提供报酬的程度。

情感，指在群体中，个人之间所具有的内部兴致，如好感、反感、赞同、反对等。在交换中，情感也可以作为一种社会资源。

互动，指人与人之间相互交往和影响，通过它可以把自己的活动变成以追求报酬或逃避惩罚为目的的行动。

规范，指群体中公认的行为准则，人们以它为标准调整自己的行为，明确哪些行为方式是应该的，哪些是不应该的。

代价(费用)，指人在进行活动时失去的报酬或受到的惩罚。

资源，指个人的全部特性和经验，包括技能、性别、种族、出身。在社会交换中，资源被用作投资。

利润，指人的行动结果中，报酬部分减去代价(费用)部分后剩下的纯报酬，包括物质和精神两个方面。

公正性期待，指由个人在过去行动中所付费用和所得报酬之间的比例关系构成的主观期待。个人在当前或今后的行动中仍然期待着这一比例关系在同样情况下再现，若他实际获得少于这一期待时，就会感到不公正，产生相对剥夺感，公正性期待普遍存在于社会交换过程之中。

2. 行为主义交换理论的命题

(1) 成功命题：个人的某种行动越是经常性地得到相应的报酬，那么，他就越可能重复这一行动。这个命题涉及行为和奖赏的次数关系，即人最可能从事那些经常获得酬赏的活动。

(2) 刺激命题：相同的刺激可能会带来相同或相似的行为。其基本意义是用过去所发生的情况来预测目前或将来可能发生的事情。如果某人在过去某种情况下的活动得到了报酬，那么，出现相同的情况时，他就会重复出现那种活动，刺激实际上是指周围环境的影响作用。这个命题也就是在预测周围环境(可能是人，也可能是物质)对人的行为活动的影响。

(3) 价值命题：如果某种行为的后果对一个人越有价值，那么他就越可能采取该行动。这一命题涉及行动与价值之间的关系问题。越有价值的行动人们越会去做；否则，人们就会避免从事该活动。当然，社会资源的价值在每个人心中的评价是不同的，如果人们能够自由选择自己的活动，那么，他肯定会从事对自己价值较大的活动。

(4) 剥夺与满足命题：指某人在近期内重复获得相同报酬的次数越多，那么，这一报酬的追加部分对他的价值就越小。这一命题涉及行动次数和行动价值的关系，揭示价值受到时间限制的特点。

(5) 攻击与赞同命题：①当个人的行动没有得到期待的报酬或者受到了没有预料到的惩罚时，就可能产生愤怒情绪，也因此会出现攻击性行为。②当个人的行动得到预期的报酬，甚至超过期待值时，或者没有得到预期的惩罚时，他就会感到高兴，心理上也会赞同这种行为，而且行为结果的价值也会增大。这一命题指出报酬期待必须与实际报酬相一致，否则就可能产生情绪上的波动。

(6) 理性命题：人类的社会行为不是单纯的刺激反应，而是一种理性行为。人们在选择行动时，不仅考虑行动后果的价值大小，而且还要考虑获得该后果的可能性，通过理性全面权衡，选择对自己最有利的行动。

霍曼斯把这六个命题看成是一组"命题系统"，强调它们之间相互联系的重要性。每一单个命题只是对人类行为的局部解释，而理论的目的是要解释整个社会行为，只有将六个命题综合起来考虑才能够成为解释人的社会行为的最高层次体系或最基本的命题。之所以说基本，是因为它可以推广到对社会制度的解释，这也是霍曼斯理论的最终目标。

(二)布劳的结构主义交换理论

1. 社会交换的基本特征

首先，社会交换有明确的报酬期待。即参与交往的各方都期待着他人的回报，一旦他人停止了所期待的回报，这一交往关系便会中止。根据这一特征，交换关系仅仅指行动者与那些他们期待能给自己的行动以适当回报的他人之间的关系，只有当交往中的受惠一方承担了回报的义务并实际履行了这一义务时，交换关系才能维持存在。

其次，社会交换是一种建立在相互信任基础上的自愿性活动。在暴力胁迫下的行为不能算作交换行为，这与霍曼斯将一切行为都归结为交换的观点相区别。

再次，社会交换报酬的模糊性。与经济交换中金钱充当衡量一切价值的一般媒介物不同，社会交换没有统一的衡量标准，报酬的价值具有相对性、模糊性，同一报酬的价值在各个交换场合中因时、因地、因人而异。

最后，影响社会交换的最基本的社会规范是互惠规范和公平规范。互惠规范是指一旦发生社会交换，受惠一方就必须承担和履行回报义务，互惠规范始终制约着人们的行为和互动。一旦破坏和违反了互惠规范，交换过程也就自行中止，甚至会导致冲突。公平规范是对既定的交换关系中报酬与代价的比例所做的社会规定，直接制约着人们报酬期待的程度，对这一规范的破坏和违反也同样会中止交换关系或导致冲突，只有同时遵守互惠规范与公平规范，交换关系才能维持平衡。

2. 基本交换过程

(1) 吸引与竞争。当行动者互相发现对方拥有自己所需的社会资源而又确信对方愿意提供这种资源时，他们之间就产生了相互吸引，这是刺激人们进行交换的前提条件。有了社会吸引，同时各个行动者又都遵守互惠规范，愿意为自己的所得提供回报，这时人们就组成了互动群体，社会交换过程也就真正开始了。

社会交换是通过竞争得以实现的。在交换关系中各方都尽力显示自己的报酬能力以吸引他人同自己交换。每个交换者都试图在竞争中占据有利的交换地位，顺利地实现交换过程。但人们拥有的资源在种类上、稀有程度上、质量上及数量上是不均衡的，占有资源优

第十一章 社会学理论视野与研究方法

势的人能够顺利地实现交换过程，成为优胜者；而那些缺乏有效资源的人则未能按照自己的期望得到公平的回报，成为失败者。

(2) 分化。竞争的每一步结果都推动着群体内部结构的分化，那些拥有相对丰富的社会资源或者拥有为其他成员所需的稀有资源的人在群体中获得了较高的交换地位，他们能满足多数人的需要，因此能从多数人那里获得回报。他们作为为数不多的资源提供者而拥有众多的回报来源，可以自由选择自己的交换对象。而与他们形成对照的其他成员只得屈居于较低的交换地位，对自己的交换对象没有选择余地。

(3) 整合与冲突。布劳通过阐述权力向权威的转化过程来说明权力结构在群体中所起的整合作用。合法权威的确立改变了群体成员之间的互动模式。群体成员不用再为每次具体的交往讨价还价，从而减少了分歧和争执，提高了效率；同时，每个成员已经被安置在固定地位上，只需按照自己地位的角色要求行事就能得到相应的回报，无须通过自我显示来争取更为有利的交换地位，从而减少了竞争和摩擦。群体内部互动关系中内耗的减少以及强制性手段的废弃都使组织达到某种程度的稳定、平衡，促进了群体整合。

在正式组织中，尽管可以发展出对权力的集体赞同，形成合法权威，但也存在着对立和冲突的可能。常见的情况是：或者群体内部的报酬结构发生了变化，不再符合群体成员的报酬期待；或者群体成员报酬期待结构发生了变化，原有的报酬结构已经不再能满足他们的需求。不论出现哪种情况，都会使得某些参与交换的成员感到对方没有履行互惠义务，自己在交往中付出的代价多于获得的报酬，由此产生被剥夺意识，其结果是瓦解了合法权威赖以存在的集体赞同和统一规范，削弱了群体成员之间的相互控制，使权威蜕变为强制性权力，从而导致上下级之间的对立。如果下级成员接触机会较多，就有可能形成某种共同意识，使个人不满或对应发展为集体性敌对运动，在这种情况下，下级对上级命令的反应或者是消极抵制，或者是采取报复性行动。群体内部互动关系性质也由基本平衡转变为暗中的或公开的冲突。解决冲突的办法是在原有结构内部进行调整，替换那些没有提供报酬或提供了不公平报酬的领导者，如果这样做还不能解决问题，就只能推翻现存的权力结构，代之以新的权力结构。当然，新的权力结构还会继续重复向合法性权威的转化过程。

3. 共享价值观与制度化

虽然布劳认为在微观和宏观领域中起作用的是同样一些交换过程，但他承认宏观过程中会出现一些无法还原于微观过程的突生性质。与霍曼斯独断地认定可以用几条心理学原理解释一切社会现象不同，布劳主张在分析宏观过程时，除了他的基本交换理论外，还应增添一些新的概念，其中最重要的概念是共享价值观和制度化。

(1) 共享价值观。共享价值观包括一套为参与交换的各方共同接受的统一的社会标准，使得各方能够以同样的情境定义进入交换关系，人们可以预先掌握各种交换关系中社会公认的报酬期待、互惠标准、回报价值以及公平准则。共享价值观提供了一致性的文化背景，减少了宏观交往过程中的隔阂、误会等不确定因素，从而促进和调节着宏观层次(群体、组织、社区等)上的交换过程。

(2) 制度化。制度化的核心部分是在共享价值观基础上提出一套涉及具体交换关系的稳定和普遍的规范，制度化过程是由最基本的交换关系来说明的，制度必须在满足追求报酬的各个行动单位获得相应酬赏的条件下才得以建立，制度化的交换结构必须给大多数参与者带来利益。

通过补充共享价值观和制度化概念，布劳将微观领域同宏观领域沟通起来，将霍曼斯具有还原论色彩的微观交换论同帕森斯的宏观结构功能主义之间的分歧调和起来。

四、符号互动理论

【案例 11-1】某电器公司贴出招聘公关人员的广告，大学毕业生小娟打算去应聘。面试前，她不断在自己头脑中进行着面试的试演，一会儿扮演考官提出问题，一会儿扮演自己回答考官的各种提问。

她乘车来到招聘公司，虽然此时她感到心中有些紧张，但外表俨然像个公关人员，宽大稍长的上衣配上短小的套裙，鼻梁上一副秀气的眼镜，胸前小巧精致的校徽，肩上流行的小挎包，所有这些都给人以干练、精明的感觉。

面试时，她尽管有些紧张，但很快就能应付这种场面。她的回答恰到好处地表现了她的聪明、善于辞令、善于交际、办事能力强的优点。在回答问题的同时，她还巧妙地了解到该公司人员安排、工作业务等方面的情况。

（资料来源：风笑天. 社会学导论[M]. 武汉：华中理工大学出版社, 1997.）

问题：此案例体现出日常生活中人与人之间是怎样进行交往的？

分析：用社会学视角来看这个案例：①社会生活中人的许多行为是针对他人的，或者是对他人行动的反应；②在社会生活中，人们是借助于衣着、语言、表情、举止等符号来沟通交流的；③生活在同一社会中的人们，对语言、表情、举止等符号有共同的理解。

符号互动理论的主要代表人物是米德、布鲁默，下面就对他们的符号互动思想作一简单介绍。

(一)米德互动理论——心灵、自我与社会

1. 人类的心智能力

米德互动理论的最基本假定是心智、自我与社会通过互动而产生与发展，心智是一种社会过程，而不是一个客观的社会实体，具体包括两个方面。

(1) 理解象征符号的能力。米德认为有机体发出的各种姿势、语词等符号能起着彼此沟通信息的作用，人类借助这种信息沟通而发生互动。姿势区分为无意义的(非自我意识的)姿势与有意义的(自我意识的)姿势，前者就像动物的本能反应；后者正是人类交往活动的主要特征。只有当一种姿势在它的发出者和接受者身上有相同的理解时才具有社会意义，如果双方都理解这种姿势的意义就会引起共同的反应，这种姿势就能起到沟通信息的作用。通过感知和理解姿势，人们就可以互动了。人类用于沟通的象征符号不仅仅限于身体姿势，还包括语词，即具有共同或标准化意义的语言符号，语言符号既能刺激他人，也能刺激自身，因为人们可以像他人那样体验到自己的语言符号。人类使用语言符号的能力使人类互动不只局限于直接沟通，还可以扩展到时空相距甚远的目标与行动之中进行间接互动。

(2) 运用象征符号的能力。对于人类个体而言，当他掌握了一定的语言能力时，思维就出现了。想象性预演将扮演他人的角色，把自己置于他人的地位，设想那些与之合作的他人的态度，从他人的角度来定义和解释周围环境中的客体，米德把这一过程称为"承担

第十一章　社会学理论视野与研究方法

他人角色"或"角色承担"。如果一个个体发展了理解常规姿势的能力、运用这一姿势去扮演他人角色的能力、想象性地预演各种行动方案的能力，那么，这一个体就有了心智。

2. 自我的产生

自我是在社会经验和活动过程中逐步产生和发展的，分为三个阶段：①玩耍阶段。1岁之前，幼儿扮演其他一些人的社会角色，如医生、护士、警察等。这一阶段的特点是幼儿的自我概念中缺乏稳定的内部组织。②游戏阶段。4岁之前，游戏是具有更高层次的社会组织，儿童可以同时担任好几个角色，并把他们融合成一个整体，同时儿童具有从整体活动的角度而非个人的角度将自己与群体联系在一起的能力，并遵循游戏的规则与约定。③概化他人阶段。从4岁开始，当儿童能够按照一般非人格的角色来控制他们的行为时，自我的发展就进入概化他人阶段，它使个体逐渐以概化的他人(由一般的期待和标准构成)来计划和执行他们的行动路线，儿童的交往范围逐渐从家庭、游戏群体扩大到学校、社区，他们能不断地将这些群体的集体身份体现在自我的概念中，增强和扩大自我概念。

3. 主我与客我

米德将自我区分为"主我"和"客我"。"主我"是本能的、自私自利的、任性的和未经社会化的自我；"客我"则是了解社会规范、价值标准和社会期待的社会化了的自我。每个人的自我都具有两面，"主我"富有创造性和独特的性格，对他人的态度做出反应；"客我"则是自我的社会方面，它体现了社会的态度与要求。作为"客我"，人们会意识到他是别人注意的对象。"客我"会这样说："如果我在这里抽烟，他人会有意见吗？"作为"主我"，人们对别人可随意持有独立的态度。"主我"会这样说："管他人怎么说，我现在就是想抽烟，就要在这里抽烟。"作为整体的自我把普遍性的社会要求与个体行动者自身要求两者结合起来。

4. 社会

社会不是一种客观实体，而是社会成员相互作用的网络，个体通过使用符号给自己和他人的行动以意义。一切社会结构和社会组织都是在互动过程中形成的。社会是关于共同活动的构成模式，借助符号互动(体现于某种符号，如语言、社会组织等)来维持和改变其状态。社会制度即共同体成员对某一特定情境的反应代表了个体之间有组织的或定型化的互动，是群体活动或社会活动的有组织的形式，没有某种社会制度，没有构成社会制度的有组织的社会态度和社会活动，就没有成熟的自我或心灵。[1]

(二)布鲁默的符号互动理论

布鲁默综合了米德等人的思想，建立了符号互动论的基本框架，其主要观点如下。[2]

1. 符号是社会相互作用的中介

布鲁默认为人类生存在两类环境中，即自然环境和"符号环境"。人具有创造与运用符

---

[1] 韩晓燕，朱晨海. 人类行为与社会环境[M]. 格致出版社，2009.
[2] 黎民，张小山. 西方社会学理论[M]. 武汉：华中科技大学出版社，2005.

号的能力，并依赖该能力来适应环境以求得生存，在行为主义心理学"刺激-反应"公式中添加了一个中介即符号。

2. 人们通过对符号的定义与理解进行互动

定义就是对待客体的方式，理解就是确定客体的意义，对客体的理解包括希望、愿望、目标以及为实现目标而使用的手段。

3. 符号互动是能动的与可变的过程

布鲁默继承了米德的思想，认为"自我"是无止境地进行反思、同自己进行对话的过程；"自我"要求能动的活动，而不是简单地对环境做出反应。"自我"让个体不仅仅意识到他人的举动，还意识到自己的举动以及设计自己的行动，把自己也当成一个客体。客体是可以加以处理的事物，并不具有固定的意义，意义则在符号互动过程中形成与变化。客体有三类：物质客体，如矿石、树木、汽车、计算机芯片等；社会客体，如朋友、妈妈、教师等；抽象客体，如自由、平等、价值等。针对特定客体群以及这些客体具有的特定行动意向，每个行动者都得出一种情境定义，该定义提供了一个总的参考框架，行动者根据这一框架对具体行动方案的结果进行评估。一个行动完成后，行动者又对情境重新定义，在对他人的反应进行解释之后，可能还要重新制订新的行动方案。行动者不是由社会与心理力量所推动的被动者，而是他们与之反应的世界的积极创造者。

4. 符号互动创造、维持与变革社会组织、结构与制度

社会是由处于符号互动过程中的人类构成的，拥有对符号的共同的定义与理解，是社会组织存在的先决条件。群体成员重复的、稳定的共同行动构成"文化"和"社会秩序"。由于行动者的行为经常变化，迫使互动的双方不断地进行调整，因而社会结构也总是处于重新排列、改组的过程之中。社会制度不能离开人们的主观定义而保持它的作用。当人们的主观定义和解释在大范围内变化时，就会使社会制度发生变化。例如，科层组织的规章并不自动地限制科层组织自身，相反，人们在一定的情境下可能考虑或确认这些规章是否适宜，或者这些规章会被重新加以解释，甚至被遗忘或故意不加理睬。

第二节 社会学研究的程序和方法[1]

一、社会学研究的程序

(一)选题阶段

选题是一项社会研究的起点，是整个社会研究工作的第一步，但选择一个合适的有创新性的课题并不是一件容易的事情。爱因斯坦说过："提出一个问题往往比解决一个问题更

---

[1] 目前国内出版的社会研究方法专著与教材非常多，但以南京大学社会学系风笑天教授的《社会研究方法》影响力最大、权威性最高、科学性最强，因此，我们这里关于社会学研究程序和方法的介绍，主要以此书为依据。

第十一章 社会学理论视野与研究方法

重要,因为解决一个问题也许仅是数学上的或实验上的技能而已。而提出新的问题、新的可能性,从新的角度去看旧的问题,却需要有创造性的想象力,而且标志着科学的真正进步。"培根也说过:"如果你从肯定开始,必将以问题告终;如果你从问题开始,则将以肯定结束。"研究者选择一个好的课题主要受两方面因素影响:①研究者的主观因素,包括理论素养、研究技能、生活阅历、价值观念、研究兴趣;②研究者的客观因素,包括所处的社会环境、人力物力。

研究者选择课题的标准有四个:①重要性,即研究的意义和价值;②创新性,即与前人研究的不同之处;③可行性,即是否具备研究这项课题的主客观条件;④合适性,即课题是否符合研究者的个人特点。

选题阶段的主要任务包括两个方面:①选取研究主题,即从现实社会中存在的大量的现象、问题和领域中,根据研究者的兴趣、需要与动机确定一个研究主题,比如社会分层、人口流动、教育公平、环境破坏等;②形成研究问题,即进一步明确研究的范围和焦点,将最初比较笼统的研究领域或研究现象具体化,将其转化为有价值、有新意、切实可行的研究问题。我们首先选取一个研究主题,然后在这一主题领域中形成一个研究问题,这既是从一般到特殊的过滤过程,也是从模糊到清晰的聚焦过程。

(二)研究设计阶段

在完成选题工作之后,紧接着就进入研究设计阶段。选题只是确定研究的范围、方向和目标,而研究设计则是为了实现这一研究目标而进行的各种准备与谋划工作。研究设计就如同建造一栋高楼,必须首先设计好图纸,研究设计阶段的主要任务就是为整个研究过程设计好图纸,具体任务包括:①确定具体的研究方案。一份完整的研究方案是对整个研究工作的步骤、手段、工具、对象、经费、时间进行安排,一般要说明研究的目的和意义、研究的内容、分析单位与抽样方案、资料的收集与分析方法、研究人员的组成、研究时间与经费使用计划;②研究问题的操作化,主要任务是在文献回顾的基础上发展理论假设,设计问卷或量表;③设计抽样方案,即界定抽样总体,制定抽样框,选择抽样方法,确定样本规模及主要目标变量的精确程度等。

(三)资料收集阶段

资料收集阶段的主要任务是具体贯彻研究设计中所确定的思路和策略,运用一定的方式方法和技术收集资料。这是整个研究中最具挑战性的阶段,不仅要求研究者有吃苦耐劳的精神和实事求是的科学态度,而且需要熟练地掌握各种收集资料的方法。一般而言,具体的研究方式不同,所采取的资料收集方法也不同。对于调查研究,一般采用问卷和量表测量来收集资料;对于实地研究,研究者往往要深入实地,要接触被研究者,通过观察、访谈尤其是无结构访谈等方法来收集资料;对于实验研究,研究者要设计出实验环境,实施实验刺激和测量;对于文献研究,则要收集大量的文献资料。这一阶段投入的人力、遇到的实际问题最多,因此,需要进行很好的组织和管理。

(四)资料分析阶段

资料分析阶段的主要任务是对调查收集到的原始资料进行系统的审核、整理、归类、统计和分析，就像从地里收割的小麦，要经过很多道加工工序才能最终成为香甜可口的面包，从现实社会中得到的众多信息和资料也要经过研究者的各种加工和处理才能最终变成研究结果和结论。对定量问卷资料要进行编码、审核、复查、输入、汇总等工作，并根据资料性质进行统计分析；定性研究还需要对资料进行整理和审核，尤其是访谈记录或观察记录都要整理成专门报告，并进行分类、建档、编码等工作；定性研究的资料整理和分析一般是同步进行的，整理过程就是资料的分析过程，主要分析方法有类属分析、比较分析、因果分析和理论分析等。

(五)得出结果阶段

这一阶段的任务主要是：提炼研究结论，撰写研究报告，评估研究质量，交流研究成果。研究结论是指研究者在经过前面的研究程序以后所得到的对其研究问题的答案，一般表现为对最初理论假设的肯定或否定以及在研究过程中所得到的与研究题目有关的各种理论及经验知识。研究者需要通过研究报告的方式对其所得到的结论进行总结，并将之在一定的范围内进行发表。

研究报告是一种以文字和图表将整个研究工作所得到的结果系统地、集中地、规范地反映出来的形式，它是社会研究成果的集中体现。撰写研究报告是对整个研究工作进行全面的总结。研究报告的内容和形式会因研究目的及研究内容的不同而有一定的差别，但大致包括以下内容：①在研究报告的开始部分一般需要简要地介绍研究背景及所采用的方法，并概括主要的研究工作；②研究报告的主体部分是介绍研究的主要发现，在这里需要用大量的调查数据、文献资料来支持研究结论；③在研究报告中一般还要指出研究工作的意义以及研究结论的应用价值。

评估研究质量就是对研究中存在的误差、缺陷、限制等做出较详细的说明。在社会研究中，任何一项研究都不可能十全十美，总会有这样或那样的问题，对研究质量做出客观评估是必要的。

交流研究成果。即将研究成果交给某些组织或在一定范围内发表。一般来说，由特定组织如政府机构和企业委托的研究项目常常会在一定的时间范围内要求提交研究成果，供其决策时参考，对于其他没有特定委托者或限制使用者的研究项目则可以将研究报告公开或在一定范围内发表。在研究报告提交给委托部门并通过了鉴定，或者研究报告发表以后，整个研究工作即告结束。

二、调查研究的方法

(一)调查研究的概念

调查研究是采用自填式问卷或结构式访问问卷方法系统地直接地从一个取自某种社会群体的样本那里收集资料，并通过对资料的统计分析来认识社会现象及其规律的社会研究方法，它有三个特征：①要从某个总体中抽取一定规模的随机样本；②资料收集需要采用特定的工具即调查问卷，且有一套系统的程序要求；③研究得到的是巨大的量化资料，必须在计算机辅助下完成资料统计分析工作，得出研究结论。

第十一章　社会学理论视野与研究方法

(二)调查研究的优缺点

1. 调查研究的主要优点

调查研究的主要优点如下。

(1) 可以兼顾描述和解释两种目的，既可以用来描述某一总体的概况和特征，进行总体中各部分之间的比较，也可以用来解释不同变量相互之间的关系。

(2) 具有比较规范的操作程序，这使得研究结果具有较高的可信度，描述和概括事物的精确性较高。

(3) 可以迅速提供研究对象的详细信息，在了解和掌握不断变动的社会现象方面具有很大的优越性。

(4) 具有定量特征和通过样本推断总体的特征，使其应用范围广泛，受到广大社会研究者、政府决策部门人员、市场研究人员以及大众传媒从业者的高度重视。

2. 调查研究的主要缺点

调查研究的主要缺点如下。

(1) 难以探讨和分析社会现象之间的因果关系。社会现象之间的因果关系一般有时间上的先后，而调查研究一般是在一个时间点上收集资料，因此，调查研究在探讨和分析变量之间的因果关系方面不及实验研究方式那么有力。

(2) 收集到的资料比较表面化、简单化，很难深入被调查者的思想深处，很难感受到回答者思想和行为的整体生活背景。

(三)调查研究的资料收集方法

1. 调查研究资料收集方法的分类

根据调查问卷由谁来填写来划分，调查研究资料收集方法可分为两种类型：自填问卷法和结构访问法。自填问卷法是指调查问卷完全由被调查者自己来填写的方法，也就是调查员将事先设计好的问卷发送或邮寄给被调查者，或者将问卷制作成网页发布在某网站上，由被调查者自己阅读和填答，然后由调查员收回的资料收集方法。

结构访问法又称标准化访问、问卷访谈，其最大特点是整个访谈过程是严格控制和标准化的。调查问卷完全由调查员来填写，也就是调查员根据事先设计好的调查问卷，采用口头提问的方式向被调查者了解社会情况，收集有关社会现象资料的方法。在这两个大的类型中，又根据具体操作方法与程序的不同，可以进一步划分出不同的子类型。比如自填问卷法中又可分为个别发送法、集中填答法、邮寄填答法和网络填答法；结构访问法可分为当面访问与电话访问，我们可以用图11-1来说明。

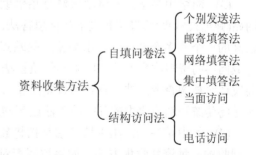

图 11-1　调查研究资料收集方法分类

2. 自填问卷法的类型

> **【案例 11-2】** 笔者对城市流动人口子女进行调查研究时,调查资料的收集工作是由成都理工大学社会学系的青年教师和高年级本科生完成的。在每一所被抽中的学校利用学生自习课、班会课或思想品德课将学生集中起来,在调查员讲清调查的目的、意义以及填答注意事项之后,由学生自己填写问卷。学生填答问卷的过程中有任何疑问都可以举手示意,调查员现场解答。在填答过程中,除小学四年级同学对问卷的疑问稍多一些外,其他年级的学生基本能完全自己理解填答。初三的同学一般在 20 分钟左右完成问卷,小学四年级同学一般需要一节课的时间。所有问卷都是当场填答当场收回。
>
> 问题:笔者采用了哪种资料收集方法?这种资料收集方法有什么特点?
>
> 分析:笔者采用的是集中填答法收集资料。这种资料收集方法成本相对较低,投入的人力、物力、财力相对较少。但将学生集中起来之后,他们之间的互动可能会对资料的真实性产生一定的影响。
>
> (资料来源:许传新主持课题,2009 年)

(1) 个别发送法。个别发送法又称分别发送法、逐个发送法,具体做法是研究者将问卷印制好以后,派调查员依据所抽取的样本将问卷逐个发送到被调查者手中,同时讲明调查的意义与价值、问卷的填写方法、要求及注意事项,请他们合作填答,并约定收取的时间、地点和方式。约定三天后仍由调查员上门收取,或三天内填答者自行投入设在某处的回收箱(类似信箱、投票箱)内,或给被调查者留一个已经写好回邮地址、收信人(或收信单位)且贴好足够邮资的信封,让被调查者在完成这份问卷之后,将问卷寄给研究者。

(2) 邮寄填答法。邮寄填答法是研究者经由邮局采用信件的形式发放和回收调查问卷的一种资料收集方式。具体操作方法是:研究者把印制好的问卷装入信封,通过邮局寄给被调查者,待被调查者填答后再将问卷寄回调查机构或调查员。在寄给被调查者问卷时,一般应该同时附上已写好回邮地址和收信人(或收信单位)且贴好足够邮资的信封,以便被调查者将填答好的问卷顺利寄回。邮寄填答法由于在资料的收集过程中,调查者与被调查者完全不直接接触,因而是一种比较特殊的资料收集方法。这种方法在西方一些国家使用比较普遍,目前在我国采用这种方法来收集调查资料的还比较少,但随着我国邮政事业的日益发达,将会有更多的人采用这种方法收集资料。

(3) 网络填答法。网络填答法是指借助互联网来发放和回收问卷的方法,具体可分为网站(弹出式网页)填答法和电子邮件填答法。网站填答法是研究者将调查问卷设置在访问率较高的一个或多个站点上,由浏览这些站点并对该项调查感兴趣的网上用户按照个人意愿完成问卷的资料收集方法。电子邮件填答法是研究者设计好问卷后,通过 E-mail 方式将问卷发送给被调查者,被调查者填答完问卷后,再以 E-mail 方式将问卷反馈给研究者,这其实是将传统资料收集中的邮寄填答法放到网上去运作。

(4) 集中填答法。集中填答法是指将被调查者集中起来,各自填写调查问卷,然后统一回收的一种资料收集方法。如果被调查对象方便集中起来,我们可采取此法来收集调查资料。具体做法是:先通过某种形式将被调查者集中起来,每人发一份问卷;接着由调查员统一讲解调查的主要目的、要求、填答方法等事项,然后请被调查者当场填答问卷;在

第十一章 社会学理论视野与研究方法

填答问卷的过程中,被调查者遇到的问题和疑问由调查员当场解答,填答完毕后再由调查员统一将问卷收回,收回方式可以采用投入问卷回收箱的办法以消除集中填答所带来的某些心理顾虑。

自填问卷法的主要特征在于完全依赖被调查者,对被调查者的高度依赖决定了自填问卷法的优缺点,其优点体现在:具有很好的匿名性;节省时间、经费和人力;可减少某些人为误差。其缺点体现在:对象范围受到限制,对被调查者的文化水平有一定要求;问卷的回收率有时难以保证;问卷的质量得不到保证。

3. 结构访问法的类型

(1) 当面访问法。当面访问法是访问员与被调查者直接接触,依照事先设计好的访问问卷,在面对面的交谈中完成问卷填答工作的一种资料收集方式。基本做法是:研究者先选择和培训一组调查员,由这组调查员携带访问问卷分赴各个调查地点,按照调查方案和调查计划的要求,与所选择的被调查者逐一进行访问和交谈,并按照问卷的格式和要求记录被调查者的各种回答。在访问中,调查员严格依据调查问卷提出问题并按照问卷中问题的顺序来提问,调查员不能随意改变问题的顺序和提法,也不能随意对问题做出解释,答案的记录也完全按问卷的要求和规定进行。

(2) 电话访问。电话访问(telephone interviewing)是指调查员通过打电话的方式与被调查者联系,并在电话中对被调查者进行调查访问的方法。电话访问随着普通居民电话的普及率提高而逐步发展起来,美国等西方国家大约在20世纪六七十年代就开展了电话访问调查。我国电话访问的出现是在最近十几年的事情。目前,国内运用电话访问方式开展调查研究工作的教学研究机构主要集中在北京、上海、广州、南京和武汉等少数大城市。

结构访问法的优点体现在:调查的回答率较高;调查资料的质量较好;调查对象的适用范围广。其缺点体现在:调查员和被调查者之间的互动有时会影响到调查结果;访问调查的匿名性比较差;访问调查的费用高,代价大;结构访问法对调查员的要求更高。

三、实地研究方法

(一)实地研究的概念

实地研究方法是一种深入研究对象的生活背景中,以参与观察和非结构访谈的方式收集资料,并通过对这些资料的定性分析来理解和解释现象的社会研究方法。参与观察是指研究者必须深入研究对象所处的真实社会生活之中,通过看、听、问、想,甚至体验、感受、领悟等进行观察。

实地研究方法的基本特征是强调"实地",即研究者深入所研究对象的社会生活环境,且要在其中生活相当长一段时间,并用观察、询问、感受和领悟来理解所研究的现象。这种方法保证研究者可以对自然状态下的研究对象进行直接观察,从而获取许多第一手的数据、资料、感受等信息供定性分析和直接判断,因此可以发现许多其他方法难以发现的问题。

(二)实地研究的优缺点

1. 实地研究的优点

实地研究的优点如下。
(1) 适合在真实的自然和社会条件下观察和研究人们的态度和行为。
(2) 研究的成果详细、真实、说服力强，研究者常常可以举出大量生动、具体、详细的人物、事件支持研究结论。
(3) 方式比较灵活，弹性较大，操作程序不十分严格，在过程中可根据社会现象的变化以及研究者的兴趣作灵活调整。
(4) 适合研究现象发展变化的过程及其特征。

2. 实地研究的缺点

实地研究的缺点如下。
(1) 资料的概括性较差，以定性资料为主，一般缺少定量的分析，所得结论难以推广到更大范围。
(2) 可信度较低，由于研究者所处地位、能力、主观判断的差别，加上实地研究很难重复进行，导致研究结论难以检验。
(3) 实地研究不可避免地会对被研究者施加影响。
(4) 所需时间长、精力多、花费大。
(5) 受到更多的道德伦理限制。

(三)实地研究过程

1. 选择实地

选择实地是实地研究的第一步，在客观条件许可时应尽量选择既与研究问题或现象密切相关，又容易进入和观察的实地。

2. 获准进入

进行实地研究需要融入当地社会生活环境，有三种途径：①拥有正式的合法身份以及单位的介绍信或上级领导的推荐介绍，这是获准进入的必要条件；②某些"关键人物"或"中间人"的帮助，他们一般生活在研究对象所生活的地方，可以十分便利地将研究者"带入"研究对象的社会生活中，这对于研究者真正融入当地非常重要；③研究者通过自身努力进入被研究对象的生活世界。

3. 取得信任和建立友善关系

研究员获准进入当地社会后，尽快取得当地人的信任，与他们建立友善关系，这种信任和友善关系是今后观察和记录的重要保障。

4. 记录

记录包括观察记录和访谈记录两个方面，总要求是尽量客观、详细、具体。观察记录通常是先看在眼里，然后再记录在本子上，一般必须在当天晚上进行回忆和记录。白天观察要尽可能地多看多听多记，晚上记录要尽可能详细。访谈记录分两种，对于正式的、事先约好的访谈应尽可能完整记录，但不宜干扰访谈过程，如果得到允许可以使用录音设备，这样记录效果会更好。对于非正式的、偶然的、闲聊式的、非常随便式的访谈则可采用观察记录方法。

5. 资料分析和总结

根据对实地研究记录的分析和研究者的切身体会与领悟，研究者判别和发现实地研究中的重要现象、事实及背后的规律，从中得出研究结论，写出调查报告。

(四)实地研究资料收集方法

1. 观察法

观察是根据研究目的的需要，用自己的感官或借助于辅助工具去直接、有针对性地了解正在发生、发展和变化着的现象。它和日常生活中人们对各种事物的观察有所不同，它要求观察者的活动具有系统性、计划性和目的性，并对所观察到的现象做出实质性和规律性解释。

(1) 实验室观察与实地观察。这是根据观察地点进行的分类。实验室观察就是在备有各种观察设施的实验室内对研究对象进行的观察，这种观察方法在心理学研究中运用得比较多，社会学研究中应用得相对较少。

实地观察是指研究者深入研究对象生活的社会场景对其行为和态度进行观察。实地研究者在研究中采用的主要是这种类型的观察。实地观察与实验室观察除了地点或场景不同之外，还体现在实地观察通常是一种直接的、不借助其他工具或仪器的观察。

(2) 参与观察与非参与观察。这是根据观察中研究者所处的社会位置或所扮演的角色进行的分类。参与观察就是研究者深入研究对象的生活背景中并在参与研究对象日常生活过程中所进行的观察，这是一种非结构性的观察。

非参与观察即观察者处在被观察的群体或现象之外，完全不参与其活动，尽可能地不对群体或环境产生影响，就是"冷眼旁观"或"坐山观虎斗"。

(3) 结构观察与无结构观察。这是根据观察方式的结构程度进行的分类。结构观察是按一定程序采用明确的观察提纲或观察记录表格对现象进行的观察。

无结构观察是没有任何统一的、固定不变的观察内容和观察表格，完全依据现象发生、发展和变化的过程所进行的自然观察。

2. 无结构访谈

无结构访谈又称深度访谈或自由访谈，与结构式访谈相反，它并不依据事先设计的问卷和固定的程序，而是只有一个访谈的主题或范围，由访谈员与被访者围绕这个主题或范围进行比较自由的交谈，其主要作用在于通过深入细致的访谈获得丰富生动的定性资料，并通过研究者洞察性的分析，从中概括出结论。

(1) 正式访谈与非正式访谈。这是根据访谈的性质进行的分类。正式访谈是研究者事先有计划、有安排的访谈。非正式访谈是研究者在实地参与研究对象社会生活的过程中，随时碰上的、无事先准备的、更接近一般闲聊的交谈。

(2) 个别访谈与集体访谈。这是根据被访对象的数量进行的分类。个别访谈是由一个访谈员同一个被访者围绕某一个主题自由地单独交谈。集体访谈则是将若干个研究对象集中在一起进行访谈，如开座谈会。

四、文献研究方法

(一)文献研究的概念

文献研究是一种通过收集和分析现存的，以文字、数字、符号、画面、声音等信息形式来探讨和分析各种社会行为、社会关系、历史事件及其他社会现象的研究方法。

根据来源可把文献分为个人文献、官方文献和大众传播媒介文献。个人文献是社会历史事件或社会现象的经历者撰写的日记、手记、工作笔记、自传、信件和回忆录等。官方文献是指政府机构或有关组织的工作档案、会议记录、工作报告、统计报表、工作计划和工作信函等。大众传播媒介文献是指通过公开出版、发行或媒体传播等形式发布的文献，包括出版社出版的书籍，报刊刊载的论文、歌曲、绘画、图片信息，电影、电视、广播所播发的各类媒体信息，目前，网络也成为一个重要的信息载体。

(二)文献研究的优缺点

1. 文献研究的优点

文献研究的优点如下。

(1) 研究过程无干扰性。文献研究不会干扰研究对象的真实生活，也不会对研究对象的态度、行为产生任何影响，较好地排除了调查研究、实地研究等方法在研究过程中研究者的"研究行为"对研究的干扰。这是因为各种形式的文献研究都不需要直接同人打交道，而只是利用和分析那些业已存在的文字材料、数据资料以及其他形式的信息材料。所以，在整个研究过程中，研究对象不会受到研究者的影响而发生变化。

(2) 节省人力、物力和财力。尽管进行一项文献分析的费用会依所分析文献的珍稀程度、散布的广度、获取方式的难易程度等而有所不同，但一般来说，它比进行一项大规模调查或一项深入的实地研究所需要的费用要少得多。因为它所用的资料往往只需要通过借阅、复印、翻拍等形式就可得到，既不需要大批的调查员，也不需要特定的设备和仪器，研究者独自一人就可以进行，只要相应的文献资料可以查阅和收集到就行。

(3) 可以研究过去发生的事件或现象。如果要研究中国封建时期的结婚仪式，参加过封建时期结婚仪式的人早已离开人世，这种现象早已成为历史，此时，采用调查、实验、参与观察等方法显然不可能，但只要能找到与中国封建时期结婚仪式有关的文献则可达到这一目的。

(4) 特别适合作纵向研究。由于调查、实验、观察等方法往往都是在一个时间点上收集资料，因而难以用来进行纵向研究或趋势研究。文献研究则有优势，随着时间的流逝，各个不同历史时期的社会现象和社会生活或多或少总会以各种不同的文献形式记录和描述下来。因此，如果我们要研究新中国成立以来中国人的家庭关系变化的特点和发展趋势，

第十一章　社会学理论视野与研究方法

最好的方法就是利用六十多年来记录家庭关系的文献资料进行分析和研究，如可以比较不同时期中国人的"全家福"照片来研究家庭关系的变化。

(5) 保险系数相对比较大。假如研究者进行一项调查或一项实验时，由于设计不周密或准备不充分，导致结果不理想。如果他重做一遍，则要花费双倍的时间和经费。如果一项实地研究做坏了，要重做一遍也许根本就不可能，因为你所研究的事件和环境已经改变，或者不复存在。但在内容分析中，弥补过失比其他研究方法就容易得多，你只需要对所用的资料重新进行编码或进行统计处理，而不用一切都从头开始。

2. 文献研究的缺点

文献研究的缺点如下。

(1) 有些文献的质量难以保证。社会研究所用的文献通常是由其他人为自己的目的而编制的，而不是为社会研究的目的而编制的，因此，他们的主观意图、个人偏见及所遇到的客观限制都不可避免地会影响到他们对文献内容的取舍和对文献形式的安排，这必然会影响到文献的准确性、全面性和客观性。

(2) 有些文献资料难以获得。由于许多文献都不是公开的和可以随意获得的，因此对于某些特定的社会研究来说，往往很难得到足够的文献资料，如个人的日记、私人的信件往往属于个人的隐秘，一般不会公布于众。某些政府机构和社会组织的文件、决议、记录、统计数字常常属于内部机密，研究人员通常也很难得到。

(3) 有些文献资料难以编码和进行定量分析。如个人文献一般不具备这种标准的形式。撰写目的、内容、语言等表达形式的不同都给研究人员进行编码和分析带来了很大的困难。

(4) 效度和信度存在一定的问题。现存文献一般都不是专门为研究而设计的，这些文献往往难以反映研究者所测量的概念和变量，效度存在问题。编码主要依据研究者对文献中的隐性内容进行的主观判断，由于缺乏相对客观的标准，这一过程中又常常存在编码的信度问题，特别是编码员不只一人时，这种问题更容易出现。

(三)文献研究的基本程序

与调查研究、实地研究不同，文献研究方法所使用的资料或信息不是由研究者自己通过实证方法获得的第一手资料，而是间接获得的现存的二手资料，涉及文献收集、选取、分析等问题，需要一套相对规范的程序。

1. 选择研究主题

文献研究的第一步是确定研究的主题，主题一旦确定，研究目标、方向就确定了，收集、选取资料的范围也就随之确定。

2. 收集合适的资料

收集资料分为两个阶段：第一个阶段是广泛浏览阶段，这一阶段在确定主题的过程中已经进行了。任何学者不会平白无故地去选定某一个研究问题，这些问题的产生一般是研究者在浏览一定数量的资料文献之后触发灵感而产生的。第二个阶段是在选题正式确定后，研究者必须围绕主题有计划、有步骤地寻找相关资料，进入正式收集阶段。这种计划和步骤又与研究者对问题的理论准备程度、背景知识掌握情况和方法技巧有关。在此阶段，研究者应该大致确定所要寻找资料的时间范围、内容范围和主要的载体。

3. 整理与加工资料

初步收集来的资料内容庞杂，必须进行整理和加工才能成为论据，运用到研究中去。资料整理与加工主要包括：一是合并归类，将内容相同或相近的资料合并到一起，避免重复；二是条理化，可以按照时间顺序、地域因素、对主题的表现程度进行条理化和逻辑化，使它们能够围绕主题排列；三是简明化，资料的整理有一个由繁化简的过程，一定要选择那些最能表现主题的资料，而将不能表现主题的先放在一边。

4. 分析资料得出结果

资料分析的过程就是论点与论据相结合进行论证的过程。资料的分析包括统计分析和理论分析。前者主要是定量分析，包括统计方法、数理方法等；后者则是定性方法，包括逻辑方法、历史分析、比较分析等。通过以上方法来系统地论证所要研究的主题，证明研究者所要表达的主题是合理的、站得住脚的。资料分析中，又有一个由简到繁的过程，即如果某些资料不能充分表现主题或分论点，则必须继续寻找新资料来支持。[1]

(四)文献研究的类型

1. 内容分析

内容分析是通过考察人们所写的文章、书籍、日记、信件，所拍的电影、电视及照片，所创作的歌曲、图画等来了解人们的行为、态度和特征，进而了解和说明会结构及文化变迁。内容分析方法假定：在这些文献的材料中所发现的行为模式、价值观念和态度反映出并影响着创造和接受这些材料的人们的行为、态度和价值观。因此，除了信息本身的内容外，内容分析还被用来研究信息发出者的动机以及信息传播的效果或影响。

2. 二次分析

二次分析也称第二手分析，是对那些由其他人原先为别的目的收集和分析过的原始数据所进行的新的分析，二次分析有两种类型，①从别人为研究某一问题而收集的资料中分析与该问题不同的新问题，即把同一种资料用于对不同问题的分析和研究中；②用新的方法和技术去分析别人的资料，以对别人的研究结果进行检验，即用不同的分析方法处理同一种资料，看是否得出同样的结论。

3. 现存统计资料分析

现存统计资料分析是指研究者利用以频数、百分比、均值等统计形式出现的聚集资料对社会行为和社会现象进行的分析。现存统计资料分析与二次分析的相似性在于所用的资料都是别人已收集好的，不同之处在于二次分析所用的是原始数据资料，而现存统计资料分析所用的则是经过统计分析后的聚集资料。

---

[1] 胡宗山，政治学研究方法[M]. 武汉：华中师范大学出版社，2007.

五、实验研究方法

(一)实验研究的概念

实验研究方法是指在高度控制的条件下,通过操纵某些因素来研究变量之间因果关系的方法,实验的基本目的是确定两个变量之间是否具有因果关系。

实验有三对基本要素:实验组与控制组;前测与后测;自变量与因变量。任何一项实验研究一般都会涉及这些基本要素。

进行一项实验研究必须满足五个基本条件:①建立变量之间因果关系的假设。实验研究的目的就是检验和证明因果关系,因果关系的假设是实验研究的逻辑起点;②自变量必须能够很好地被"孤立",即所要引入和观测其效果的变量必须能够与其他变量隔离开,实验环境能够很好地"封闭"起来;③自变量(实验刺激)必须是可以改变的,同时也是容易操纵的;④实验程序和操作必须能够重复进行;⑤必须具有高度的控制条件和能力。

(二)实验研究优缺点

1. 实验研究的优点

实验研究的优点如下。

(1) 便于寻求因果关系。实验研究是寻求因果关系的最好方法,它可以通过对其他条件的控制,使自变量发挥的作用可以独立出来从而也就可以判断自变量与因变量之间究竟有多大程度的因果关系。

(2) 可控性强。在实验中要把我们所要验证的因果关系尽量独立出来,就要对其他因素严加控制,使实验可以在一种"纯化"的条件下进行,正是由于对实验条件的控制性很强,实验条件就是"标准"的,就便于重复和验证。

(3) 费用比较少。实验研究所要验证的假设都是比较具体的,研究的规模不会很大,费用也就比较少。但如果验证的假设比较复杂并且是一个长期的纵贯性分析,费用就会很大,甚至比其他的调查方法更费时费力。

2. 实验研究的主要缺点

实验研究的主要缺点如下。

(1) 受实验人员的影响较大。参加实验本身就是一项社会活动,这一活动本身就影响了被试者,使得他们不按照平时的行为表现,霍桑实验就是典型代表。在实验过程中,研究人员的态度会有意无意地给实验对象某种暗示,使得实验对象故意违背或迎合实验者的期望,心理学上的罗森塔尔效应会在实验中表现出来。

(2) 现实性不强。实验是在"纯化"的状态下进行的,但在现实生活中,各种因素都是相互影响、错综复杂的,所以实验条件控制得越严就离现实越远,所得结论就越没有适用的价值,这是实验研究无法摆脱的一个悖论。实验研究的信度比较高,但效度始终是一个问题。

(3) 伦理与法律的限制。实验的对象是人,就受到伦理道德的约束,我们不能故意给小孩制造犯罪的环境来检验社会环境与青少年犯罪之间的关系,不能将实验对象置于极端危险的情景中检验他们之间的同情心。

(三)实验研究的程序

1. 提出假说，界定实验的变量

"提出假说，界定实验的变量"是实验研究的逻辑起点，其中，假说是对问题所涉及的社会活动规律的一种猜测性的推断。假说有两个明显的特点：①具有推测的性质；②具有事实和科学知识的基础。研究者对相关领域的理论与实践的熟悉程度决定着问题的质量和假说的质量。规范的实验假说不仅能够引导参与研究的人员从丰富而复杂的社会实践中区分出问题的领域，使研究内容更为集中，而且能够引导研究者把握实验的方向，更明确地操纵自变量，控制无关变量，观测因变量。在提出假说的同时还应该对这些变量作清晰的界定，使其具有可操作性。

2. 选择实验对象

在提出实验假说之后，我们必须选择两组各方面都一样的对象。在实际研究中，一般采用匹配法和随机指派法来选择和控制两组相同的对象。匹配是依据各种标准或特征找出两个完全相同或几乎完全相同的实验对象进行配对，并将其中一个对象分到实验组，而将另一个对象分到控制组。随机指派即完全按照随机抽样的原理和方法将实验对象分配到实验组和控制组中。

3. 施加实验刺激

在选择好实验对象之后就要实施实验工作，给予被试刺激。在给予被试某种刺激之前，由于被试一般并不熟悉实验的环境和方法，因此要对被试进行一定的训练。例如，可做一些简单的预备试验活动或模拟活动，让被试体验实验的基本情景等。另外，被试在接受处理时，需要良好的实验背景条件才能做出可靠的反应。所以，给予实验刺激时要做好观察记录的准备、设置好实验的条件、有效地控制实验的环境、配备实验的用具，并按照要求安装测量仪器。

4. 进行观察和测量

观察或测量的目的是收集具体的研究资料以了解因变量的变化，从而判定事物的因果关系。观察与测量要客观，做到既可信又可靠；观察与测量的方法必须做到规范化和标准化。

5. 整理实验资料

整理实验数据是为了在以后能更有效地分析资料并得出研究结论。对实验中观察记录和测量的资料要及时进行分类整理，错误的记录资料要予以修正或废弃。通常在每个实验单元完成后及时整理资料，可以起到进一步纯化资料的作用，保证资料的正确性。

6. 撰写实验报告

撰写实验报告就是把实验的整个过程加以系统的总结，是一个从感性认识上升到理性认识、从假设发展到理论的过程。

第十一章　社会学理论视野与研究方法

(四)实验研究的类型

1. 实验室实验与实地实验

严格的实验研究通常在实验室内进行,当然实验也可以在现实社会生活中进行,前者称为实验室实验,后者称为实地实验。自然科学研究中实验室研究是最常用的方法。虽然实验室的实验环境比较封闭,受外界因素干扰较少,实验背景的变量相对容易控制,但实验室与社会生活环境差别太大,因此,社会学研究中实验室实验相对比较少,而实地实验则相对多一些。

2. 标准实验与准实验

标准实验与准实验是针对实验的规范程度及对实验条件的控制能力而作的区分。一个标准的实验应当具备以下要素:两个或多个相同的小组;前测和后测;封闭的实验环境,实验刺激的控制和操纵等。但是,社会科学研究的性质、对象和内容往往在许多方面限制了严格的实验设计在现实社会中的应用。准实验是不具备标准实验要求的所有条件但为了研究的需要而进行必要的省略或者特殊设计的实验。

本 章 小 结

本章介绍了社会学的主要理论视野和研究方法。社会学在其发展过程中兼容并包,各种理论流派都得到了充分发展,具体包括以帕森斯和默顿为代表的结构功能主义,以科塞和达伦多夫为代表的社会冲突理论,以霍曼斯和布劳为代表的社会交换理论,以米德和布鲁默为代表的符号互动理论。作为一种系统的、科学的社会认识活动,社会研究有一套比较固定的程序,分为选题、研究设计、资料收集、资料分析、得出结果五个阶段。社会研究方式主要有调查研究、实地研究、文献研究和实验研究四种类型。

习　　题

一、判断题

1. 结构功能主义这一名称最早由美国社会学家、哈佛大学教授帕森斯于1945年提出。
　　　　　　　　　　　　　　　　　　　　　　　　　　　　　　　　　(　　)
2. 社会交换理论的重点是研究人际关系中的交换现象。　　　　　　　　(　　)
3. 社会学研究方法就是社会调查。　　　　　　　　　　　　　　　　　(　　)

二、单项选择题

1. 结构功能理论的创始人是(　　)。
　　A. 斯宾塞　　　B. 帕森斯　　　C. 迪尔凯姆　　　D. 马克思
2. 社会安全阀制度最早是由(　　)提出来的。
　　A. 斯宾塞　　　B. 帕森斯　　　C. 迪尔凯姆　　　D. 科塞

3. 社会研究的起点是（　　）。
   A. 选题　　　　B. 设计　　　　C. 资料收集　　　D. 总结

三、多项选择题

1. 帕森斯看来，社会行动的要素包括（　　）。
   A. 目标　　　　B. 手段　　　　C. 条件　　　　D. 规范
2. 布劳认为，社会交换主要包括的阶段有（　　）。
   A. 吸引　　　　B. 竞争　　　　C. 分化　　　　D. 整合
3. 结构访谈包括（　　）。
   A. 当面访问　　B. 电话访问　　C. 自由访问　　D. 采访

四、案例分析题

1. 学生小李学习很刻苦，每次考试都能得高分。他的秘诀是考前单独复习。又要临近考试了，可是这时某著名歌星将在本市举行个人演唱会，小李想我已经得了多次奖学金，偶尔考坏一次无所谓，但歌星的演唱是可遇不可求的，下次就没有机会了。于是小李决定去看个人演唱会，不幸的是，到现场才知道，此歌星是冒牌货，小李和其他观众大闹演唱会。

   （资料来源：侯钧生．西方社会学理论教程[M]．天津：南开大学出版社，2003．）

   问题：
   (1) 霍曼斯的行为主义交换理论包括哪些命题？
   (2) 试分析在学生小李身上体现了哪些命题。

2. 《2010年中国城市居民幸福感调查》显示，在被调查者中，回答"非常幸福"的比例为14.9%，回答"比较幸福"的比例最高，约占六成，为59.2%，两项相加为74.2%；13.6%的人做了介于幸福和不幸福之间的选择，9.8%的人认为自己生活得"不太幸福"，2.5%的人选择了"不幸福"，倾向于不幸福回答的比例为12.3%。

   从性别来看，女性回答"非常幸福"和"比较幸福"的比例均高于男性，这与国外的许多研究结果一致。从结果看，女性未婚和已婚者的幸福感高于男性，但女性离异、丧偶者的幸福感低于男性。

   从学历水平看，大学本科及以上文化程度的被调查者幸福感最高，16.7%的人感到非常幸福，60.6%的人感到比较幸福；职业高中、中专或技校学历的被调查者幸福感最低，回答"非常幸福"的比例为13%，回答"比较幸福"的比例为55.5%。

   从不同年龄段看，回答"非常幸福"比例最高的是61～70岁组，最低的为31～40岁组和41～50岁组。此外，30岁以下的青年人倾向于回答"不幸福"的比例最高，而70岁以上的被调查者中无人认为自己"不幸福"。

   （资料来源：人民网，
   http://www.cntheory.com/news/Dshcdszs/2011/127/11127852445CIKHDDDGC93F92ED922.html）

   问题：运用社会学的知识对这种调查的科学性、可信性进行分析。

参 考 文 献

1. [英]安东尼·吉登斯. 社会学[M]. 5版. 北京：北京大学出版社，2009.
2. [美]迈克尔·休斯，卡罗琳·克雷勒. 社会学和我们[M]. 7版. 上海：上海社会科学院出版社，2008.
3. [美]凡勃伦. 有闲阶级论[M]. 北京：商务印书馆，2007.
4. [美]戴维·波普诺. 社会学[M]. 10版. 北京：中国人民大学出版社，1999.
5. 李强. 社会分层十讲[M]. 北京：社会科学文献出版社，2008.
6. 杨继绳. 中国当代社会各阶层分析[M]. 兰州：甘肃人民出版社，2006.
7. 李春玲. 断裂与碎片——当代中国社会阶层分化实证分析[M]. 北京：社会科学文献出版社，2005.
8. 王思斌. 社会学教程[M]. 3版. 北京：北京大学出版社，2010.
9. 孙立平. 失衡——断裂社会的运作逻辑[M]. 北京：社会科学文献出版社，2004.
10. 陆学艺. 当代中国社会流动[M]. 北京：社会科学文献出版社，2004.
11. 韦克难. 社区管理[M]. 成都：四川人民出版社，2003.
12. 夏建中. 社区工作[M]. 2版. 北京：北京大学出版社，2009.
13. 郑杭生. 社会学概论新修[M]. 3版. 北京：中国人民大学出版社，2003.
14. 韩明谟. 社会学概论[M]. 修订本. 北京：中央广播电视大学出版社，2007.
15. 社会学概论编写组. 社会学概论[M]. 北京：人民出版社，高等教育出版社，2011.
16. 彭华民，杨心恒. 社会学概论[M]. 北京：高等教育出版社，2006.
17. 吴翠丽. 社会制度伦理分析[M]. 南京：东南大学出版社，2006.
18. 张咏梅，宋超英. 社会学概论[M]. 兰州：兰州大学出版社，2007.
19. 沙颂. 社会学概论[M]. 北京：中国经济出版社，1999.
20. 李芹. 社会学概论[M]. 济南：山东大学出版社，2009.
21. 刘启云，张建新. 社会学概论[M]. 北京：九州出版社，2004.
22. 王雪梅，焦永刚. 社会学概论[M]. 北京：中国经济出版社，2005.
23. [英]戴维·米勒，韦农·波格丹诺. 布莱克维尔政治学百科全书[M]. 邓正来等译. 北京：中国政法大学出版社，1992.
24. [美]科斯等. 财产权与制度变迁[M]. 刘守英等译. 上海：上海三联书店，上海人民出版社，1994.
25. [美]道格拉斯·C. 诺思. 经济史中的结构与变迁[M]. 陈郁，罗华平译. 上海：上海三联书店，上海人民出版社，1994.
26. 吴方桐. 社会学教程[M]. 修订本. 上海：华中师范大学出版社，2007.
27. 郑茂良. 社会学概论[M]. 北京：经济科学出版社，2006.
28. 屈锡华. 管理社会学[M]. 成都：电子科技大学出版社，2008.
29. 于显洋. 组织社会学[M]. 北京：中国人民大学出版社，2001.
30. 陈成文. 社会学[M]. 长沙：湖南师范大学出版社，2005.
31. 童星. 发展社会学与中国现代化[M]. 北京：社会科学出版社，2005.
32. 景天魁. 社会学原著导读[M]. 北京：高等教育出版社，2007.
33. [美]约翰·J. 麦休尼斯. 社会学[M]. 11版. 风笑天等译. 北京：中国人民大学出版社，2009.
34. 吴忠民，刘祖云. 发展社会学[M]. 北京：高等教育出版社，2002.

35. 黄家海. 社会学家谈和谐社会[M]. 合肥：合肥工业大学出版社，2005.
36. 李培林. 和谐社会十讲[M]. 北京：社会科学文献出版社，2006.
37. 周建明，胡鞍钢，王绍光. 和谐社会构建[M]. 北京：清华大学出版社，2007.
38. 中国科学院中国现代化研究中心. 中国社会现代化的新选择[M]. 北京：科学出版社，2010.
39. [美]史蒂文·瓦戈. 社会变迁[M]. 王晓黎等译. 北京：北京大学出版社，2007.
40. 风笑天. 社会学研究方法[M]. 3版. 北京：中国人民大学出版社，2009.
41. 袁亚愚，詹一之. 社会学历史、理论与方法[M]. 成都：四川大学出版社，1992.
42. 陆学艺. 社会学[M]. 北京：知识出版社，1996.
43. 邱泽奇. 社会学是什么[M]. 北京：北京大学出版社，2002.
44. 张敦福. 现代社会学教程[M]. 3版. 北京：高等教育出版社，2014.
45. 吴增基等. 现代社会学[M]. 3版. 上海：上海人民出版社，2006.
46. 赵孟营. 社会学基础[M]. 北京：高等教育出版社，2006.